# 공작 2

무간도에 갇힌 이중스파이

# 공작 2

**초판 7쇄 발행** 2018년 8월 25일
**초판 1쇄 발행** 2018년 7월 25일
**초판 1쇄 인쇄** 2018년 7월 15일

**지은이** 김당

**펴낸이** 김용태 | **펴낸곳** 이룸나무
**편집장** 김유미 | **편집** 김지현
**마케팅** 출판마케팅센터 | **디자인** 플랜A
**주소** 410-828 경기도 고양시 일산동구 탄중로 403 1202-901
**전화** 031-919-2508 **마케팅** 031-943-1656 **팩시밀리** 031-919-2509
**E-mail** iroomnamu@naver.com
**출판 신고** 제 2015-000016 (2009년 9월 16일)
**가격** 18,000원
ISBN 978-89-967899-68-4 04340
978-89-98790-66-0(세트)

무간도에 갇힌 이중스파이

# 콩각 2

김당 지음 ·

SPY

이룸나무

# 무간도無間道에
## 갇힌 이중스파이

이 책은 흑금성(黑金星) 공작원 박채서 씨가 감옥 생활 6년 동안 손으로 꾹꾹 눌러쓴 육필 수기를 토대로 한 논픽션이다. 이 책은 2부로 완성된 《공작》의 2권이다. 1부(《공작》)와 2부(《공작2》)는 박채서의 연대기로 구분했다.

《공작》은 국군 정보사령부 대북공작관 박채서 소령이 국가안전기획부에 정보서기관으로 특채되어 '흑금성 공작원'으로 활동하던 시기에 초점이 맞춰져 있다. 박채서 소령은 1992년 북한의 핵개발 정황을 탐지하는 공작에서 성과를 거두어 국군 정보사령관 표창을 받았다. 그러나 김영삼 정부가 북한의 핵개발 정보를 사장시켜 버리는 바람에 핵개발 초기에 호미로 막을 것을 가래로도 막지 못하는 결과를 초래하게 된다.

국정원의 전신인 안기부는 '국가정보기관'으로서 국군 기무사와 정보사, 경찰 보안국 같은 '부문정보기관'에 대한 예산 감독과 사업(공작) 조정권을 갖고 있었다. 정보기관 간의 사업(공작) 중복을 막고 보안을 유지하기 위해서다. 안기부는 정보사 박채서 소령이 재일본조선인총연합회(조총련)를 대상으로 수행한 대북공작 사업을 눈여겨보다가 아예 이 공작사업을 '턴키 베이스'로 인수하게 된다. 즉, 안기부가 해당 공작의 성공 가능성을 간파하고 박채서 소령을 전역시킴과 동시에 공작망 자체를 인수해 버린 것이다.

안기부는 장기공작을 염두에 두고 사전에 치밀하게 공작여건 조성계획을 수립했다. 우선 박채서가 북한이 관심을 가질 만한 국내의 중요 인사들과 가까운 인사들과 교류하게 하는 한편으로, 그가 군에서 진급 누락에 대한 반발과 부적응으로 신용 불량자가 된 것처럼 위장한 뒤에 박채서 소령을 비밀리에 안기부 대북공작국 정보서기관으로 특채했다. 그에게 군대 부적응자와 신용 불량자라는 신분세탁 과정을 겪게 한 것은 그가 북측과 접촉해 위장 포섭될 때에 반드시 거치게 될 북한 정보기관의 신원조사를 통과하기 위해서다.

* * *

이처럼 수년간의 여건 조성 과정을 거친 끝에 '흑금성 공작원' 박채서는 북한 국가안전보위부의 신임을 얻어 '이중스파이'로 침투하는 데 성공했다. 당시 장성택 노동당 조직지도부 부부장의 친형으로 군부의 실세인 장성우 상장(대장)과의 연결고리를 확보해 북한 고위층과 직접 접촉, 북한의 기밀을 안기부에 보고하는 데 성공한 것이다. 그는 당시 북한 보위부에 "거짓이면 자신과 가족의 생명을 해쳐도 좋다"는 각서를 쓰고 보위부의 총책임자인 김영룡 부장직무대행을 통해 김정일 국방위원장까지 면담하는 등 실로 공작원으로서 전무후무한 성과를 거두었다.

박채서는 이후 안정적인 공작활동을 위해 ㈜아자(Aza)커뮤니케이션이라는 광고기획사의 전무로 신분을 가장해 북한 전역에서 5년 동안 독점적으로 상업광고를 찍는 광고사업을 성사시켰다. 그는 아자를 활용한 편승공작을 통해 ▲김정일 위원장이 보유한 골동품 감정 및 판매 알선 ▲남북 쌀 회담 성사 ▲납북된 우성호 어부들 귀환 ▲남북 이산가족상봉 등에 직접 기여하거나 북측의 고급·기밀 정보를 입수해 관련 정책에 반영되도록 했다.

당시만 해도 제1차 남북정상회담과 6.15공동선언으로 남북관계가 획기적으로 개선되기 전이어서 북한 사람을 접촉하는 것도 힘든 때였다. 북측과 독점 계약을 맺은 아자의 임원으로 가장한 우리 측 공작원이 북한을 직접 방문해 감시받지 않고 자유롭게 활동할 수 있다는 것은 우리 측에 더없이 좋은 공작 여건이었다. 그가 보위부와 접촉하는 것 자체가 북한 사회를 엿보는 귀중한 첩보 자료였으며, 그가 방북할 때마다 직접 보고 듣는 것 모두가 귀중한 첩보자료로 활용되는 시기였다.

안기부의 흑금성 공작은 대북정보의 금맥을 캐는 안정화 단계로 들어선 단계였다. 더구나 대북포용정책을 내건 김대중 정부가 출범하면서 흑금성 공작은 상승기류를 타고 비상(飛上)할 만반의 준비를 마친 상태였다. 그러나 그의 운명은 거기까지였다. 생명을 담보로 그를 대북 첩보전의 일선에 세웠던 그의 직속상관들은 그의 신분을 공개함으로써 결과적으로 그의 발목을 잡는 '물귀신'이 되었다.

＊ ＊ ＊

그는 직속상사들의 불법행위로 인해 하루아침에 국정원이라는 첩보세계의 울타리에서 튕겨 나왔다. 국정원이라는 울타리를 벗어난 자연인 박채서는 국가보안법의 '덫'을 피해 가지 못했다. 이 책 《공작2》는 그가 국정원 특수공작원에서 해고되어, 노무현·이명박 정부에서 대북 비선(秘線)으로 활동하던 시기의 비화를 주로 담았다.

흔히 성공한 공작은 드러나지 않지만 실패한 공작은 드러나 문제가 되는 것이 첩보공작의 불문율이다. 실패한 공작원만 세상에 드러나고, 성공한 공작의 주인공은 음지에 숨어 있는 것이 스파이의 숙명이다. 그런데 흑금성 공작은 성공한 공작임에도 세상에 드러난, 세계 첩보사에서 보기 드문 사례이다. 그것도 일간 신문의 1면을 1주일 넘게 장식하면서 요란스럽게 폭로되었다.

그가 감옥에서 꼬박 6년 동안 자신의 삶을 꾹꾹 눌러쓴 대학노트 4권은 그자체로 훌륭한 자서전이자 회고록이다. 정보사 공작관과 안기부 특수공작원(이

논픽션과 영화 〈공작〉의 실제 주인공 박채서 씨
와 영화 〈공작〉에서 이중스파이로 열연한 배우
황정민이 만났다.

중스파이〉에서 국가보안법 위반 사범(이중간첩)으로 낙인찍힌 인생 자체도 파란
만장하지만, 그가 혼신의 힘을 다해 통과해온 소설 같은 공작의 세계는 더 극적
이다.

　　그러나 성공한 공작이라고 하더라도 또는 성공한 공작일수록, 비밀공작
(covert action)은 본질적으로 극소수만 알 수 있는 비밀의 영역에 있다. 또한, 아
무리 유능한 공작원도 사람인지라 (또는 공작원도 사람이기 때문에) 첩보활동과 공
작의 성과를 평가하려면 반드시 검증이 필요하다.

　　《공작》과 《공작2》를 집필하면서 가장 고민했던 대목은 시점(視點)을 어떻게
할지였다. 이 논픽션이 보통의 자서전이나 회고록과 다른 점은 제삼자(저자)의
검증을 거쳐 기술했다는 것이다. '주인공 박채서'와 그의 '상대역이자 관찰자'인
김당의 시점이 교차하는 방식을 취한 것도 그런 연유에서다.

　　박채서는 "6년 동안 사회에서 격리된 독방생활과 사고의 정체로 인해 수기
(手記)한 글의 전개가 논리적이지 못하고, 기술한 내용에서도 순서나 연도, 그리
고 숫자 등에서 다소 혼선이 있을 수 있지만 사건 그 자체는 99% 사실에 입각

한 것"이라고 강조했다. 그럼에도 사실과 다르거나 오류가 있다면 순전히 저자의 책임이다.

* * *

이번 책도 여러 선후배들에게 빚을 졌다. 우선, 〈시사인〉으로 분리되기 이전의 〈시사저널〉 기자 시절부터 저자의 '사수'였던 김훈 선배께서 오직 그만이 쓸 수 있는 추천사를 써주신 것에 대해 머리 숙여 감사드린다. 논픽션 《공작》의 출간을 축하해주고, 흔쾌히 추천사를 써주신 영화 《공작》의 윤종빈 감독에게도 감사 드린다. 어려운 사정 속에서 출판을 맡아준 김용태 대표와 '이룸나무' 편집진에게도 감사를 표한다.

사적으로는 필자가 책을 쓸 수 있도록 늘 지적 자극과 영감을 준 최재천 변호사(법무법인 헤리티지 대표)와 '일대일로(一帶一路) 연구원'의 김기봉 · 박영민 · 오규열 교수에게 고마움을 전한다. 또한, 힘든 시기를 함께 이겨낸 박채서 씨의 부인 최숙희 씨와 그의 두 딸 서희 · 서현 양에게도 고마움을 전한다.

마지막으로 고향에서 늘 아들을 위해 기도해주시는 어머님과 늘 비판적인 첫 독자가 되어준 아내 임선근, 그리고 사랑하는 두 아들 원(源) · 활(活)과 그 여친들에게도 작은 위안과 선물이 되기를 기대해본다.

2018년 여름 북한산 자락 집필실에서

김당

# 김당은 '사실의 아들'이다

김훈 _작가

김당 기자와 함께 일한 세월은 시련의 연속이
었다. 그의 기사는 거듭되는 박해와 간섭을
불러왔고, 때로는 짓밟히고 몰수되었다. 그러
나 우리는 '사실'의 힘에 의해 그 난관을 돌파
할 수 있었다.

작가 김훈과 저자(시사저널 기자 시절 영
주 부석사에서)

\* \* \*

97년 대선 북풍공작과 안기부 조직표를 처음
공개한 김당 기자가 《시크릿파일 국정원》에
이어 논픽션 《공작》을 펴냈다.

\* \* \*

김당은 사실의 아들(the son of facts)이다.
그는 여전하다.

# 긴박한 첩보세계로 안내할 책

윤종빈 _영화감독, 〈공작〉 감독

김당 기자가 출연한 팟캐스트에서 '흑금성 공작원 박채서'의 첩보 스토리를 처음 접하고 영화로 만들고 싶은 욕심이 생겼다.

윤종빈 감독은 〈범죄와의 전쟁〉, 〈군도〉 등을 연출했다.

\* \* \*

그후 김당 기자를 만나 조언을 듣고 박채서 씨를 소개받아 영화 〈공작〉을 완성했다. 영화 개봉을 앞두고, 박채서의 육필수기를 토대로 김당 기자가 취재해 재구성한 책《공작》이 한 발 앞서 세상에 나왔다.

\* \* \*

영화보다 더 극적인 스파이 박채서와 그의 '비밀공작 파일'을 담은 이 책이 독자를 긴박한 첩보세계로 안내할 것이다.

윤종빈 감독의 신작 〈공작〉 포스터

【일러두기】

① 이 책은 99%의 사실과 1%의 허구로 구성되어 있다.

② 이 책은 흑금성 공작원 박채서의 기록과 저자의 취재를 바탕으로 썼다. 저자는
   이 책에 '김당 기자'로 등장한다.

③ 이 책의 등장인물들의 99%는 실명이다. 실명을 확인하지 못한 북한 사람 1명과
   명예훼손을 우려해 성(姓)씨만 표기하고 이름은 ○○으로 처리한 경우가 실명을
   쓰지 않은 1%에 해당한다.

④ 이 책은 2부로 완성된 〈공작〉의 2부에 해당한다.

# 목차

제1장
무간도의 세계
無間道

러시아 해외정보부(Служба Внешней Разведки, SVR)

...

요원은 반드시 차가운 두뇌와

뜨거운 가슴, 깨끗한 손을

가져야 한다

## 01 _ 간첩 혐의로 체포된 공작원

2010년 6월 1일 새벽 6시, 국가정보원 대공수사국 요원 십수 명이 서울시 강서구 염창동의 한 아파트에 들이닥쳤다. 새벽 공기를 가르는 구둣발 소리가 낮게 퍼지는 가운데 201동 3~4호 라인의 귀밝은 주민들은 일찍 잠을 깼다. 며칠 전부터 전에 못 보던 남자들이 아파트 주변을 서성이곤 했다. 그러나 이런 낌새를 눈치챈 아파트 주민은 없었다.

국정원 수사관들이 들이닥친 곳은 서로 마주 보고 있는 1303호와 1304호였다. 수사관들은 1303호도 압수수색을 했지만, 설렁설렁한 것으로 보건대, 1304호 '서희 아빠'네가 타깃인 것처럼 보였다.

이 아파트에 오래 산 주민이라면 12년 전에도 1304호 '서희 아빠' 집에서 비슷한 일이 벌어진 사실을 기억했을 것이다. 다만, 그때 1304호에 몰려든 사람은 수사관이 아니라 기자들이었다. 1303호에 사는 박기영 씨네 가족은 '이웃사촌'이자 사업의 '동업자'였던 '서희 아빠'가 국정원 수사관들에 의해 국가보안법 위반 혐의로 긴급 체포되어 끌려가는 모습을 안타까워하면서도 어딘가 불안한 마음으로 지켜보았다.

체포와 동시에 진행된 가택 압수수색에서 수사관들은 보관 중인 각종 군사교범과 《작전요무령》 같은 책자를 증거물로 압수해 갔다. 이후 20일 동안의 국정원 조사와 30일 동안의 검찰 조사를 거쳐 이 50대 남자에게 적용된 죄명은 간첩, 특수잠입·탈출, 회합·통신, 편의 제공 등으로 국가보안법상의 거의 모든 죄명이 망라되었다. 수사관들 사이에서는 그가 극비 군사작전계획과 각종 군사교범, 그리고 1/5,000 축척 지도를 북한 공작원에게 넘겨준 간첩이라는 이야기가 나돌았다.

### 조선일보가 발 빠르게 단독 보도한 까닭

체포된 50대 남자는 '흑금성 공작원' 박채서 씨였다. 박채서(朴采緒)는 12년 전에 정치권을 발칵 뒤집은 '북풍(北風) 공작' 기밀이 담긴 '이대성(李大成) 파일'이 공개되는 바람에 '흑금성(黑金星)'이란 공작명을 가진 안기부 대북공작원이라는 신분이 드러났다. 그 후 국정원에서 해고되어 중국 베이징과 서울을 오가며 생활하던 그는 체포되기 이틀 전에 귀국한 터였다.

흑금성 공작원 박채서가 간첩 혐의로 체포된 소식을 발 빠르게 보도한 곳은 '1등신문'을 표방한 〈조선일보〉였다. 이 신문은 박채서가 체포된 지 사흘도 안 되어 단독 타이틀을 붙인 ['작계 5027(北과 전면전 대비 극비 군사작전계획)' 北 유출 혐의…현역 육군 소장 체포]라는 기사와 [北에 군 기밀 넘겨 구속된 '흑금성'은 누구?]라는 기사를 실었다.

현역 육군 소장이 '작계 5027'을 유출한 혐의로 체포되었다는 충격적인 기사의 전문(全文)을 인용하면 다음과 같았다.

현역 군 장성이 북한과의 전면전(全面戰)에 대비한 극비의 한·미 연합 군사작전 계획을 북한 공작원에게 넘겨준 혐의로 최근 긴급 체포돼 사정 당국의 수사를 받고 있는 것으로 3일 확인됐다.

정부 관계자는 "○군사령부 참모장으로 근무하는 K 소장이 지난 수년간 제삼자를 통해 북한 측에 우리 군의 작전계획과 교범 등을 넘겨준 간첩 혐의로 연행돼 기무사와 국정원의 조사를 받고 있다"고 말했다.

사정 당국이 K 소장이 북한에 넘겨준 것으로 의심하고 있는 우리 군 작전계획은 '작전계획 5027'이다. '작계 5027'은 북한군 도발로 전쟁이 벌어졌을 때 한·미 연합군의 초기 억제 전력 배치와 북한군 전략목표 파괴에서부터 북진(北進)과 상륙작전, 점령지 군사통제 등의 전략까지 들어있는 최고도 극비 군사 작전계획이다.

K 소장은 노무현 정부 때 ○군단 참모장으로 일하던 시기에 포섭된 것으로 알려졌다. K 소장을 포섭한 인물은 군의 직계 후배였던 박 모 씨고, 박 씨는 과거 안기부에서 '흑금성'이라는 공작명으로 대북공작원으로 일하던 1997년 신분이 공개되면서 공작임무를 그만둔 것으로 알려졌다.

박 씨는 이후 북한과 중국을 자주 드나들며 여러 사업을 해왔고, K 소장으로부터 군 기밀을 받아 북한 공작원에게 돈을 받고 넘겨준 혐의를 받고 있다. K 소장과 박 씨는 조사에서 이같은 혐의를 부인하고 있는 것으로 전해졌다.

정부 관계자는 "현역 군 장성이 간첩 혐의로 체포된 것은 수십 년 만에 처음 일어난 극히 이례적인 일"이라며 "군 수뇌부 일각의 안보의식까지 해이해진 것은 심각한 상황"이라고 말했다.

국가정보원과 서울중앙지검 공안1부(부장 이진한)는 이날 2005년부터 2007년까지 북한 공작금을 받고 군사기밀을 북한 공작원에게 넘긴 혐의(국가보안법 위반)로 박 씨와 예비역 중령 손 모(방위산업체 전직 부장) 씨 등 2명을 구속했다.


요컨대 현역 장군이 '작계 5027'과 군사교범 같은 군사기밀을 군 후배인 박채서에게 유출해 박채서가 이를 북한 공작원에게 넘겼다는 것이다. 이 현역 장군은 김인동 소장이었다. 함께 구속된 손모 예비역 중령은 박채서의 3사관학교 동기생인 손유범이었다. 조선일보는 스트레이트 기사와 함께 '흑금성은 누구인가'라는 해설기사도 실었다.

해설기사의 전문(全文)은 이랬다.

'흑금성(黑金星)'은 국가안전기획부(현 국가정보원)의 대북공작원이었던 박채서 씨의 암호명이다. 3사 출신인 그는 국군 정보사 등을 거쳐 1993년 소령으로 전역한 뒤, 1994년부터 안기부에서 공작원으로 일해왔다. 그는 자신의 신분을 속인 채 남북을 오가며 북한의 실력자들을 접촉해온 손꼽히는 북한 전문 첩보요원이었던 것으로 알려졌다.

그는 1995년 대북 광고기획사인 아자(Aza)커뮤니케이션에 전무로 위장 취업해 1997년부터 북한의 금강산, 백두산 등을 배경으로 남한 기업의 TV 광고를 찍는 프로젝트를 추진했다. 이 과정에서 박 씨는 자신의 신분(흑금성 공작원)을 밝히지 않은 채 북한 측과 접촉하면서 프로젝트 성사에 핵심적인 역할을 수행했다.

흑색 공작원이었던 박 씨의 신분이 밝혀진 것은 1998년 안기부 때문이었다. 당시 북풍사건(안기부가 김대중 전 대통령의 당선을 막기 위해 북한과의 연루설을 퍼뜨린 사건)에 대한 수사가 확대되자, 안기부 간부였던 이대성(68) 씨가 수사확대를 막기 위해 국내 정치인과 북한 고위층 인사 간의 접촉내용을 담은 이른바 '이대성 파일'을 언론에 폭로한 것이다. 이 과정에서 흑금성이 안기부 대북공작원이라는 사실이 드러났다.

안기부 간부의 기밀누설로 인해 아자커뮤니케이션의 사업은 물론 유능한 공작원이었던 흑금성 역시 모든 활동을 중단해야만 했다. 당시 아자커뮤니케이션 측은 국가에 손해배상 청구 소송을 내 8억4000여만 원을 지급받았다.

박 씨는 이 사건 이후 베이징에 체류하면서 대북공작 등을 해온 것으로 알려졌다.


조선일보와 박채서는 '동업자' 관계

조선일보가 이처럼 발 빠르게 보도할 수 있었던 데는 이유가 있었다. 박채서와 조선일보는 '동업자' 관계였다.

박채서가 이틀 전에 서울에 온 것도 스포츠조선 관계자들과 골프대회를 협의하기 위해서였다. 박 씨는 이대성 파일 사건 이후 베이징에 체류하면서 대북

사업을 하는 한편으로 골프에 빠져 티칭 프로(Teaching Pro) 이상의 수준급 골퍼가 되었다.

박 씨는 걸음마 단계인 중국의 각종 골프대회에 나가 상을 휩쓸면서 자연스럽게 한·중 친선 골프대회를 직접 개최하게 되었다. 박채서가 스포츠조선 및 조선일보사와 함께 공동 개최하고 롯데칠성음료가 후원하는 '스카치블루배 전국 사회인골프대회'의 중국 베이징 지역대회가 그것이었다. 베이징 골프대회 건으로 회의 날짜가 잡혀 있던 박 씨가 긴급 체포되어 펑크를 내는 바람에 조선일보가 발 빠르게 보도할 수 있었던 것이다.

박채서는 군 시절인 1980년대 후반에 국방대학원(석사과정 8기)에 다니면서 골프에 입문했다. 타고난 체력과 운동신경을 갖춘 데다가 무슨 일이건 한번 꽂히면 끝장을 봐야 직성이 풀리는 집중력과 승부 근성을 가진 그에게 골프는 천생연분으로 다가왔다. 국방대학원과 육군대학을 마치고 국군정보사 902한·미 합동정보대에 배치된 뒤로는 틈나는 대로 용산 미군골프장을 드나들었다. 카다피 암살을 경고한 '리비아 공작'에 기여한 공로에 대한 포상으로 용산 골프장 출입카드를 받은 덕분이었다.

정보사 공작관에서 국정원 공작원으로 전직한 뒤에는 한결 더 자유롭고 여유롭게 골프장을 드나들었다. 강남에 살던 그가 강서구 염창동의 아파트로 이사한 것도 업무상 일본과 중국 출장이 잦아 공항이 가까운 곳을 찾은 이유 못지않게 주변에 한강이 내려다보이는 전망 좋은 '강변스포렉스 천지연골프연습장'이 있었기 때문이었다.

공작원을 그만둬도 골프로 먹고 살 수 있을 만큼 실력을 갖춘 가운데, 그에게 골프는 본업인 공작의 성공을 위한 유용한 수단이었다. 그는 골프 라운딩을 통해 다양한 계층의 사업가들을 사귀었으며 그만이 가진 대북 네트워크를 활용해 북한에 대한 호기심이나 대북사업에 흥미를 가진 사업가들을 자신들도 모르게 '협조자'로 포섭했다.

그는 평양골프장에서 국가안전보위부 김영룡 제1부부장과 내기골프를 치기도 했다. 국정원 공작원이 국정원의 대북침투에 대한 반탐(反探) 업무가 본업인 국가안전보위부의 수장과 내기골프를 하는 기묘한 조합은 남북 스파이 공작사의 한 장면을 장식하고도 남을 일이었다. 결국 김영룡은 본업인 반탐에 실패한 책임을 지고 숙청되었다.

돌이켜보면 골프가 맺어준 파란만장한 세월이었다. 공작원을 그만둔 뒤에는 중국에서 사업을 모색하다가 우연히 허베이성(河北省) 샹허(香河)의 한 골프장에서 산허우이 총회주(總會主)와 라운딩을 하게 된 것을 계기로 삼합회(三合會) 총회주의 골프 스승이 되었다. 홍콩의 중국 반환을 앞둔 시점에 홍콩의 비밀경찰 요원이 삼합회에 잠입하여 활약하는 과정을 그린 영화 〈無間道〉(무간도)를 떠올리게 하는 반전이었다.

그러나 무간도의 세계는 그것으로 끝나지 않았다. 그는 김정일 국방위원장의 핵실험과 노무현(盧武鉉) 정부에서 추진한 개성공단 사업을 계기로 다시 대북사업에 본격적으로 뛰어들었다. 이번 사업은 '공작'이 아니라 말 그대로 '비즈니스'였다. 그는 북한 정권의 실세인 장성택을 설득해 서부전선의 군대를 후방으로 물리도록 하고, 그곳에 골프리조트를 조성하는 사업을 추진했다.

그는 노무현 정부가 추진한 '국방개혁2020'과 2차 남북정상회담을 계기로 155마일의 비무장지대(DMZ)에 병풍처럼 줄지어 서 있는 병력을 감축하고 그자리에 무인 경계시스템을 설치하려는 사업에도 관여했다. 골프리조트 건설사업도, 무인경계시스템 구축사업도 한반도 평화의 문을 여는 사업이었다. 박채서는 그 사업의 성공이 가져올 자신의 경제적 이익을 계산해 더 열정적으로 추진했다. 그는 '평화가 경제'라는 명제로 그 경제적 이익을 합리화했다.

그러나 '경계가 없는' 무간도의 세계는 호락호락하지 않았다. '평화와 경제'는 남북관계가 악화되면 언제든지 '전쟁과 군수(軍需)'로 바뀔 수 있었다. 평화에도 '덫'이 있었다. 북측은 개성의 전방 사단을 후방으로 재배치하고 골프리조트를 건설하려면 군부를 설득하기 위한 '선물'이 필요하다고 했다. 그 선물에는 덫이 깔려 있었다. 그들은 군부에 줄 선물로 남측의 군사교범을 요구했다.

군사교범은 불법과 합법의 경계선에 있었다. 교범은 군사기밀이 아니지만 해외 반출을 하려면 군당국의 허가를 받아야 했다. 물론 공작원 시절이라면 아무런 문제도 없었다. 하지만 이제는 민간인 신분이었다. 정보사 공작관과 국정원 공작원이라는 갑피를 벗은 이상, 언제든지 귀에 걸면 귀걸이, 코에 걸면 코걸이가 되는 국가보안법의 무간지옥(無間地獄)에 떨어질 수 있음을 본인도 알고 있었다.


무간지옥(無間地獄)과 공작원에 대한 공소장

그 자신이 예비역 육군 소령이자 국군 정보사 공작관 출신으로 그 누구보다도 국가관이 투철했고, 그래서 첩보공작 유형 중에서 가장 고난도에 속하는 '이중공작원'이었던 그가 과연 북한에 포섭된 '간첩'일까? 아니면 공작원에서 '해고'된 뒤에도 여전히 대북 비선(秘線)으로 활동한 그를 국가정보기관이 '나와바리(조직의 영역)'를 침범한 것에 대한 응징으로 '희생양'을 삼은 것일까? 아니면 간첩과 희생양의 중간쯤 어디의 무간(無間)에 속한 것일까?

검찰이 공소장에 제기한 박채서의 범죄사실을 요약하면 다음과 같았다.


1. 목적수행 간첩, 회합, 특수탈출
가. 반국가단체 구성원 리호남으로부터 군사자료 탐지 · 수집 지령수수
피고인은 1998년 6월경 안기부 대북공작원에서 해고되면서 대북공작 상대방이던 리호남(리철)과의 관계를 단절하겠다는 취지의 보안서약서를 안기부에 제출했음에도 불구하고 1998년 8월 3일경 중국 베이징에 있는 캠핀스키 호텔에서 리호남에게 "서로 정리할 것도 있고 협의할 것도 있으니 만나자"는 취지의 팩스를 보내 98년 9월 5일경 베이징의 한 호텔 커피숍에서 리호남을 다시 만난 이후 리호남의 요

구에 따라 ▲1998년 12월 전남 여수 해안에서 격침된 북한 반잠수정 관련 자료 ▲ 남한 서해안 촬영 비디오테이프를 전달하고

2003년 3월경 중국으로 출국해 캠핀스키 호텔에서 당시 북한 작전부 소속 공작원이던 리호남을 만나 개성공업지구 내에 골프장을 포함한 리조트를 건설하는 문제점에 관해 논의하는 과정에서 리호남으로부터 사업대상 지역이 북한의 군사지역이라 군부의 협조가 필요한바, 북한 군부를 상대로 사업추진을 설득할 수 있도록 북한 군부에 제공할 남한 군사정보나 자료를 구해달라는 지시를 받음으로써 반국가단체 구성원인 리호남으로부터 지령을 수수했다.

나. 《보병대대》 등 교범 10종을 탐지·수집 및 전달

피고인은 2003년 9월경 리호남의 지령에 따른 목적수행을 위해 리호남에게 전달할 군사자료를 입수할 목적으로 제3사관학교 2년 선배이며 당시 보병학교 전술학 1처장으로 복무하던 김인동(58)에게 접근해 책상 위에 놓인 《보병대대》 교범을 달라고 요청해 건네 받은 뒤에 10월경 중국으로 출국해 캠핀스키 호텔에서 리호남 및 북한 국방위 소속 김 과장(50대 초반)을 만나 《보병대대》 교범을 전달하고 다음날 돌려받는 등으로 2005년 7월까지 교범 10종을 탐지·수집 및 전달했다.

다. '작전계획 5027-4'일부 내용 탐지·수집

피고인은 2005년 4월 중순경 리호남에게 전달할 군사자료를 입수할 목적으로 당시 6군단 참모장으로 근무하던 김인동 장군의 경기 포천시 관사를 방문해 거실에서 대화를 나누던 중 김인동에게 북한의 급변사태시 중국의 작전계획에 관해 거론하면서 한반도 급변사태시 우리군의 대응계획에 관한 설명을 유도한 다음, 김인동으로부터 '작전계획 5027'이 있다는 답을 듣고는 '작전계획 5027'에 관해 질문했다. 김인동은 16절지를 가져와 그 위에 한반도 지형과 화살표 및 실선 등을 그리면서, 북한의 선제공격으로 휴전선이 붕괴되면 미군 증원부대가 도착해 한·미연합군이

전열을 정비해 반격하게 되는데, 그 과정에서 북한 지역에서의 전력운용 통제방식과 최종적인 통제 지점, 한국군과 미군 담당지역, 공격로 등을 설명하고 피고인은 그 내용을 지득했다. 이로써 피고인은 반국가단체 구성원인 리호남의 지령에 따라 국가기밀을 탐지·수집했다.

## 2. 회합 및 편의제공

### 가. 리호남과의 회합 및 탈북 연예인 관련 자료 제공

피고인은 2005년 1월경 중국 북경에서 리호남으로부터 남한에서 공연단을 조직해 연예활동을 하는 탈북 연예인 자료를 구해달라는 부탁을 받고 사업을 함께한 박기영에게 관련 자료를 부탁해 '금강산예술단'에 관한 언론보도와 인터넷자료, 공연 동영상 CD 등을 건네받아 이후 북경의 캠핀스키 호텔에서 리호남 및 북한 국방위원회 소속 김 과장(50대 초반)에게 전달했다.

### 나. 리호남과의 회합 및 탈북자 운영 식당 관련 자료 제공

피고인은 2006년 7월 초순경 위의 박기영으로부터 리호남이 탈북자 연예인 김혜영이 서울 영등포에서 운영하는 식당에 관해 조사해 달라고 부탁했다는 말과 함께, 김혜영이 운영하는 '한반도' 식당 홍보 팸플릿을 건네받아 이후 북경 캠핀스키 호텔에서 리호남을 만나 위 팸플릿을 전달했다.

### 다. 리호남과의 회합 및 이광수 신원자료 제공

피고인은 2008년 2월 19일 당시 27사단장으로 근무하던 김인동을 방문해 그날 안보강사로 초빙된 이광수(1996년 북한 잠수함 강릉 침투사건 생포 간첩)를 피고인에게 소개하기 위해 마련한 27사단 복지회관 만찬 자리에 참석해 김인동이 이광수에게 "박 실장은 북한 보위부 사람이랑 북한 높은 사람을 많이 알고 있어 북한에 있는 자네 아들 소식을 알아봐줄 수 있다"며 피고인을 소개해 이광수와 연락처를 주고

받았다.

이후 피고인은 이광수의 재북 주소, 재북 아들의 이름, 재북 처가 주소 등을 확인한 후 3월 16일경 상경한 이광수를 만나 이광수의 근무처가 있는 경남 진해로 내려가 다음날 남한 침투경위, 임무, 약력 등을 상세히 작성한 A4용지 1장 분량의 신원자료를 받고, 진해 해군교육사령부 전경사진 2장과 이광수 인물사진 4장을 피고인의 휴대전화 카메라로 촬영했다.

이어 피고인은 3월 19일경 중국으로 출국해 캠핀스키 호텔에서 리호남 및 국방위 김 과장을 만나 피고인의 휴대전화에 저장된 사진을 보여주고, 이광수 신원자료를 건네주면서 이광수의 근무처와 주거지를 설명했다.

라. 리호남과의 회합 및 국내 상세지도 제공

피고인은 2009년 11월 29일 중국으로 출국해 캠핀스키 호텔에서 리호남을 만나 서울 등 남한의 지도를 될 수 있는 대로 많이 구해달라는 요구를 받고, 2010년 1월 9일경 국내로 입국해 서울 서초구 '한진지도'에서 강남구 등 8개구에 해당하는 서울지역 1/5,000 축척의 지도 49장을 구매한 뒤에 1월 18일경 출국해 캠핀스키 호텔에서 리호남에게 건네주었다.

피고인은 2010년 2월 10일 다시 입국해 중·고교 동창인 정○○에게 서울 강서구와 은평구를 중심으로 1/5,000 축척의 지도를 구입해 달라고 부탁해 1/5,000 축적지도 28장을 건네받아 2월 28일 출국해 캠핀스키 호텔에서 리호남에게 건네주었다.

3. 통신연락, 회합

가. 리호남으로부터 이메일 수신

피고인은 2009년 1월경 전화통화를 하면서 리호남으로부터 도자기를 판매할 곳이 있는지 알아봐 달라는 차원에서 도자기 사진을 보내줄테니 진품 여부를 감별해 달라는 부탁을 받고, 리호남이 공작활동자금을 마련하려 한다는 것을 알면서도 피고인 명의 이메일 계정으로 도자기 사진파일이 첨부된 이메일을 수신해 중국과 남북한의 골동품 거래상에게 보여줘 진품여부를 확인받았다.

나. 리호남과의 회합

피고인은 리호남이 북한 공작원으로 각종 대남 정보 수집 등 공작활동을 하는 사람이라는 사실을 잘 알면서도 ▲2004년 6월 하순경 위 캠핀스키 호텔에서 리호남을 만나 피고인이 구입한《한국전쟁비사》(1~5권)을 전달하고 ▲2010년 3월 5일 북경 캠핀스키 호텔 인근의 '옌사백화점' 지하 서라벌식당 별실에서 리호남을 만나 저녁식사를 하면서 향후계획 등에 관해 대화를 나누고 ▲2010년 3월 7일 캠핀스키 호텔 1층 뷔페식당에서 리호남을 만나 저녁식사를 하면서 향후계획 등에 관해 대화를 나누었다.

리호남(본명 리철)은 북한 공작원인가

어디서부터 잘못된 것일까? 박채서의 공소장에 가장 많이 등장하는 핵심 인물은 리호남이다. 박채서의 모든 범죄사실은 본명이 리철인 리호남으로 귀결되었다. 결국 리철의 신원이 북한 공작원이냐, 아니면 무역 일꾼이냐에 따라 박채서의 범죄사실도 유무죄로 갈릴 판이었다. 리철은 '흑금성 간첩 사건'의 입구(入口)이자 출구(出口)였다.

검찰의 공소장에 따르면, 반국가단체(북한) 구성원인 리호남(본명은 '리철'이나 '리철운'이라는 가명도 사용)은 국가안전기획부의 해외공작원'이었던 박채서를 포섭해 군사자료 입수 등을 지시한 상부선이다. 공소사실의 핵심은 리호남에게 포섭된 박채서가 리호남의 지령에 따라 목적수행을 위해 군사교범 10종과 탈북자 신상 자료 등을 베이징 캠핀스키 호텔에서 리호남에게 전달했다는 것이다.

'리호남'이라는 이름은 31쪽짜리 검찰 공소장에서 120번쯤 등장한다. 베이

1997년 2월 베이징 캠핀스키 호텔에서 남측의 광고기획사인 '아자'의 박채서 전무(왼쪽에서 두 번째)와 광고사업을 협의한 리철(가운데). 김당 기자가 처음 만났을 때 그는 '정무원 처장' 명함을 사용했다. 그는 최근까지 '내각 무역성 참사' 직함을 사용했다.

징 캠핀스키 호텔도 20번 넘게 나온다. 한마디로 리철-박채서의 모든 간첩 행위가 캠핀스키 호텔 한 곳에서 이뤄졌다는 얘기다. 실제로 공소사실 중에 박채서가 리호남을 만나 '회합'했거나 '지령 수수'했거나 '목적수행'했던 장소 중에서 캠핀스키 호텔이 아닌 곳으로는, 아래와 같이 단 한 번의 예외가 있을 뿐이다.

"2010. 3. 5 중국 북경 조양구(朝阳区)에 있는 '연사우의상성(燕沙友誼商城)' 지하 서라벌식당 별실에서 리호남을 만나 저녁식사를 하면서 향후 계획 등에 관해 대화를 나누고, 2010년 3월 7일 중국 북경에 있는 캠핀스키 호텔 1층 뷔페식당에서 리호남을 만나 저녁 식사를 하면서 향후 계획 등에 관해 대화를 나누었다(공소장 21~22쪽)."

검찰이 적시한 연사우의상성(燕沙友誼商城)은 베이징의 '루프트한자 센터'를 구성하는 캠핀스키 호텔과 연결된 옌사백화점이다. 결국 베이징을 무대로 한 리호남-박채서 2인의 '간첩 범행 장소' 가운데서 캠핀스키 호텔 구역을 벗어난 곳은 단 한 군데도 없다는 얘기다. 한마디로, 두 간첩의 모든 길은 캠핀스키로 통했다. 그러니 '간첩의 소굴'인 캠핀스키 호텔 앞에 '몰래카메라' 한 대만 설치해 놓으면 '게임 끝'이었다.

그런데 공소장에도 나오지만, 캠핀스키 호텔은 국군 정보사 공작관(현역 소령)이었던 박채서가 1995년 7월 안기부 대북공작원으로 특별 채용되어 '흑금성'이라는 공작 암호명으로 북한 국가안전보위부에 위장 포섭돼 당시 '북한 보위부 북경 연락책'이었던 리호남(당시 명함은 '리철운'으로 표기)을 파트너로 첩보활동을 할 때부터 주요 활동 근거지였다.

또 1997년 10월 당시 남한의 대통령 선거에 개입해 유리한 정세를 조성하려 했던 북한의 안병수(조평통 위원장 대리, 본명 안경호)와 강덕순(아태평화위 참사, 본명 강철) 등 대선공작반이 대선일까지 두 달간 상주하면서 활동했던 무대도, 남한 정치인들이 북측 인사들을 접촉했던 곳도, 이들의 동향을 탐지하기 위해 안기부 공작원들이 첩보활동을 벌인 곳도 캠핀스키 호텔이었다.

1997년 12월 대선에서 이회창(李會昌) 한나라당 후보의 당선을 위해 이 후보 특보 직함으로 활동한 한성기 씨와 대북사업가 장석중 씨 등이 사업 파트너였던 리호남의 소개로 북측 인사들을 만나 판문점 무력시위를 요청한 이른바 '총풍(銃風) 사건'의 무대도 캠핀스키 호텔이었다.

검찰의 총풍 사건 수사결과에 따르면, 당시 무력시위 요청을 받은 리호남(리철운)과 김영수 보위부 과장 그리고 박충(강덕순) 아태 참사 등이 다음날 "평양에 전문을 보냈으나 회답이 없어 답을 줄 수가 없다"고 사실상 거절해 무력시위는 '미수'에 그쳤다.

당시 안기부는 흑금성 공작원의 디브리핑(Debriefing)[1]을 통해 이들의 비밀 접촉을 탐지해 이들과 북측 인사들이 캠핀스키에서 주고받은 전화통화를 도청하고 평양에 보낸 전문(電文)을 감청해 무력시위 요청 사실을 확인했다. 이 후보 특보였던 한성기 씨는 직접 이 후보에게 대선 관련 보고서를 작성해 전달했고,

---

주1 _ 공작임무를 마치고 귀환한 공작원이 공작관에게 공작상황을 보고하는 과정을 말하며, 통상 공작지에 파견되었던 공작원이 귀환하는 즉시 시작한다.

평소 친분이 있던 이 후보의 동생 이회성 씨에게 판문점 무력시위 요청 계획을 알린 사실을 확인했다.

그러나 당시 김대중(金大中) 후보의 낙선과 이회창 후보의 당선을 위해 일련의 북풍(北風) 공작을 추진했던 권영해(權寧海) 안기부장은 이들의 대공 용의점에 대해 수사하지 않고 은폐했다. 그러다가 정권 교체 이후, 구(舊) 안기부가 개입한 북풍공작과 일부 공기업에 이회창 후보 선거자금을 할당·모금한 세풍(稅風) 사건을 수사하는 과정에서 내부 제보로 총풍 사건이 불거진 것이다.

독일(루프트한자 그룹) 자본으로 건설된 5성급 캠핀스키(Kempinski) 호텔(北京市 朝陽区 50号)이 1997년 대선을 앞두고 남북한 첩보원들의 활동무대가 된 데는 이유가 있다. 우선 외국계 호텔이라서 중국 공안의 감시로부터 상대적으로 자유롭고, 지리적으로 한국대사관과 가깝고 ㈜대우의 지분(25%) 참여로 한국인들이 선호하는 데다가, 독일 건축설계로 튼튼하게 지어서 이른바 '귀때기 도청'으로부터 비교적 안전한 호텔이라는 평가도 한몫했다.

1992년에 개관한 이 호텔(객실 540개)은 아파트(160세대), 사무실(108개), 백화점 등을 갖춘 총면적 4만6천 평 규모의 비즈니스 콤플렉스 빌딩인 '베이징 루프트한자 센터'의 일부다. 캠핀스키 호텔은 제1차 서해교전 직후, 1999년 6월 이산가족 상봉을 위한 남북 차관급 회담이 열린 곳으로도 우리에게 친숙했다.

캠핀스키 그룹은 1897년 독일에서 창업한 세계에서 가장 역사가 긴 톱 클래스 호텔 그룹으로 주로 5성급 이상의 고급 호텔 및 리조트를 전문적으로 운영했다. 전 세계 40여 개국에 걸쳐 130여 개의 호텔 및 리조트를 운영 중이거나 건설 중이다. 그뿐만 아니라 전 세계 11개 호텔 브랜드의 235개 호텔 및 리조트가 가입된 세계호텔연맹의 지분 42%를 보유하고 있는 것으로 알려져 있다. 그래서 사실상 세계 호텔 및 리조트 사업을 지배하고 있다는 평가를 받는다.

리호남 '보위부 북경 연락책(1998년)'→'작전부 소속 공작원'으로 둔갑

베이징 캠핀스키 호텔이 한국에서 유명세를 탄 것은 안기부의 비밀공작 문건인 '이대성 파일'의 외부 유출과 북풍공작 사건에 대한 검찰 수사로 안기부 북풍공작의 전모가 드러나면서부터다. 1998년 4월 당시 검찰의 북풍공작 사건 수사와 재판 결과로 드러났다시피, 당시 권영해 안기부장은 1997년 대선을 앞두고 남한의 선거에 개입하려는 북한의 대선공작(오익제 편지 사건 등)에 편승해 김대중 후보 낙선 정치공작을 추진했다.

그럼에도 정권이 교체되자 구(舊) 안기부 수뇌부는 새 정부의 '북풍공작' 수사에 저항해 사건의 본질을 흐리기 위해 조직적으로 해외공작원 정보보고를 부분적으로 조작 · 재편집한 '이대성 파일'을 외부에 유출한 것이다. 그 결과 북한 대선공작반이 상주한 북풍의 진원지이자, 이에 편승한 안기부 북풍공작의 주무대였던 캠핀스키 호텔은 1998년 당시 한국에서 가장 유명한 중국 호텔이 되었다.

이후 국정원(대공수사국)과 검찰(서울지검 공안부)은 대대적인 북풍공작 사건 수사를 통해 권영해 안기부장, 이대성 203 실장(1급), 송봉선 단장(2급), 김은상 처장(3급), 주만종 팀장(5급), 이재일 씨(6급) 등 전 · 현직 안기부 관계자 10명과 안기부 협조자였던 재미교포 윤홍준 씨를 구속기소 했다. 한나라당 정재문 의원 등 3명은 당국의 허가 없이 북한 조평통 안병수 위원장 대리, 전금철 부위원장, 북한 국가안전보위부 북경 연락책 리철 등을 각각 접촉한 혐의로 불구속기소 됐다.

당시 서울지검 공안부가 '북풍사건 수사결과 발표문'에서 밝힌 '북한 국가안전보위부 북경 연락책 리철'은 이번에 서울중앙지검 공안부가 박채서 씨 국가보안법 위반(간첩 등) 사건 공소장에서 박 씨를 포섭한 것으로 지목한 '북한 작전부(현 정찰총국) 소속 공작원 리호남'과 동일인물인 것으로 확인되었다. 똑같은 인물을 똑같은 검찰 조직(서울중앙지검 공안부)에서 조사했는데, 그때는 '보위부

신문 1면에 등장했던 리철운(리호남). 이회창 후보 측 사람들이 1997년 대선 직전에 베이징 캠핀스키 호텔에서 북한 국가안전보위부 베이징 연락책 리철운(본명 리철) 등에게 판문점 무력시위를 요청했다는 검찰 수사결과를 1면 머리기사로 보도한 동아일보 1998년 10월 27일 자

북경 연락책'이었고 이번 수사에서는 '작전부 공작원'으로 둔갑한 것이다.

국가정보원 홈페이지를 보면, 북한의 국가안전보위부는 '주민 사찰을 통한 체제 보위를 담당하는 김정일 직속 기관'이다. 이에 비해 노동당 작전부는 공작원에 대한 기본교육 훈련, 침투공작원의 호송 – 안내 – 복귀, 대남 테러공작 및 침투루트 개척 등을 주 임무로 하는 공작 전문기관이다. 쉽게 얘기하면, 보위부는 '간첩 침투를 막고, 간첩을 잡는 기관'이고 작전부는 '간첩을 훈련해 남파하는 기관'이다.

더구나 노동당의 공작원(간첩)은 엄밀히 구분하면 '전투원'과 '공작원'으로 나뉘는데 '전투원'은 작전부 요원을 의미한다. 이런 사실에 비추어도 김일성대 경제학부 출신의 리호남은 김정일 정치 군사대학에서 육성해 혹독한 군사훈련 과정을 거쳐 실전에 배치되는 작전부 요원과는 거리가 멀었다.

물론, 대남사업에 필요한 인물이라면 언제든지 당에서 소환하는 북한 체제의 특성상, 리호남이 '보위부 북경 연락책'에서 '작전부 산하 715 연락소에 소환된 대남공작원'으로 신분이 바뀌었을 가능성을 배제할 수는 없다. 그런데 국정원과 검찰은 리호남이 작전부(현 정찰총국)에 소환된 공작원이라는 명백한 증거를 제출하지 못했다.

설령 리호남이 공작원이라는 사실을 검찰이 특정하더라도 의문은 남는다. 왜냐하면 검찰의 공소장대로라면, 리호남은 1995년 '보위부 북경 연락책'일 때부터 15년이 지나 박채서를 간첩 혐의로 기소한 2010년까지도 같은 장소(캠핀스키 호텔)에서 똑같은 범행을 되풀이하는 '어수룩한 간첩'이기 때문이다.

더구나 캠핀스키 호텔은 1998년 검찰의 북풍공작 사건 수사 당시 북한의 대선공작반과 남한의 해외공작원들이 득실거린 '스파이 소굴'로 각인된 곳이고, 리호남은 북한 사람으로는 드물게 당시 한국 신문에 큼지막한 제목으로 이름(당시 리철운)까지 공개되었다. 그런데도 한국의 정보기관과 수사당국 그리고 언론에까지 노출된 장소에서 간첩끼리 회합·통신하고 지령을 내리는 것은 간첩에 대한 일반의 상식을 배반하는 것이었다.

또한 '하부선'이 체포되면 '상부선'은 종적을 감추는 것이 지난 수십 년간 국가로부터 세뇌받은, 간첩에 대한 백만 인의 상식이다. 그런데 검찰 공소장에 따르면, '박채서 씨를 포섭한 반국가단체 구성원'이자 '간첩 박채서의 상부선'으로 '정찰총국 소속 대남공작원'인 리호남은 여전히 대북사업가들과 접촉하며 거리낌 없이 베이징을 활보하고 있었다.

예를 들어 2010년 10월 29일 열린 재판에서 검찰 측이 신청한 증인으로 출석한 대북사업가 유 모 씨는 리호남으로부터 남북한 월드컵 공동 CF 사업을 제안받았다고 증언해 관심을 모았다. 1990년대 초부터 컴퓨터 부품과 모니터 등을 북한에 수출하고 최근에는 북한산 송이버섯 등을 수입하고 있다는 유 씨는 법정에서 이렇게 증언했다.

"남아공 월드컵을 앞두고 리호남을 두 번 만났는데, 그가 '남남북녀니까 남측의 박지성 선수와 북측 김금종 선수(여자축구 골잡이)가 함께 월드컵 CF 광고를 찍으면 어떻겠냐' '나하고 하면 더 적은 투자금으로도 할 수 있다'라는 제안을 받았습니다. 그래서 통일부 북한 주민 접촉결과 보고서를 낼 때 리호남으로부터 월드컵 CF 광고사업을 제안받았다고 밝혔는데, 통일부에서는 '남북관계가 정상화되기 전까지는 협력사업 진행이 곤란하다'고 해서 그 뒤로 리호남을 만나진 않았습니다."

유 씨의 법정 증언에 따르면, 리호남은 2005년 박채서와 함께 북측 조명애·남측 이효리를 내세운 삼성 휴대폰 CF 광고사업으로 광고 돈벌이에 눈을 떠 최근까지도 월드컵 남북한 공동 CF 광고사업을 제안하는 등 여전히 돈(외화)벌이가 되는 것이라면 가리지 않고 닥치는 대로 하는 경제사업 일꾼임을 알 수 있다.

만일 그가 국정원·검찰의 주장대로 '대남공작원'이라면, 국정원은 그런 사실을 통일부에 통보하고, 통일부는 '공작원 리호남'과 교류협력사업을 추진하려는 남한 사업가들에게 경고해야 마땅했다. 그러나 통일부가 리호남의 정체성과 관련해 대북사업자들에게 '공작원이니 접촉하지 말라'는 경고를 보낸 사례는 발견되지 않았다. 공안기관이 마음만 먹으면 여전히 '제2, 제3의 간첩 박채서'를 만들어낼 수 있다는 얘기다.

실제로 리호남은 박채서가 긴급 체포된 뒤에도 여전히 변함없이 베이징을 왕래하면서 대북사업가들을 만나온 것으로 확인되었다. 그 과정에서 리호남은 자신이 박채서를 포섭해 간첩 지령을 내렸다는 검찰 발표와 언론 보도에 불만을 표시하며, 박채서와 자신을 두루 아는 김당(金鏜) 기자에게 이렇게 말했다.

"그건 말도 안 되는 얘기입니다. 김 선생도 잘 알다시피 '박상'이 내 지령을 받고 움직일 사람입네까? 나는 '무역성 참사'입니다. 나는 경제사업만 하는 사람인데, 남측에서 왜 나를 갖고 그러는지 모르겠습니다."

리철(리호남)은 박채서를 친근하게 '박상'이라고 부르곤 했다. 김당이 리호남 참사를 처음 만났을 때인 1997년 2월 당시 그는 '리철운'이라는 가명과 정무원 산하 대외경제위원회 처장 명함을 사용했다. 당시 대외경제위는 외국과의 무역 상담, 시장조사 및 개최, 외국 투자유치, 기술도입 등의 업무를 관장했다. 이후 1998년 9월 헌법 개정으로 대외경제위가 폐지되고 내각 산하에 무역성이 신설되어 현재에 이르고 있다. 그는 그때나 지금이나 북한의 '경제사업 일꾼'인 것이다.

북한의 내각 참사는 남한의 실·국장~차관급 직책이다. 2004년 6월 장관급회담 당시 북측 대표였던 권민(본명 권호웅) 내각 참사에서 보듯 '참사'는 실·국장~차관급에 해당하고, 전금진·김령성 내각 책임 참사에서 보듯 그보다 상위급인 '책임 참사'는 통상 장관~부총리급에 해당한다.

결국 이 사건의 실체적 진실을 밝히려면 '흑금성 간첩 사건'의 입구이자 출구인 리호남 참사가 국정원과 검찰의 공소장대로 북한의 '차관급 대남공작원'인지, 아니면 경제 부문에 종사해온 '차관급 경제관료'인지를 규명하는 것이 선결 과제였다. 그런데 재판부는 국정원과 검찰의 손을 들어줬다. 대법원은 박채서에게 징역 6년형을 확정 선고했다. 리호남이 북한 공작원임을 입증하는 증거나 그가 북한 공작원일 수밖에 없다는 논리적 적합성은 없었다. 단지 그것이 대공 전문기관의 의견이라는 이유뿐이었다.

## 02 _ 리철의 두 얼굴 : 예고된 참사와 전조 그리고 덫

2002년에 개봉한 영화 〈무간도〉는 한 번의 선택으로 인생이 바뀌어 버린 두 남자의 피할 수 없는 운명을 다뤘다. 중국 반환을 앞둔 홍콩을 무대로 범죄조직 삼합회(三合會)에 침투한 경찰 스파이 진영인(양조위 분)과 경찰에 침투한 범죄조직원 유건명(유덕화 분)을 중심으로 이야기가 진행된다.

인간은 사회적 동물이기 때문에 환경의 지배를 받을 수밖에 없다. 두 사람의 '본업'은 경찰과 범죄조직원이지만, 각각 자신의 본래 모습과는 전혀 다른 '위장 깡패'와 '위장 경찰'로 10년 넘게 살다 보니 정신과 의사의 심리치료를 받을 만큼 심각한 정체성의 혼란과 고통을 겪게 된다. 자신의 신분을 들키는 순간 목숨이 위태로운 살얼음판의 연속이지만 긴장도 오래 지속되면 무뎌지게 마련이다. 이는 박채서처럼 적국의 정보기관에 침투해 기밀을 빼내고 역정보를 흘려 오판을 하게 하는 이중공작원들이 겪는 정체성의 혼란과 비슷한 것이다.

국정원 공작원 박채서와 북한 국가안전보위부를 연결하는 대화 채널이었던 리철의 '본업'은 내각 참사였다. 그러나 리철은 박채서 간첩 사건을 계기로 대남공작원이라는 낙인이 찍혔다. 10년 넘게 그의 파트너였던 박채서가 스파이 혐의로 국정원에 체포되었기 때문이다. 그렇다면 리철은 10년 넘게 내각 참사로 위장한 대남공작원이었을까? 과연 리철의 본업은 무엇일까?

리철은 김일성종합대학 수석 졸업자

돌이켜보면 국정원은 박채서를 간첩 혐의로 구속하기 위해서 사전에 리호남(리철)을 북한 공작원으로 규정시켜 놓을 필요가 있었다. 그래서 공소장에서처럼 리호남에 대해 그럴듯한 숫자와 행적을 억지로 맞춰 놓은 것이다. 그러나 국정원과 검찰은 재판에서 리호남이 공작원임을 입증하는 공식자료를 내놓지 못했다. 단지 국정원 내에서도 수사와 관련된 수사국 자료와 미확인된 언론 기사만 제한적으로 내놓았을 뿐이다.

사실 공소장에 리호남이 북한 공작원이라고 적시한 국정원 수사관계자 중에서 그를 직접 접촉해본 사람은 아무도 없었다. 대한민국에서 리호남을 가장 장기간 접촉하면서 그의 평양 집을 방문해 가족까지 만나보고, 그가 무슨 생각과 고민을 하는지까지 알 수 있는 사람은 박채서뿐이었다. 그래서 박채서는 국정원 대북공작국에 보관된 리호남(리철) 파일을 증거자료로 제출하게 해 달라고 재판부에 요청했다. 하지만 국정원과 검찰 측은 공작파일은 기밀이라는 이유로 받아들이지 않았다.

공소장에 적시된 리호남은 원래 본명이 리철이다. 박채서가 1994년에 공작 사업의 일환으로 처음 북측과 접촉할 당시, 리철은 그와 북측 간의 원만한 대화와 접촉의 유연성을 위해 긴급 투입된 인물이었다. 북측과의 접촉 초기에 박채서가 직접 그의 여권(베이징, 평양)을 확인했을 때도 '리철'로 표기되어 있었고, 1998년 북풍 사건 당시까지 공식적으로 '리철'이란 이름을 사용했다. 북한 청진에 살고 있는 그의 동생 이름은 '리금철'이었다.

공소장에도 그에 대한 인적 정보가 일부 적시되었지만, 리철은 김일성종합대학 경제학부 출신으로 졸업 당시 전체 졸업생 중 최고의 성적으로 졸업하여 당시 김일성 주석으로부터 주석궁에 초대되어 "당의 일꾼으로 키우라"는 김일성 교시를 받은 인물이다. 북한 사회에서 김일성 교시를 한 번 받으면 그것은 영원불변이라는 것은 익히 알려진 사실이다. 그 후 리철은 계속 공부를 하여 김일성대학에서 박사학위를 취득하고 교수로 재직하게 된다. 당시 그의 전공은 자본주의 경제학이었고, 박사학위 논문도 특이하게 〈박정희 대통령의 경제발전계획과 그 성과에 대하여〉였다고 한다.

북한에서 재일조선총련(조총련)을 비롯한 해외동포를 중심으로 한 외자 유치로 경제 활성화를 시도할 즈음, 그는 외자 유치를 심사하는 합영총국 심의처장의 신분으로, 주로 조총련과 해외 인사들과 많은 접촉 경험을 쌓게 된다. 그의 그런 경력과 박채서와 비슷한 나이 등 조건을 감안해 박채서의 대화 창구로 긴급 투입된 것이다. 특히 합영총국 심의처장으로 근무하면서 알게 된 조총련계 재일교포 시바다 아리요시(한국명 서재호)가 국가안전보위부에 리철을 박채서의 대화 채널로 적극 추천했다.

하지만 리철은 공작업무와 관련된 회동이나 활동에는 참여하지 않았다. 리철은 박채서와의 공개 접촉과 대화 창구로서 제한된 활동을 할 뿐이었다. 실제 공작 대상자인 보위부 김영수 과장은 철저히 노출을 꺼려서 공작 당시 박채서가 몰래 찍은 사진 말고는 국정원에 그의 인물사진조차 없을 만큼 비밀리에 움직였다. 그것이 비밀공작원의 기본 행태인 것이다. 반면에 리철은 박채서와 자유롭게 접촉하고, 공개적으로 베이징 등지에서 한국 노래방과 한국 식당에 동행하고 남측 언론사 기자와 기업인들을 스스럼없이 만나고 소개받았다.

공작원은 하루아침에 만들어지는 것이 아니다. 특히 적의 진영에 은밀히 침투해서 첩보 수집, 주요 인물 포섭 등의 임무수행을 위한 비밀공작원들은 장기간의 교육과 훈련 말고도 비밀공작원으로서 타고난 자질이 요구된다. 대한항공(KAL) 858기 폭파범 김현희의 증언에서 알 수 있듯, 북한은 완벽한 비밀공작원을 양성하기 위해 자국의 어린 학생은 물론, 남한과 일본의 학생들까지 납치해 비밀공작원 훈련에 동원했다. 특히 공작의 세계에서는 북한이 비밀공작원을 양성하는데 얼마나 큰 노력을 기울이는지를 잘 드러낸 김정일의 다음과 같은 어록이 널리 통용되었다.

"잘 교육 · 훈련된 유능한 공작원 한 사람은 4개 정규사단과도 바꿀 수 없습니다."

북측의 비밀공작원 선발 및 양성 과정은 철두철미하고 엄격한 것으로 정평이 나 있다. 그런데 리철의 태생과 성장 과정, 그리고 박채서를 처음 만났을 때(40대 초반)까지의 공개된 경력을 살펴보면, 공작활동과는 거리가 멀었다. 공작 업무에 필요한 자질이나 소양도 엿보이지 않았다.

또한 사상과 집안의 뒷배경이 출세와 권력 유지의 중요한 요소로 작동하는 북한 사회에서 김일성종합대학을 최고 성적으로 졸업해 "당의 일꾼으로 키우라"는 김일성 주석의 교시까지 받은 터였다. 리철의 아버지는 북한군 군단장까지 역임한 군의 최고위 간부였으며, 그의 장인 역시 당시 당서열 30위 안에 드는 고위 간부 집안이었다. 처음부터 당과 국가의 필요에 의해 선발된 요원이라면 모르지만, 김일성의 교시대로 당에서 잘 크고 있는 아들과 사위를 위험한 공작의 세계로 이끌 까닭이 없었다.

작전부 산하 715 연락소에 소환되어 공작 지령을 받기에는 그의 연령과 지위도 맞지 않았다. 박채서는 2005년 이후에 리철이 베이징에 오면 베이징주재 북한대사관 영사들이 그와 만나거나 식사를 하기 위해 그와 리철이 있는 캠핀스키 호텔 커피숍으로 찾아와 대기하는 광경을 여러 번 보았다. 심지어는 최진수 중국주재 북한대사(2000~2010년)도 직접 전화를 걸어 그와 식사 약속을 잡는 것을 목격하기도 했다. 그가 일개 공작원이라면 차관급 외교관이 그러한 반응과 응대를 할 리가 없었다.

또한 리철은 수시로 북 · 중 경제대표 회담에 북한 측 대표단을 이끌고 중국을 방문하였으며, 김정일의 비밀 방중 전에는 사전 선발대로 나와 사전 점검하는 활동을 수행했다. 그의 이런 활동에 대해 중국주재 한국 특파원들과 삼성그룹과 기아현대차 관계자들도 대부분 알고 있었으며 수시로 접촉하기도 했다. 아무리 북 · 중 관계가 피를 나눈 혈맹우호 관계라고 하더라도 만약 리철이 비밀공작원 신분으로 중국에서 그런 활동을 했다면 중국 공안당국에서 반드시 제재했을 것이다. 박채서도 리철의 신분이 궁금해 중국의 국정원에 해당하는 국가안전부의 왕건충 국장을 통해 신분을 확인해본 적이 있는데, 답변은 '내각(무역성) 참사'였다.

또한 1997년 공작활동이 활발하던 때 리철의 대학 4년 후배인 권민(본명 권호웅)이 대선공작반의 일원으로 활동한 적이 있는데, 리철보다 하위 직책이었던 자가 나중에 외형상으로 상위급 회담인 남북장관급회담의 북측 대표단장을 역임했다.

북한 인사들은 2000년 6.15 남북정상회담 전까지는 가명을 주로 사용했다. '임춘길'이란 가명을 쓴 임동옥 통전부 제1부부장과 '안병수'라는 가명을 쓴 안경호 통전부 부부장 같은 통전부 인사들은 물론, 쌀-비료 회담의 남북대화 전문일꾼인 전금진도 '전금철'이란 가명을 사용했다. 북한은 6.15 공동선언 이후 김정일 위원장의 지시로 가명을 쓰는 사례가 줄었다.

하지만 남북장관급회담 관계자들은 권민보다 대외활동 경험과 대남사업 경력이 많은 리철에게 더 자문을 구하곤 했다. 박채서는 장관급회담 개최 전에 리철과 권민이 상당히 밀착해서 사전 협의하는 광경을 지켜보았다. 당시 리철이 박채서에게 회담 자문을 요청하곤 했기 때문에 박채서는 리철을 통해 두 사람의 관계와 회담 내용을 알 수 있었다.

이처럼 체포될 때까지 16년간 그를 가장 가까이에서 지켜봐 그의 생각과 고민까지 꿰뚫고 있던 박채서의 결론은 국정원에서 주장하는 작전부 산하 715 연락소 공작원과는 거리가 멀었다. 다만, 작전부 같은 대남 공작기관에서 그의 여건을 활용해 협조자로 이용했을 가능성은 있었다. 어느 나라건 중요한 국가 공작 사업에 필요할 경우, 개인과 기관에 협조를 요청해 상대의 동의하에 일정 기간 개인 및 기관협조를 받는다.

베이징 캠핀스키 호텔 로비의 리호남 내각 참사

김당이 법정에서 증언한 리철의 '본업'과 '부업'

김당 기자는 박채서가 1996년부터 '아자 전무'라는 직함으로 북한에서 독점적으로 상업광고를 찍는 광고사업을 추진할 무렵에 베이징에서 박채서의 소개로 리철을 처음 알게 되었다. 168cm쯤 되는 통통한 몸매에 머리숱은 적지만 단정히 빗어 넘긴 헤어스타일을 가진 온화한 첫인상이었지만 말씨에서는 자신이 하는 업무에 대한 자부심과 열정을 느낄 수 있었다. 다만, 만나 보니 그가 김일성종합대를 수석 졸업했다는 박채서의 사전 정보는 실감이 나지 않았다.

김당은 1998년 3월 '이대성 파일' 사건으로 박채서의 공작원 신분이 드러난 뒤로는 독자적으로 리철을 취재원으로 만났다. 그 후 박채서가 중국으로 건너가 대북사업을 하면서 다시 리철과 만나는 가운데, 김당도 리철과 만남을 이어갔다.

특히 2000년 6.15 남북정상회담을 앞두고 김당은 리철의 요청으로 남북정상회담의 주요 의제와 쟁점에 관해 토론하고 관련 자료를 제공했다. 리철은 원래 박채서에게 도움을 요청했으나, 박채서가 "그런 자료는 객관적인 시각을 가진 언론인의 도움을 받는 것이 좋겠다"며 김당에게 토스했던 것이다. 이에 리철은 김당을 베이징에서 만나 조심스럽게 타진했다.

"김 선생, 역사적 북남 수뇌회담을 반드시 성공시켜야 합니다. 회담의 성공을 위해서는 쌍방간에 정확한 정보를 공유할 필요가 있습니다. '박상'한테서 얘기를 들으셨겠지만, 남측 청와대나 통일부 이런 데서 회담 준비를 어떻게 하고 있는지, 또 미국놈들은 어떤 의도를 가졌는지 알 수 있는 자료를 챙겨 주시면 고맙겠습니다."

김당은 박채서와 상의해 역사적인 남북정상회담의 성공을 위해 관련 자료를 제공하기로 했다. 분단 이후 첫 남북정상회담에 대한 국민 여론을 수렴하고 국민적 합의를 이루기 위해 청와대와 통일부 홈페이지에 개설된 남북정상회담 의제와 관련된 정책홍보 자료와 세종연구소, 통일연구원 같은 국책연구소에서 발간한 공개 보고서, 그리고 주변국 정세 분석을 담은 민간연구소 비공개 보고서 등을 프린트하거나 다운로드 받아서 리철에게 제공했다.

결과적으로 6.15 남북정상회담은 한반도에 평화 분위기를 조성하고 주변국의 호응을 끌어내 IMF 긴급구제금융 이후 얼어붙은 외국 자본의 '바이 코리아(Buy Korea)' 투자를 이끌어내는 등 큰 성공을 거두었다. 또한 한반도의 안보와 남북 간의 문제를 주변 강대국의 간섭에서 벗어나 남북한이 자주적으로 해결할 수 있다는 자신감을 심어준 것은 큰 성과였다.

김당은 그해 10월 한국 기자로서는 처음으로 북한 정부로부터 취재목적의 개인 비자를 받아 7박 8일 동안 평양을 취재했다. 박채서의 부탁을 받은 리철의 주선으로 아태평화위로부터 초청장과 신변안전 각서를 받은 방북이었다. 김당은 또한 2006년 10월 9일 북한이 1차 핵실험을 강행한 뒤로 남북한 비밀접촉이 시작되어 이듬해 8월 김만복 국정원장과 깅양건 통전부장이 제2차 남북정상회담 개최에 합의하기까지 리철을 수차례 만나 취재했다.

이처럼 김당은 박채서로부터 리철을 소개받은 이래 박채서가 간첩 혐의로 구속될 때까지 스무 번 가까이 리철을 만났다. 그로 인해 김당은 박채서가 구속된 이후 국정원 대공수사국에 불려가 참고인 조사를 받았다. 국정원은 김당에게 박채서로부터 리철을 소개받은 경위, 박채서와 리철의 관계, 리철에게 남북 정상회담 관련 자료를 제공하게 된 배경 등을 캐물었다.

김당은 또한 박채서로부터 자신의 재판에 출석해 리철에 대해 증언해 달라는 요청을 받았다. 그의 변호인은 김당에게 리철에 대해 잘 알면서도 취재원과 불가근불가원(不可近 不可遠) 관계를 유지하는 기자라는 점에서 제3자의 객관적 시각으로 증언해 달라고 부탁했다. 김당은 증인 출석 요청을 기꺼이 받아들여 자신이 만난 리철에 대해 법정에서 증언했다.

> "남북 간에는 공개와 비공개, 여러 가지 채널이 있다. 정상회담 추진 과정에서 공
> 개·비공개 채널이 모두 활용됐지만, 내적으로는 아주 투명하게 처리됐다. 그 부
> 분에 관해서는 참여정부의 정신이 그대로 실려 있다고 자신 있게 말하겠다."

김만복 국가정보원장은 2007년 8월 8일 오전 청와대 춘추관에서 제2차 남북정상회담 합의 사실을 발표하면서 이렇게 밝혔다. 이번 정상회담 준비과정에 '뒷거래' 의혹이 없다는 걸 분명히 밝혀 달라는 한 기자의 질문에 대한 답변이었다.

김만복 원장의 설명대로, 제2차 남북정상회담 합의의 이면에는 비공식 채널과 공식 채널이 다양하게 가동되었다. 특히 이 합의는 북한이 1차 핵실험을 강행한 2006년 10월부터 남북정상회담 개최에 합의한 2007년 8월 초까지 10 개월간 정부의 대북 비선과 공식·비공식 채널이 극도의 보안 속에서 가동되어 이뤄낸 결과물이었다.

노무현 정부에서 남북정상회담 추진 사실이 가장 먼저 알려진 것은 2006년 11월 9일 김당 기자가 오마이뉴스에 보도한 '노무현 – 김정일 핵심 측근, 베이징 등에서 두 차례 접촉'이란 기사를 통해서였다. 김당은 당시 "노무현 대통령과 김정일 국방위원장의 신뢰를 받는 핵심(측근) 인사들이 북한 핵실험 이후

인 10월 20일경 베이징에서 연쇄 접촉을 갖고 6자회담 복귀 일정 및 향후 정상회담 추진 등에 대해 원칙적으로 합의했다"고 보도했다.

기사에서 언급한 노 대통령의 핵심 측근은 노 대통령의 '동업자'로 통하는 안희정(安熙正)이었다. 안 씨는 당시 북한 미사일 발사의 의도를 파악하고, 남북관계의 대화채널을 복원하는 데 주로 초점을 맞추었던 것으로 보인다. 안희정은 처음에는 대북접촉 사실을 부인했으나 김당 기자가 접촉 사실을 뒷받침하는 후속 보도를 이어가자 "10월 20일 베이징에서 북한의 리호남 참사를 만났다"고 비밀접촉 사실을 시인했다.

2002년 대선 당시 불법 정치자금을 모금한 혐의로 유죄를 선고받고 대통령의 특별사면으로 출소한 안희정은 대통령의 '동업자'라고 해도 민간인 신분이었다. 그래서인지 안희정은 자신이 남북정상회담을 추진하기 위한 대통령 밀사의 자격으로 리호남을 만난 것은 전혀 아니라고 부인했다. 당시는 북한의 미사일 발사와 핵실험으로 남북 간 대화채널이 무너진 상황이어서 북측이 핵실험을 한 의도가 무엇인지 파악해보기 위해서 대북접촉을 한 것이라는 해명이었다.

그러나 김당 기자가 당시 북한 내각 참사였던 리호남(리철)을 만나 확인한 바에 따르면, 안희정과 이화영 의원, 그리고 리호남 참사 3인은 북한 핵실험 직후인 2006년 10월 20일 베이징 쿤타이호텔(昆泰大飯店)에서 만나 '남북정상회담을 위한 특사를 파견하는 문제'도 의논했다. 안희정은 리철 참사에게 자신을 '대통령의 어린 동업자'라고 소개하며 "대통령의 뜻을 전하러 왔다"고 말했다.

3인은 이날 기념사진을 찍고 베이징의 '평양 모란각'에서 함께 저녁 식사를 했으며 다음날 리 참사는 평양의 지시를 받아 특사와 정상회담 문제를 협의할 '확정회담'을 갖자고 역제안했다. 그러나 정상회담 문제를 협의할 '확정회담' 제안은 결렬되었다. 공식 라인의 부활을 통한 특사 및 정상회담 추진을 도모한 안희정 측과 비선라인을 통한 특사 및 정상회담 추진을 예상하고 나온 리호남 측의 입장이 서로 달라 협상이 결렬되었던 것이다.

이후 리 참사는 안희정이 직접 평양을 방문해줄 것을 요청했으나, 안 씨는 이를 거절하면서 대신 특사로 이해찬 전 총리가 평양에 가는 방안을 제시했다. 그리고 우여곡절 끝에 12월 16일 이화영 의원이 그 전 단계로서 평양을 방문해 리호남 참사와 민족화해협의회(민화협)의 김성혜 참사 및 박경철 부회장 등을 만났던 것이다(김성혜 참사는 이후 2018년 4월 27일 제3차 남북정상회담의 판문점 만찬에 '당중앙위 실장'이란 명찰을 차고 참석했다).

리철 "남북정상회담은 '안희정' 접촉부터 시작되었다"

안희정 – 리호남 비밀접촉 현장에는 안희정과 동행한 이화영 의원 외에도 또 한 사람의 대북 비선이 있었다. 바로 이 비밀접촉을 주선한 대한무역투자진흥공사(KOTRA) 출신의 권오홍 씨였다. 권 씨는 1989년 KOTRA 특수사업부에서 몽골, 미얀마, 베트남, 캄보디아 등 공산권 미수교국을 상대로 '북방교역'을 하면서 북한과의 경제협력사업에 투신한 대북 경제통이다.

권오홍은 '노무현 정부의 대북접촉 비망록'이라는 부제를 붙인 《나는 통일정치쇼의 들러리였다》(동아일보사, 2007년)는 책에서 비밀접촉을 주선하게 된 경위와 과정을 상세하게 공개했다. '비망록'에 따르면, 그에게 김창수 NSC 행정관을 통해 안희정의 대북접촉 주선을 부탁한 사람은 이호철 청와대 국정상황실장이다. 당시 북측의 미사일 발사와 핵실험으로 북측과 연결된 라인이 모두 죽어 있는 상황을 타개하기 위한 것이었다. 이호철은 노 대통령의 신임이 각별한 청와대 386그룹의 좌장이었다.

권오홍은 청와대 측에서 각별한 보안을 요청함에 따라 접촉장소인 쿤타이호텔을 자신의 이름으로 예약해 두었다. 이화영은 이날 예정된 주중 한국대사관 국정감사에 참석하지 않고 안희정과 동행한 것은 안희정의 알리바이를 만들기 위해서였다. 안희정은 리호남에게 이렇게 말했다.

"특사를 파견하는 문제, 그것을 얘기하러 왔습니다. 정상회담을 하는 문제,

이것을 의논하러 왔습니다. 이거 지금 다 했으면 좋겠고요. 방법은 공식라인(통일부–통전부)을 살려서 했으면 좋겠습니다. 제가 대통령께서 '어린 동업자'라고 부르는 사람입니다. 수시로 뵙니다. 사실 거의 매일 뵙습니다. 그 뜻을 전하려고 온 것입니다."

안희정이 통전부와의 공식라인 재개를 강조하자, 리호남은 메모장을 덮으며 이렇게 답했다.

"림동옥 선생(통전부장)이 죽고 난 다음 그쪽은 누가 맡을지 정해진 바가 없지요. 굳이 공식적으로 하길 원한다면 민화협 회장 앞으로 편지를 써주시고 안선생, 이 선생이 밑에 서명해서 주시면 그쪽으로 전달하지요. 나야 그것만 해주면 되니까. 전달하는 거야 뭐 어렵지도 않지요. 그런데 공식라인끼리는 이메일도 전화도 다 있으니 이야기하는 데 수단이 없는 건 아닌 상황이지요. 서로 지금도 안부 묻는 메일, 전화는 오간다고 하던데…" [2]

리호남은 정상회담을 제안하며 과거와는 다른 방식으로 추진하자고 했는데, 안희정은 정상회담은 좋지만 과거와 같은 공식라인을 살려서 하자고 했다.

김당은 2007년 9월에 제2차 남북정상회담을 앞두고 베이징에서 리철을 만났다. 2000년 6월 1차 남북정상회담 때는 리철이 회담을 앞두고 관련 자료를 김당 기자에게 요청하면서 만났다. 그런데 2차 남북정상회담을 앞두고는 반대로 김당 기자가 리철에게 만남을 요청했다. 안희정–리철의 비밀접촉을 처음 보도한 당사자로서 남북한 비선(秘線) 접촉과 남북정상회담의 인과(因果) 관계를 취재하기 위해서였다.

김당이 먼저 말문을 열었다.

"김만복 원장의 발표를 보니 남북정상회담이 굉장히 전격적으로 합의된 것 같습니다."

리철은 대수롭지 않은 투로 말했다.

---

주2 _ 권오홍, 《나는 통일 정치쇼의 들러리였다》 동아일보사, 2007년, 30–31쪽

"그거야 '안(안희정)'을 만난 그때부터 한 겁네다. 그때부터 시작한 것이 마지막에 다 정해져서 몇 사람이 들어와서 수표(서명)한 것입네다."

안희정과의 비밀접촉에서 상대방의 대화 의지를 확인한 뒤로 몇 차례 더 남북 간에 접촉이 이뤄졌고, 김만복 국정원장과 서훈(徐薰) 대북전략국장 등이 비밀 방북해 10월에 남북정상회담을 개최하기로 합의가 이뤄졌다는 설명이었다. 김당은 공감을 표명하면서도 재차 확인을 요청했다.

"아, 그래요? 그러면 정상회담은 '안(안희정)'부터 시작되었다고 봐야 되나요?"

리철은 거듭된 질문에 웃으면서 반문했다.

"그렇게 봐야 옳지 않갔어요?"

북한의 1차 핵실험 직후 안희정·이화영 의원이 접촉한 리호남 참사는 그 후 이화영 의원의 방북(12월)과 이해찬 의원의 방북(3월)에서도 중요한 역할을 했다. 안희정–리호남 비밀접촉은 2007년 남북정상회담 추진 채널이 '비공식 라인'에서 '공식 라인'으로 넘어가기까지 중요한 '산파역'을 했던 것이다.

물론 안희정의 대북접촉 이전에도 대북 특사 파견과 국정원–통전부의 비밀접촉은 있었다. 가장 대표적인 사례가 2003년 11월 문성근(文盛瑾) 특사의 비밀 방북이다. 물론 안희정과 문성근은 대통령의 각별한 신임을 받는 민간인이라는 공통점이 있으나, 문성근은 대통령의 친서를 소지한 공식 특사라는 점에서 안희정과는 차원이 다르다.

노 대통령은 2003년 9월 1차 6자회담이 종료된 직후에 직접 문성근 씨를 콕 집어 대북특사로 보낼 것을 NSC(국가안전보장회의) 사무처에 지시했다. 이에 NSC 사무처는 문성근 특사 건을 국정원과 협의해 진행하게 했다. 미국에는 10월 20일부터 열린 APEC 정상회의 기간에 라종일(羅鍾一) 안보보좌관을 통해 콘돌리자 라이스(Condoleezza Rice) 백악관 안보보좌관에게 관련 사실을 전달했다. 문성근 특사는 그해 11월 방북해 김정일 위원장을 만나지는 못했으나 대통

령 친서를 전달하고 김 위원장의 메시지를 받아 돌아왔다.[3]

　노 대통령은 장문의 친서에서 김정일 위원장에게 북핵문제와 관련해 통 큰 결단을 내릴 것을 권유했다. 노무현 정부에서 NSC 사무차장과 통일부장관을 지낸 이종석(李鍾奭)은 노무현 시대 통일외교안보 비망록이란 부제를 붙인 회고록 《칼날 위의 평화》에서 친서 내용을 상세히 소개했다. 일부를 인용하면 다음과 같다.

> "나는 냉전체제가 강요한 분단을 반세기가 넘도록 남과 북 우리가 스스로 극복하지 못하고 있는 것을 매우 부끄럽게 생각하는 사람입니다 …(중략)…
>
> 문제의 핵심은 핵문제가 얼마나 빨리 해결되느냐입니다. 핵문제가 해결된 상황에서 어느 나라도 남측의 동의 없이 북에 대해 '군사적 행동'을 할 수 없습니다. 따라서 핵문제와 안전보장문제가 조속히 타결될 수 있도록 더욱더 적극적인 노력이 필요합니다 …(중략)…
>
> 참여정부와 나의 의지를 담아 확신하건대, 북측이 이번 6자회담을 통해 핵문제 해결의 전기를 마련한다면, 북측은 안전보장 문제를 해결하고 획기적인 경제발전을 추구할 수 있게 될 것입니다. 어려운 정세 속에서 시작된 이번 6자회담은 그런 의미에서 우리 민족에게 둘도 없는 기회입니다.
>
> 위원장님! 이번에 손을 맞잡읍시다! 핵문제 해결과 남북관계 진전 과정에서 사안을 잘게 나누어 밀고 당기지 말고, 근본적으로 통 크게 통째로 해결합시다! 위원장님과 내가 함께 이를 돌파해냅시다!"[4]

　통상적인 외교 서한과 달리 느낌표 문장이 많은 것이 눈에 띈다. 그만큼 노 대통령이 김정일 위원장을 설득하려는 진정성과 힘이 실려 있음을 알 수 있다.

---

주3 _ 이종석, 《칼날 위의 평화》 개마고원, 2014, 260–262쪽
주4 _ 이종석, 《칼날 위의 평화》 개마고원, 2014, 263–264쪽

림동옥 통일전선부 제1부부장을 통해 문성근 특사에 전한 김정일의 메시지는 "남측이 6.15 시대에 맞게 민족 공조의 입장에 서서 미국이 우리에 대한 적대시 정책을 포기하고 우리가 주장하는 동시행동원칙에 기초한 일괄타결안을 받아들이도록 적극적으로 뛰어주기를 바란다"는 것이었다.

이종석의 비망록에 따르면, 문성근 특사의 방북 효과는 정부가 기대했던 것보다 빠른 시기에 구체적으로 나타났다. 북측이 그해 12월 국정원 라인을 통해 북·미대화와 관련한 현황 및 북측 입장(12.9)과 북·중 협의 결과(12.29)를 통보해온 것이다. 특히 북측은 12월 25~27일 방북한 중국 왕이(王毅) 부부장과의 협의 결과와 북한의 기본 입장을 남측에 전달하고 협조를 요청해 왔다.

이처럼 2003년 말부터 북한은 그동안 남북관계를 통해서는 북핵문제를 논의하지 않는다는 입장을 바꿔 남측과도 적극적으로 핵문제에 대해 협의하기 시작했다. 북핵문제의 실마리가 풀리기 시작한 데는 노무현 대통령이 2003년 10월 이라크 파병의 여건으로 북핵문제의 진전을 앞세워 APEC 정상회의에서 부시 대통령의 '대북 서면 안전보장' 용의 천명을 이끌어낸 것이 주효했다.

그러나 다른 한편으로는 문성근 특사를 파견해 북측에 확실한 메시지와 북핵 포기의 필요성을 강조함으로써 남북 간 북핵문제를 논의할 수 있는 새로운 시대를 연 것이다. 그리하여 나중에 9.19 공동성명을 도출하는 과정에서 남측이 북-미에 중재자 역할을 하고, 2007년 10월 남북정상회담 때에 김계관 북측 6자회담 대표가 노 대통령에게 직접 북핵문제의 현황을 브리핑하는 이례적인 상황이 전개된 것이다.

물론 이에 대한 비판적 시각도 있다. 권오홍은 비망록에서 NSC 사무차장에서 통일부장관으로 영전한 이종석은 2005년 9.19공동성명을 전후로 정상회담 분위기가 무르익었다고 오판해 김대중 전 대통령의 특사 방북 카드의 유용성을 확신했다고 비판했다.[5] 알다시피 북측은 김대중 전 대통령의 특사 방북 카드를 수용하지 않았다. 북측으로서는 6.15공동선언의 주역을 받아들여 남측에 줄 '선물'을 준비하지 못했던 것이다.

한편, 앞서의 문성근 특사의 역할에 대해서도 이종석의 비망록과 권오홍 – 이화영의 비망록에 나타난 노 대통령의 평가는 상당히 다르다. 두 비망록에서 드러난 상반된 쟁점 중에서 특히 논란이 되는 내용은 작계 5027에 관한 것인데, 이에 관해서는 이 책의 제6장 21절의 '작계 5027 누설' 논란에서 다루기로 한다.

### 대남 공작원이 남북정상회담도 중재했다?

2006년 5월 9일 노무현 대통령은 남북정상회담을 위한 남북 접촉과 관련 주목할 만한 발언을 했다. 당시 몽골 국빈방문 중 울란바토르에서 가진 동포간담회에서 남북정상회담 개최에 대한 기대감을 나타내며 북측에 사실상 '무조건 정상회담'을 제안한 것이다.

"6월에 김대중 대통령께서 북한을 방문합니다. 김대중 대통령이 길을 잘 열어주면 저도 슬그머니 (정상회담을) 할 수 있고… 저는 북한에 대해 완전히 열어놓고 있습니다. 언제, 어디서, 무슨 내용을 얘기해도 좋으니 만나서 얘기해보자 (그런 생각입니다)."

물론 김대중 전 대통령의 방북이 무산되고, 북한도 대포동 2호 미사일을 시험 발사하면서 남북정상회담 제안은 '립 서비스'로 끝났다. 그래도 노 대통령은 8월 13일 4개 언론사 외교·안보분야 논설위원들과의 비공개간담회에서 다시 한번 주목할 만한 발언을 했다. 남북정상회담을 직접 지칭하지는 않았지만, 적어도 남북 비밀접촉이 시도되었음을 짐작할 수 있는 말이었다.

"북한과의 통로는 공식적인 통로가 가장 정확합니다. 그간 비공식적 통로도 시도해봤으나 성과가 없었습니다. 그것이 정말 김정일 국방위원장과 통하는

---

주5 _ 권오홍은 비망록에서 북한의 1차 핵실험 이후 안희정이 공식라인만을 통한 남북정상회담을 고집한 이종석에 대해 경질을 건의해 노 대통령이 이종석 장관을 경질했다고 주장했다.

2007년 3월 여야 국회의원들의 개성공업지구 시찰 당시 박영선 의원과 김성혜 참사, 그리고 김
당 기자(오른쪽부터)

통로인지도 확인하기 어렵습니다."

　그러나 그해 10월 9일, 북한이 1차 핵실험을 강행함으로써 한반도 정세가
급박하게 돌아가자, 노 대통령으로서는 더운밥(공식 채널)과 찬밥(비공식 채널)을
가릴 수 없게 되었다. 핵실험 이후 북측이 국정원 라인과 연결된 통전부 채널을
닫은 것도 영향을 미쳤다. 결국 노 대통령은 공식 채널(국정원)에 중점을 두면서
도 비공식 채널을 가동하기에 이른다. 비공식 통로는 우리 측의 '진정성'을 전해
공식통로를 여는 역할에 초점이 맞춰졌다. 안희정 – 리철의 비밀접촉에 이어 당
시 친노(親盧) 직계로 분류된 이화영 당시 열린우리당 의원은 2006년 12월 평양
을 방문해 정상회담을 위한 특사를 제안하는 노 대통령의 의사를 전했다.

　흥미롭게도 이화영 의원이 전한 '노 대통령의 뜻'에는 전에 문성근 씨를 통
해 북측에 보낸 대통령의 친서가 잘 전달되었는지를 확인하고 싶다는 내용도
포함돼 있었다. 문성근 특사가 김정일 위원장을 만나지 못했기 때문이라고는
하지만, 대통령의 친서가 전달되었는지를 북측에 확인하고자 했다는 것은 이해
가 안 되는 대목이다.

　아무튼, 그 이후 이화영 의원의 대화 채널은 김성혜 참사로 지정되었다. 김
성혜 참사는 2000년 6.15 공동선언 서명식장에도 모습을 드러낼 만큼 대남사

업에서 뛰어난 능력을 인정받은 여성 대화 일꾼으로 나중에 2018년 4월 제3차 남북정상회담 만찬에도 '당중앙위 실장'이라는 직함으로 참석했다. 김성혜는 2018년 6월 12일 싱가포르 북미 정상회담에도 수행원으로 참석했다.

그러나 본격적인 남북정상회담 추진은 사실상 남북한 공식라인이 금강산에서 접촉을 시작한 2007년 1월부터 이뤄진 것으로 보인다. 그러는 사이에 2007년 3월 초순 이해찬 전 총리의 방북이 전격적으로 이뤄졌다. 청와대는 이해찬 전 총리의 '대통령 특사' 자격을 부인했다. 하지만 그가 방북할 때 쓰고 간 '열린우리당 동북아평화위원회 위원장'이라는 모자는 급조된 것이었다.

이해찬 전 총리와 이화영 의원 등은 2007년 3월 중국 센양에서 리호남 참사의 안내를 받아 평양에 들어갔다. 김당 기자가 그때 평양에서 이해찬 전 총리와 접촉한 김성혜 참사에게 나중에 경위를 묻자 김성혜는 "서울 측이 약속을 잘 지키지 않고 말만 앞세운다"면서 남측이 공식라인과 비공식 라인을 동시에 가동하는 것에 대해 불만을 피력했다. 공식라인은 국정원 라인을 가리켰다.

결국 '노 대통령의 오른팔' 안희정이 제2차 남북정상회담 레이스에서 노 대통령의 진정성을 북측에 전달하기 위해 투입된 '선발투수'라면, 남북한이 모두 믿을 수 있는 이해찬 전 총리의 역할은 '중간계투'였던 셈이다. 그리고 '최종 마무리'는 공식라인(국정원)에 넘겨졌다. 그러나 이때까지의 북측 입장은 "정상회담 개최에는 원칙적으로 동의하나, 시기는 주변 정세와 남북관계 상황을 보면서 검토하겠다"는 것이었다.

본격적인 남북 고위급 대화의 분위기가 무르익은 것은 북한이 영변 핵시설을 폐쇄하고 국제원자력기구(IAEA) 감시단원을 받아들이는 등 2.13합의 이행이 순조롭게 진행되면서부터이다. 그 과정에서 김정일 국방위원장이 2007년 3월 최측근인 김양건 국방위 참사를 대남정책을 총괄하는 노동당 통일전선부장에 임명한 사실이 나중에 알려졌다.

통전부장 자리는 김용순 부장이 2003년 10월 교통사고로 사망하고 2006

년 초 임동옥 부장이 이어받았으나 임 부장마저 그해 8월에 폐암으로 사망한 이후 공석이었다. 공석이었던, 대남정책을 총괄하는 통전부장이 확정됨에 따라 비로소 국정원 – 통전부 핫라인을 통해 남북대화가 무르익을 수 있는 계기가 마련된 셈이다.

2007년 5월 30일 김만복 국정원장이 심야에 서훈 국정원 3차장을 동행하고 남북장관급회담이 진행 중인 서울의 한 호텔을 은밀히 방문해 남측 수석대표인 이재정 통일부장관과 밀담을 나눈 모습이 언론에 포착되었다. 서훈 3차장은 제1차 남북정상회담 추진을 위한 국정원 비밀접촉의 실무 책임자였다. 서훈 차장은 그 이후에도 통전부 핫라인과 비밀접촉을 유지해왔다.

2007년 7월 초 우리 측은 국정원 대북 채널을 통해 남북관계 진전 및 현안 협의를 위해 김만복 국정원장과 김양건 통전부장 간의 고위급 접촉을 제안했다. 뜻밖에도 북측은 7월 29일 김양건 통전부장 명의로 "8월 2~3일간 국정원장이 비공개로 방북해 달라"며 공식 초청했다. 김 국정원장은 '대통령 특사' 자격으로 두 차례에 걸쳐 비공개 방북해 북측과 협의하고, 제2차 남북정상회담 개최를 합의하게 됐다. 노 대통령 임기 초의 문성근 특사에 이은 두 번째 대통령 특사였다.

김양건 통전부장은 김만복 특사에게 "김정일 국방위원장의 위임에 따른 중대제안 형식으로 8월 하순 평양에서 수뇌 상봉을 개최하자"고 제안했다. 특히 김 위원장은 '참여정부 출범 직후부터 노 대통령을 만날 것을 결심했으나 그동안 분위기가 성숙되지 못했으며, 최근 남북관계 및 주변 정세가 호전되고 있어, 현시기가 수뇌 상봉의 가장 적합한 시기'라고 언급한 것으로 전해졌다.

김만복 국정원장은 8월 3일 서울 귀환 후 노 대통령에게 이를 보고했다. 노 대통령이 북측 제안을 수용할 것을 지시하자, 김 원장은 4일 재차 방북해 "북측의 남북정상회담 개최 제안을 수용한다"는 대통령의 친서를 김양건 통전부장을 통해 김정일 위원장에게 전달했다. 이 과정을 거쳐 김 국정원장과 김양건 통전부장은 '제2차 남북정상회담 개최 합의서'에 나란히 서명하게 되었다.

결국 남북정상회담의 최종 마무리는 국정원－통전부 채널이라는 공식 라인에서 했지만, 멀리는 안희정－리철의 비밀접촉이 시발점이 되었다고 해도 과언이 아니다. 그렇다면 스스로 '대통령의 어린 동업자'로서 "대통령의 뜻을 전하러 왔다"고 자신을 소개한 안희정과의 비밀접촉에 나선 리철이 대남공작원이라는 주장은 설득력이 없다. 대남공작원이 남북정상회담을 중재할 수는 없는 노릇이기 때문이다.

### 리철, 남북정상회담 경제회담 대표로도 참석

리호남은 1990년대 중반 '대외경제위 과장' 시절부터 '리철운'이라는 이름으로 남북 경협 현장을 누비고 다닌 경제 전문가이다. 당시 활동하던 사람들은 대부분 사라지거나 은퇴하고 없는 가운데, 그는 최근까지도 현역에서 활동하는 몇 안 되는 대남 경협 전문가다. 남한에서 열린 남북경제협력추진위원회 회의 때는 '리철'이란 이름으로 참석했다. 당시에는 민족경제협력연합회(약칭 민경련) 참사 직함을 썼다. 2007년경부터는 '리호남'이란 이름을 주로 사용했다.

조철준 전 북한 정무원(현재의 내각) 건설부 부장(장관)의 아들로 1994년 한국으로 귀순한 조명철 대외경제정책연구원 국제개발협력센터 소장은 김일성대 박사원에서 리호남과 동문수학했다. 리호남은 김당을 만났을 때 황장엽 전 노동당 비서와 김덕홍 전 여광무역 사장, 그리고 동문수학한 조명철 등 탈북한 북쪽 인사들의 안부를 물어본 적이 있다. 김당도 조명철 소장이 국회의원 시절에 리호남의 안부를 전한 적이 있다. 조명철은 리호남에 대해 이렇게 말했다.

"함경남도 책임비서를 지낸 리길송의 사위입니다. 저랑은 1980년대 후반 김일성대 교수(상급교원)로 함께 일했습니다. 성격이 호방하고 활달하고, 두뇌 회전도 빠릅니다. 교수로 일한 지 몇 년 안 돼 대외경제 일을 맡은 합영총국으로 옮겨갔지요."

리호남(왼쪽에서 두번째, 본명 리철)은 2007년 10월 제2차 남북정상회담 이틀째에 열린 경제인 (대기업 총수) 간담회에 북측 대표단의 일원으로 참석한 것으로 확인되었다. (MBC 화면 캡처)

리철은 김일성대 경제학부 정치경제학과에서 상급교원으로 경제학을 가르쳤고, 경제학부 교수 자격증도 있다. 합영총국은 무역부 대외경제사업부와 함께 지금은 사라진 대외경제위원회에 속하던 부서다. 대외경제위원회를 없앤 뒤 무역부, 대외경제사업부가 따로 존재하다가 무역부란 이름으로 하나가 됐다. 무역부는 무역성으로 개칭됐다.

그는 자본주의 경제학을 공부한 데다가 합영총국에서 일해서인지 실물경제에도 밝았다. 흑금성 공작원 박채서가 북한 정보기관에 침투하기 위한 편승 공작의 일환으로 한국 기업의 TV 상업광고를 촬영하는 사업을 추진할 때, 남측 아자와 북측 금강산관광총회사의 중개역을 맡은 이도 리철이었다.

아자는 국내 최고의 대기업인 삼성과 현대를 광고주로 마케팅을 벌인 관계로 당시 이필곤 중국삼성 회장, 윤종용 삼성전자 사장, 박철원 삼성물산 부사장, 한행수 삼성중공업 부사장 등이 흑금성의 소개로 리호남을 만났다. 그러나 김당 기자가 그를 만나본 바에 따르면, 그는 기업의 규모가 크건 작건 가리지 않고 남북경협에 적극적으로 임했다. 그만큼 평양의 윗선에서 그의 실물경제 감각을 인정하고 있다는 뜻이었다.

북한의 1차 핵실험 직후 안희정이 베이징에서 비밀접촉했던 리호남 내각 참사는 2007년 10월 2차 남북정상회담에도 북측 대표단의 일원으로 참석했다. 리호남 참사는 정상회담 이틀째인 지난 10월 3일 평양 인민대학습당에서 열린 특별수행원들의 대기업 부문 간담회에 '리철'이라는 이름과 '민경련 참사'라는 직함을 내걸고 참석했다.

안희정과의 비밀접촉이 공개되어 논란에 휩싸였던 그가 제2차 남북정상회담의 분야별 공개회담에 대표로 참석했다는 것은 그의 건재함을 드러냄과 동시에 사실상 정상회담 추진 과정에서 모종의 역할을 수행했음을 과시하는 것이었다. 왜냐하면 북측 대표단에 모습을 드러낸 그의 존재는 북한 체제의 특성상 그의 대남 비선(안희정) 접촉이 '상부'의 지시에 따라 이뤄졌음을 의미하며, 남북정상회담이라는 사안의 성격상 그런 접촉은 김정일 국방위원장의 추인 없이는 불가능하기 때문이다.

대기업 부문 간담회에는 남측에서 정몽구 현대-기아차 회장을 단장으로 해서 구본무 LG 회장, 최태원 SK 회장, 현정은 현대그룹 회장 등 대기업 총수들과 이구택 포스코 회장, 윤종용 삼성전자 부회장 등 7명이 대표로 참석했고, 북측은 한봉춘 내각참사를 단장으로 해서 리호남 참사 등 5명이 대표로 참석했다. 이외에도 간담회에는 회담 안내 및 기록을 겸해 남측에서 재경부의 안모 국장이 배석했고, 북측 역시 관계자 1명이 배석해 기록을 담당했다.

김당 기자는 회담의 영상기록 화면과 회담 참석자들을 통해 리철이 간담회에서 무슨 말을 했는지 확인해보았다. 리철은 이 자리에서 자신을 '내각 참사 리철'이 아닌 '민경련(민족경제협력연합회) 참사 리철'로 소개했다. 리철은 전에도 종종 남측 기업인들에게 자신을 '민경련 참사'로 소개해 왔다. 그러나 리호남이라는 이름이 가명이듯, 민경련 참사도 때와 장소에 따라 골라 사용하는 위장 직함으로 보는 게 맞다.

리 참사는 이 자리에서 대기업 총수들이 대거 방북 명단에 포함된 것에 관심을 표시하는 한편으로, "북남 수뇌회담을 계기로 큰 기업이 통 크고 과감하게 (투자)해야 하는 것 아니냐"고 말했다. 2차 남북정상회담을 계기로 남측 대기업들이 적극적으로 대북사업에 나서주기를 바란다는 거였다.

부문별 회담 기록은 공개되지 않았기 때문에 상세한 발언 내용은 알 수 없지만, 대북 협력, 경제 협력 투자 확대 방안 그리고 서로 경제 협력 방식을 어떻게 개선할지에 대한 논의가 주로 이뤄진 것으로만 알려졌다. 그러나 총수가 간담회에 참석한 대기업의 한 관계자는 "상견례와 탐색전의 성격을 띠고 있을 뿐 실질적인 대화는 없었던 것으로 안다"고 말했다.

아무튼 리철이 대남공작원이라면, 대기업 총수들과 상견례를 하는 공개적인 자리에 나와서 통 큰 투자를 요청하는 모양새보다는 단둘이서 은밀하게 만나서 포섭하는 그림이 그려져야 맞다. 그런데 리철에 대한 그런 행적은 찾아볼 수 없었다. 2차 남북정상회담에서 그가 했던 역할도 대남공작원과는 거리가 멀다. 2차 남북정상회담 이후에 그가 만났던 한국 기업인들과의 접촉 내용을 봐도 공작과는 거리가 멀었다.

제2차 남북정상회담 이후 아시아나항공은 북한에 민영항공사 합작설립을 추진했다. 당시 금호아시아나그룹이 북한 민영항공총국 앞으로 보낸 의향서에는 박삼구 금호아시아나그룹 회장(현 명예회장) 서명이 적혀 있는데, 박삼구 회장은 그해 11월 베이징에서 리철을 만나 항공산업 분야의 합작 방안을 논의했다. 도은대 당시 대우건설 전무도 그해 11월 베이징에서 리철을 만났다. 대우건설은 당시 금호아시아나그룹 계열사였다. 도 전무와 리호남은 해주조력발전소 건설과 관련한 의향서에 각각 '대우건설을 대표하여' '대외경제협력추진위원회를 대표하여' 서명했다.[6]

주6 _ 송홍근, 북한 공작원 리호남 15년 스파이 행각, 신동아, 2010년 9월호

북한 대남공작 기구의 실상

한국 정부는 2009년 3월에 발생한 천안함 침몰 사건의 공작 주체로 북한의 정보·공작기관인 정찰총국을 지목한 바 있다. 당시 정찰총국장이 서훈 국정원장과 핫라인을 개설해 3차 남북정상회담을 성공시킨 김영철 통전부장이다. 황장엽 전 노동당 비서를 암살하고자 탈북자로 위장해 남파됐다가 붙잡힌 간첩 2명도 정찰총국 소속으로 밝혀졌다. 국정원은 리호남이 바로 이 정찰총국 소속이라는 것이다.

국정원에 따르면 정찰총국은 2009년 2월 노동당 대외정보조사부(35호실)와 작전부, 그리고 총참모부 산하 정찰국이 통폐합된 조직이다. 과거 정찰국은 군소속의 대남 공작부대. 35호실은 국정원 해외파트와 업무가 유사한 대남 공작부서로 1987년 KAL기 폭파사건의 김현희가 35호실 소속이다. 작전부는 대남공작원, 그중에서도 주로 전투공작원을 훈련해 남파하는 공작기관이다. 리호남은 '작전부 산하 715 연락소에 소환된 대남공작원'이라는 것이 국정원의 판단이었다.

하지만 북한의 국가안전보위부는 체제수호 기관이지 공작을 전문으로 하는 기관이 아니다. 조선명성회사는 국가안전보위부의 대외명칭일 뿐 작전부의 위장회사도 아니다. 리호남이 국가안전보위부에 파견되어 남한의 정치 정세 및 군사정보 수집활동의 공로로 1998년 '공화국영웅' 칭호를 받았고, 2000년 4월경부터 북한의 작전부 산하 715 연락소에 소환되었다는 국정원의 판단은 신뢰할 만한 공식기구에 의해 공개적으로 확인된 바 없다. 박채서가 아는 바로는 리호남은 2005년 남북합작 광고사업을 성공시킨 공로를 인정받아 공화국영웅 칭호를 받았다.

2009년 이전의 북한의 대남 공작기구는 크게 노동당 중앙위원회와 인민군 총참모부 산하로 구분되었다. 노동당 중앙위 산하의 공작기관은 ①대남선전, 방송, 해외교포 포섭 등 친북세력 확보 및 조직 활동을 공개적으로 하는 통일전선부 ②남한 내의 친북세력을 조직·유지·확대하고 간첩을 관리하는 대외연락부(옛 사회문화부) ③각종 테러, 대남 및 해외정보 수집, 해외인사 포섭, 남한 침투, 대남 우회공작활동, 해외 간첩공작, 국제 및 대남 테러공작을 하는 35호실(옛 조사부) ④공작요원 안내, 요인 암살 및 납치, 군사정찰 및 폭파 등을 수행하는 작전부로 구성되었다.

한편, 인민군 총참모부 산하 정찰국은 한국군 군사첩보 수집, 무장공비 양성 및 남파, 요인 납치·암살, 게릴라 활동, 국가시설 파괴 같은 위험한 전투활동을 하는 기관이다. 전투활동을 하는 무력조직인 정찰국은 평양시 모란봉구역 전승동 35 청사 내에 있는 노동당 작전부와 유사한 기능을 수행한다.

북한에서 간첩은 전투요원과 공작원으로 나뉘는데, 무장간첩을 비무장지대나 해안선을 통해 남한에 직접 침투시키는 임무를 하는 작전부는 전투요원이다. 작전부가 2009년 2월경 북한의 대남공작활동을 총괄하는 '정찰총국'으로 통합되었다는 것도 북한 당국이나 신뢰할 만한 공식기관에 의해서 확인된 바는 없다.

리호남이 대남공작원인지 아닌지는 그의 파트너였던 박채서와 비교해 역지사지(易地思之)해보면 금방 답이 나왔다. 박채서는 '아자 전무'로 활동했지만 그것은 북한 정보기관에 침투하기 위한 위장 직업이었고 그의 '본업'은 공작원이었다. 반면에 리철은 대남 공작기관의 협조 요청으로 공작원이나 협조자 역할을 일시적으로 수행했을 수 있다. 또한 북한 체제의 특성상 기관 간의 협조 차원에서 경제일꾼이면서 공작원 역할을 했을 수도 있다. 하지만 '일하면서 싸우는 예비군'의 일상적 정체성은 민간인이지 군인은 아니다. 김당은 공작원이 '부업'일 수는 있지만, 리철의 '본업'은 내각 참사가 맞다고 법정에서 증언했다.

## 03 _ 서울과 평양, 워싱턴의 서로 다른 속내

남북대화의 채널은 크게 세 종류다. 구분의 기준은 공식이냐 비공식이냐, 공개냐 비공개냐이다. 우선 공식-공개채널은 남측 통일부와 북측 통전부 사이의 이른바 통-통라인이다. 이는 언론에 보도되는 통상적인 남북대화 협상창구이다. 남북장관급 혹은 차관급회담이 대표적인 사례이다.

그다음은 공식-비공개 채널이다. 이 채널의 주역은 국가정보기관(국정원 대북전략국)과 통전부 사이의 정-통라인이다. 정-통라인은 공식-공개채널 회담의 정지작업을 하면서 통-통라인의 숨은 조력자 역할에 머물기도 하지만, 직접 전면에 나서 정상회담을 이끌기도 한다. 1·2·3차 남북정상회담을 연출한 임동원-김용순, 김만복-김양건, 서훈-김영철 라인이 대표적인 사례다.

마지막은 비공식-비공개 채널, 이른바 비선(秘線)라인이다. 정상회담이 성사되기까지 극도의 보안이 필요한 남북관계의 특수성을 감안할 때, 비선라인은 필요악인 측면이 있다. 북한은 전통적으로 비선 접촉을 선호해왔다. 특히 김영삼(金泳三) 정부에서는 일부 재미교포와 목사들이 북측과 선(線)을 댈 수 있는 비선채널을 자처하며 공식라인에 치고 들어와 대북정책의 혼선을 가중시켰다. 북풍 사건에 연루된 김양일 재미한인식품연합회장이 대표적인 사례다. 김대중 정부에서는 1차 남북정상회담을 계기로 국정원이 사실상 비선 역할을 맡고, 국정원장 – 통전부장 간에 상설화된 정 – 통 핫라인(직통전화)이 가동됨으로써 비선이 개입할 입지가 크게 줄어들었다.

### 서울과 평양, 번지수를 잘못 짚다

수령 독재국가인 북한은 전통적으로 비선 접촉을 선호해왔다. 설령 비선이 노출되더라도 부인하면 그만이었다. 1차 남북정상회담을 통해 드러난 남북한의 공식 소통 채널은 박지원 – 송호경 특사(비선라인), 임동원 국정원장 – 김용순 대남비서 겸 통전부장(정 – 통라인), 임동원 통일부장관 – 림동옥 통전부장(통 – 통라인) 등이었다.

그런데 노무현 정부 들어서는 남북교류와 대남공작을 담당하는 조선로동당 중앙위원회 비서국 산하 20여 개 전문부서 중 하나인 통전부를 지휘해온 북측의 김용순(1934~2003년) · 송호경(1940~2004년) · 림동옥(1930~2006년)이 순차적으로 사망함으로써 한 축이 무너져 운신의 폭이 좁아졌다. 통전부는 부부장이었던 림동옥이 부장을 맡은 지 얼마 안 되어 사망한 이후 김양건이 부장을 맡기 전까지 한동안 공석이었다.

리철이 안희정과의 비밀접촉에 나선 것은 끊어진 남북 핫라인을 개설하려는 의도였다. 안희정 – 리철의 접촉은 이해찬 전 총리의 방북으로 바통을 넘긴 채 결렬되었지만 성과가 없지 않았다. 일단 북측은 10월 31일 북 · 중 · 미 6자회담 수석대표 회담에서 6자회담 본회담에 복귀하겠다고 밝혔다. 평양이 6자회담 재개를 수용한 데는 여러 원인과 판단이 복합적으로 작용했지만, 대통령 '동업자'와 솔직한 대화를 나눈 영향이 컸다. 북측도 6자회담에 복귀하지 않고서는 특사도 정상회담도 현실적으로 무리라는 판단을 했다.

권오홍의 비망록에 따르면, 안희정은 이화영에게 리철과의 접촉 내용에 대해 극도의 보안을 요구하며 이렇게 말했다.

"일단 우리끼리만 아는 걸로 하죠."

이화영은 '우리끼리'의 범위가 어디까지인지 물었다.

"누구, 누구?"

"나하고 이 의원, 이 실장, 이 총리, 그리고 대장, 이렇게 다섯만 (알기로) 하죠."

안희정이 말한 이 실장은 이호철 국정상황실장, 이 총리는 이해찬 전 총리, 그리고 '대장'은 노무현 대통령을 지칭했다. 그러자 이화영은 비서실장한테는 알려야 하지 않겠냐는 투로 물었다.

"비서실장은?"

그러나 안희정은 냉정하게 답했다.

"실장도 빼죠. 많이 알면 안 좋아요."

안희정은 이병완 대통령비서실장에게도 알리지 않을 만큼 보안을 유지했다. 그러나 베이징의 각국 정보기관원들은 안희정의 베이징 방문 목적이 뭔지 촉각을 기울였다. 특히 정보기관은 안희정의 베이징 방문 이후 이종석 통일부 장관이 사의를 표명해 사표가 수리되고, 북한이 6자회담 조기 재개에 합의한 것에 주목했다.

그런데 리철의 오랜 파트너였던 박채서는 리철이 안희정 – 이화영과 만난 사실을 알고 있었다. 리철은 안희정 – 이화영과 찍은 기념사진을 동무인 '박상'에게 보여줬던 터였다. 평양은 남측의 비중 있는 인물과 접촉할 경우 종종 이를 입증하는 '증명사진'을 요구했다. 리철도 어떤 의도를 갖고 박채서에게 사진을 보여준 것은 아니었다. 그와는 흉허물없이 지내는 사이여서 동무한테 베이징에 와서 자신이 하는 역할을 자랑삼아 보여준 것이었다.

청와대와 NSC 관계자들이 북한의 6자회담 재개에 안도의 한숨을 내쉰지 얼마 되지 않아 11월 9일 오마이뉴스에 청와대로서는 경천동지할 기사가 실렸다. 김당 기자가 쓴 '노 대통령, 정상회담 대북밀사 파견…북한 6자회담 복귀, 사전 통보받았다' 제하의 기사였다. 청와대와 안희정은 보도 내용을 부인했다.

야당이 밀실 정상회담은 절대로 안 된다고 주장하자, 청와대와 국무총리까지 나서서 정상회담을 추진하지 않고 있다고 밝혔다.

서울의 안희정과 이화영은 국정원이나 다른 기관에서 파악하지 않고서는 나올 수 있는 보도가 아니라고 판단했다. 안희정은 이화영에게 '다섯만 알고 있자'고 자물쇠를 채운 터였다. 보안이 생활화된 청와대 국정상황실에서 샜을 리는 없었다.

안희정은 2006년 9월 이호철 상황실장으로부터 처음 대북접촉 제안을 받았을 때 이종석 통일부장관과 협의했었다. 안희정은 통일부에서 샌 것이 아닌지 의심했다. 특히 누군가 의도적으로 정보를 흘렸다면, 출처가 누구인지, 정보를 유출한 목적이 무엇인지를 점검해야 했다. 비밀이 유지되지 않으면 더 이상의 대북접촉도 어려울 판이었다.

평양도 김당 기자가 오마이뉴스에 쓴 기사를 보고 경악했다. 평양은 서울을 의심했고, 서울은 평양을 의심했다. 전통적으로 국정원–통전부 채널은 제3의 채널이나 다른 라인이 끼어드는 것을 배제하고, 심지어 다른 라인의 대화를 훼방놓았다. 그것은 통전부도 마찬가지였다.

1차 접촉에서 거론한 '확정회담' 문제를 논의하기 위해 11월 11일 베이징에 나온 리철은 권오홍과 이화영에게 속사포처럼 따져 물었다.

"우리가 파악하기로는 이종석이 자신의 명분을 챙기려고 (정보를) 공식라인에 주고 그것을 김당 기자에게 넘겼습니다. 안희정이 스스로 '대통령의 동업자'로 부르고 이번 일은 노 대통령이 직접 챙기고 있다고 들었는데, 일을 어떻게 했길래 이런 상황이 생길 수 있는 겁니까?"

하지만 김당 기자는 기사의 출처를 묻는 타사 기자들의 질문에 "기사의 소스는 공식라인이 아니다"고 밝힌 터였다. 평양은 다른 한편으로는 '국정원 S라인'으로 통했던 국정원–통전부 채널의 핵심인 서훈 대북전략국장을 출처로 의심했다. 국정원 라인에서 안희정이 추진하는 사업에 개입한 흔적이 감지되었기 때문이다.

"평양에서는 'S라인'이 매우 능력이 있다고 봅니다. S라인에 대해선 대통령이 누가 되건 바꾸기 어려운 사람이라고 합니다. 그러나 이번 일은 대통령을 대리해 안 선생(안희정)이 움직인 사안입니다. 이번 일은 S라인이 안 선생과 대통령을 무시한 격입니다. 남측 공식라인에서 특사교환, 정상회담을 하자는 내용이 우리한테 들어오는데, 서울에서 이런 혼선에 대한 통제가 가능한지 모르겠습니다."

리철은 남측에서 비선 접촉을 하면서 동시에 공식라인을 가동한 것에 대해 불만을 토로했다. 그것도 'S라인'이라고 서훈 국장을 콕 집어서 말했다. 서훈은 당시 남북 간 '통-통 채널'의 숨은 조력자이자 '정-통 라인'의 핵심 인사였다. 서훈은 2000년 1차 남북정상회담을 위한 박지원-송호경 특사의 예비회담 때부터 가동된 국정원 핵심 대북채널인 이른바 'KSS 라인(김보현 국장-서영교 단장-서훈 과장)'의 일원으로 활약했다. 또 노무현 정부에서는 회담전략조정관으로 정동영(鄭東泳) 통일부장관의 김정일 위원장 면담과 장관급회담에 동행했다.

그런데 서훈 국장이 김대중 대통령 특사였던 박지원(朴智元) 의원과 가깝고, 박지원 의원은 김당 기자와 가깝다는 것이 서훈을 기사 출처로 의심하는 이유였다. 공교롭게도 서울과 평양은 모두 김당 기자의 보도를 공식라인의 반발과 방해공작의 결과로 간주했던 것이다. 그러나 서울과 평양은 번지수를 잘못 짚었다. 김당이 타사 기자들에게 밝힌 것처럼 남북 비밀접촉 정보의 출처는 공식라인이 아니었다.

김당은 2006년 8월 박채서로부터 안희정이 어떤 사람인지, 노 대통령의 신뢰는 어느 정도인지 등을 물어보는 전화를 받았다. 김당은 자신이 아는 범위에서 안희정에 대해 설명해 주었다. 박채서는 김당에게 전화를 해서 누가 어떤 사람인지를 묻는 일이 종종 있었다. 그래서 그때도 왜 안희정에 대해 물어보는지는 묻지 않았다. 그런데 그로부터 두 달쯤 뒤에 박채서는 김당에게 전화를 해서 지나가는 말처럼 말했다.

"며칠 전에 '안(안희정)'이 여기(베이징) 와서 저쪽(북한) 사람을 만나고 갔다."

김당은 안희정이 북측의 중요인사와 접촉한 모종의 협상을 직감했다. 하지만 국제전화를 붙들고 꼬치꼬치 캐물을 수는 없어서 육하원칙에 따라 시간과 장소, 그리고 왜 만났는지만 짧게 물었다. 그런데 통화음이 제대로 전달되지 않아, 북에서 나온 중요인사를 리철이 아닌 장성택으로 오인하고 '김정일의 측근'이라고 기사화했다. 김당은 장성택이 중국에 올 때마다 박채서가 그를 만난 사실을 알고 있었기 때문에 장성택이 나온 것으로 짐작했던 것이다. 김당은 후속 보도에서 안희정이 만난 '김정일의 측근'을 리철로 바로잡았다. 장성택은 리철과는 '급'이 다른 거물이었지만, 리철도 당시 김정일 위원장 직속의 '국방위원회 참사'였다. 나머지 내용은 다 사실로 드러났다.

그렇다면 리철은 어떻게 안희정과 접촉할 생각을 했을까?

노무현 대통령 시절 대북 핫라인은 국정원의 서훈 대북전략국장을 중심으로 이루어지고 있었다. 이른바 S라인이다. 그런데 북측에서 대남 강경파가 득세해 S라인이 중요한 고비마다 벽에 부딪히게 되자, 2006년 8월 중순 무렵 리철은 박채서에게 자문을 했다. 박채서는 이렇게 답했다.

"서훈은 유능한 사람이다. 하지만 관료이기 때문에 자신의 역할을 수행하는 데는 한계가 있다. 현재의 꽉 막힌 대화의 돌파구를 마련하려면, 양쪽 수뇌부와 독대해 그 의중을 반영할 수 있는 측근끼리 먼저 만나는 것이 중요하다. 그런 정치력을 가진 측근인사와 라인을 개설하는 것이 좋겠다."

그런 일이 있었던 뒤에 어느 날 리철이 박채서에게 물었다.

"박상, 안희정 정도면 어떻겠소?"

박채서는 공감을 표시했다.

"안희정이 좋겠다. '노통'의 최측근이라서 가감 없이 의사를 전달할 수 있고, 현재 특별한 직책도 없어 운신의 폭도 자유로울 것이다."

리철은 북한에서 대규모로 돼지를 키우는 양돈 사업을 추진하는 권오홍을 통해 안희정을 소개받았다. 그에 앞서 안희정에게 대북 관계 자문을 해온 고려대 동문이자 친구인 김창수 청와대 NSC 행정관이 리철을 만나 사전 탐색을 했다. 이렇게 해서 리철은 권오홍의 중재로 안희정을 만났고, 그 자리에 이화영이 동석했던 것이다.

그런데 이 접촉에서 논의된 사업의 비중이 커진 가운데 남북 양측이 '직거래'를 하면서 처음에 접촉을 주선한 권오홍을 배제하자 권오홍은 서울에서 기자회견을 갖고 안희정-리철의 접촉 사실을 폭로한 것이다.

그럼에도 바통을 바꾸어 이화영-김성혜의 접촉은 계속 진행되었다. 그 결과로 이해찬 전 총리가 중국 센양에서 방북해 노무현 대통령의 메시지를 전달하고, 이어 미국을 방문해 김정일의 메시지를 전달함으로써 대북특사인 힐 국무부 차관보의 평양 방문으로 이어졌다. 물론 중간에 공식 라인이 전면에 나서 2차 남북정상회담이 성사되었지만, 결과적으로 안희정-리철의 접촉이 '마중물'을 부은 것은 부인할 수 없는 사실이다. 그 마중물을 부은 북측 책임자가 리철이었다.


워싱턴은 서울을 의심했다

워싱턴은 안희정-리철의 비밀접촉과 관련해 서울이 미국 모르게 평양과 모종의 직거래를 하려는 게 아닌지 의심했다. 그래서 주한 미국대사관의 정치 담당 팀장부터 최고위층인 대사까지 나서서 남북 비밀접촉 사실을 처음 보도한 김당 기자와 이화영 의원, 그리고 이화영-리철의 주선으로 방북한 이해찬 전 국무총리까지 만났다.

사실 미국대사관은 오마이뉴스가 처음 비밀접촉 건을 보도했을 때만 해도 긴가민가했다. 그런데 리철과의 비밀접촉을 주선한 권오홍이 '비망록'을 공개하자, 안희정은 비밀접촉 사실을 시인하지 않을 수 없었다. 그러자 미국대사관의 정보망에는 비상이 걸렸다. 더욱이 2007년은 한국의 정권이 바뀌는 대선(大選)의 해였다. 미국대사관은 2007년에 유달리 적극적으로 대선 정보를 공세적으로 수집했다. 2002년의 실패의 악몽을 되풀이하지 않기 위해서였다.

미국은 2002년 6월 미군 장갑차에 치인 여중생 2명의 사망사고로 반미감정이 고조되는 시련에 직면해야 했다. 그해 여름 한 · 일 월드컵 응원으로 워밍업을 시작한 시민들의 광장의 촛불이 그해 12월 대선에서 '미국을 어떻게 볼 것인가'라는 주제로 계속 타오를지는 미국대사관은 물론, CIA와 국방부 등 어디에서도 '조기경보'를 하지 못했다. 미국대사관과 국무부가 상황의 심각성을 제대로 인식하지 못해 부시 대통령의 유감 표명이 제때 이뤄지지 않아 더 큰 홍역을 치렀다. 미국은 이때의 쓰라린 경험을 교훈 삼아 2007년에는 적극적으로 '예방정보' 활동을 벌인 것이다. 미국대사관의 적극적 '예방정보' 활동은 '위키리크스'가 폭로한 미 국무부 전문(電文)에 고스란히 담겨 있다.

2010년 11월 폭로전문 웹사이트 '위키리크스(Wikileaks)'는 미 국무부 전문(cable) 25만1,287건을 보유하고 있으며 순차적으로 공개하겠다고 밝혀 전 세계에 충격을 주었다. 이 외교문서는 세계 각국의 274개 미국대사관 관리들이 작성해 비밀 인터넷 통신 소통망(Secret Internet Protocol Router Network)을 통해 국무부를 포함한 미국의 각 정부기관과 군부에 보낸 전문이다. 이 가운데 1만5,652건은 '비밀(secret)'로 분류되어 있었다. 위키리크스가 보유한 전문 25만 건에는 '일급비밀(top secret)'로 분류된 정보는 포함되어 있지 않았다. 하지만 한 건 한 건이 폭탄이었다.

이 가운데서 우리의 눈길을 끈 것은 2011년 8월 30일 위키리크스가 공개한 주한 미국대사관이 보낸 전문 1,980건이다. 이 1,980건은 거의 다 2006년 1월 1일부터 2010년 2월 28일 사이에 보낸 것이다. 연도별로 보면 ▲2006년 431건 ▲2007년 380건 ▲2008년 367건 ▲2009년 690건 ▲2010년 102건이다. 이 가운데 '비밀' 등급에 해당하는 건은 모두 113건이었다.

미국 정부가 공식적으로 분류하는 정보등급 중 가장 높은 등급은 'I급 비밀(top secret)'이다. 공개될 경우 미국 국가 안보에 '특별히 심각한 피해(exceptionally grave damage)'를 불러일으키는 정보다. 다음이 '비밀(secret)' 등급이며, 그다음이 '대외비(confidential)' 등급이다. '분류하지 않은 정보(unclassified)'는 다시 '민감하긴 하지만 분류하지 않은 정보(SBU: Sensitive But Unclassified)'나 '관료만 볼 수 있는 정보(FOUO: For Official Use Only)' 등으로 나누기도 한다.

전문 작성자는 주로 알렉산더 버시바우(Alexander Vershbow) · 캐슬린 스티븐스(Kathleen Stephens) 대사, 패트릭 라인한(Patrick Linehan) 부대사, 윌리엄 스탠튼(William A. Stanton) 공사, 조셉 윤(Joseph Y. Yun) · 브라이언 맥피터스(Brian D. McFeeters) 정무 참사 등이다. 이 가운데서 특히 버시바우 대사와 정무 공사 · 부대사를 역임한 스탠튼, 그리고 정무참사 · 공사를 지낸 조셉 윤이 보낸 전문이 눈에 많이 띈다. 그중에서 조셉 윤 공사가 비밀로 분류해 2007년 4월 20일에 본국으로 전송한 '안희정 대북접촉' 관련 전문(문서번호 07SEOUL1151)은 다음과 같다.

제 목: 노무현 대통령의 최측근 안희정, 대북접촉

요약

1. 노무현이 오랫동안 신뢰한 안희정은 북한과의 대화 채널을 개설하기 위해 2006년 10월 20일 베이징에서 북한 당국자와 비공식적으로 접촉했다. 안희정의 대북 접촉은 남북교류협력법 위반이지만, 노무현은 어떻게든 남북관계를 진전시키기 위해 안희정을 사적으로 파견할 필요가 있었다며, 안희정을 공개적으로 두둔했다. 야당인 한나라당은 불법적인 접촉 혐의에 대한 공식 조사가 필요하다고 밝혔다. 조사를 강제하기 위해선 국회의원 1/3이 찬성해야만 한다. 이번 접촉은 오마이뉴스가 12월 9일 기사에서 밝혀냈기 때문에, 노무현 정부는 비전통적인 채널을 통한

대북 비공식 접촉을 강조한 대북정책에 대해 설명을 해야만 했다.

2. 2006년 10월 20일 안희정은 남북접촉에 필요한 보고를 통일부에 하지 않은 채 베이징 주재 북한대사관 소속 리호남 참사와 30분간 회동했다. 안희정에 따르면 베이징 접촉은 한 남한 사업가(편집자주 권오홍)가 북한이 10월 핵실험 이후 특사를 원한다는 소식을 청와대로 전해와 이루어졌다. 안희정은 잘못된 정보였다고 말했다. 4월 16일 한 인터뷰에서 안희정은 북측이 자신에게 어떠한 제안을 할 것으로 예상했던 상황에서 북한 당국자가 자신에게 왜 베이징에 왔는지 물어 '당혹스러웠다'고 말했다.

3. 송민순 외교부장관은 4월 13일 언론 브리핑에서 안희정의 대북접촉은 유용한 접촉채널이 가능한지를 알아보려고 했을 뿐이며, 많은 이들이 주장하듯이 남북정상회담을 계획한 건 아니라고 말했다. 노무현은 12월 대통령 선거에 영향을 주기 위한 투명하지 못한 수단을 통해 남북정상회담을 준비하려는 시도로 인해 광범위한 비판을 받았다. 노무현은 비공식 접촉과 관련한 자신의 지시 사항은 대통령 고유권한의 일부라고 언론에 밝혔다.

4. 남북 접촉을 들춰낸 오마이뉴스 정치부 기자 김당은 4월 16일 대사관 정무담당 직원에게 '안희정 건은 더는 기삿거리가 없으므로 사그라질 것'이라고 말했다. 노무현이 남북 접촉 사실을 인정한 마당에 더 조사하거나 더 큰 쟁점으로 만들기는 어려울 것이라고 김당은 지적했다.

**논평**

5. 야당 정치인들은 남북대화를 시작하려는 비밀접촉이라는 이유로 노무현의 대북정책을 공격하길 원하지만, 김대중 전 대통령도 2000년 남북정상회담을 준비하기 위해 비공식 채널을 사용했던 게 사실이고, 많은 한국인은 다양한 방법으로 북한을 대화에 복귀하도록 시도해야만 한다고 생각한다. 일각에서는 심지어 2.13 조치 합의를 노무현의 주도에 의한 가시적인 성과로 보기도 한다. 노무현은 비선(秘線) 채널 개설을 모색한 위험스러운 정치적 결정과 함께 한·미 FTA 타결을 밀고

나감으로써 최근 여론조사에서 지지율을 36%까지 끌어 올렸다. 이러한 지지율이 비한나라당 대선 예비후보에게 옮겨가지는 않겠지만, 노무현이 정치적 세력으로 재부상한다는 신호일 수 있다.

미국대사관은 노무현 정부가 은밀하게 추진한 안희정의 비밀접촉을 오마이뉴스가 폭로했기 때문에 노 대통령이 마지 못해 자신이 직접 지시한 일이라며 비공식적 접촉임을 강조한 것이라고 그 배경을 분석했다. 그래서 송민순 외교부장관이 언론 브리핑에서 '안희정의 대북접촉은 유용한 접촉채널이 있는지 알아본 것뿐이며, 남북정상회담을 계획한 건 아니다'고 공식 부인했음에도 '12월 대선에 영향을 주기 위한 투명하지 못한 수단으로 남북정상회담을 준비하려는 시도'라는 의심을 거두지 않은 것이다. 대사관 정무담당 직원이 비밀접촉을 보도한 김당 기자를 접촉한 것도 그런 배경에서였다.

미국의 한국 대선 관찰 메커니즘

미국이 한국의 대선을 관찰하는 공식 메커니즘의 핵심축은 주한 미국대사관이다. 서울시 종로구 세종로 32번지 미국대사관 5층의 ORS(Office of Regional Studies, 지역조사과)라는 간판이 달린 방은 24시간 불이 꺼지지 않는 것으로 유명하다. 20여 명의 번역팀이 2~3교대로 근무하는 ORS는 CIA(중앙정보부) 서울지부(한국과)의 대외명칭이다.

외교관 신분을 가진 CIA 요원들을 포함해 대사관에 근무하는 모든 파견 직원들은 공식적으로 대사의 지휘를 받는다. 2007년 당시 주한미국 대사는 알렉산더 버시바우였다. 그러나 수집된 정보를 처리해 보고하는 경로는 자신의 상급부서를 원칙으로 한다. 이를테면 정무파트는 미 국무부로 전문을 보내고, ORS팀은 정보를 암호화해 버지니아주 랭리의 CIA 본부에 타전하고, 재무부나 상무부 등의 파견 직원은 각각 자신의 부서에 보고하는 식이다.

대사관의 전문(電文)은 대부분 주요 언론 보도나 보고서 등 공개정보를 번역·요약해 코멘트를 붙인 것이지만, 대사관 고위 관계자들의 주요 인사 대면 접촉 보고도 빠지지 않는다. 언론사 편집국장도 정보보고 하듯이 대사도 주재국 주요인사를 만나 정보를 수집하면 예외 없이 보고한다. 2007년 당시 대사관에서 서열 2위인 윌리엄 스탠튼 부대사나 서열 3위인 조셉 윤 정무공사 역시 공식·비공식적으로 다양한 사람들을 접촉해 보고했다.

고위 관계자들은 한국 측 주요인사 면담이 끝나면 'MEMCON' (Memorandum of Conversation, 대화보고)을 작성해 본국으로 타전한다. 대개는 배석자가 정리하고 본인은 검토만 한다. 또 대화 내용 전문을 송신하기도 하지만, 대부분은 1~2쪽 분량의 간략한 보고서 형식으로 송신한다. 대화 내용에 따라 보고서의 공개 등급이 결정된다.

예를 들어 버시바우 대사는 여당의 대권 주자 중의 한 사람인 이해찬 전 총리가 이화영-리철의 주선으로 3박 4일 동안 방북하고 온 직후에 이 전 총리를 만나 탐색한 뒤에 자신이 3급 비밀로 분류한 전문(문서번호 07SEOUL770)을 2007년 3월 15일에 전송했다. 전문의 일부를 요약해 인용하면 다음과 같다.

제목: 이해찬 전 총리의 평양 방문: 북은 관계개선 준비 완료

요약

이해찬은 3월 14일 대사와의 오찬에서, 4일간의 평양 방문 중에 6자회담에서 실질적인 진전을 이룬 뒤에 남북정상회담이 이루어져야 한다고 북한 서열 2위인 김영남에게 말했다고 한다. 이해찬에 의하면 북한은 방코델타아시아 문제가 해결된 이후 2.13 합의에 따라 비핵화하는 쪽으로 행동에 나설 준비가 되어 있는 듯 보인다. 이해찬은 남북정상회담 준비를 위해 북한을 방문한 게 아니며, 남북정상회담의 가능성은 2.13 합의를 기초한 진전이 이루어진 이후 5월에나 논의될 수 있다고 말했다. 이해찬은 미국이 북한을 공격할 의도가 없으며, 부시 대통령은 '행동 대 행

동'에 바탕을 둔 북한과의 관계개선을 다짐하고 있다고 김영남에게 강조했다. 만일 비핵화에 진전이 있고, 미국과 일본과의 관계가 개선되면, 북한은 다른 5자 당사국뿐만이 아니라 IMF(국제통화기금)와 세계은행으로부터 원조를 받을 수 있다고 이해찬은 북한 당국자에게 말했다.

**논평**

김대중 · 노무현 전 · 현직 대통령과 가까운 이해찬 전 총리는 앞으로 몇 달 동안 노무현과 함께 남북정상회담을 향해 중심적 역할을 수행할 것 같다. 이해찬은 정반대로 말했지만, 그가 평양 방문 중에 남북정상회담에 대해 논의하지 않았다고 믿는 사람은 극소수다. 많은 진보주의자는 '북풍' 혹은 북한과의 관계개선으로 한나라당 대선 선두주자를 따라잡는 데 도움이 되기를 바라고 있다.

위키리크스가 공개한 주한 미 대사관 전문을 보면, 미국은 이해찬 전 총리의 방북을 주선한 이화영 의원과 김종률 의원 등 이해찬 계보 정치인들을 꾸준히 접촉해 동향을 파악했다. 예를 들어 조셉 윤 공사는 8월 10일 전문에서 본국에 이렇게 전송했다.

"전직 총리에 대선 예비후보이자 노 대통령의 절친인 이해찬은 제주도 평화포럼에서 '내가 노무현 대통령에게 남북정상회담 개최 구상을 제안했을 당시…'라고 남북정상회담은 자신이 출범시킨 것처럼 말하고, 정상회담 의제는 야심 찬 경제사업을 포함할 거라고 주장했다 …(중략)… 이화영 의원은 정상회담을 타진하기 위해 이해찬을 따라 3월 평양을 방문했는데, 이해찬 전 총리의 발언은 한국 정부의 견해와 동일 선상에 있다고 말했다."

미국은 이화영 의원이 이해찬 전 총리의 방북을 주선하고 남북정상회담까지 관여한 것처럼 주장하는 것은 이해찬 예비후보의 경선 경쟁력을 키우려는 의도로 풀이했다. 특히 미국은 이해찬 전 총리가 남북관계 개선을 통해 여권의 유력한 대선후보로 부상하는 것을 경계했다. 6월 8일 전송한 전문에는 "만일 이해찬이 정상회담 준비로 신임을 얻어 자신이 다른 대권주자들을 압도하기 바란다면, 남북정상회담 성공과 그 이후 남북협력 발전은 (미국에게) 중대한 문제다"고 돼 있다.

한국계인 조셉 윤 공사의 휘하에는 국내정치담당, 국외정치담당, 군사담당 팀장이 있었다. 이 가운데 한국 대선을 관찰하는 업무는 국내(한국)정치팀의 몫이었다. 정무팀이라고도 부른 국내정치팀은 헨리 해가드(Henry Haggard) 팀장을 포함해 두 명의 국무부 소속 외교관과 세 명의 한국인 직원으로 구성돼 있었다. 해가드 팀장은 한국계 외교관처럼 한국말을 능숙하게 구사하는 데다가 폭탄주와 노래방 술자리를 마다하지 않을 만큼 친화력이 좋아 중진 의원들 및 정치부 기자들과도 잘 어울렸다.

김당은 최재천 의원의 소개로 해가드 팀장을 알게 되어 몇 차례 술자리를 함께했는데 공적인 업무로도 두 차례 만났다. 한번은 해가드가 김당 기자에게 인터뷰를 요청해 안희정-리철의 비밀접촉에 대해 물었다. 안희정이 대북접촉 사실을 인정한 직후였다. 앞에서 인용한 미국대사관의 '노무현 대통령의 최측근 안희정, 대북접촉' 전문(07SEOUL1151)에 나오는, '김당이 만난 4월 16일 대사관 정무담당 직원'이 바로 해가드 정무팀장이다.

해가드는 그밖에도 김당에게 2007년 대선의 주요 이슈에 대해 조사차 방한하는 국무부 소속 연구자의 인터뷰에 응해 달라고 부탁을 한 적이 있다. 김당은 이것도 나중에 '위키리크스'가 폭로한 국무부 전문을 통해 자신의 인터뷰 내용을 확인하게 된다.

'검은 머리 미국인'들과 다양한 연락선(contacts)

박채서는 정보사 소령으로 한－미합동공작대에서 3년 가까이 근무했다. 그때 미국 측 팀장의 경고를 계기로 이른바 '검은 머리 미국인'들이 얼마나 되는지 파악해 본 적이 있다. 그는 2년 이상 은밀하게 관련 정보를 취합해본 결과, 약 380명에 이른다는 결론을 내렸다. 국적은 한국이지만 미국의 이익을 위해 일하는 '검은 머리 미국인'들은 미국 측 팀장이 얘기했던 청와대와 기무사뿐만 아니라, 정치·경제·국방·사회·문화·언론 등 한국 사회 각 분야에서 지도급 인사로 행세하고 있었다.

'위키리크스'가 폭로한 미 국무부 비밀 전문은 동맹이나 우방이라는 것은 '허울 좋은 이름'일 뿐이고 실제로는 국익을 위해 '총성 없는 전쟁'을 치르고 있음을 여실히 보여주었다. 또한 미국대사관과 국무부 사이에 오간 비밀 전문은 강대국 미국의 민낯뿐만 아니라 사실상 스파이 노릇을 하며 미국에 줄 선 관료들의 치부를 드러내 주었다. 박채서가 개인적인 호기심에서 추적했던 '검은 머리 미국인'들이 주한 미국대사관이 작성한 전문에 의해 집단으로 노출된 것이다.

미국대사관 전문을 보면, 대사관 관리들의 주요 활동은 한국 정부 고위 관리들과 접촉하는 일이다. 이들의 공식 또는 비공식 접촉대상은 청와대 및 통일외교안보 부처 장관들과 고위 관리들, 국회의원, 대기업 총수, 대학교수, 언론인 등 이른바 사회 지도층과 여론 주도층 인사를 총망라한다. 위키리크스가 폭로한 다른 나라 미국대사관 전문과 비교하면 대사관 관리들이 한국처럼 고위 관리를 포함한 사회 지도층과 여론 주도층 인사들을 광범위하게 만나는 나라는 찾아보기 어렵다.

더 충격적인 것인 주한미국대사관이 깔아 놓은 '비밀 연락선'이다. 외교전문을 보면 ▲직접 연락선(direct contacts) ▲정기 연락선(regular contacts) ▲장기 연락선(long-time contact) ▲가장 믿을 만하고 정확한 연락선(most reliable and accurate contacts) 등 다종다양한 비밀 연락선이 한국 사회의 요소요소에 거미줄처럼 깔려 있음을 알 수 있다.

예를 들어 ▲우리의 한국 정부 연락선(our ROKG contacts) ▲한국 연락선(ROK contacts) ▲우리의 청와대 연락선(our Blue House contacts) ▲우리의 통일부 연락선(our MOU contacts) ▲우리의 외교통상부 연락선(our MOFAT contacts) ▲우리의 국회 연락선(our National Assembly contacts) 같은 표현이 전문에 나온다.

물론 이들이 다 속칭 '빨대'를 뜻하는 것은 아닐 것이다. 일부 인사는 개인적 친분이나 업무상 지속된 관계일 수 있다. 하지만 반복적 또는 주기적으로 접촉한 일부 인사는 그런 혐의에서 자유로울 수 없다. 국정원은 물론 통일외교안보 부처 공직자들은 업무상 외국인들과 접촉할 경우 사전에 신고하게 돼 있다. 이들이 신고 절차를 마치고 접촉했는지는 의문이다.

예를 들어 엄종식 통일부 전 차관은 노무현 정부 시절에 네 차례, 이명박 정부 시절은 한 차례 미국대사관 관리들과 만났다. 미 대사관 관리들은 엄종식 당시 통일부 정책기획관을 '우리 동료' 또는 '우리의 통일부 연락선'이라고 불렀다. 2007년 8월 21일 전문을 보면, 엄종식 정책기획관은 남북정상회담 의제가 정해지지 않았다고 대사관에 알려주었다. 그리고 전문 말미의 대사관 논평에는 "우리의 통일부 연락선들은 회담 의제가 구체화되지 않았다고 확신하였다"라고 표현했다. 당시 시점은 8월 6일 남북 양측이 정상회담 일정을 발표한 뒤로 얼마 되지 않았을 때이다.

주한 미 대사관 외교전문이 공개되자 국회 외교통상위는 국정감사(2011. 10. 6)에 증인으로 출석한 박선원 전 청와대 통일외교안보전략비서관에게 이 문제에 대한 견해를 물었다. 노무현 정부 시절에 외교부장관을 지낸 송민순 의원의 질의에 역시 노무현 정부 시절에 함께 일했던 박선원 전 비서관은 이렇게 답했다.

송민순 : 위키리크스가 공개한 외교전문을 보면, 미국이 통일부의 모 차관에 대해서 '반드시 보호해야 할 중요한 정보원'이라고 이야기를 했는데, 이 사람하고 같이 일한 적이 있습니까?

박선원 : 예, 있습니다.

송민순 : '언제나 필요하면 만날 수 있는 사람'이라는 표현은 어느 정도 친밀감을 표시한 것으로 볼 수 있는데 그렇게 봅니까?

박선원 : 예, 그렇게 봅니다. 제가 어젯밤에 위키리크스 우리 정부 해당 사항을 전부 읽었습니다만, 거기에서 '컨택트(contact)'라는 표현이 나옵니다. '컨택트'라는 표현은 메리엄 – 웹스터 사전에 보면 'source of special information'이라고 되어 있습니다. 장관께서 라이스 장관을 만나신다면 절대 어느 전문에서도 컨택트라고 표현하지 않지요. 컨택트라고 표현할 때는 적어도 미 대사관 측에서 볼 때는 'Source of special information'으로 보는 것입니다. 특수정보 출처라고 보는 것이지요. 그것은 형법 제113조(외교상기밀의 누설)에 해당한다고 봅니다.

송민순 : 그런데 통일부의 고위 간부가 그런… 컨택트라는 것이 간첩 용어이지요?

박선원 : 예, 그렇습니다.

송민순 : 스파이 세계의 용어인데, 그 대상이다 이런 뜻입니까? 그렇게 봅니까?

박선원 : 저는 그렇게 보고 있습니다

박선원은 정부 당국자가 주한 외교사절단에 '컨택트(contact)'로서 정보를 제공할 경우 형법 제113조, 즉 외교상기밀의 누설에 해당한다고 답변했다. 그런데 2007년 9월 5일 버시바우 대사가 본국에 보고한 '남북정상회담, 어떻게 추진됐나' 제하의 3급 비밀(CONFIDENTIAL) 전문을 보면 박선원 비서관도 '우리의 청와대 연락선(our Blue House contact)'이라고 돼 있다. 박선원은 자신이 '컨택트'로 표현된 것에 대해서는 "9월 8일 시드니에서 열릴 한미 정상회담을 앞두고 미국 측에 남북정상회담 추진 경과를 설명하라는 노무현 전 대통령의 지시가 있었다"고 설명했다. 그래서 나흘 전인 9월 4일 공관 차석 대리대사(조셉 윤)를 접촉했다는 것이다.

그런데 남북정상회담 추진 경과와 관련 미국 측에 설명해 준 김정일이 정상회담에 응한 동기와 정상회담 의제는 상당히 구체적이다. 특히 박선원은 정상회담이 성사되기까지의 과정을 상세히 설명해 주었다. 조셉 윤 당시 대사관 차석 대리대사(A/DCM)가 박선원 비서관과 오찬을 하면서 기록한 전문에 따르면, 노무현 정부는 출범 초부터 정상회담을 추진하기 위해 3인 소그룹(박선원, 이종석, 서훈)을 결성했으며, 북측과의 협상은 국정원과 국가안보회의(NSC) 관계자들이 담당했고, 남북관계 주무장관인 통일·외교·국방장관은 8월 8일 발표 당일까지 이를 몰랐다는 것이다. 그 전문을 옮기면 다음과 같다.

9월 4일 공관 차석 대리 대사와 함께한 오찬 회동에서, 박선원 청와대 통일외교안보전략비서관은 노무현 정부는 수년 동안 남북정상회담을 모색해왔다고 말했다. 소규모 '성사'팀('enabling' group)은 4년 전 청와대에 꾸려졌는데, 이종석 NSC 사무차장과 박선원 본인, 그리고 서훈 국정원 국장으로 구성되었다. 첫 정상회담 제의는 2005년 당시 정동영 통일부장관이 평양을 방문해 김정일과 회동했을 때이다. 그러나 정동영이 2000년 1차정상회담 당시 김정일의 남한 답방 약속을 상기시키자, 김정일의 반응은 미온적이었다.

2006년 송민순이 통일외교안보정책실장이 되자 남북정상회담 계획은 보류되었다. 북한의 비핵화 문제에 어느 정도 진전이 있어야만 한다는 게 송민순의 입장이었다. 송민순은 남북정상회담 준비는 미국 정부와 조율되어야 한다는 뜻을 굽히지 않았다고 박선원은 말한다.

올해(2007년) 5월 송민순이 청와대를 떠나자 백종천 통일외교안보정책 실장은 노대통령의 임기가 얼마 남지 않았다는 것을 인식하게 되었다. 그래서 백종천은 비밀리에 NSC의 본인과 박선원, 국정원의 김만복 원장과 서훈 3차장 4명으로 정상회담 '성사팀'을 꾸렸다. 성사팀이 노 대통령의 지침을 구하자 노 대통령은 6자회 담이 어느 정도 진전된 후에 남북정상회담을 하고 싶다고 말했다. 그래서 성사팀 은 6월에 방코델타아시아 문제가 해결되기까지 기다렸다가 북측과 접촉했다.

공식적인 대북 접근 방식은 김만복 국정원장이 평양의 상대역인 김양건에게 보낸 서신이었다. 박선원은 자신을 포함한 성사팀의 누구도 긍정적 답변을 기대하지 않 았다. 그래서 백종천과 본인은 피랍자 석방 협상을 위해 아프간에 간 것이다. 남북 정상회담 일자를 잡는데 시간이 꽤 걸렸다. 애초에 남측은 7월을 제안했지만, 북 측은 7월은 이르다고 했다. 그러다가 8월 6일 북한 정부가 마침내 8월 말에 남북 정상회담을 개최하기로 합의했다. 한국 정부의 고위 당국자들은 8월 8일 남북정 상회담 개최 발표가 있기 전까지, 정상회담 합의 사실을 전혀 알지 못했다. 박선 원은 외교부장관과 국방부장관, 그리고 통일부장관도 사전에 그 사실을 알고 있지 못했다고 말했다.

박선원은 4년 뒤인 2011년 10월 국정감사 증인으로 출석해 위키리크스가 폭로한 전문에 기록된 자신의 발언을 대부분 사실로 인정했다. 그러나 '비선 조 직' 가동 논란에 대해서는 "박정희 정부, 노태우 정부 등 역대 정권에서도 그랬 고, 현(이명박) 정권에서도 계속 그렇게 하고 있다"면서 "우리는 비선조직이 아 니라 비공개 공식 조직이었다"고 해명했다.

그는 또한 "2009년 가을 당시 임태희 노동부장관이 싱가포르 현지에서 북 측 관계자를 만나 여러 얘기를 했고 거기에는 남북정상회담도 포함돼 있다"고 주장했다. 그는 이어 "지난 5월에는 중국 베이징에서 김태효 청와대 대외전략 비서관이 북한 국방위 관계자를 만나 '정상회담을 세 차례 실시하자'고 말한 것 으로 안다"면서 "현 정권 비서관도 10만 불을 줬다고 (북한이) 던진 일이 있지 않 느냐"고 적극 반박했다.

김양건 부장은 노동당 국제부에서 일을 시작해 국제부 부부장, 국제부장,

국방위 참사 등을 거치면서 대(對)중국 외교와 6자회담, 그리고 북미관계와 조율된 남북관계를 관장했다. 그는 정동영 통일부장관이 김정일에게 남북정상회담 개최를 처음 제안한 2005년 6.17 면담에도 배석했고, 그 이후에도 국방위 참사 자격으로 6자회담과 관련된 사안을 챙겨왔다. 그는 이어 노동당 통전부장(2007년), 아태평화위원장(2009년), 노동당 중앙위원회 비서(2010년) 등으로 대남 전략을 총괄했다.

결국 '2007 남북정상회담 레이스'를 완주하기 위해 2006년 10월 안희정 – 리호남의 접촉으로 시작된 노무현 대통령과 김정일 위원장의 비선 채널은 이화영 – 리호남, 이화영 – 김성혜(이상 비공식 채널)를 거쳐 김만복 – 김양건 공식채널로 완성된 셈이다. 그리고 이 채널은 이명박 정부에서 임태희 노동부장관과 김양건 통전부장의 채널로 재개되었다. 당시 국방위 참사였던 리철은 임태희 – 김양건의 싱가포르 비밀접촉 때도 그 현장에 있었다.

## 04 _ 국정원의 경고와 위기 징후

공작업무에 종사해본 사람은 이상 징후에 민감하다. 박채서도 자신이 체포
되기 반년여 전부터 몇 가지 이상 신호를 감지했다. 그러나 이산가족 개별 상봉
에 이어 '남남북녀 결혼 프로젝트'를 추진했을 때처럼 이번에도 국정원이 방해
공작을 하는 것으로 생각했지 체포와 구속까지는 예상하지 못했다.

박채서는 체포되기 전에 송대수 스포츠서울 대표로부터 국정원이 압력을
행사해 '2010 남아공월드컵 남북공동응원단'이 무산되었다는 소식을 전해 들었
다. 스포츠서울과 하나은행은 박채서의 주선으로 2010 남아공월드컵 남북 동
시 출전을 기념해 남북공동응원단을 추진했는데, 국정원에서 압력을 행사해 추
진 자체를 무산시킨 것이다.

송대수 사장은 박채서의 청주고 1년 선배로 외국어대 행정학과를 졸업하고
한국일보에 입사해 장기간 베이징특파원을 지냈다. 두 사람은 베이징을 중심으
로 활동하다 보니 자연스레 가까워졌고, 송대수가 특파원을 그만둔 뒤로는 대
북사업과 관련해 박채서에게 이런저런 자문을 받던 터였다. 이번에도 송대수는
박채서의 주선으로 남북공동응원단 구성을 추진했는데 국정원이 압력을 넣자
그 사실을 그에게 귀띔해 준 것이다.

박채서는 그때부터 베이징과 서울에서 자신을 집중 감시하는 것을 피부로

느낄 수 있었다. 그가 언론사 기자를 만나면 국정원 직원이 바로 그 기자로부터 그와 만난 이유를 파악해 간 적이 한두 번이 아니었다. 그래서 박채서는 주변 사람들로부터 "국정원 직원이 동태를 물어보더라"는 얘기를 종종 듣곤 했다.

국정원이 박채서에게 보낸 세 가지 방식의 경고

박채서는 자신이 체포되었을 때 올 것이 왔다고 비장한 생각을 하는 한편으로, 별로 대수롭지 않게도 생각했다. 양립할 수 없는 생각이었지만 사실이었다.

내곡동에서는 국정원 공작원에서 해고된 그가 중국에서 북측 인사들과 접촉하는 것에 대해 세 가지 방식으로 경고를 보내왔다. 일상적인 수법은 내곡동의 특기인 도·감청이었다. 해외통화건 국내통화건 가리지 않았다. 하긴 도·감청에 국내외 통신의 국경은 없었다. 국정원은 그가 중국 베이징이나 단둥과 통화하는 것뿐만 아니라 국내에서 지인들과 통화하는 것도 통화를 땄다. 어떤 때는 일부러 '귀때기'들이 들으라고 "이 쌍놈의 새끼들, 그만 좀 해라"고 수화기에 대고 소리를 질렀다. 그러면 한동안은 잠잠했다. 그러나 그뿐이었다. 2~3주 지나면 다시 도·감청을 한다는 감이 왔다.

도·감청으로 경고를 해도 무시당하면 내곡동은 지인을 통해서 직접 사인을 보냈다. 대개는 오랜 지인을 통해 그가 위험한 일을 하고 있다고 경고해왔다. 그럴 경우 박채서는 더러는 "알겠다"고 말하고 자신의 행동에 주의했지만, 더러는 경고를 전한 지인에게 "그 경고를 전한 국정원 직원에게 전해 달라"며 역공을 했다.

그렇게 국정원이 사람을 보내 경고를 해도 무시당하면 그때는 직접 행동을 취했다. 국정원이 박채서가 추진한, 남북한이 하나 되는 '남남북녀 결혼 프로젝트'를 못하게 막은 것이 대표적인 사례다. 박채서는 남아공월드컵 남북공동응원단 구성이 무산된 데 이어 자신이 체포되었을 때도 국정원이 평소보다 강한 경고 메시지를 보내려고 한 것으로 생각했다. 그러나 대공수사국 조사실에 들어가 보니 오산이었다.

박채서는 체포되면서 아내 최숙희에게 엄상익(嚴相益) 변호사와 김당 기자를 만나서 도움을 요청하라고 전했다. 그는 처음에는 불법구금이라며 국정원 수사에 단식으로 저항했다. 최숙희는 남편이 일러준 대로 김당 기자와 함께 서초동의 엄상익 변호사 사무실을 찾아가 그를 변호사로 선임했다. 그렇게 해서 박채서는 체포·구금된 지 닷새 만에 아내와의 첫 면회가 허용되었다. 김당은 최숙희를 위해 내곡동 국정원 면회실까지 동행했지만, 직계 가족이 아니라는 이유로 그의 면회는 허용되지 않았다. 그 또한 박채서의 아내가 국정원의 위압적인 분위기에 주눅 들지 않도록 용기를 주기 위해 동행한 것이지, 면회를 기대하고 간 것은 아니었다.

그다음날은 엄상익 변호사가 박채서를 처음 면회했다. 엄상익 변호사는 대북 광고촬영 사업을 추진한 아자가 정부를 상대로 청구한 손해배상 소송의 항소심 변호사였다. 엄 변호사는 박채서가 안기부 공작원이었다는 사실을 증명하는 데 주력해 국정원과 싸워본 경험이 있어 국정원 조직에 대해서도 비교적 잘 알고 있으므로 형사재판에서 유리할 것이라는 판단했다. 그러나 결과적으로는 오판이었다.

엄상익 변호사는 처음부터 범죄사실을 인정하고 형량을 줄이는 쪽으로 변론의 방향을 잡았다. 엄상익은 자신의 사무실로 찾아온 최숙희에게 이렇게 말했다.

"박채서 씨가 군사교범과 지도를 북측에 건넨 사실을 인정했답니다. 북측으로부터 받은 3만 달러가 그에 대한 대가성이 아닙니까? 사실이면 인정할 것은 인정하고 가는 게 좋겠습니다."

최숙희는 3만 달러 부분은 어떻게 된 것인지 남편에게 들어 알고 있었다. 그는 적극적으로 부인했다.

"돈 문제는 남편보다 제가 더 잘 압니다. 대가성으로 받은 게 아닙니다."

최숙희는 변호사 사무실을 나오면서 김 기자에게 불안한 감정을 내비쳤다.

"실은 면회 갔을 때, 남편이 '나는 빠져나갈 수가 없으니, 서울 집을 정리하고 베이징에 가서 살라'고 말한 것이 걱정되네요. 남편이 강인한 사람이지만, 혹시 포기한 것은 아닌지 걱정되네요."

국정원은 수사를 종료한 6월 20일에 통신제한조치 집행사실을 박채서의 가족에게 통지했다. 국정원은 6개월 전부터 베이징과 서울에서 박채서의 휴대폰과 집 번호를 감청하면서 그를 미행·감시했던 것이다. 물론 그도 국정원의 감청과 미행감시에 대해 어느 정도는 낌새를 채고 있었다.

박채서는 체포되기 6개월 전인 2010년 1월 10일 오랜만에 김당 기자의 일산 신도시 자택 근처로 찾아갔다. 김당 기자에게 그는 1996년부터 지속적으로 긴밀한 관계를 유지해온 딥 스로트(Deep Throat; 내부 고발자)였다. 국정원은 두 사람이 가까운 관계라는 사실을 알고 있었다. 두 사람은 여느 때와 다름없이 집 근처에 세워 놓은 박채서의 회색 아카디아 승용차 안에서 만났다. 두 사람의 오랜 경험으로는 차 안이 가장 '안전'했기 때문이다.

안기부 203실(해외공작실) 공작원이었던 박채서는 권영해 안기부장이 1961년 중앙정보부 창설 이후 안기부에 이르기까지 40년 동안 '요시찰' 대상이었던 김대중이 대통령이 되는 것을 막기 위해 1997년 대선을 앞두고 벌인 일련의 '비인가 공작'이었던 '북풍공작'을 막아낸 숨은 일등공신이었다.

비밀공작은 대부분 불법성을 띨 수밖에 없지만 정보기관장이나 대통령의 공식적 인가 여부에 따라 '인가공작'과 '비인가공작'으로 나뉜다. 즉 정보기관 내에서조차 공식 인가를 받지 않고 비밀리에 수행된 내부 불법공작이 비인가공작인 셈이다. 김영삼 정부 시절의 권영해 안기부장이 비밀리에 추진한 '아말렉 공작' 등을 포함한 일련의 '북풍공작'이 대표적 사례다.

북한의 국가안전보위부에 위장 포섭된 흑금성 공작원 박채서는 '아자'라는 광고회사에 전무로 위장취업해 북한을 상대로 광고사업을 추진하는 '편승공작'인 '인가공작'(흑금성 공작)을 수행하는 중에 자신의 공작라인에 침투한 '비인가공작'(아말렉 공작 등)을 포착해 이들의 1997년 대선 정치공작을 막아냈던 것이다.

그러나 1998년 3월 권력 교체기에 권영해 부장과 이대성 해외공작실장 등 안기부 핵심간부들이 김대중 정부와 '거래'하거나 '협박'하기 위해 '해외공작원 정보보고' 등을 짜깁기해 만든 이른바 '이대성 파일'을 언론에 공개하는 과정에서 '블랙'(흑색요원)이었던 그의 신원이 노출되는 바람에 그는 타의에 의해 공작원을 그만둬야 했다. 1998년 6월 그는 국정원으로부터 해직 위로금 조로 3억 원을 받고 나왔다. 국정원 창설 이후 최초로 북한의 국가안전보위부에 침투해 북한 최고위급에까지 접근한 A급 공작원에 대한 보상이었다.

국정원에서 해고된 공작원이 사회에 나와 할 일은 별로 없었다. 그는 중국에 가서 사업을 모색하는 한편으로 한때 자신의 보위부 연락책이었던 리철을 통해 '아자 전무' 직함으로 추진했던 북한 전역에서 5년 동안 독점 TV 광고를 촬영하는 사업을 재추진해 삼성전자의 휴대폰 광고를 찍는 수완을 발휘했다. 또 리철의 주선으로 이산가족 개별 상봉을 주선하기도 했다.

또한 김대중 정부에 이어 노무현 정부에서도 제2차 남북정상회담이 성사되어 남북관계가 호전된 가운데 개성공단이 추진되자, 그가 개성 골프리조트 건설사업 등을 사실상 정부의 묵인하에 추진하기도 했다. 그 과정에서 그는 대북 비선으로 활동하면서 남북관계 개선에 기여를 했고, 이명박 정부로 정권이 바뀐 뒤에도 여전히 대북 비선으로 활동하고 있었다.


박채서가 체포되기 전에 김당에게 전한 세 가지 메시지

그는 대북사업에 관여하다가 몇 년 전부터 베이징에서 중-한(中韓) 골프대회를 개최하면서 베이징에 장기 체류해왔다. 그는 3개월마다 여권(비자)을 갱신하기 위해 서울을 찾는 터였다. 서울에 올 때마다 김당 기자와 휴대폰으로 '소

2009년 8월 임태희 노동부장관이 김양건 통일전선부장과 서울 그랜드힐튼호텔에서 러브샷을 하고 있다. 왼쪽 뒤로 서영교 국정원 대북전략국장의 모습이 보인다.

통'을 했지만 직접 대면은 1년에 두세 번꼴이었다. 더러는 김당 기자가 먼저 전화를 하거나 보자고 할 때도 있었다. 그가 먼저 보자고 할 때는 뭔가 중요한 용무가 있다는 얘기였다.

그가 2010년 1월 김당을 만났을 때는 김정일의 연초 '방중설'이 모락모락 피어오르던 시점이었다. 그는 아카디아 승용차 안에서 심각한 표정으로 김당에게 말했다.

"김형은 '김정일 방중설'을 어떻게 보세요? 방중설은 사실이 아닙니다. 하지만 이 시기에 김정일이 중국을 방문한다면, 북한이 이제 더는 남한에 구걸하지 않고 중국과 상대하겠다는 의미가 담겨 있어요. 이것은 민족적 비극입니다."

북한으로서는 식량난 해결이 시급한데 남측이 빗장을 걸어 잠그고 있어 김정일이 자존심을 굽히고 중국을 향해 손을 벌리려 한다는 것이었다.

그가 전한 두 번째 메시지는 세 달 전인 2009년 10월 싱가포르에서 남북정상회담 추진 방안을 논의한 것으로 나중에 알려진 임태희 노동부장관(당시 대통령실장)과 김양건 통일전선부장의 비밀접촉에 관한 것이었다. 그는 남북한 특사 비밀접촉설이 처음 일본 NHK 방송에 보도되어 김당 기자가 사실 확인차 전화를 했을 때 "내 전화가 (정보기관에) 물려 있어 말하기 곤란하다"면서 이렇게 귀띔했다.

"거론된 인사의 최측근이 싱가포르에서 접촉했습니다."

그가 말한 '최측근'은 이명박 대통령 당선인 비서실장을 지낸 임태희 장관이었다. 그는 이어 이렇게 말했다.

"서로 아무런 안면이 없는 사람들(김양건 - 임태희)이 나와서 협상을 하다 보니 보안도 (유지가) 안 되고 말도 새 나갔네요. 협상이 어느 정도 잘 진행되었지만 아쉬운 쪽은 (식량 지원을 원하는) 북측인데 우리 측에서 배짱을 부려 트러블이 생긴 겁니다."

김당이 그 트러블이 뭐냐고 묻자 그는 이렇게 말했다.

"저쪽은 10만t을 요청했는데 이쪽이 내민 카드는 고작 1만t뿐이니…"

북측이 정상회담을 위한 예비 접촉에서 비료 지원 10만t을 요청했는데, 남측은 1만t을 제시해 협상 분위기가 좋을 리가 없다는 얘기였다.

그가 전한 세 번째 메시지는 당(통전부) 우선이었던 대남 공작라인이 군부 중심으로 재편되어 호전적인 군부가 전면에 나서게 된 바람에 한반도의 전쟁 위험지수가 높아졌다는 우려였다. 즉, 노동당 소속이었던 작전부와 '35호실', 그리고 인민무력부 소속의 정찰국을 통합해 정찰총국으로 확대 개편되어 김영철 상장이 '인민군 정찰총국 총국장'에 임명됨으로써 대남공작의 전면에 군부가 나설 것을 우려했다. 김영철은 2008년 12월 개성공단 입주업체 대표 150명을 불러모아 공단 폐쇄를 위협했던 인물이다.

기존의 대남 공작활동은 노동당과 군부로 분리돼 있었다. 예를 들어 당 작전부는 공작원 기본 교육훈련과 침투 호송 및 안내 등을 맡아왔다. 노동당 '35호실'은 대남 정보 수집을 담당하면서 남한 및 해외에서의 테러공작을 감행하기도 했다. 군 총참모부 소속 대남기구인 정찰국은 간첩 양성과 남파를 임무로 하면서 요인 납치 및 암살과 전략시설 정찰 등을 수행했다. 그런데 이 셋을 통합해 대남 공작활동 전면에 군부를 내세워 단선적 대남공작 지휘체계를 수립한 것은 그만큼 신속 강력하면서도 보안이 유지되는 대남공작이 가능해졌다는 얘기다.

사관학교 졸업 후 국군 정보사 공작단의 공작관으로 근무하다가 소령으로 예편한 뒤에 국가정보기관의 공작원으로 북한에 직접 위장침투해 활동했던 그로서는 직감적으로 도발징후를 느꼈음 직했다. 그는 우리 정부와 군의 고위층에게도 북한 군부의 도발 가능성을 경고했다고 전했다. 그 후 얼마 안 가서 '천안함 침몰 사건(3월 26일)'이 발생한 것이다.

그는 2010년 설에 귀국했을 때도 잠깐 김당 기자를 만나고 갔다. 그로부터 석달 남짓 지난 6월 1일 그는 일시 귀국했다가 자택인 서울 염창동 아파트에서 국정원 대공수사국 요원들에 의해 긴급 체포되었다. 국가안보의 최일선에서 목숨을 걸고 첩보전을 수행했던 '애국자'가 졸지에 '간첩'으로 바뀌는 순간이었다. 그 후 박채서는 50일 동안 국정원과 검찰 수사를 거친 끝에 정리한 자신의 심경을 김당에게 이렇게 전했다.

"국정원이나 검찰이 주장하는 내용과 부합되려면, 나는 북측에 정말 포섭되어야 하고 그런 전제조건 하에서 그들의 지시나 지령을 받게 되고 국가에 해가 되는 자료나 군사, 국가비밀을 탐지하고 지령받은 주요 인물들을 포섭해야 마땅합니다. 북에 포섭되어 그들의 지령에 따라 내가 움직였다고 가정해도, 시간(길게 17년, 짧게 13년)과 내 주변 여건과 능력에 비해 그 성과나 국정원에서 주장하는 내용조차도 너무 빈약합니다. 조사과정에서 국정원 수사 책임자가 '10년 넘게 함께하면서 교범 몇 권 건네준 게 다냐, 그것을 믿으란 얘기냐?' 하면서 화를 냈듯이 그 성과가 너무 빈약합니다. 리철이 진짜 대남공작원이고 또 내가 국정원 주장대로 북에 포섭되어 북의 지령대로 움직이는 간첩이었다면, 그 정도 성과로 만족하고 공작이 계속 진행되었겠습니까?

분명히 밝히건대, 나는 그들의 지시나 지령을 받은 적도 없거니와, 그들의 지시나

지령에 따라 움직일 정도로 내 사상은 나약하지 않습니다. 그들은 분명히 우리의 적이고 유사시는 총부리를 서로 겨누고 서로의 생명을 노려야 하는 적국의 사람들이라는 사실을 나는 단 한 번도 잊은 적이 없습니다."

그는 면회를 간 김당 기자에게 "남북교류협력법 위반에 대해서는 실정법을 어긴 이상 처벌을 달게 받겠지만, 국가보안법 위반은 내 인생과 자존심을 송두리째 부정하는 것이어서 받아들일 수 없다"고 말했다. 그것은 사관학교를 졸업한 뒤에 정보사 공작단 공작계획 분석장교와 공작관을 거쳐 국가정보기관의 특수공작원으로 살아온 그의 정체성을 부정하는 것이자, 그의 신념과 가치에 대한 배반이었다. 그래서 그는 국가보안법 위반혐의에 대한 무죄를 주장했던 것이다.

그러나 실정법의 현실은 냉정했다. 도대체 어디서부터 잘못된 것일까? 박채서는 미결수일 때는 서울구치소에서, 6년 징역형이 확정된 기결수일 때는 대전교도소에서 자신의 인생행로가 어디서부터 잘못되었는지 그 시원(始原)을 추적해 보았다. 김당은 김당대로, 박채서를 잘 아는 기자로서 실체적 진실을 추적하기 위해 그의 인생행로가 어디에서 꼬였는지를 톺아보았다.

효용 가치를 상실한 해고 공작원을 대하는 방식

국군 정보사 공작단 공작관이던 현역 소령에서 국가안전기획부 203실 소속 정보서기관으로 특채되어 대북 특수공작을 수행하던 그의 운명이 꼬인 것은 한겨레 신문의 보도 때문이었다. 한겨레가 '이대성 파일'을 공개함으로써 북한 전문 광고기획사 아자(아자 커뮤니케이션)의 박채서 전무가 국가안전기획부 공작원임이 드러난 것이다.

이로 인해 안기부가 침투한 가장(假裝)업체인 아자의 대북사업은 중단되었고, 흑금성 공작원이 수행한 안기부의 A급 국가공작도 허공으로 날아갔다. 당시 이종찬(李鍾贊) 국정원장은 안기부 개혁의 일환으로 내부적으로 이미 명칭을 국가정보원으로 바꾸었지만 공식적으로는 국정원으로 편제되기 전이었다.

신분이 드러난 공작원 박채서는 이제 더는 국가공작원으로서 효용 가치를 상실했다. 신분이 노출된 비밀요원은 더 이상 비밀요원이 아니었다. 국가는 그를 해고하면서 3억 원의 위자료를 건넸다. 일종의 '입막음 비용'이었다. 신건(辛建) 국내담당 차장이 해고 절차를 마무리했다.

박채서는 1998년 6월 5일 통상적인 절차에 따라 안기부에 보안서약서를 제출했다. 보안서약서에는 ▲재직 중 취득한 비밀을 준수하겠다 ▲북측과 사전허가 없이 접촉하지 않겠다 ▲만약 상대로부터 연락이 있을 시에는 보고한다 같은 내용이 씌어 있었다. 아울러 그에게 긴급 시 연락 전화번호 2개가 전달되었다. 통상 비밀공작에서 연락선은 한쪽에만 주어진 일방소통이 비밀요원들의 기본 수칙이었다. 해고 현장에서도 그 점이 강조되었다.

문제는 해고 이후 달라진 주변 환경이었다. 일방적인 언론보도로 덧씌워진 이중간첩과 간첩가족의 멍에는 그대로인 채 그나마 형식적으로 시행되던 신변 보호망도 일시에 철수해 버렸다. 박채서 자신이 앞으로 어떻게 행동하고, 무엇을 보호받아야 되는지, 자신이 몸담았던 조직의 어느 누구도 말해주지 않았다. 그가 질문해도 다들 피하고 관심이 없었다. 두 달 넘게 사방팔방으로 자구책을 강구하기 위해 노력했으나 허사였다.

전 세계에서 가장 접근이 어려운 조선민주주의인민공화국 국가안전보위부에 침투하는 데 성공해 김영룡(金英龍) 국가안전보위부장과 김정일(金正日) 국방위원장의 매제이자 북한 권력 이인자인 장성택(張成澤) 조선로동당 조직부 제1부부장의 신뢰를 받고, 마침내 김정일 국방위원장까지 면담한 그였다. 이와 같은 공작 성과를 인정받아 국가안전기획부에서 두 번이나 최우수 공작 평가를 받았다.

그러나 현실은 스파이 영화와는 판이하게 달랐다. 해고 공작원에 대한 신변보호 프로그램은 존재하지 않았다. 그런 프로그램을 만들려는 계획도 없고, 그런 제도 자체에 대한 관심조차 없었다. 해고된 공작원은 전(前) 정권의 문제였다. 이름이 바뀐 국정원은 안기부 때의 일이라고, 새로 바뀐 조직의 스탭들은 전임자들의 문제라고 핑계를 댈 뿐, 그와 그의 가족의 안전에 관심을 가져주는 기관과 조직, 그리고 사람은 어디에도 없었다. A급 국가공작원이 해고와 함께 하루아침에 귀찮은 존재가 되어버린 것이다.

정작 더 큰 문제는 그다음이었다. 북한 보위부에 위장 포섭되어 김정일에게까지 보고된 남북경제협력사업을 진행한 그의 신원이 밝혀짐에 따라 '이대성 파일'이 공개된 직후인 1998년 4월 김영룡 보위부장(제1부부장) 등 흑금성과 연결된 보위부 간부들이 줄줄이 숙청되었다. 천하의 보위부가 흑금성으로 인해 풍비박산(風飛雹散)이 난 것이다. 북한 체제와 보위부의 생리상 흑금성에 대한 보복은 필연적이었다.

국정원은 그가 1998년 3월 '이대성 파일'이 공개되어 내곡동에서 조사받을 때 일본 조총련(조선총련)과 평양 사이에 오간 전화통화를 도·감청해서 그에게 일부 내용을 알려준 바 있다. 베이징에 있는 딸의 신변을 걱정하는 그에게 걱정하지 말라며 전해준 내용은 이랬다.

"'박채서에 대한 보복 행동을 시행해도 되느냐'는 조총련의 질의에 '별도 지시가 있을 때까지 기다려라'는 평양의 보류 지시가 떨어졌다."

그러나 평양의 보류 지시가 언제까지 유효할지는 아무도 알 수 없었다. 자신은 이 길에 들어섰을 때부터 각오한 몸이지만, 아무것도 모르는 아내와 두 딸의 신변이 문제였다.

누구를 탓하랴 싶었다. 야전군의 길을 걷다가 그가 스스로 택한 길이었다. 적진에 침투하기 위해 일부러 신용 불량자가 되고 철저하게 신분을 세탁했다. 단 한 번의 실수로도 신분이 탄로 날 수 있기에 공작보안에 만전을 기했다. 그럼에도 사람인지라 평양공항에서 비행기가 이륙하기 전까지는 늘 자신의 신분이 드러나 억류될지 모른다는 상상을 하곤 했다.

하지만 자신이 충성했던 조직의 수장이 Ⅰ·Ⅱ급 비밀로 분류된 공작파일을 유출해 신분이 드러날 줄은 꿈에도 생각하지 못했다. 그것이 잘못이라면 자신의 잘못이었다. 미화 달러로 지급되는 거액의 공작금을 사용하면서도 해고 이후의 대책을 준비하지 않고, 오로지 조직과 국가를 믿고 자신과 가족의 생명을 맡긴 채 우직하게 일만 해온 결과였다.

그가 전무로 위장취업한 아자에 투자한 정진호 고문을 비롯한 투자자들은 그에게 손실액을 보전받을 수 있도록 나서 달라고 성화였다. 독점 광고촬영 사업으로 수익을 올릴 꿈에 부풀었던 투자자들은 하루아침에 빚 독촉을 하는 채권자로 둔갑했다. 이미 계약금을 비롯해 중간 선수금 조로 100만 달러 가까이 북측에 전달되었으므로 회사의 기본경비까지 포함하면 피해액이 만만치 않았던 것은 사실이다. 그는 여러 번 국정원에 공작원칙과 공작계획에 의거해 국가공작으로 인한 민간인의 피해를 보상해줄 것을 요청했으나 감감무소식이었다.

국가로부터 버림받아 혼자서만 사막에 버려진 느낌이었다. 그렇다고 세상 물정 모르는 순박한 아내에게 상황을 설명하며 양해를 구할 수도 없었다. 그 누구보다도 강인한 정신력을 가졌다고 자부한 박채서 자신도 극심한 스트레스로 백병원에서 정신과 치료를 받아야 했다. 그는 문득 평생을 자신과 가족을 희생시키며 오로지 조국의 광복을 위해 몸을 던진 독립투사들의 심정은 어떠했을까, 하는 공허한 상상까지 해보았다.

하지만 해고 공작원을 대하는 그들의 방식과 대책 없음이 확인된 마당에, 시간이 흘러도 마땅한 탈출구는 생길 것 같지 않았다. 희망이 없다는 것은 자구책을 찾을 때가 왔음을 의미했다. 그는 누구의 도움도 바라지 말고, 스스로 운명을 헤쳐 나가자고 굳게 결심했다.

"통 크게 봐줘라"는 평양의 메시지

박채서는 정공법을 택하기로 했다. 정부가 국가공작으로 피해를 입은 민간인에 대한 보상을 외면하자 그는 직접 베이징에 가서 북한 측과 교섭하려고 했다. 하지만 국정원은 그를 출국금지 대상자로 조치해 놓았다. 그는 국정원을 상대로 출국금지 해제를 위한 행정소송을 제기해 법원으로부터 출국금지 해제 조치를 받아 중국 베이징으로 출국했다. 그가 국정원에서 해고된 지 두 달쯤 지난 1998년 8월 13일이었다.

그동안 비행기를 타고 1년에 수십 번씩 오간 길이지만 민간인 신분으로는 처음이었다. 북측과 연락할 때의 한 채널인 중국 단둥(丹東)의 중간 연락책에 간단한 팩스를 보냈다. 묵고 있는 숙소를 밝히고, 정리할 것과 협의할 것이 있으니 만날 수 있거나, 만날 용의가 있으면 연락을 바란다는 내용이었다.

이튿날 오전 10시경 호텔 방으로 단둥의 중간 연락책한테서 전화가 왔다. "9월 첫째 주에 베이징에서 만날 수 있다"는 평양의 전갈이었다. 박채서는 서울로 귀국해 해고될 때 받은 비상 연락망으로 국정원에 전화를 했다. 하지만 몇 번이고 전화를 해도 받지 않았다. 만약 보안상의 문제로 전화번호가 바뀌었으면 사전에 반드시 고지가 되었을 텐데, 그런 메시지도 없었다.

그는 9월 4일 다시 출국하여 다음 날 베이징 서우두(首都)국제공항에서 가까운 스위소텔(Swissotel Beijing) 1층 커피숍에서 북측 일행을 만났다. 위장 포섭된 이중공작원이 신분이 드러난 채 자신이 속였던 사람들을 만나는 자리는 한여름이지만 말로 설명하기 힘든 어색하면서도 냉랭한 기운이 감돌았다. 예상했던 대로 그의 파트너였던 보위부 김영수 과장은 보이지 않았다. 그 이유를 짐작했지만 김영수 과장이 보이지 않은 이유를 묻자, "김 과장은 앞으로 보지 못할 것"이라는 짤막한 대답이 돌아왔다. 그 대신 김성렬이라는 국방위원회 과장이 대신 나왔다고 했다.

김 과장을 앞으로 보지 못할 것이라는 말은 그가 숙청당한 것을 의미했다.

박채서는 본인 탓에 그렇게 된 것 같아 안타까웠지만 이런 더티 잡(dirty job)을 하는 선수끼리 구차한 변명은 필요치 않을 것 같았다. 장황하게 설명할수록 더 구차해 보일 것이 뻔했다. 박채서는 단도직입으로 말했다.

"내가 당신들에게 약속한 것은 반드시 지키겠소. 목숨이 아깝지 않은 사람이 세상 어디에 있겠소마는, 이 바닥에 뛰어들 때부터 나는 죽음을 각오한 몸이요. 다만 부탁하건대, 나 하나만으로 끝내주시오. 내 처와 어머니, 그리고 어린 자식들에게 무슨 잘못이 있겠소?"

박채서는 베이징으로 오기 전에 만약의 경우에 대비해 책상 서랍에 처와 두 딸에게 남기고 싶은 말을 써놓고 온 터였다. 유서를 쓰는 심정으로 쓴 편지였다. 이처럼 죽을 각오를 하고 왔기 때문인지, 그들의 눈에도 박채서의 결연한 의지가 보였던 것일까? 그들은 듣기만 할 뿐 별다른 이야기를 하지 않았다. 그들은 다음날 다시 만나기로 하고 헤어졌다.

이튿날 같은 장소에서 만난 리철은 전날 박채서가 이야기한 바를 상부에 보고한 결과를 전해주었다. 평양의 회신은 뜻밖에도 간명했다.

"그 사람도 자기 조직과 국가에 충성한 것밖에 더 있느냐? 통 크게 봐줘라."

리철은 김정일 위원장의 뜻이라고 못 박지는 않았다. 하지만 북한 체제의 생리와 그가 김정일 위원장을 기망(欺罔)해 면담했던 것에 비추어, 그의 신분이 드러난 이상 보고했을 것이 분명했다. 앞으로 보위부 김영수 과장을 보지 못하리라는 것은 그에 대한 문책을 의미했다. 결국 '통 크게 봐줘라'는 회신은 김정일의 뜻이었다.

평양의 메시지가 전달된 이상 복잡한 얘기는 더 이상 필요 없었다. '봐준다'는 진의가 확실치는 않지만, 박채서는 그래도 베이징에 와서 직접 대놓고 대화하기를 잘했다는 생각이 들었다. 문제는 가족의 신변보호 건에 몰두하느라 서울 내곡동에는 신경을 쓸 겨를이 없었다는 점이다. 사실 그는 보안서약서를 어기고, 공작 파트너를 다시 만난 뒤에 돌아올 후과(後果)는 생각할 여지도 없었다.

박채서는 사업 얘기가 나온 김에 그들에게 상호 간의 관계를 정리하는 차원에서 아자 광고사업에 관한 명확한 정리를 부탁했다. 국내에서는 아자에 투자한 정진호 대표를 비롯한 투자자들이 손실액을 보상해 달라고 난리였다. 아자가 안기부의 위장업체라는 사실이 공공연히 언론에 보도된 통에, 안기부 지시로 아자의 임원이 된 그에게 책임지고 해결하라는 성화가 빗발쳤다. 계약금을 비롯해 중간 선수금 조로 벌써 100만 달러 가까이 북측에 전달되었으니, 회사의 기본경비까지 포함하면 피해액이 만만치 않았던 것은 사실이었다.

하지만 금전 문제도, 박채서 개인의 신변 문제와 마찬가지로 아무도 신경을 써주지 않았다. 그런 가운데 아자의 투자자들은 공공연히 그와 국가를 상대로 손해배상청구 소송을 하겠다고 윽박질렀다. 그가 북측과 직접 만나 담판을 지을 결심을 한 것도 그 압박 때문이었다. 그 결과로 박기영 대표를 비롯한 아자 관계자들과 북측 인사들이 베이징에서 두 차례 만나서 대북 광고사업 무산에 따른 향후 대책을 협의하게 되었다.


북한 잠수정 사건과 해안선 촬영 비디오테이프

이렇게 박채서는 아자측과 북측 인사들이 광고사업 무산에 따른 향후 대책을 논의하는 자리를 주선했지만, 거기서 나눈 대화가 국정원이 자신을 간첩으로 엮는 실마리가 될 줄은 꿈에도 상상하지 못했다.

국정원 수사관들은 박채서에게 그날 있었던 일에 대해 이렇게 물었다.

"스위소텔 커피숍에서 만난 리철이 당시 여수 앞바다에서 침몰한 북한 잠수정 사건에 대한 한국의 언론보도 내용을 알려 달라고 하지 않았나요?"

박채서는 전혀 모르는 일이었다. 여수에서 북한 잠수정이 좌초된 사실조차도 몰랐으니 관련 기사를 북측에 주었다는 혐의는 터무니없는 것이었다. 그는 "모르는 일이고, 그런 적이 없다"고 답했다. 그러자 수사관은 박기영 대표가 사용한 PC의 기록을 제시하며 채근했다.

> "당시 동석한 박기영의 PC에는 '박 전무(박채서)가 잠수함 신문보도 내용을 준비해 리철에게 주라고 했다'고 메모 형식으로 기록되어 있는데, 그래도 기억나지 않나요?"

귀신이 곡할 노릇이었다. 하지만 국정원이 압수한 박기영의 PC에서 그런 메모가 나왔다고 하니, 인정하지 않을 수 없었다. 그는 "기억나지 않지만, 그렇게 메모가 되었다면 박기영의 기록이 정확하지 않겠느냐"고 진술했다.

잠수정 사건은 1998년 12월 17일 밤 남해안으로 침투하던 북한 반잠수정이 군 당국에 발견돼 7시간 30여 분 동안 1백여㎞를 달아나다가 18일 오전 거제도 남쪽 1백㎞ 공해상에서 해군 함정에 의해 격침된 사건이다. 격침 현장 인근에선 음독한 후 확인사살 흔적이 있는 시체 한 구가 잠수복을 입고 수류탄 한 발을 소지한 채 떠올랐고, 잠수정은 1999년 3월 17일 거제도 남쪽 해저에서 인양됐다.

인양된 반잠수정에서는 체코제 기관권총과 수류탄, 독약 앰플 등 80종 724점이 수거되었다. 국정원은 노획한 수첩을 분석해 그해 9월 '강철 김영환'과 하영옥 등이 지도하는 남한 내 혁명 전위조직인 민족혁명당(약칭 민혁당) 조직원들을 검거하는 성과를 거두게 된다.

또 다른 간첩 혐의는 남한의 해안선을 촬영한 비디오테이프를 북측에 넘긴 건이었다. 1998년 12월 한 해가 가기 전에 아자 사업을 정리하는 문제로 리철을 세 번째 만났을 때였다. 리철은 이렇게 말했다.

"1997년 1월에 본사(국가안전보위부)에서 '박상'에게 부탁했던 해안선 촬영

자료를 가지고 있으면 마저 달라고 합네다. 박상이 모든 것을 정리하자고 했으니 인차 깨끗이 정리합세다."

박채서는 1997년 1월에 보위부 김영수 과장의 요청으로 태국 방콕에서 그와 업무 토의를 한 적이 있다. 김영수는 박채서에게 남한의 해안선, 특히 해수욕장을 중심으로 남한 지형임을 확실히 표시 나게 비디오로 찍어 달라고 요청했다. 박채서는 귀국해 북측과 접촉한 내용을 본부(국정원 대북공작국)에 디브리핑(debriefing) 하면서 북측 요구사항을 이강복 공작관에게 보고했다. 이강복은 잠깐 생각하더니 군사시설보호법[7]에 저촉이 되지 않도록 유의해서 적당히 작업해서 주라고 대수롭지 않게 말했다. 당시는 공작이 성숙단계에서 가장 활발히 진행되는 상황이어서 북측의 그 정도 요구는 별 부담 없이 가볍게 응해줄 때였다.

박채서는 그해 2월경 이틀 동안 여행객을 가장해 강릉 경포대 해수욕장에서 동해시 이남까지 해수욕장을 중심으로 해안선을 8mm 캠코더로 촬영했다. 그는 해수욕장 가운데 표시된 표지판을 중심으로 좌우 전경을 비디오테이프 2개(총 25~30분 분량)에 담아 북측에 전해주었다. 물론 해안의 주요시설이나 특히 군의 경계초소 등 군사시설보호법에 저촉될 수 있는 시설은 애당초 촬영하지 않았다.

그때는 1차 남북정상회담 전으로 주간에도 해안선의 요소요소를 경계병이 감시하고, 웬만한 지역은 군사상의 이유로 민간인 출입이 금지되었다. 군사시설은 접근 자체가 불가능했기 때문에 군사시설보호구역은 촬영할 수 없는 상황이었다. 그 후 북측의 요청으로 박채서는 서해안 지역도 그해 7월 초순경 충남 대천해수욕장에서 당진까지 같은 방법으로 비디오 촬영을 했다. 하지만 그 뒤로는 12월 대선을 앞두고 국정원과 보위부가 총력전을 펼친 북풍공작에 온통

---

주7 _ 당시는 군사시설보호법과 함께 해군기지법 및 군용항공기지법이 각각 시행되었으나, 2007년 12월 관련 법을 통합해 '군사기지 및 군사시설 보호법'(약칭: 군사기지법)이 제정되면서 군사시설보호법과 해군기지법 및 군용항공기지법은 폐지되었다.

정신이 팔려 서해안을 촬영한 비디오테이프는 까맣게 잊고 있었다.

그런데 보위부에서는 과거 사업을 정리하자고 하면서 리철을 통해 그에게 1년 전에 촬영한 서해안 비디오테이프를 마저 달라고 한 것이다. 그는 현직에 있을 때 본부에 보고하고 촬영한 비디오테이프여서 별생각이 없이 남은 1개를 리철에게 전해주었다. 국정원은 박채서가 해고된 뒤에도 북측 파트너와 계속 접촉해 서해안을 촬영한 비디오테이프를 북측에 건넨 것을 군사시설보호법 위반 및 간첩 혐의로 문제 삼은 것이다.

국정원 수사관들이 서해안 촬영 경로를 묻자 박채서는 처음에는 서해안고속도로를 이용했다고 진술했다. 그는 서해안고속도로가 집(서울시 강서구)에서 접근성이 좋아 가족·친지들과 서해 해수욕장이나 관광명소를 찾을 때 수십 번이나 왕래했기 때문에 1997년 7월 서해안을 촬영했을 때도 서해안고속도로를 이용했다고 진술한 것이다. 하지만 이는 착각이었다. 아산만의 서해대교[8]가 완공되어 서해안고속도로 전 구간이 최종 완공된 것은 2000년이었다. 수사관은 이 점을 문제 삼아 그가 거짓말을 하고 있다고 채근했다.

"서해대교가 완공된 것이 2000년 11월인데, 1997년에 7월에 서해안고속도로를 이용해 촬영했다는 것이 말이 되는가?"

박채서는 진술을 번복해 촬영 시점을 2002년 7월경으로 수정했다. 그러나 아무리 생각해도 자신이 기억한 촬영 시점이 5년이나 차이가 나는 것은 스스로 받아들이기가 힘들었다. 더구나 2002년은 한·일 월드컵 기간인 데다가 남북한 해군 사이에 서해교전까지 일어났기 때문에 도저히 시간대가 맞지 않는다고 판단했다.

그는 그날 밤에 12년 전의 기억을 다시 곰곰이 되살려 보았다. 서해대교가 완공되지 않아 삽교호를 빙 돌아가는 과정에서 삽교호와 천안을 잇는 제방도로

---

주8 _ 서해안고속도로(총연장 353km)의 구간 중 경기도 평택시와 충남 당진시를 잇는 다리(총 길이 7,310m, 도로 폭 31.4m)이다. 한국도로공사가 서해권 교통망과 물류기반 확충을 위하여 1993년 11월 착공해 2000년 11월에 개통되었다.

를 거꾸로 올라가 당진 쪽으로 간 기억이 떠올랐다. 그는 이튿날 국정원 수사관에게 진술조서의 재수정을 요구했다. 하지만 수사관은 진술을 자주 번복하면 진술의 신뢰도가 떨어진다며 바꿔주지 않았다.

제2장
혼돈무간
混沌無間

미국 중앙정보국(Central Intelligence Agency, CIA)

...

진리를 알지니,

진리가 너희를 자유롭게 하리라

You shall know the truth and

the truth shall make you free

## 05 _ 부부간첩과 민혁당 사건

인생을 살다 보면 취미와 기호(嗜好)가 운명을 가르는 경우가 종종 있다. 김당과 박채서는 기자와 딥 스로트(deep throat)로 만났지만, 정보기관과 정보에 대한 관심을 제외하면 인간적으로 친해질 만한 공통점이 거의 없었다.

우선 기호가 서로 달랐다. 김당은 술을 좋아하는데 박채서는 담배는 물론 술 한 방울도 입에 대지 않았다. 그러다 보니 주로 차를 마시며 만나 건조한 대화를 나누었고 가끔 식사를 하면서 세상 이야기를 나누었다. 술자리를 함께할 기회가 없으니 인간적인 고민을 털어놓으며 친해질 기회는 적은 편이었다.

취미도 달랐다. 박채서는 골프가 있는 곳이라면 어디든 달려가는 골프광이었지만, 김당은 골프를 안 쳤다. 환경담당 기자를 하면서 용인 등 수도권 일대에 우후죽순처럼 들어선 골프장이 농민들과 환경에 끼친 폐해를 고발하는 기획기사를 쓰면서 골프를 멀리하기로 결심한 터였다. 정치부 기자를 할 때 역시 주변에서 골프를 권하면서 골프채 세트를 선물받았지만, 옷걸이로 쓰다가 그마저 동생에게 줄 정도로 골프와 담을 쌓고 살았다.

박채서, 국방대학원에서 골프에 미치다

김당 기자가 노태우 정부 시절에 수도권 일대의 무분별한 골프장 허가와 난개발의 폐해를 고발하는 기사를 쓸 때, 박채서는 소령으로 진급해 국방대학원 석사과정에 입교해 골프를 처음 접했다. 당시 체육시간에 수색 국방대학원 교정의 골프연습장에서 한 시간 동안 배운 것이 생애 첫 골프였다. 그리곤 단박에 골프와 사랑에 빠졌다.

국방대학원은 골프를 배우고 즐기기에는 천국이었다. 교정에 설치된 실거리 연습장은 무료였고, 태릉·남성대·남수원 골프장을 7천 원에 주말 10개 팀이 자동으로 부킹할 수 있었다. 그 밖에 군 비행장에 설치된 9홀짜리 퍼블릭 골프장에서도 입장료 7천 원만 내면 종일 라운딩할 수 있었다.

무슨 일이건 한번 꽂히면 끝장을 보고야 마는 성미인 박채서는 국방대학원 시절에 새벽과 아침, 점심, 일과 후 저녁까지 연습장에서 골프를 쳤다. 연습용 장갑이 사흘을 못 버틸 만큼 골프에 미쳤다. 틈나는 대로 서울공항, 수원비행장의 9홀 골프장에서 살다시피 했다. 침대에 누우면 천장에서 골프공이 날아다니고 꿈에서도 '저 푸른 초원에서 그림 같은 골프'를 쳤다.

그렇게 4개월을 연습해 라운딩에 어느 정도 적응한 뒤에 정OO 회장을 찾아갔다. 정 회장은 박채서 소령이 단국대 학군단(ROTC) 훈육관으로 근무할 때 알게 된 ROTC 사관후보생의 부친으로 골프가 인연이 되어 알고 지내던 터였다. 정호용 국방장관의 사촌 형인 정 회장은 당시 일본의 투자를 받아 장호원에 골프장을 짓고 있었다.

박채서는 정 회장을 통해 용산 미8군 골프장을 자주 가게 되었고, 그 과정에서 정호용 국방장관과 정석모 민정당 사무총장, 정주영 현대그룹 회장 등 정 씨 성의 유명 인사들과 라운딩할 기회를 얻었다. 만나는 집결장소는 항상 이태원의 캐피털호텔이었는데, 나중에는 정 씨들이 그를 호출하기도 했다.

정 씨 3인방은 꼭 1타당 만 원짜리 내기골프를 했다. 게임의 결과는 7~8할이 정석모 의원의 승리로 끝났다. 성격이 급한 정호용 장관과 정주영 회장이 말싸움을 하다가 무너지면 정 의원이 어부지리를 챙기곤 했다. 박채서는 정 씨 3

인방과 라운딩을 하면서 용산 미8군 골프장에서 입문 7개월 만에 76타를 쳐 싱글골퍼로 자리매김을 했다.

그런데 이들이 치는 골프는 단순한 만 원짜리 내기골프가 아니었다. 라운딩하면서 그늘집에서 잠시 쉬거나 식사를 하면서 또는 캐피털 호텔 사우나에서 농담 비슷하게 오간 대화가 3~4일 뒤에 장관 인사나 정책, 또는 기업의 대규모 투자로 발표되곤 했다. 나중에 정호용 장관은 미국으로 외유를 떠나기에 앞서 자신이 쓰던 윌슨 골프채를 선물로 주고 갔다.

김영삼 대통령이 집권하자 이른바 '문민정부'라고 칭했다. 문민정부는 군인 출신 대통령의 지난 정권과 차별화하기 위해 출범 초기에 하나회 숙정과 공직 사정, 그리고 공직자 골프 금지령까지 내렸다. 안기부도 예외는 아니었다. 정치 관여 혐의가 있는 안기부 간부들은 대거 보직 해임되어 국방대학원 안보 과정에 입교했다. 공직 사정의 시작은 서슬이 퍼랬으나 대부분 국방대학원에서 골프 핸디만 올려서 복귀했다. 한마디로 공직사회는 복지부동(伏地不動)이었다. 공무원들이 움직이지 않으니 사회 곳곳에서 균열이 터져 나왔다.

1994년 10월 21일 아침 출근 및 등교 시간에 서울 성수대교의 중간 상판이 싹둑 내려앉는 바람에 다리를 통과 중인 시내버스와 승용차들이 한강으로 추락해 여학생 등 32명이 숨졌다. 그 전해에도 3월 28일 부산 구포 무궁화열차 전복(사망 78명), 9월 26일 목포 아시아나 항공기 추락(사망 66명), 10월 10일 서해 격포의 서해훼리호 침몰(사망 292명) 등 전국에서 연쇄 대형사고가 터졌는데 믿기지 않는 대형사고가 또 터진 것이다.

서울시장이 경질되고 서울의 모든 한강 다리를 비롯해 전국의 대형 교량들에 대한 안전점검이 실시됐다. 대통령 직속기관인 안기부에도 비상이 걸렸다. 들끓는 여론을 잠재우기 위해 찾아낸 것은 사건은 더 큰 사건으로, 뉴스는 더 큰 뉴스로 막는다는 고전적 방식이었다. 더 큰 뉴스를 만들어 기존의 사건을 잊게 만드는, 불은 불로 끄는 '맞불 작전'이다. 성수대교 붕괴 사흘 만에 해경이 서해에서 구조한 '국군포로 출신 탈북자 1호' 조창호 소위는 국민적 분노를 일시적으로 딴 데로 돌리기 위해 급조한 안기부의 '작품'이었다.

1995년 6월 첫 지방자치단체장 선거를 앞두고 정형근 1차장은 차장실 직속으로 '사고대책반'이라는 특별대책팀을 만들었다. 사고예방이 안기부의 본업은 아니지만, 안기부로서는 대통령의 국정 운영에 장애물이 되는 대형사고가 적지 않은 부담이었다. '사고예방팀'은 그런 정보를 수집한다고 했다. 감이 빠른 직원들은 '사고예방팀'을 만든다는 소식을 듣고 지방선거에 대비한 한시적인 태스크포스팀의 위장명칭이라는 것을 알아챘다. 그런데 사고예방팀에 예기치 못한 사고가 생겼다.

정형근 1차장은 전국 지부에 지방선거에 대한 부정적 여론을 수집해 연기대책을 만들어 보고하라고 지시했다. 그런데 한 직원이 본부의 수집명령을 야당에 누설함으로써 이상한 운명을 맞게 되었다. 지휘책임을 물어 정형근은 해임되었다. 문제는 정형근 차장이 만든 '사고예방팀'의 존재였다. 팀장인 2급 이사관과 3급 부이사관 3명 등 30명 가까운 사고예방팀은 팀을 만든 정형근 차장이 해임당하자 일이 없어졌다. 관료 사회는 무슨 조직이든 예산을 책정해 한번 만들면 쉽게 없애지 못한다. 그러니 자리보전을 위해선 '밥값'을 해야 했다.

지방선거 대책을 위해 만든 사고예방팀은 진짜로 사고 예방을 위해 전국 대형 건물과 공사장 현장에 나가 문제점과 대책을 담은 안전 진단 보고서를 만들어 정보비서관에게 올렸다. 보고서 대부분은 "수고했습니다"라는 인사와 함께 슬며시 쓰레기통으로 들어갔다. 사고예방팀 탄생의 내막을 알고 있던 정보비서관이 보고서를 읽어볼 리 만무했다. 그럼에도 사고예방팀 직원들은 그 후에도 한동안 쓰레기통에 들어갈 정보를 수집하기 위해 출장도 다니고 공사장을 기웃거리며 '안전도 진단'을 했다.

당시 안기부 간부들은 이들의 활동을 '예방정보'라는 말로 미화했다. 그렇다면 실제로 '예방정보'의 효과는 있었을까? 보고서가 쓰레기통에 들어가는 마당에 관련 정부 부처에 통보될 리가 없으니 '예방'이 될 리도 없었다. 국가 최고 정보기관인 안기부는 '단군 이래 최대의 국난'이 엄습해 오는 것도 전혀 인지하지 못했다. 골프에 미친 박채서도 골프로 인해 자신이 영어(囹圄)의 몸이 될 줄 꿈에도 생각하지 못했다.

부부간첩과 북한 반잠수정, 김영환과 민혁당 사건

김당은 1997년 8~9월경 그해 대선을 앞두고 최정남 - 강연정 부부간첩 사건을 시사저널에 단독 보도했다. 이 사건은 안기부가 간첩을 조작하거나 선거를 앞두고 기획수사한 사건은 아니었다. 하지만 1992년 대선 전의 최고위 간첩 이선실과 중부지역당 사건이나, 1996년 총선 당시 판문점 북풍 사건 등에 비추어 얼마든지 선거에 이용될 소지가 있었기 때문에 예방 차원에서 선제적으로 보도했던 것이다. 김당은 이 보도로 인해 '간첩 수사를 방해해 적을 이롭게 했다'는 혐의로 강남 르네상스호텔의 안기부 대공수사국 안가에서 조사를 받았다. 그래서 김당은 남 달리 이 사건에 대해 관심을 두게 되었다.

그때 안기부 조사에서 최정남 입에서 나온 남한 인사가 바로 1980년대 대학가에서 '강철서신'의 필자이자 주사파(주체사상파)의 대부로 알려진 '강철 김영환'이었다. 안기부는 최정남 검거를 계기로 김영환의 대북 연계 증거를 포착하기 위해 미행감시와 도·감청을 했다. 그리고 김영환의 집을 수색해《나는 너에게 장미의 화원을 약속하지 않았다》(이하 '장미화원')라는 난수 해독용 책자를 압수했다. 그러나 이를 눈치챈 김영환이 중국에서 귀국하지 않고, 안기부는 난수를 풀지 못해 어려움을 겪는 가운데 1998년 12월 여수 앞바다에서 격침된 북한 반잠수정에서 '보물'을 찾았다는 소식을 들었다.

김당이 시사저널에서 동아일보 '신동아'팀으로 옮긴 지 넉 달쯤 된 1999년 9월, 80년대 대학가 주사파 핵심세력들을 포섭해 조선노동당에 가입시키고 남한 내 혁명전위조직인 '민족민주혁명당'(민혁당)이라는 지하당을 조직해 친북활동을 벌인 간첩단이 적발됐다. 국정원은 1998년 12월 18일 여수 해안에서 격침된 반잠수정에서 회수한 전화번호 수첩 등을 단서로 민혁당의 실체를 확인했다고 발표했다. 당시 반잠수정은 민혁당 지도원으로 남파됐던 간첩을 복귀시키기 위해 내려왔던 것으로 밝혀졌다.

국정원은 민혁당에 연루된 김영환(월간 〈시대정신〉 편집위원), 조유식(전 〈말〉지 기자), 하영옥(무직), 심재춘(대학강사) 등 4명을 국가보안법 위반혐의로 구속 송치하고 김경환(〈말〉지 기자)에 대해서는 계속 수사 중이라고 밝혔다.

국정원에 따르면 김영환은 1989년 7월께 남파간첩 윤택림(북한 대외연락부 5과장)에게 포섭돼 노동당에 입당했다. 김 씨는 대학 후배 조유식과 함께 1991년 5월 16일 강화도 해안에서 북한 반잠수정을 타고 입북해 김일성을 두 차례 면담하는 등 14일간 머물다가 제주도 인근 해안으로 귀환했다. 김영환은 북한으로부터 공작금 40만 달러(당시 3억 원 상당)를 받아 1996년 총선 출마자 등 6명에게 1인당 500만~1천만 원씩 선거자금을 지원했다.

하영옥은 1997년 7월께 김 씨가 민혁당을 해체하려 하자 조직을 인수해 남파간첩 위장을 돕고, 1998년 12월 북한 반잠수정이 여수 해안에서 격침되자 인터넷 메일을 이용해 북한 측과 대응책을 논의하는 등 이른바 '사이버 간첩' 활동을 벌여왔다고 국정원은 설명했다. 하 씨의 후배인 심재춘 씨는 1998년 9월께 하 씨에게 포섭돼 남파간첩에게 은신처를 제공하고 인터넷 통신 등을 통해 북한과 접촉해 왔다.

김경환 기자는 1989년 9월께 노동당에 입당하고 남파간첩이 하 씨와 접선하도록 주선한 혐의를 받았다. 김경환은 외대학보 기자 출신이어서 대학 시절부터 김당 기자도 잘 아는 후배였다. 1998년 2월 당시 국가안전기획부 조직표를 언론에 처음으로 공개했을 만큼 국정원의 조직과 생리를 잘 아는 김당은 국정원이 '민족민주혁명당' 간첩사건을 처리한 방식이 과거 간첩사건에서 보여준 처리방식과는 확연히 다른 양상을 띠고 있다고 판단했다. 그래서 더 호기심이 발동했다.

국정원의 민혁당 간첩사건 수사결과 발표에 따르면, 이 사건에 연루된 김영환 등은 '명백한 간첩'이었다. 김 씨는 1991년 밀입북해 노동당에 정식 입당 후 2주간의 '간첩 기본교육'을 받았다. 게다가 김일성 주석은 친히 이 남한 '주사파의 대부'를 접견해 남한에 주체사상을 널리 전파하라는 교시를 내렸고, 김 씨는 40만 달러가 넘는 거액의 공작금을 받아 '지하당'의 조직관리를 해왔다.

그런데 국정원은 이처럼 '똑 떨어지는 간첩'을 공소보류 의견으로 검찰에 송치한 것이다. 검찰의 최종 판단이 남아 있지만, 간첩 잡는 전문가(국정원 대공수사국)의 의견을 존중해온 관례에 비추어, 국정원의 공소보류 의견은 곧 사실상의 무죄방면을 의미했다. 이어진 재판에서 김영환은 징역 10년, 하영옥 징역 8년, 심재춘 5년, 김경환 4년 6개월 등 중형이 선고되었으나, 김영환은 검찰에 적극적으로 협력해 조직원의 추가 검거 및 자수에 기여했다는 이유로 공소보류 되었다. 국정원은 왜 이런 위험한 결정을 내린 것일까? 호기심과 의문이 꼬리를 물었다.

김당은 국정원이 민혁당 사건 수사결과를 발표하자, 즉시 국정원 공보관과 교섭해 민혁당의 총책인 강철 김영환의 전향 여부를 심사한 민혁당 사건의 수사 책임자인 국정원 대공수사1단 김은환 단장을 인터뷰해 사건의 진상과 수사 비화를 들어보았다. 물론 국정원법상 실명을 밝힐 수 없어 익명을 전제한 단독 인터뷰였다.

김은환 단장은 인터뷰에서 "합참이 여수 앞바다에서 반잠수정을 격침·인양한 것을 계기로 수사가 급진전되었다"면서 "우리는 그 반잠수정을 '보물선'이라고 부른다"고 말했다. 앞서 리철이 1998년 12월 베이징에서 박채서를 만났을 때 신문보도 내용을 전해 달라고 요청했다는 바로 그 반잠수정 사건이었다. 당사자인 박채서는 물론, 김당도 그때는 여수 앞바다 반잠수정 격침 사건이 박채서 간첩 혐의의 실마리가 될 줄은 꿈에도 생각하지 못했다. 인터뷰 내용은 박스 1과 같다.

【박스1】

## 국정원 김은환 수사단장 인터뷰

= 이번 사건의 최초 단서는 1997년 울산에서 체포된 최정남 부부간첩 사건으로 알려져 있는데 사실인가? (최정남은 97년 8월 초 남한 내 기존 조직인 고영복 전 서울대 교수 · 심정웅 서울지하철 공사 동작설비분 소장 등에 대한 지도검열과 공작 대상자 포섭의 임무를 띠고 거제도 해안으로 침투해 두 달여 동안 활동하다가 10월 27일 체포됐다. 최 씨는 그 후 전향해 국정원의 보호를 받고 있는 것으로 알려졌다).

"최정남 사건을 최초 단서라고 할 수는 없다. 김영환은 그 이전 반제청년동맹(1989년 3월 결성) 때부터 북한과의 연계 가능성을 주시해 왔다. '반청동'이 펴낸 '주체기치' 같은 유인물 분석을 통한 내사결과를 축적해 핵심 인물을 김영환으로 압축하는 과정에서 최정남 사건이 터진 것이다. 그때 당연히 우리로서는 최정남이 왜 하필 김영환의 이름을 댔는지 추적하지 않을 수 없었다. 물론 그때까지도 민혁당(1992년 3월 결성)의 존재는 몰랐다."

= 1997년 10월 21일 남파간첩 최정남은 재야단체 간부 정 모 씨를 만났을 때 "김영환 선생 소개로 왔다"고 밝혔다. 그러다 정 씨의 신고로 엿새 후인 10월 27일 체포되었다. 그런데 김영환 씨는 1995년부터 공개적으로 북한 체제를 비판했다. 그래서 당시에도 남파공작원이 이름을 흘린 것이 북한의 '김영환 죽이기'가 아니냐는 일부 지적이 있었고, 이번 사건 초기에도 일부에서는 국정원이 최정남의 진술에 의존해 북한의 역공작에 말려든 것이라는 주장이 나왔다. 그럴 가능성은 전혀 없는가?

"전혀 없다. 북한의 역공작 가능성을 파악하는 것은 간첩수사의 기본이다. 최정남은 김영환이 (북한 공작망과) '물려'있는 것을 전혀 몰랐다. 아니 알 수가 없다. 북한의 대남공작 조직은 철저히 단선으로 연계되어 있다. 직접 연결된 라인이 아니고는 서로 모른다. 남파공작원들은 초대소에서 교육받을 때 서로 얼굴을 알아보지 못하도록 대낮에도 우산을 쓰고 다니게 할 정도로 철저하다."

= 최정남은 왜 김영환을 팔았나?

"최정남의 남파 임무 중 하나가 새로운 공작 대상자를 포섭하는 것이었다. 그래서 최정남은 당시 재야 단체 기관지 '자주의 길'에 실린 정 씨의 기고문과 김영환과의 대담논쟁 등을 분석해 나름대로 OO대 총학생회장 출신인 정 씨가 사상적 토대가 확고한 인물이라고 평가해 포섭하기 위해 접촉한 것이다. 그런데 그냥 만나자고 하면 이상히 여길까 봐 김영환의 이름을 판 것뿐이다."

= 그러면 97년 최정남이 안기부에서 조사받을 때 "김영환과 조유식 두 사람이 1991년 평양에서 교육을 받고 돌아갔다"고 한 진술에 근거해 김영환의 간첩활동 혐의를 잡고 그를 귀국시켰다는 일부 보도는 어떻게 된 것인가.

"그렇지 않다. 최정남의 진술이 와전된 모양이다. 최정남은 김영환이 1989년부터 대남 공작망과 물려 있다는 사실을 전혀 몰랐다. 다만, 나중에 조사하는 과정에서 최정남은 '90년대 초 남조선 대학생 두 명이 (평양에) 왔다가 김일성을 만나고 간 적이 있다는 말을 들었다'라고만 진술했다. 그래서 누가 다녀왔는지 단서를 포착해 보려고 노력했는데 누군지 알아낼 수 없었다."

= 정형근 의원은 최정남이 체포되자 고영복 교수한테 "베이징 북한대사관으로 급히 피신하라"고 전화로 알려준 사람이 김영환이라고 주장하는데….

"그렇지 않다. 최정남은 김영환이 (북한 공작망과) 물려 있는 것을 몰랐고 김영환 또한 최정남의 존재나 고영복 교수가 물려 있다는 사실을 전혀 몰랐다. 알 수가 없었다. 당시 전화를 건 사람은 이북 억양의 이원태라는 이름을 쓴 자였는데, 아직 못 잡았다. 우리는 고첩망(고정간첩망)의 일원이라고 보고 있다."

= 발신지 추적은 했는가? 혹시 중국이나 해외에서 온 전화는 아니었는가?

"당연히 발신지 추적을 했다. 그런데 당시에는 발신지 추적이 되는 전화와 안 되는 전화가 있었다. 지금은 모든 전화가 다 발신지 추적이 되지만. 그 전화는 당시 발신지 추적이 안 되는 전화였다. 그래서 추적에 실패했다. 그러나 해외 전화는 아니었다."

= 최정남의 입에서 김영환 이름이 나오고 최정남이 검거됐을 때 김영환은 중국에 있었다. 그래서 자신의 밀입북 사실이 드러날까 봐 중국으로 탈출한 것 아닌가? 김 씨가 중국에 간 것은 도피인가 아니면 우연의 일치인가?

"우연의 일치이다. 우리가 출입국기록을 다 확인했다. 김영환은 1997년 10월 18일 출국했다. 최정남을 만난 정 씨가 기자회견(10월 21일)을 하기 전이다. 도피가 아니라 중국에서 무역업을 하는 처를 만나러 간 것이다. 그전에도 처를 만나러 간 적이 있고 처는 지금도 중국에서 사업을 한다. 그런데 정 씨가 기자회견에서 '최정남이 김영환의 소개로 왔다면서 북한에 함께 가자고 했다'고 밝히자, 자신의 과거 행적이 드러날까 봐 들어오지 못한 것이다. 도둑이 제 발 저린 것이다."

= 그러면 최정남 사건을 계기로 당시 안기부가 입수한 김영환의 대북 연계 혐의를 입증하는 결정적인 단서는 '나는 너에게 장미의 화원을 약속하지 않았다'라는 난수 해독용 책자인가? 1997년 11월 당시 안기부는 도청을 통해 그 책자가 난수 해독용 책자임을 알고 김 씨 집에 대한 압수수색영장을 발부받아 책자를 압수한 것으로 알고 있는데….

"도청했다고 말할 수는 없지만 최정남이 체포되고 나서 김영환이 자기 집에 있는 책을 없애라고 연락한 사실을 여러 수단과 방법을 통해 알아냈다. 그래서 우리가 김영환 집에 있는 수많은 책 중에서 《장미화원》책을 찾아낸 것이다. 그러자 김영환은 그 책을 압수해 간 사실을 알고 우리가 단서를 잡고 있다는 것을 눈치채고 들어오지 못한 것이다. 그러나 그 책이 두뇌난수용 책자라는 확증은 있었지만 당시에는 난수를 풀지 못했다. 그러다 여수 앞바다에서 반잠수정을 격침·인양한 것을 계기로 수사가 급진전됐다. 우리는 그 반잠수정을 '보물선'이라고 부른다."

= 지난 3월에 인양한 '보물선'에서 발견된 남파간첩 원진우(가명)의 유류품에서 수첩 말고도 다른 결정적인 증거가 있었나?

"일단 남파간첩의 수첩에 적힌 모든 전화번호(12개)가 '비 산술식 덧셈'으로 변환된 피의자들의 연락처임을 밝혀냈다. 그러나 결정적인 단서는 김영환·조유식보다 하영옥·심재춘 쪽에서 먼저 나왔다. 하영옥·심재춘이 남파간첩(원진우)의 주민등록 등초본을 떼어준 증거가 확실히 나왔기 때문이다. 김영환이 귀국 탄원서를 내기 전에 하영옥·심재춘 건은 이미 증거 확보가 끝나 있었다. 그러나 '큰 건'을 잡기 위해 발표까지 늦춘 것이다.

그밖에도 보물선에서는 필름 2통이 나왔다. 바닷물이 들어가 부식된 사진 필름을 수차례에 걸쳐 복원해 현상해 보니 희미하게나마 윤곽이 드러나고 촬영 날짜가 찍혀 있었다. 1998년 11월에 여수 돌산읍 해안가 등을 찍은 사진이 나왔다. 처음부터 심증은 있었지만 침투 중인 간첩이 아니라 복귀 중인 간첩이라는 것이 명백해졌다. 복귀 장소를 사전 답사한 것이다. 그래서 필름을 토대로 날짜별로 행적 확인에 들어간 것이다. 그런데 주위 시선을 피하느라 차 안에서 사진을 찍었기 때문에 와이퍼나 윈도 브러쉬 같은 차량 부품과 차에 붙인 스티커 같은 것이 일부 사진에 찍혀 있었다. 그것을 근거로 차량을 추적·조회한 결과 하영옥의 하부선인 심재춘의 차라는 것을 확인했다."

= 수첩에서 전화번호를 파악하고 사건을 확정 짓는데 얼마나 걸렸나?
"3월 18일 보물섬을 인양했는데 3월 말까지 누구누구의 전화번호인지 다 확인했다. 이 밖에 사진 분석으로 하영옥·심재춘 건은 먼저 사건을 확정했었다. 하영옥·심재춘 범죄사실은 남파간첩의 신분위장용 주민등록 등초본을 떼준 기록, 1차로 강화도에서 복귀를 시도할 때 김포-강화도 간 기지국을 거쳐 통화한 휴대폰 통화기록과 강화도에서의 차량 검문 기록, 2차 복귀 장소인 여수에 심재춘의 차를 타고 사전답사 때 속도위반으로 찍힌 무인카메라 사진 같은 증거를 확보해 놓았다. 그러나 그때까지도 김영환에 대한 결정적인 증거는 없었다. 그런단 차에 중국에 있던 김영환이 7월 초 가족을 통해 귀국 탄원서를 제출한 것이다."

= 청와대에 탄원서를 제출하기 전 국정원 측과는 전혀 접촉이 없었는가?
"전혀 없었다. 우리는 하영옥·심재춘 사건을 다 확정해 놓고 '큰 건'이 걸리기만을 기다리고 있는데, 조갑제 '월간조선' 편집장의 주선으로 김영환의 모친이 청와대에 귀국을 허용해 달라는 탄원서를 제기했고 청와대는 국정원에 처리 의견을 물어본 것이다. 그래서 국정원은 '김영환이 반제청년동맹' 조직과 관련되어 있으나 본인이 '말'지와 '월간조선' 등을 통해 김정일 타도 투쟁을 주장한 것에 대해 관심을 갖고 있다. 현재 국정원은 김영환에 대해 기소중지는 물론 출입국에 관한 어떤 조처도 취하지 않은 상태이므로 언제든지 들어올 수 있다. 다만, '집에서 두뇌난수 책자가 발견됐기 때문에 심사는 해봐야 하겠다'고 답신했다."

= 청와대 김중권 비서실장에게 탄원서를 내도록 주선한 조갑제 편집장은 김영환 귀국 문제와 관련해 국정원과 접촉이 있었나?
"없었다."

= 조 편집장이 이 사건에 개입한 이유는?
"특별한 이유는 없는 것으로 안다. 김영환에 관한 기사가 월간조선(6월호)에 실리고 나서 황 영감 (황장엽 씨)이 조갑제 편집장한테 전화해 김영환에 대해 관심을 보인 것으로 알고 있다. 그래서 조

편집장은 기자의 욕심으로 김영환을 귀국시켜 황장엽과 대담을 붙이면 뭔가 그림이 될 것으로 보고 나선 것으로 보인다. 김영환이 밀입북한 간첩이라는 사실은 조갑제 편집장이 몰랐으니까."

= 김영환은 자신의 행적과 관련해 밀입북 및 지하당 구축 사실까지는 국정원이 모를 것으로 판단하고 귀국한 것인가?

"어느 정도 인지했을 것으로 판단했을 것이다. 왜냐하면 그 많은 책 중에서 하필이면 '장미화원'을 압수해 간 사실을 알고 있으니 본인도 어느 정도 판단했을 것 아닌가. 탄원서를 낸 것도 뭔가 꺼림칙한 구석이 있어 그런 것 아니겠는가."

= 김영환이 귀국해서 구속되기 전까지 네 차례 국정원의 심사를 받은 것으로 알고 있는데, 자신의 과거 행적을 다 진술했는가?

"첫날부터 다 진술했다. 밀입북해 김일성 만난 사실까지 다 진술했다. 다만, 처음에는 '본인 것'만 얘기하겠다고 했다. 8월9일부터 16일까지 네 번 조사했다. 한 번은 시내 대공상담실에서, 세 번은 호텔에서 했는데 분위기는 자유로웠다."

= 호텔에서 조사할 때 본인 몰래 녹음한 것은 수사기법인가?

"녹음했는지 안 했는지는 중요하지 않다. 심사과정에서 우리 수사관이 녹취한 것은 사실이다. 보고 있는 옆에서 적었다. 중요한 것은 본인이 사실대로 진술했는데 우리가 없는 사실을 있다고 한 것은 아니라는 점이다."

= 그런데 왜 김 씨는 네 번째 심사를 마치고 〈말〉지를 찾아가 "밀입북한 사실이 없는데 국정원이 간첩사건을 조작하려 한다"는 취지의 인터뷰를 하고 홍콩으로 출국하려 한 것인가?

"김영환은 자신의 사상전향 배경을 '말'지에도 공개했고 우리한테도 밝혔지만 납득이 안 되는 대목이 있었다. 그런데 난수풀이용 책자 '장미화원'을 들이대니 김영환은 '아차, 이게 아니구나' 싶었던 모양이다. 두뇌난수 전문이 다 풀려 조직표까지 나오고 하니까 위기감을 느낀 듯하다. 자신을 따르던 조직원들로부터 배신자 소리를 들을까 봐 고민했던 것이다. 그래서 자기 딴에는 머리를 굴리다 '말'지를 찾아간 것이다. 그런데 사실 우리도 김영환을 어떻게 처리할지 고민중이었다. 그런데 튄 것이다."

= 구속 초기에는 진술을 거부했고 일부 언론은 고문 가능성도 제기했는데, 변호사 접견기록을 보면 그런 것 같지 않던데…

"구속되고 나서 처음에는 자기도 괴롭다고 진술을 거부했다. 그러나 네 차례 심사과정에서 만난 수사관들과 다시 만나, 호텔에서 이미 다 말했는데 인제 와서 부인해 봐야 뭐하겠냐며 〈말〉지에 거짓말하고 도망간 것에 대해 사과하고 다 진술했다. 그런데 나중에 알고 보니 구속 중에도 우리한테는 다 진술해 놓고 가족이나 변호사한테는 진술을 강요당했지만 진술하지 않은 것처럼 얘기했다. 그래서 민변 변호사들도 구속 초기에는 우리가 없는 사건을 조작하려 하는 것으로 오해했으나 나중에는 본인들이 사실대로 다 자백한 것을 알고 허탈해 했다."

= 두 사람은 과거 행적에 대한 반성문도 썼는가?

"김영환·조유식은 썼고 하영옥·심재춘은 검찰에 송치할 때까지 쓰지 않았다. 두 사람은 아직 '미전향'인 셈이다."

= 김영환의 연락책이었던 〈말〉지 기자 김경환과 한때 '반청동' 중앙위원이었다가 자수한 '박모' 변호사는 어떻게 되는가? 또 다른 자수자도 있는가?

"김경환 기자에 대해선 오늘(9월 13일) '연장'(구속기간 10일 연장 허가)이 떨어졌다. 이제 절반 했으니 더 해봐야 안다. 신동아 10월호가 발간되기 전까지는 사법처리 문제가 결정되지 않을 것이다. 박 변호사는 본인이 자수했고 개인 사정도 있고 해서 내일(9월 14일)부터 조사하기로 했다. 자수한 사람들은 최대한 관용을 베풀기로 했다. 이번 사건을 계기로 앞으로 자수자가 줄줄이 나올 것으로 기대한다. 예상자로는 박 모 변호사뿐 아니라 '김모', '이모' 씨도 있다. 자수자의 신원은 프라이버시를 고려해 공개하지 않을 방침이다."

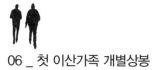

## 06 _ 첫 이산가족 개별상봉

박채서는 중단된 아자 광고사업을 정리하기 위해 리철과 다시 만난 것을 계기로 국정원 비상연락번호로 수차례 전화했지만 전화를 받지 않았다. 그로서도 어차피 몇 차례 더 만나면 더는 북측과 만날 일이 없을 것이므로 북측과의 접촉 건으로 국정원에 전화하는 것은 무의미하다는 생각이 들었다. 그는 불통인 국정원과의 교신을 포기했다. 물론 북측과는 더 이상의 접촉도 없었다.

인류가 다가오는 21세기를 어떻게 맞이할 것인지 밀레니엄 신드롬에 빠진 가운데, 박채서는 홀로 조용하게 1999년 한 해를 보냈다. 하지만 사회는 냉담했다. 일방적인 보도로 인해 박채서는 사실과는 관계없이 주변 사람들의 눈에는 간첩이나 이중간첩, 적어도 '조심해야 할 사람'으로 낙인찍혀 있었다. 충북 청원의 고향 집에 가서 동네 어른들에게 인사를 하면, "간첩이라며?"하고 면전에서 아무런 개념 없이 내뱉은 이도 있었다. 박채서는 사회의 공기(公器)인 언론이 무서운 흉기가 될 수 있다는 현실에 전율했다.

이러한 사회 분위기 속에서 박채서는 과거 아자의 사업 건으로 알게 모르게 신세를 졌고, 개인적 친분을 유지해온 언론인들에게 마음의 빚을 갚아야 한다는 생각을 했다. 그래서 MBC 김현경 통일부 출입기자와 아자-MBC 간의 업무협약을 한 실무책임자인 시사교양국 김윤영 부장, 그리고 시사저널에서 동아일보 신동아팀으로 옮긴 김당 기자 등의 방북 주선 부탁을 거절할 수가 없었다.

그는 자신의 신분이 공개되고 안기부에서 해고된 뒤에 자신과 가족의 안전을 위해 앞뒤 안 가리고 북측과 접촉을 했지만, 솔직히 뒤가 켕겼던 것도 사실이었다. 그런데 김대중 정부 출범 이후 사회 분위기가 눈에 띄게 달라져서 그 자신도 경계심이 느슨해졌다. 그래서 조심스럽게 중국 단둥의 중간 연락처를 통해 언론인들의 방북 가능성을 타진해 본 결과, 방북 취재활동이 1999년 말부터 성사되기 시작했다. 이를 주선한 그와 북측과의 연계도 지속되었다.

언론사 방북 및 이산가족 상봉 주선

다행히 남북관계는 '햇볕정책'으로 상징되는 김대중 정부의 대북포용정책으로 새로운 기운이 움트고 있었다. 김대중 대통령은 취임사에서 남북대화의 장을 마련하기 위한 특사 교환을 제안했다. 1999년 6월 서해 북방한계선(NLL: Northern Limit Line) 인근에서 꽃게잡이를 둘러싸고 남북 해군이 충돌한 고비가 있었지만, 김 대통령은 2000년 신년사에서도 남북경제공동체 구성 및 국책연구기관 간의 협의를 제의했다. 2월에는 철도·전력 등 사회간접자본의 건설을 지원할 뜻이 있음을 밝혔다.

이어 3월 9일 마침내 베를린 선언이 나왔다. 이날 베를린자유대학 연설에서 김대중 대통령은 지구상에 마지막으로 남아 있는 한반도의 냉전 구조를 해체하고 항구적인 평화와 남북 간의 화해·협력을 이루기 위해 네 가지를 제안했다.

첫째, 정부는 북한이 경제적 어려움을 극복할 수 있도록 도와줄 수 있는 준비가 되어 있다. 본격적인 경제협력을 위해서는 북한의 도로·항만·철도·전력·통신 등 사회간접자본이 우선 확충되어야 한다. 사회간접자본의 확충과 안정된 투자환경 조성, 그리고 농업구조 개혁은 지금까지의 민간 경협방식만으로는 한계가 있다. 이제는 정부당국 간의 협력이 필요한 때이다.

둘째, 현 단계에서 당면목표는 통일보다는 냉전종식과 평화정착이다.

셋째, 북한은 무엇보다도 인도적 차원의 이산가족 문제 해결에 적극 응해야 한다. 노령으로 계속 세상을 뜨고 있는 이산가족의 상봉을 더 이상 막아선 안 된다.

넷째, 이러한 문제를 효과적으로 해결하기 위하여 남북한 당국 간의 대화가 필요하다. 북한은 남북기본합의서의 이행을 위해 특사 교환 제의를 수락할 것을 촉구한다.

베를린 선언이 주목받은 이유는 북측이 이 선언에 긍정적인 반응을 보임으로써 역사적인 남북정상회담이 이루어질 수 있었기 때문이다. 6.15 남북정상회담을 계기로 과거에는 상상할 수조차 없었던 획기적 조치와 정책들이 쏟아져 나왔다. 진보적 성향의 인사들뿐 아니라, 남북관계에 관심 있는 인사와 기관, 단체들은 저마다 북한을 방문해 연고를 맺으려고 했다.

박지원 문체부장관은 남북교류를 활성화하기 위해 언론사 사장단을 이끌고 평양을 방문했고, 북한 예술단이 정부와 공기업의 지원을 받아 서울 한복판에서 공연을 했다. 또한 현대아산의 금강산관광이 급속도로 진행되어 금강산 안 가본 사람은 팔불출 소리를 들을 지경이 되었다. 과거처럼 북한 주민을 접촉하는 데 눈치를 보지 않아도 되었고, 너도나도 북측에 줄을 대려고 했다.

'햇볕정책'은 현실적으로 가능한 수단과 방법을 동원해 북한과의 접촉면을 넓혀 가는 정책이었다. 그런 과정에서 북한 사회와 주민들에게 한국의 우월한 체제와 사상, 그리고 풍요로운 삶을 알게 함으로써 북한이 근본적 개혁·개방의 길로 나오게 해 남북이 국제사회에서 공존하고, 궁극적으로 통일의 문을 열어가자는 것이었다. 따라서 북측의 호응이 있으면 과거처럼 관계 당국에서 꼬치꼬치 따지며 접촉에 제동을 거는 일도 드물어졌다.

실제로 김대중 정부 대북정책과제의 양대 기둥은 금강산관광과 이산가족 문제였다. 특히 이산가족 상봉은 대통령직인수위 시절부터 새 정부 100대 과제에 포함할 만큼 의욕적으로 추진해온 과제였다. 김 대통령은 공개적으로 이산가족 상봉의 시급성과 중요성을 여러 번 강조했다. 통일은 다소 시간이 필요할지 모른다. 그러나 시간이 가면 불가능한 것이 이산가족의 가족상봉이다. 나이든 1세대 당사자들이 죽어가고 있기 때문이다. 따라서 집권 기간에 이산가족 문제를 대북정책의 최우선 과제로 추진해 더 죽기 전에 단 한 사람이라도 흩어진 가족이 만날 수 있도록 하겠다고 강조했다.

대통령의 의지가 강하니 통일부도 ▲고령 이산가족 등의 방북신고제 도입(1998년 9월 1일) ▲이산가족 교류경비 지침 제정 및 시행(1998년 12월 15일) ▲이산가족정보통합센터 설치(1998년 12월 18일) 및 인터넷서비스 개시(1999년 6월 18일) ▲남북 이산가족 교류 촉진을 위한 절차 간소화 지침 제정(1999년 6월 1일) ▲이산가족찾기 신청서 접수체계 정비(1999년 6월 9일) 등 이산가족 교류 활성화를 실무적으로 뒷받침하는 일련의 조처들을 내놓았다.

방북 상봉은 북한 당국이 신변 안전을 보장(초청장)하고, 브로커로부터 사기당할 염려 없이 당국의 허가 아래 재북가족을 만날 수 있다는 점에서 가장 안전하고 확실한 방법이다. 그러나 방북 상봉 사례는 극소수에 불과했다. 일반 이산가족 상봉 유형의 대부분은 여전히 제3국(중국)에서 중국 공안당국과 북한의 감시를 피해 이뤄지는 은밀한 만남이었다. 그런데 평양과 국경 지역의 분위기가 전혀 딴판이었다. 중국 공안당국의 탈북자(脫北者) 강제 송환, 북한 당국의 불법 월경자(越境者) 공개 처형, 북한군의 국경 경비 강화 같은 일련의 조처들로 중국에서의 상봉도 만만치 않은 상황이었다.

그 무렵 박채서는 평소 잘 알던 지인으로부터 조원문이라는 사람을 소개받았다. 조 씨는 자신의 매형이 1.4 후퇴 때 함흥에서 월남한 이산가족인데 고향에 남겨진 두 자식을 만나기 위해 백방으로 노력했으나 실패했다면서 사람 하나 살리는 셈 치고 한 번만 도와 달라고 사정했다. 브로커들이 기대감을 잔뜩

부풀려 놓고선 돈만 떼어먹은 바람에 매형이 그 충격으로 두 번이나 쓰러졌고, 한 번 더 쓰러지면 생명이 위험하다는 의사의 경고를 받았다는 것이다.

조 씨의 통사정으로 박채서는 매형인 한명훈(韓明壎) 씨를 만났다. 한 씨는 1.4 후퇴 때 두 살 된 아들과 배 속의 아기를 두고 고향 함흥을 떠나왔다고 했다. 휴전으로 38선이 철조망으로 가로막히자 그는 남한에서 재혼해 새살림을 차렸으나 슬하에 자식을 두지 못했다. 장례업으로 꽤 돈을 모은 한 씨는 1992년부터 고향 출신의 캐나다 교포를 통해 재북 자식들의 근황을 확인했다. 그 뒤로 자식들을 만나기 위해 갖은 노력을 기울였으나 번번이 실패하고, 그 과정에서 25억 원이나 사기를 당했다. 한 씨는 박채서의 두 손을 붙잡고 마지막 소원은 죽기 전에 두 아들을 만나는 것이라고 하소연했다.

사정을 들어보니 딱하긴 했다. 하지만 박채서는 나설 처지가 아니었다. 그는 북측을 상대로 하는 일에는 더 말려들고 싶지 않다며 거절했다. 솔직히 자신도 없었다. 이산가족 상봉은 북측도 정부 차원에서 남측과 풀어나가는 일종의 국책사업이어서 무척 예민하게 반응했다. 브로커들이 중국 동북 3성 지방에서 비공식적으로 이산가족 만남을 주선한다는 이야기는 들었지만, 북한 당국이 공식적으로 개별상봉을 허가해준 적은 없었기 때문이다.


역사적인 이산가족 개별상봉과 북남 수뇌의 상봉

박채서는 밑져야 본전이라는 생각으로 중국 단둥의 중간 연락책인 최경일을 통해 리철에게 의사를 타진해 보았다. 뜻밖에도 '가능할 것 같다'는 회신이 왔다. 박채서는 예상 밖의 긍정적인 회신을 받고선, '어쩌면 한 씨가 돈이 많은 재산가라는 것을 알고 승낙한 것이 아닐까' 하고 혼잣말을 했다.

얼마 뒤에 리철은 북남(北南) 최고위급 지도자의 역사적인 상봉, 즉 6.15 남북정상회담을 성공적으로 개최하기 위한 준비 작업을 위해 베이징에 나왔다. 남한과 미국·중국 정세를 파악하기 위해 관련 자료와 전문가의 의견을 수집하

박채서의 주선으로 방북한 한명훈 씨가
평양에서 개별상봉한 큰아들 내외

려고 온 것이었다. 리철은 박채서에게 "개별상봉 건은 잘 될 것 같다"면서 "그
보다는 '북남 수뇌의 역사적 상봉 준비를 위한' 자료 수집을 도와 달라"고 부탁
했다. 박채서는 "자료를 수집하는 것은 기자들이 노하우가 있으니 김당 기자에
게 부탁하겠다"고 했다.

박채서는 귀국해 김당 기자를 만나 리철의 근황을 전하며 만나볼 것을 권
유했다.

"혹시 리 선생 소식 들었어요? 리철이 지금 베이징에 나와 있어요. 남북정
상회담에 대비해 한반도 정세에 관해 자료를 수집하고 있으니, 김 기자가 저들
의 의향도 파악할 겸 해서 만나보는 게 어떻겠소."

김당 기자는 박채서의 공작원 신분이 드러나 아자의 대북 광고사업 계약이
해지된 뒤에도, 리철과 베이징에서 몇 번 만난 적이 있었다. 당시 리철은 북풍
사건의 검찰 수사 및 재판기록을 김당 기자에게 부탁했다. 1997년 대선 북풍 사
건의 실체와 흑금성 사건을 침투를 당한 국가안전보위부의 시각으로 복기(復記)
해 보려는 의도를 읽을 수 있었다. 김당은 재판기록은 파일이 아닌 프린트로 돼
있어서 일일이 복사를 해야 하는데, 분량이 너무 많아서 줄 수가 없다고 완곡하
게 거절했다.

그런데 이번에는 그런 핑계를 대기가 어려웠다. 한편으로 역사적인 회담의

성공을 위해서는 상대에 대한 정확인 정보와 이해가 필요하다는 생각이 들었다. 김당은 기자로서 남북정상회담을 앞두고 일부러라도 북측 인사를 만날 터인데 중요 인사가 베이징에 와 있다니 취재를 겸해서 만나기로 했다.

청와대와 통일부는 분단 이후 처음인 역사적인 남북정상회담을 앞두고 홈페이지에 정상회담 사이트를 개설해 대국민 홍보를 했다. 김당은 청와대 홈페이지에 띄운 '남북정상회담 전략'부터 챙겼다. 그밖에 국책연구기관인 통일연구원·세종연구소의 공개 자료와 전문가들의 정상회담 제언, 자신이 회원으로 있는 한국전략문제연구소의 비공개 정기 보고서(팜플릿)를 프린트하거나 다운로드 받았다. 대부분 공개 자료였다. 한국전략문제연구소의 회원 자료는 일부 비공개였지만, 북측도 미·중 등 정상회담에 대한 주변국의 시각을 알아야 한다고 판단했다.

김당은 이후 베이징에서 리철을 만나 관련 자료를 주고 정상회담 성공을 위한 제언과 한반도 정세에 대해 토의했다. 물론 기자로서 북측이 정상회담에 어떤 의도를 갖고 임하는지도 취재했다. 북측도 최고 수뇌부가 정상회담을 성공시켜야 한다는 확고한 의지를 갖고 있음을 확인할 수 있었다. 하지만 2010년 6월 박채서 씨가 국가보안법 위반혐의로 체포되었을 때, 김당은 리철을 접촉해 정상회담 자료를 제공한 것과 관련해 국정원 대공수사국에서 조사를 받아야 했다.

"개별상봉은 잘 될 것 같다"는 리철의 장담은 곧 현실이 되었다. 해외 교포가 아닌 남한 주민이 공식적으로 북한 당국으로부터 가족상봉을 위한 초청장을 받은 것은 한 씨가 처음이었다. 전에도 ㈜에이스침대의 안유수 회장처럼 대북사업을 구실로 방북했다가 비공식적으로 고향을 방문한 사례는 있었다. 그러나 한 씨처럼 처음부터 가족상봉 초청장을 받아 방북한 사례는 처음이었다.

통일부 교류협력국에서도 한 씨가 가족상봉 초청장을 받은 것에 깜짝 놀랐다. 첫 사례여서 일회성인지, 아니면 이산가족 상봉 문제에 대한 북측 입장이 바뀐 것인지 가늠하기는 어려웠지만, 통일부는 이 사안을 청와대에도 보고했다. 그 때문인지 통일부 관계자는 한 씨의 처남인 조원문 씨에게 "대통령께서도 관심을 갖고 계시니 실시간으로 보고해 달라"고 요청했다. 통일부의 요청으로 조 씨는 매형이 베이징을 경유해서 방북을 마치고 귀국할 때까지 전 과정을 실시간 중계 방송하듯 통일부에 보고해야 했다.

한명훈 씨는 도무지 실감이 나지 않는지, 베이징공항에서 평양행 고려항공을 타기 위해 탑승 게이트에 들어가면서도 몇 번이나 뒤돌아서서 '이게 정말 꿈이냐 생시냐'고 되묻곤 했다. 한 씨는 방북 전부터 고향 방문을 주선해준 대가로 얼마를 지불하면 되겠냐고 몇 번이고 물었다. 박채서는 한 씨가 가족을 만나기 전에 돈을 조건처럼 걸기는 싫었다. 그는 가족을 만나고 온 뒤에 만족스러우면 알아서 주시라고 했다.

마침내 한 씨는 평양의 고려호텔에서 미리 와 대기하고 있던 두 아들과 손자들을 만났다. 한 씨는 두 아들의 가족과 1주일간 함께 지내며 50년 묵은 한을 풀었다. 한 씨는 평양에서 보낸 1주일이 만족스러웠는지 박채서에게 감사 인사와 함께 선뜻 1억 원을 건넸다. 그 후로도 한 씨는 독자적으로 북측과 연락해 고향 함흥을 방문하는 등 몇 차례 더 방북했다. 한명훈 씨 사례는 남북 이산가족 개별상봉 역사의 한 페이지로 남게 되었다.

한 씨는 2002년에는 큰아들 한창용 씨가 지병(뇌내출혈)으로 마비된 팔과 다리를 치료할 수 있도록 북한 당국의 승인을 받아 중국 베이징으로 데려와 한 달간 치료를 받도록 했다. 박채서는 한 씨가 재북 가족에 쏟는 지극 정성을 보면서 '이산가족 문제가 당사자들에게는 이렇게 절실하구나' 하는 공감과 보람을 만끽했다.

2000년 8월에는 박채서의 주선으로 김윤영 MBC 교양제작국장이 이끈 특별취재팀이 코미디언 남보원(본명 김덕용)과 가수 현미(본명 김명선)가 방북해 혈육을 상봉하는 장면을 취재해 '현미·남보원의 이산가족 상봉'이란 프로그램으

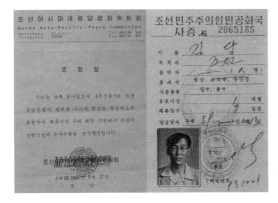

아태평화위원회의 초청장과 조선민주주의
인민공화국 입국사증

로 방영되었다. MBC 제작진은 사전에 이산가족 상봉이 이뤄질 가능성이 높다
는 언질을 받고 방북했으나, 북한 측 사정으로 남보원만 50년 전 헤어졌던 누
님을 만나고 현미는 고향 땅을 밟아보는 데 만족해야 했다.


김당의 평양 방문과 올브라이트의 방북

박채서는 김당 기자가 아자와 북측 금강산국제관광총회사가 광고사업을
합의한 순간부터 지켜보았음에도 '이대성 파일'이 공개되는 바람에 평양에 가지
못한 것에 대해 마음의 빚을 지고 있었다. 물론 박채서 본인의 잘못은 아니었
다. 그는 중단된 광고사업을 정리하고 한명훈 씨의 이산가족 개별상봉을 추진
하느라 리철과 다시 접촉하게 되자 그에게 김당의 개별 방북을 초청해줄 것을
넌지시 권했다.

2000년 6.15 남북정상회담 취재단의 방북과 언론사 사장단의 방북, 그리고
북한 문화유산 답사를 내건 개별 언론사의 방북 등으로 취재진의 방북은 이제
뉴스가 아니었다. 하지만 한 기자에게 취재 목적의 개별 방북을 허용한 사례는
없었다. 남북관계에 훈풍이 불어도, 국가보안법의 시각으로 보면 북한은 '반국
가단체'이고, 북한 주민들과 접촉하는 것은 반국가단체 구성원들과의 '회합·통
신'이고, 북한을 왕래하는 것은 반국가단체의 '잠입·탈출'이었다.

국가보안법이 아니어도 남북교류협력법에 따르면, 북한을 방문할 사람은 사전에 통일부 교류협력국에서 북한주민 접촉승인을 받은 뒤에 북측 관계기관에서 보내온 초청장 원본을 제출해야 한다. 초청장에는 누구누구를 어떤 목적으로 언제부터 언제까지 초청한다는 내용과 초청하는 사람들이 북한에 체류하는 동안 '신변안전을 보장'한다는 내용이 반드시 들어가야 한다. 초청장은 신변안전 보장각서의 성격을 띤다. 우리 측에서 인정하는 관계기관은 통상 '민족화해협의회(약칭 민화협)'나 '아태평화위원회' 정도이다. 그 단체의 위상이 초청한 남측인사의 신변안전을 보장할 만한 위치에 있느냐가 그 기준이다.

초청장을 손에 넣으면 본격적인 방북 절차가 진행되는 셈이다. 그다음은 초청장과 통일부에서 요구하는 서류(사업계획서, 신원진술서 등)를 통일부 교류 2과에 접수하고 수유동 소재 통일교육원에서 방북 교육을 이수해야 한다. 이런 과정을 거쳐 통일부의 방북 허가와 함께 방문 목적과 기간 등이 명기된 '방문증명서'를 발급받으면, 베이징 주재 북한대사관 영사과에서 발급하는 조선민주주의인민공화국 입국사증(비자)을 받는다. 그리고 방북을 마치고 귀환하면 통일부에 방북결과보고서를 제출하고, 일회용 여권에 해당하는 '방문증명서'를 반납해야 한다.

이 과정에서 국정원은 북한주민 접촉신청자나 방북신청자의 신원진술서를 검토해 국가보안법 위반혐의나 대공 용의점이 없는지를 검증한다. 국정원의 신원조회를 통과하지 못하면 물론 방북도 불허된다. 국정원은 또 방북결과보고서를 검토해 북한 체류 중에 국가보안법을 위반하거나 혹시라도 북측에 포섭될 만한 언행은 하지 않았는지도 살펴본다.

그룹이나 단체로 방북할 경우에는 일행 중에서 북한 체류 시 수상한 행적이 있으면 방북결과보고서를 교차 검증하거나 일행에 대한 탐문조사를 통해 추적할 수 있다. 그런데 그룹 방북이 아닌 개별 방북자는 북한 체류 시 행적에 대한 교차 검증을 할 수가 없다. 그런 이유로 국정원은 신분이 확실하거나 특별히 예외적인 경우가 아니면 단독 방북을 허가해주지 않았다.

동아일보 신동아팀에서 주간동아팀 차장으로 발령이 난 김당은 2000년 8월 통일부에 북한주민 접촉신청을 해 9월에 조선아시아태평양평화위원회(위원장 김용순)로부터 신변안전을 보장하는 초청장을 받았다. 김당은 운 좋게도 그해 10월에 한국 기자로서는 처음으로 아태평화위의 단독(개별) 초청을 받아 7박 8일(10월 14~21일) 동안 평양을 취재했다.

김당의 방북 시점은 북한 군부의 최고 실력자인 조명록 국방위원회 부위원장(인민군 차수)이 김정일 국방위원장의 특사 자격으로 빌 클린턴 미국 대통령을 예방해 관계 개선을 희망하는 친서를 전달한 직후였다. 그러자 워싱턴 정가에서는 올브라이트 국무장관의 답방과 클린턴 대통령의 연내 방북, 그리고 북·미 수교까지 공공연하게 거론되었다. 당시 북·미 간 모든 현안을 두루 언급한 조선민주주의인민공화국과 미합중국 사이의 공동코뮈니케(10월 12일)에는 이런 대목이 있었다.

"조선민주주의인민공화국 국방위원장 김정일 위원장께 클린턴 대통령의 의사를 직접 전달하며 미합중국 대통령의 방문을 준비하기 위하여 매들린 올브라이트 국무장관이 가까운 시일에 조선민주주의인민공화국을 방문하기로 합의하였다."

올브라이트 국무장관의 방북이 예정된 상황에서 평양은 간절하게 평화를 원하고 있었다. 강종훈 아태평화위원회 서기장은 10월 18일 김당 기자의 숙소인 평양 양각도(羊角島) 국제호텔 1427호로 찾아와 김 기자를 초청한 아태를 대표해 한 시간 남짓 의례 면담, 즉 비공식 인터뷰 시간을 가졌다. 일본통으로 알려진 강 서기장은 1996년에 북·일 우호친선 대표단장으로 방일했으며, 당시는 현대아산과의 협력사업에 깊숙하게 관여하고 있었다. 강 서기장은 그 뒤로 2001년 3월 고(故) 정주영 회장 조문단으로 서울을 방문했다.

강 서기장은 김당에게 "김용순 동지가 오셨어야 하는데 업무가 너무 바빠서 대신 왔다"고 양해를 구하고, 남북 및 북미관계 현안에 대한 자신의 견해를 두루 언급했다. 강종훈은 특히 눈앞으로 다가온 북-미관계 정상화에 강한 자신감을 피력해 눈길을 끌었는데, 김당 기자가 가장 주목한 발언은 이 대목이었다.

"조·미 관계도 (북·남 관계처럼) 정상화됩니다. 올브라이트도 23일 오기로 돼 있고 클린턴도 인차 올 겁니다."

강종훈이 올브라이트의 방북 일정이 10월 23일로 확정된 사실을 밝힌 10월 18일에만 해도 한국에서는 올브라이트의 방북 날짜를 모르고 있었다. 올브라이트가 10월 23일 방북한다는 사실은 미국 측의 공식 발표로 국내 언론에서는 10월 20일 자 조간부터 보도되었다. 그러니 아태의 고위 관계자가 한국 기자에게 북·미 고위급 회담 시점과 전망을 먼저 알려준 셈이다.

그보다 더 중요한 대목은 '클린턴도 인차 온다'는 거였다. '인차'는 '이제' 혹은 '금방'을 뜻하는 북한 사투리다. 이는 클린턴 대통령이 '11월에 온다'는 의미였다. 그는 클린턴의 방북 여건과 직결된 북·미관계 개선의 3대 현안인 핵·미사일·테러지원국 해제 문제에 대해 구체적으로 명시하지는 않았다. 하지만 "잘 될 겁니다"고 말해, 미국과 이미 상당한 수준의 의견 접근이 되었음을 시사했다.

강종훈은 북·미 관계 개선에 나선 배경을 이렇게 설명했다.

"통일은 우리 민족끼리 하는 거지만 미국은 '유관국가' 아닙니까? 통일을 하자면 그런 나라(유관국가)들과의 문제를 풀어야 하니까, 관계를 정상화하는 겁니다."

강종훈은 "아태가 민간단체지만 북남 최고위급(정상) 회담에도 관여했다"고 밝혔다(아태 송호경 부위원장과 국정원 김보현 3차장이 비밀접촉을 한 것은 이미 알려진 사실이었다). 현재 진행 중인 북-미 고위급회담에도 아태가 상당 부분 관여하고 있음을 시사한 것이다. 대미관계 개선에서도 '자주와 친선 그리고 평화의 원칙'을 지켜나갈 것이라고 밝혀 관심을 끌었다. 이 같은 대외정책의 이념은 적대국이 아닌 '선린우호국'의 관계 설정을 의미하기 때문이다. 그러나 그는 "자주는 친선과 평화의 기초이자 그것들을 규정짓는 것"이라면서 "(미국에) 친선과 평화를 구걸하지는 않겠다"고 강조했다.

한편, 북·일 수교협상에도 관여한 강종훈은 북 – 일관계 정상화는 서두르지 않을 것임을 시사해 일본에 대해서는 상대적으로 불편한 심기를 드러냈다. 이런 입장은 미국과 관계를 개선하면 일본은 따라온다는 북측의 '주미종일(主美從日)' 인식에서 비롯된 것이었다. 그러나 "(미사일을) 미국도 갖고 있고 다른 많은 나라도 갖고 있는데 일본이 우리 미사일만 문제 삼는 것은 우리를 적대시하기 때문"이라면서 "일본이 우리와의 관계를 개선할 의지가 있으면 우리 미사일을 두려워할 이유가 없다"고 잘라 말했다. 북 – 일관계의 경우 아직 해결해야할 난제들이 많이 있음을 암시하는 대목이었다.


"통미봉남?…6.15선언은 민족적 행운"

1주일의 짧은 시간이지만 김당은 북한 당국자들을 만나 남한에서 논란이 된 이른바 통미봉남(通美封南)과 '속도조절론'에 대한 이들의 인식을 엿볼 수 있었다. 강종훈은 북 – 미관계 개선은 남북관계의 기초 위에서 추진할 것임을 역설하면서 이렇게 말했다.

"남측에서 통미봉남이라고 하는데 6.15 공동선언이 뭡니까? 자주적으로 통일하자는 것 아닙니까. 다만 모든 일에는 적당한 때가 있는 법입니다. 지금은 일단 시동단계인 북·미 관계 개선에 속도를 낸 다음에 이미 궤도에 오른 남북관계 개선에도 가속도를 낼 것입니다."

강종훈은 북측이 조선노동당 창건 55주년 기념행사에 초청했는데 응하지 않은 남한 정치권과 남측의 '속도 조절론'에는 유감을 표명했다.

"우리 전래의 미풍양속에 따라 명절(조선노동당 창건 55주년 기념행사)을 함께 즐기자고 남측 정당·사회단체를 초청했는데 3당 대표단이 빠져 아쉽습네다.

남측에서 (관계 개선이) 급진적이다, 속도조절이 필요하다고 하는데 55년이란 세월이 어디 짧은 세월입네까. (관계 개선이) 빠르면 빠를수록 좋지요."

하지만 남북이 합의한 일정이 지연되고 있는 데는 북한 사회의 전문인력 부족과 행정망의 미비라는 속사정이 작용하고 있었다. 김당이 "관계 개선의 속도가 늦춰지는 데는 북측의 사정도 있는 것 아니냐"고 반문하자 강종훈도 그 점을 부인하지 않으면서도 남측 정치권에 대한 불신을 감추지 않았다.

"통일을 위한 대의명분에는 공감하면서도 남측 야당이 '반대를 위한 반대'를 한다는 인상을 받습니다. 정치권이 앞장서야 6.15 북남선언의 실천이 앞당겨지는 것 아닙니까? (남한 정치권에 대해) 이해가 안 되는 부분이 많아 요새 여러 가지 생각이 많습니다. 그래서 우리도 관망 중입니다."

남측이 속도조절을 요구하면 북측도 서두르지 않겠다는 메시지였다. 하지만 남북관계 개선이라는 큰 흐름을 거스를 수는 없다고 낙관적으로 전망했다. 강종훈은 "북남선언은 이제 아무도 되돌릴 수가 없다"고 단언하면서 이렇게 반문했다.

"역사적인 북남 공동선언을 수표(서명)한 사람이 누굽니까? 최고위급 두 분, 그쪽 말로 하면 정상이 한 것인데, 그걸 누가 막습니까."

실제로 6.15 공동선언의 '위력'과 그 이후 달라진 북한의 대남 인식은 평양 시내 도처에서 확인할 수 있었다. 평양에서 발간되는 각종 화보와 호텔이나 공공장소에 붙어 있는 벽보판에 빠짐없이 선전되는 '일대 사변'은 △북남 최고위급 상봉을 포함한 6.15 공동선언 △푸틴 러시아 대통령과의 조-러 최고위급회담 △비전향 장기수 석방의 세 가지 소식이었다.

조선노동당 창당 55돌을 기념해 10월 12일부터 매일 저녁 7시에 능라도 5.1 경기장에서 한 차례씩 공연된 집단체조에서도 참가자들은 '축 6.15 북남선언'이라는 구호를 온몸으로 연출했다. 올브라이트 국무장관도 참관한 이 집단체조는 총 5장으로 구성되어 있는데, 이는 제4장 '삼천리강산에 울리는 민족의 환호'의

한 장면이었다.

올브라이트를 수행한 방북단과 서방 기자단에게 가장 충격적인 사건은 10월 23일 저녁 5.1경기장에서 관람한 '조선로동당 창건 55돌 경축 10만 명 집단체조와 예술공연'이었다. 북한의 집단체조는 '인류 역사상 가장 잘 조직된 집단공연'이라는 찬사를 받을 만큼 충격적인 완성도를 보여주었다. 마치 컴퓨터그래픽을 보는 듯한 배경대(카드섹션) 연출과 형형색색의 옷과 깃발로 장식한 수천명의 군중이 한 사람처럼 움직이는 장면은 탄성을 자아내기에 충분했다.

김당 기자가 집단체조를 참관한 10월 16일에도 똑같은 공연이 연출되었다. 그가 앉은 초대석 아래의 주석단에는 라오스 국회의장 등 방북 외교사절단이 앉아 있었다. 이들은 공연이 끝나자 기립박수로 찬사를 보냈다. 그것은 한 치의 오차도 없는 혼연일체의 기예(技藝)에 대한 찬사였다.

그런데 이 공연은 원래 외국인에게 보여주기 위한 행사는 아니었다. 이 공연은 이들의 구호처럼 '고난의 행군에서 강성대국으로' 전환하는 '꺾어지는 해'에 당 창건 55주년을 자축하는 예정된 행사였다. 실제로 매일 수만 명의 평양 시민들은 저녁 7시부터 시작하는 이 공연을 보기 위해 4시부터 줄을 섰다. 따라서 북한 당국이 올브라이트에게 이 공연을 참관케 한 것이 '계획적'일 수 있어도 집단체조 자체는 예정된 행사였다. 올브라이트가 평양에 오지 않았어도 이 '지상 최대의 쇼'는 계속되었고, 그 후에도 계속되었다는 뜻이다.

그러나 외국인의 눈에 비친 집단체조에 대한 느낌은 달랐다. 올브라이트를 수행한 기자단은 거의 한 목소리로 "어린 학생들이 핵개발을 연상시키는 핵분열 모습을 연출하고, 학생들의 카드섹션에서 장거리미사일 발사 장면을 보여주는 대목이 가장 충격적이었다"고 밝혔다. 심지어 올브라이트를 수행한 한국 기자도 이렇게 참관기를 썼다.

"북한은 회담장보다 수백 배 웅변적으로 그들의 메시지를 전달하려 했다. 학생들은 핵개발을 연상시키는 핵분열 장면을 연출했고, 카드섹션은 장거리미사일 발사를 그려냈다… 대표단과 기자단은 한 대 얻어맞은 듯한 침묵 속에서 눈앞의 행사를 응시했다."

하지만 집체공연에서 핵분열 모습을 연출했지만 실상은 '당의 사상 중시, 총대 중시, 과학기술 중시 노선' 중에서 과학기술 중시를 상징하는 것이었다. 방북 대표단에게 '그들의 메시지를 전달하려'거나 '한 대 얻어 맞은 듯한 충격'을 주려고 연출한 장면은 더더욱 아니었다. 다만 '광명성1호'라고 적힌 인공위성 발사를 상징하는 장면을 두고 이것이 장거리미사일인지 인공위성인지는 논란의 여지가 있었는데, 올브라이트 장관은 10월 24일 방북 결산 기자회견에서 이렇게 밝혔다.

"어제저녁 관람한 집단체조에서 북한의 대포동 미사일 발사 장면이 나오자, 김정일 위원장은 즉시 내게 몸을 돌려 '이것은 처음이자 마지막 인공위성 발사'라고 말했다."

김 위원장이 한 '처음이자 마지막'이라는 표현은 북한이 처한 현실을 상징했다. 강종훈 서기장도 그 점을 강조했다.

"6.15 선언은 '민족의 행운'입니다. 이 행운을 못 잡으면 민족 간에 크나큰 불행입니다. 두 정상이 약속한 것을 못 지키면 그 후과를 누가 원위치로 회복할 수 있겠습니까. 그로 인한 반작용의 여파는 (북남 모두) 감당하기에 너무 클 것입니다."

## 07 _ 평양은 평화를 원했다

이 모든 것은 남북관계와 북-미관계가 이미 '돌이킬 수 없는 길'로 들어섰음을 의미했다. 다만, 이 모든 것은 이들의 구호대로 아직 '총대 위의 평화'였다. 올브라이트는 "많은 것을 보지는 못했지만 평양은 아름답고 인상적인 도시다. 풍경과 기념물이 좋고 집단체조도 웅장하고 경이로웠다"고 방북 소감을 밝혔다.

올브라이트의 말대로 평양시는 일종의 '건축 전시장'이라고 부를 만큼 웅장하고 아름다운 기념비적인 건물이 많다. 그러나 돌로 지은 건물이 많아 더러는 이국적이기까지 한 웅장한 잿빛 건물과 도로를 드나드는 사람들의 입성은 '국방색'일색이었다. 평양을 상징하는 회색 건물과 국방색 입성은 밤이면 무채색으로 잠겼다. 평양에 어둠이 내리면 빛(색)은 수령과 당의 상징물에만 쏘여졌다.

사실 북한 어느 지역을 가든 '병영국가'임을 실감하게 된다. 평양 시내에서든, 평양을 벗어나든, 심지어 관광휴양지 어디를 가든 군인들을 쉽게 목격할 수 있다. 묘향산에서 상원암을 가는 길에도 무장 군인들이 경비를 서며 관광객의 출입을 통제했다. 김당은 운전기사에게 물었다. 군사시설이 아닌 휴양지인데 왜 군인들이 지키냐고. 그의 답변은 간명했다.

"국가적 명소이기 때문에 총검으로 지키는 것입네다."

주민들 또한 군이 지키는 것을 당연하게 여기는 눈치였다. 군인들에 대한 거부감이나 이질감은 엿볼 수 없었다. 그것은 뒤집어보면 '외세의 침탈'에 대한 근심이 크다는 것을 의미했다. 자주권을 수호하기 위해 그만큼 무력, 이들 말로 총대를 중시한다는 것이었다. '총대 위에 평화 있다'는 선군영도(先軍領導)의 구호는 상당 부분 대내외적인 방어기제에서 나온 것임을 실감할 수 있었다.

평화를 원하는 우리의 '가난한 이웃'

김정일 국방위원장은 조선노동당의 총비서이자 조선인민군 총사령관(원수)이었다. 물론 김정일이 군에 복무한 경력은 없다. 하지만 주민들은 다들 김 위원장을 '장군님'이라고 불렀다. 묘향산 국제친선전람관의 종합선물관에는 한 해외동포가 선물한 '3대 장군 위인상'이 걸려 있었다. 3대 장군은 김일성 – 김정일 부자와 김정숙(생모)이다. '장군님'의 의미를 우리 식으로 해석하면 도무지 이해할 수가 없다.

북한 인민들은 이 '장군님'과 함께 '고난의 행군'을 이겨냈다고 말했다. '고난의 행군'기간에 그들이 겪어야 했던 고초는 자료로 접했던 것보다 더 심각했다. 평양 시민들도 식량난을 1999년까지 2~3년간 겪었다. 지방은 평양보다 더 오랫동안 더 심하게 겪었다. 평양특별시는 그래도 식량난이 보통시나 지방보다는 늦게 와서 함께 끝났기 때문에 그 기간이 짧았다.

김당은 시사저널 기획특집부 소속일 때인 1996년 6월에 발족한 우리민족서로돕기운동(상임대표 서영훈·김준곤·송월주·최창무)이 '북한동포 돕기운동' 캠페인을 전개할 때 이를 기획 취재했다. 한국 사회를 대표하는 여러 시민·종교단체가 결합한 우리민족서로돕기운동은 '동포세'를 낸다는 심정으로 동참해 달라고 호소하며 범국민 모금운동을 펼쳤다. 이 운동은 그해 9월에 터진 강릉잠수함침투 사건으로 위기를 맞았으나, 이듬해 3.1절을 기해 6대 종단 대표자들이 모여 북한동포 돕기운동을 '이 시대 최대의 민족운동'으로 선포하면서 새

1997년 북한의 식량 난민 면담조사 결과에 수록된 기아 실태 사진

로운 전기를 맞이했다.

　그러나 민간 차원의 지원으로는 북한 식량난을 해소하기에 한계가 있었다. 1994년 7월 김일성 주석 사망과 함께 닥친 식량난으로 김영삼 정부에서는 북한 붕괴론이 유령처럼 배회했다. 국제사회와 정부 차원의 지원을 이끌어내기 위해선 북한의 변화도 필요했지만, 그전에 북한 식량난 실태에 대한 정확한 통계가 필요했다.

　그때 우리민족서로돕기운동을 가장 열성적으로 추진했던 대표자가 우리민족서로돕기 불교운동본부 집행위원장인 법륜(法輪) 스님이었다. 법륜은 북한 식량난을 사망률 통계로 확인하기 위해 30여 명의 활동가 조사팀을 북·중 국경지대에 보내 탈북자들을 직접 대면해 설문조사 했다. 탈북 난민들은 자기가 사는 인민반(25~30 가구인 마을)의 사망자를 손가락을 꼽아가며 헤아렸다. 이렇게 해서 두 차례에 걸쳐 '북한 식량난의 실태 : 북한 식량난민 1천694명 면담조사 결과보고서'를 발표했다. 조사결과는 충격적이었다.

　면담조사 결과에 따르면, 1995년 8월 말의 대홍수 이후 1998년 7월 말까지 약 3년간 면담 조사자들이 속한 가족 구성원 9천249명 가운데서 발생한 사망자는 28.7%인 2천653명이었다. 이를 근거로 보고서는 "북한인구 2천200만에 북한의 지배층(대략 15%, 약 300만 명)과 농민층(약 30%, 600만 명)을 제외한 1

천300만 명에 탈북자 가족 사망률 28.7%를 곱하면 1995년 여름부터 3년간 약 350만 명이 사망한 것으로 추정된다"고 결론을 내렸다. 국제사회에서도 최소 100만 명, 최대 300만 명이 기아로 사망한 것으로 추정했다.

공신력 있는 국제단체의 조사결과도 다르지 않았다. 1997년 8월 세계식량계획(WFP)은 북한의 5개 지역에 있는 42개 탁아소와 유치원 학생 가운데 7세 이하 어린이 3천695명을 대상으로 한 조사에서 "16.5%의 어린이가 쇠약증세를 보이고, 38.2%가 영양실조 증세를 보인다"고 보고했다. 유니세프(UNICEF), WFP, EU(유럽공동체)와 북한 당국은 1998년 9~10월 합동으로 3천600가구에서 선정한 1천762명의 어린이(생후 6개월~7세 사이) 건강상태를 조사했는데, 15.6%는 쇠약증세, 62.3%는 영양실조, 60.6%는 체중 미달이었다. 만성적인 기아에 시달리는 방글라데시나 캄보디아 어린이보다 나을 것이 없었다.

구호 활동은 타이밍이 중요하다. 국제 구호 단체들은 과거 레이건 행정부가 에티오피아에 대한 원조를 주저함으로써 결과적으로 100만 명의 아사자를 냈다는 사실을 한국 정부에 주지시켰다. 당시 미국 정부는 에티오피아 기아 난민들은 동정했지만 그 정권이 마음에 안 들어 원조를 거부했던 것이다. 한국은 동포가 굶어 죽는 것을 방치한 냉담한 이웃이 될 것인지, 아니면 동포에게 온정의 손길을 내밀어 화해하는 이웃이 될 것인지 갈림길에 서 있었다.

김당 기자는 평양에 오기 전에 우리민족서로돕기운동과 함께 북한 식량난 실태조사를 근거로 캠페인 기사를 기획하고 법륜 스님을 인터뷰해서 그 누구보다도 북한 주민들의 고통을 잘 알고 있었다. 하지만 고통을 직접 겪은 당사자들에게서 듣는 것은 또 달랐다. 그가 '고난의 행군'에 대해 묻자 한 평양 시민은 이렇게 반문했다.

"기자 선생님은 혹시 대용식품이나 풀죽을 드셔 본 적이 있습니까?"

말이 '대용식품'이지 이것은 벼의 열매(쌀) 대신에 줄기와 뿌리를 갈아서 먹는 것이다. 말 그대로 '풀로 쑨 죽', 즉 풀을 썰어서 죽처럼 되직하게 끓인 가축

먹이이다. 되새김질하는 소나 말이 아닌 사람은 풀죽을 먹으면 대부분 위궤양과 소화불량 증세에 시달린다.

양각도호텔의 한 여성 전화교환수는 "식량이 제대로 공급되지 않는다. 쌀 배급은 몇 달 전의 일이다"고 털어놓았다. 이 여성의 세대주(남편)는 평양방어 사령부에 근무(출퇴근)하는 계급이 중좌(대위)인 군관이었다. 군인 가족들도 똑같이 굶었다는 것이다. 어떤 의미에서 지원 식량의 군량미 전용(轉用) 논란은 한가하고 무의미한 것이었다. 김당이 본 평양 시민의 3분의 1은 군인처럼 보였기 때문이다.

적게 잡아도 100만 명이 넘는 대량 아사의 일차적 책임은 명백히 김정일 정권의 몫이었다. 김영삼 정부의 인도적 식량 지원을 가로막은 것은 북한의 핵 개발과 강릉 잠수함 침투 사건 같은 군사적 도발, 그리고 이로 인한 군량미 전용 논란 등이었다. 그러나 집권 초기에 동맹보다 민족 우선을 내세우다가 북한 붕괴론의 환상에 빠진 김영삼 정부가 냉탕과 온탕을 오가느라 대북 식량 지원의 타이밍을 놓친 탓도 컸다.

김영삼 정부는 이른바 분배의 투명성 확보(군량미 전용 방지)와 자구 노력(농업 개혁 및 군사비 감축), 그리고 특히 4자회담(남·북·미·중 회담) 성사를 정부 차원의 대량식량 지원의 전제조건으로 삼았다. 결국 북한은 더는 버티지 못하고 1997년 4자 본회담에 합의했다. 그만큼 북한의 식량 사정은 절박했다. 문제는 1997년 겨울을 어떻게 잘 넘기느냐였다.


이회창·김대중·이인제 후보의 3인 3색

우리민족서로돕기운동과 시사저널이 의기투합해 '대선 후보 초청 간담회'를 공동개최하기로 합의한 배경은 유력 대선후보들을 초청해 북한 식량난 실태와 대북 식량 지원에 대한 분명한 입장을 선거 쟁점화해 침체한 대북 지원활동에 돌파구를 마련하기 위한 것이었다. 우리민족서로돕기운동과 북한 식량난 캠페인 기사 기획을 함께했던 김당은 자연스럽게 '대선후보 초청 토론회' 기획도 맡게 되었다.

시사저널은 여론 주도층에서 정론지로 평가받는 매체였으나, 그때만 해도 신문·방송이 대선보도를 주도하던 때였다. 더욱이 대선 경쟁이 시작된 상황에서 텔레비전 방송 3사와 조·중·동, 그리고 한겨레 등이 합동토론회를 이미 선점하는 바람에 후보들 시간을 맞추기가 여간 힘든 게 아니었다. 당시 유력한 대선 후보는 김대중·이회창·이인제(李仁濟) 3인이었는데, 이회창 후보 측은 토론회 참석에도 미온적이었다.

그래서 김당은 꾀를 냈다. 유력한 시민사회단체와 공동 주최하면 이 후보 측도 거부하지 못할 것이라는 계산이었다. 그런데 이번에는, 그때나 지금이나 엄격한 선거법이 문제였다. 언론사가 아닌 시민사회단체는 합동 토론회를 열 수 없다는 것이 선관위 유권 해석이었다.

또 꾀를 냈다. 그렇게 해서 '시사저널·우리민족서로돕기운동 공동주최 대선후보 초청 정책 간담회'를 개최할 수 있었다. 명칭을 '합동 토론회'가 아닌 '정책 간담회'로 붙인 것이다. 그러나 실제 내용은 합동 토론회였다. 강문규 우리민족서로돕기운동 상임대표가 사회를 봤고, 시사저널 측에서 김훈(金薰) 사회부장과 김당 차장, 그리고 시민단체 측에서는 대북 식량지원에 앞장선 법륜 스님과 이호재 고려대 교수가 패널로 참석했다.

그리하여 1997년 11월 18일 서울 세종문화회관 세종홀에서 열린 '통일 및 대북 인도적 지원 정책'을 주제로 한 간담회에서 이회창·김대중·이인제 후보는 치열한 정책 대결을 벌였다. 국정 전반에 걸친 종합 토론이 아닌 북한 식량난과 대북 식량 지원이라는 특정 주제로 한정한 대선후보 토론회는 이때가 처음이었다.

여당의 이회창 후보는 전체적으로 정부의 대북정책 기조에서 크게 벗어나지 않는 시각을 드러냈다. 야당의 김대중 후보는 민간 지원 단체들이 주장해온 창구 다원화를 정부가 인정해야 한다는 논리를 폈다. 제3후보인 이인제 후보는 이때만 해도 상대적으로 가장 전향적인 대북정책을 피력했다.

그 무렵 북한 정부는 국제기구와 외국으로부터 식량을 지원받기 위해 총력전을 펼치고 있었다. 북한 외교관들은 주재국 외무성 담당국과 국제적십자사는 물론, 카리타스 같은 민간 자선단체까지 찾아다니며 식량을 지원해 달라고 호소했다. 외교관들뿐만 아니라 무역일꾼들도 '고난의 행군'에 나선 인민을 먹여 살릴 '식량 공작'에 심혈을 기울였다.

그래서인지 리철은 시사저널이 유력한 대선후보 3인을 초청해 토론회를 개최한다는 소식에 큰 관심을 표명했다. 리철은 김당 기자에게 토론문을 보내 달라고 부탁했다. 당선이 유력한 김대중 · 이회창 후보의 대북관을 살펴보려는 의도였지만 그만큼 식량 사정이 다급했기 때문이었다. 북측에서도 큰 관심을 가졌던 시사저널이 지상중계한 토론의 요지[9]는 다음 (박스2)와 같다.


평양은 평화를 원했지만, 평화는 멀리 있었다

3당 대선후보 토론회를 할 때만 해도 김당은 리철이 토론회에 관심을 보이는 것에 대해 별로 대수롭지 않게 받아들였다. 그런데 지나 놓고 보니 대북 식량 지원에 목을 맨 북측으로서는 남측 대선후보의 대북관이 그만큼 중요했던 것이다.

김당이 2000년 10월 평양에서 접한 생활상은 대부분 '그때를 아십니까' 류의 방송 프로그램에서 볼 수 있던 풍경이지만, 따지고 보면 그것은 60~70년대 우리의 자화상이기도 했다. 국제호텔의 위생실(화장실)에 휴지가 없었을 때 당혹감을 느끼고, 시내 공중전화에 줄지어 늘어선 평양 시민들을 볼 때 안타까움을 가졌지만 돌이켜보면, 남쪽의 공중 화장실에 휴지가 풍족하고 집집마다 전

---

주9 _ 성기영, 북한 돕는 방법 '3인 3색' 시사저널 · 우리민족 서로돕기운동 공동 주최 '대선 후보 초청 정책 간담회', 시사저널, 1997. 11. 27

## 시사저널 초청, 대선후보 3인 토론회

### [신한국당 이회창 후보]

김당 이 후보가 찬동하는 이른바 '조건부 지원론' 때문에 지난해와 올해 많은 북한 주민이 굶어 죽었다고 보는데, 이 원칙을 앞으로도 고수할 것인가?

이회창 무조건적인 대북 지원에는 동의하지 않는다. 굶어 죽는 동포를 살리기 위해서 식량을 지원해야 하지만, 그러한 지원이 좋은 방향이 아닐 때는 재고해 봐야 한다. 예를 들어 투명성이 확보되지 않는데도 무작정 많이 보낼 수는 없다.

법륜 인도적 차원의 대북 지원을 활성화하기 위해서는 언론과 기업의 참여가 필수이다. 이를 허용할 방침은 있는가? 또한 정부 차원에서 대량 지원할 용의는 없는가?

이회창 언론과 개별 기업의 참여를 제약하는 데는 반대한다. 방만하거나 무질서하게 지원하는 것도 바람직하지 않다. 정부 차원의 지원이 무제한이어서는 안된다.

법륜 적십자사를 통한 창구 단일화보다는 여러 채널을 통해 민간단체의 지원이 이루어지는 것이 남북 화해에도 유리하다고 본다. 창구 단일화에 대해 어떻게 생각하는가?

이회창 현재 상황에서는 적십자사로 창구를 단일화하는 것이 합리적이다. 상대가 상식적으로 이해하기 어려운 체제를 유지하고 있는 북한이기 때문이다. 모든 단체가 개별적으로 지원하면 투명성 확보도 어려워진다. 국제적십자 같은 공신력 있는 기구를 통해야 투명성이 보장된다.

이호재 북한의 목을 조금만 더 죄면 흡수 통일이 가능할 것이기 때문에 식량 지원을 자제해야 한다는 견해도 있다. 이른바 '조기 붕괴론'에 대한 입장은 무엇인가?

이회창 식량 지원과 조기 붕괴론은 별개 문제이다. 식량 지원은 일반 경협과 달리 순수하게 인도적 차원에서 실시해야 한다. 그러나 경협이나 식량 지원은 어디까지나 합리적 변화와 개혁을 유도하기 위한 방향으로 가야 한다.

김훈 통일에는 국민의 희생과 고통이 따라야 한다. 그렇기 때문에 많은 시민과 근로 소득자들은 통일에 대해서 불안한 생각을 갖고 있는 것도 사실이다. 이러한 희생과 고통을 어떻게 국민에게 설득할 생각인가?

이회창 남북한 협의와 화해를 통하면 자연스레 통일이 다가올 수 있다. 돌발 사태로 인한 흡수 통

97년 대선후보 초청토론회_맨오른쪽부터 김당 법륜 김훈 이호재 패널과 강문규(사회)

일의 경우는 문제가 심각하다. 경제적으로 이를 감당할 수 있을 것인가도 문제이다. 그러나 예상되는 손실과 고통 때문에 통일을 늦추거나 회피해서는 안 된다.

[국민회의 김대중 후보]

이호재 현재 우리 외교는 미국과 일본에 주도권을 내어준 채 결과에 대해서만 책임을 져야 할 상황에 놓여 있다. 50억 달러 규모인 한반도에너지개발기구(KEDO)의 대북 경수로 지원 사업이 대표적이다. 이렇게 주체성을 상실한 외교에 대한 대책은 무엇인가?

김대중 노태우 정권에 비해 김영삼 정부는 외교의 주도권을 상실한 것이 사실이다. 이는 우리 외교의 큰 문제점을 노출한 것이다. 노태우 정권은 미국과 물샐 틈 없는 공조를 통해 북한이 미국과 직접 협상할 수 있는 통로를 배제했다. 그러나 현 정부 들어서는 국내 문제에서까지 미국과 불필요한 마찰을 일으켜 북한이 그 틈새를 비집고 들 수 있도록 허용했다. 미국과 문제가 있으면 충분히 조절해서 확고한 한·미 공조를 이루어 북한이 오판할 소지를 없애야 한다.

김훈 국민회의는 자민련과 연대한 이후 국가보안법에 대한 강경 반대 입장이 상당히 후퇴한 것으로 알고 있다. 새로운 입장은 무엇인가?

김대중 자민련과 정책을 조율하면서 상당한 전통 끝에 국가보안법의 명칭은 유지하되 인권 침해 조항을 개정하는 쪽으로 의견을 모았다. 결국 우리는 명분을 양보하면서 실리를 취했다. 인권 침해 조항이 들어 있는 북한의 형법과 형평성 문제도 고려하지 않을 수 없다. 그러나 남북관계가 진전되고 국민정서가 변하면 변화도 있을 수 있다.

김당 창구 단일화, 가두모금 금지, 언론과 기업 참여 불허 등 현 정부가 민간 지원에 가이드 라인을 만들어 고수하는 데 대해서는 어떻게 생각하는가?

김대중 북한에 대한 민간 지원은 정부가 전면 허용해야 한다. 언론의 참여도 허용해야 한다. 서독은 분단 당시 동독에 대한 지원을 강화해 동독 주민의 적개심을 녹여 이를 통일의 촉진제로 삼았다. 서독은 흡수 통일을 주장한 적이 한 번도 없다. 동독의 5개 주가 스스로 서독으로 통합되기를 결정한 것이다. 서독의 민간 지원은 통일의 계기가 되었다.

이호재 내년쯤 북·미, 북·일 국교 정상화가 예상되는데 이에 대한 입장은?

김대중 북·미, 북·일 국교 정상화는 북한의 개방과 한반도 평화에 도움이 되므로 적극 찬성한다. 그러나 이러한 흐름이 한국을 제외하고 북한이 미국과 일본만을 상대하는 '남한 고립화'로 간다면 곤란하다. 만일 집권한다면 곧바로 미·일 정상을 만나 남북관계가 한·미, 한·일 공조에 따라 진행되도록 긴밀히 협의해 나갈 것이다.

## [국민신당 이인제 후보]

이호재 이 후보는 기조연설에서 정경 분리 원칙을 말했지만 북한은 사회주의권이 붕괴하면서 외화 획득 기반이 함께 무너져 무역 규모가 급속히 떨어지는 등 큰 영향을 받고 있다고 한다. 이에 대한 해결책은 무엇이라고 보는가?

이인제 최근 북한이 개방할 조짐을 보이고 있다. 라진-선봉에 활발하게 투자를 유치하고 있고 경수로 사업에도 적극 나서고 있다. 현재로서는 정경 분리 원칙이 불가피하다. 정치적으로 화해하는 것도 중요하지만 그 이전에도 경제·문화·종교·스포츠 등 각 분야에서 교류와 협력이 가능하며, 정부는 이를 지원해야 한다.

김훈 북한과 교섭하는 과정에서 정부 내에서도 부처끼리 갈등을 겪고 심지어는 비선 조직을 가동하는 경우도 있었다. 대북 협상 통로를 어떻게 정립할 것인가?

이인제 통일원·안기부·외무부·청와대가 협의하는 과정에서 여러 가지 문제점을 드러낸 사실을 알고 있다. 미국의 경우 안보 상황실을 설치해 변화하는 상황에 시시각각 대응할 수 있는 체계를 갖추어 놓고 있다. 집권하면 대통령 직속으로 '통일안보대책반'을 운영해 상황이 벌어지면 즉각 이를 조정·통제할 능력을 갖출 수 있도록 하겠다.

강문규 정부의 창구 단일화를 뒷받침하는 것이 바로 남북교류 협력법이다. 이에 대한 입장은 무엇인가?

이인제 국가보안법이 교류와 통신을 일절 금했기 때문에 우리에게 도움이 되는 긍정적인 교류를 촉진하려는 것이 남북교류협력법이다. 북한에 이용당하지 않는다는 전제 아래서 교류와 협력 요건을 완화하고 운용도 탄력적으로 하겠다.

이호재 북·미, 북·일 국교 정상화에 대한 견해는?

이인제 북한을 국제적으로 고립시키지 말아야 한다. 그런 의미에서 북한의 대미·대일 수교를 막지 않겠다. 그러나 남한을 배제하겠다는 방향으로 나아가는 것은 곤란하다. 한반도의 평화 통일을 위협받을 수는 없다.

법륜 북한 식량난에 대한 관심을 촉구하는 세계지도자회의가 열려 '하루 단식'을 결의한다면 동참할 용의가 있는가?

이인제 북유럽에서도 큰 관심을 보이는 등 북한 식량 문제는 우리만의 문제가 아니다. 북한 식량 문제 해결을 위한 세계지도자회의가 열린다면 주도적으로 참여할 것이다. 나아가 북한 농업문제 해결을 위한 지도자회의를 제안할 용의도 있다. 북한 식량 문제는 근본적으로는 구조적인 농업문제를 해결해 풀어야 하기 때문이다. 다른 나라들이 국가 차원에서 북한에 식량을 지원하기는 어려울 것이다. 의회의 승인을 받아야 하는 등 어려운 문제가 많다. 결국 북한도 정부 차원의 대규모 지원을 할 나라는 우리밖에 없다는 사실을 인식할 것이다.

화가 놓인 것은 불과 10년 어간(於間)의 일이었다. 또 남쪽에서는 발에 차이는 것이 휴대폰이지만, 아침이면 공동 화장실이나 공중전화를 이용하느라 줄을 선 것이 얼마 전까지 서울의 달동네 풍경이 아니었던가.

가난한 사람은 부자 동네에 살 수 있어도 부자는 달동네에 못 산다는 얘기가 있다. 부자들이 느끼는 위화감과 불안감 때문일 것이다. 우리 주위에는 여전히 가난한 이웃들이 많다. 그러나 우리는 가난한 이웃을 두려워하지는 않는다.

평양을 방문한 김당 기자의 눈에 비친 북한은 우리의 가난한 이웃일 뿐이었다. 다만 '집단적인 가난'이기에 우리는 그들을 두려워하는지 모른다는 생각을 했다. 2000년 10월 우리의 가난한 이웃은 평화를 원했다. 평화(平和)는 그 본뜻이 그렇듯, 벼(禾)를 사람들 입(口)에 고루 나눌(平) 때 오는 것이었다.

이처럼 2000년 10월의 한반도는 벼락처럼 찾아온 평화의 기운에 들떠 있었다. 남한의 김대중 대통령은 민주주의와 한반도 평화에 기여한 공로로 노벨평화상을 받았다. 분단 55년 만에 남한 대통령을 맞이한 평양 역시 6.25 한국전쟁 이후 50년 만에 찾아온 평화의 기운에 들떠 있었다. 당장 그 이듬해에 북·미 국교정상화가 이뤄질 것처럼 보였다. 그러나 평화는 손을 뻗으면 잡힐 듯하면서도 쉽게 잡히지는 않을 만큼 멀리 있었다.

그해 11월로 예상된 클린턴 대통령의 방북은 이뤄지지 않았다. 총투표수에서는 고어가 이겼지만 선거인단 투표에서 부시가 이긴 대선 결과에 대한 플로리다주 수작업 재검표를 놓고 한 달 이상 대통령 당선인 발표가 지연되는 초유의 불확실성 속에서 북·미관계 정상화가 중동 평화협상과의 우선순위에서 밀렸기 때문이었다. 퇴임 후 클린턴은 방북 기회를 놓쳤던 것에 대해 공개적으로 아쉬워했다. 그는 회고록《마이 라이프》에도 당시 상황을 이렇게 기록했다.

"북한을 방문했던 매들린 올브라이트는 내가 북한을 방문하면 미사일협상을 완료할 수 있을 것이라고 확신하고 있었다. 나는 북한과 협상을 진척시키고 싶었지만,

중동 평화협상의 성사가 임박한 상황에서 지구 정반대 편에 가 있고 싶지는 않았다. 더욱이 아라파트가 협상 성사를 간절히 바라고 있다면서 북한 방문을 단념할 것을 간청한 상태였기 때문에, 나는 북한 방문을 강행할 수 없었다." [10]

역사에서 가정은 무의미하다고 하지만, 그때 클린턴의 방북이 예정대로 진행되었거나, 적어도 공화당의 조지 W. 부시가 아닌 민주당의 앨 고어(Al Gore)가 대통령에 당선되었더라도 한반도 역사는 달라졌을지 모른다. 1994년 클린턴 행정부 당시 지미 카터(Jimmy Carter) 전 대통령이 방북할 때도 찬반양론이 있었으나 앨 고어 부통령은 적극적으로 카터의 방북을 지지했다. 1차 북핵 위기 당시 북·미 핵협상 대표였던 로버트 갈루치 전 미 국무차관보는 자신의 공저 《벼랑 끝 북핵협상》(The First North Korean Nuclear Crisis: Going Critical)에서 당시 상황을 이렇게 기록했다.

"카터 방북에 대해 앨 고어 당시 부통령은 찬성한 반면, 크리스토퍼 국무장관은 반대했고 앤서니 레이크 백악관 안보보좌관은 썩 내키지 않으면서도 김일성을 직접 면담, 미국의 관계 개선 의지 등 진의를 분명히 전달해주는 것도 나쁘지는 않다며 클린턴 대통령에게 보고했다. 김영삼 대통령은 카터 전 대통령의 방북 소식을 듣자 클린턴 대통령에 전화를 걸어 '(대북 제재에 대한) 국제적 지지가 증가하고 있는 판국에 카터가 방북하는 것은 실수'라고 지적하기도 했으나 방북이 결정되자 카터 전 대통령을 서울로 초청, 한국의 입장을 전달하기도 했다."

물론 역사에서는 클린턴의 방북도, 앨 고어가 방북하는 일도 일어나지 않았다. 오히려 대북 강경외교를 표방한 네오콘(Neo-con)이 포진한 부시가 집권하면서 대북정책을 포함한 모든 분야에서 ABC(Anything But Clinton) 정책을 펼침으

---

주10 _ 빌 클린턴, 《마이 라이프 2》 물푸레, 2004년, 1,332쪽

로써 김대중 정부가 일관되게 추진해온 '햇볕정책'은 추진 동력을 상실했다. 부시 대통령이 북한을 '악의 축'으로 몰아붙이며 북한 붕괴론을 숨기지 않자 수교 직전까지 갔던 북·미 관계는 급속히 얼어붙었다. 북한은 NPT 탈퇴와 핵동결 해제로 저항했고, 미국은 대북 중유공급 중단, 경수로 사업 중단으로 맞섰다.

그런데 그로부터 9년 만인 2009년 8월 4일 클린턴 전 대통령이 지미 카터에 이어 전직 미국 대통령으로서는 두 번째로 평양을 방문해 김정일 국방위원장을 만났다. 비록 현직 미국 대통령 신분은 아니지만, 오바마 민주당 정부에서 이뤄진 클린턴의 방북은 2000년 11월에 불발에 그쳤던 방북계획을 9년여 만에 실현시켰다는 점에서 세계적인 관심을 끌기에 충분했다. 특히 그의 부인이 국무장관이라는 점에서 극적인 변화의 계기가 조성될 수 있었다.

클린턴이 오바마 정권인수팀장을 지낸 포데스타 전 비서실장을 대동한 것도 이를 뒷받침했다. 그의 방북을 두고 "북·미 간 빅딜 시작의 단초(정세현 전 통일부장관)"라거나 "국면 전환의 돌파구를 마련하려는 쌍방의 의지가 담겨 있다(임동원 전 국정원장)"는 평가가 나온 것도 그런 배경에서였다. 당시 오바마 정부가 북한 핵문제에 대한 '포괄적 패키지'를 모색하고 있어 클린턴의 방북 및 미국 여기자 2명의 석방을 계기로 북·미 대화의 계기가 마련될 가능성이 커 보였다.

그러나 이명박 정부는 9년 만에 다시 찾아온 한반도 평화의 모멘텀을 살리기는커녕 오히려 훼방을 놓는 데 급급했다. 김영삼 정부를 계승한 실용 정부를 표방한 이명박 대통령은 김영삼 정부가 그랬던 것처럼 북한 붕괴론에 사로잡혀 감이 떨어지기만을 기다리는 '전략적 인내'라는 그럴듯한 이름의 '부작위의 대북정책'을 되풀이했다.

북한은 오랜 기간에 걸쳐 온건파의 대화 제의가 거절당하면 군부 강경파가 대남 도발을 강행하는 패턴을 되풀이해왔다. 북한은 대화 제안이 외면을 당하자, 이듬해 3월 천안함 폭침 사건에 이어 연평도 포격 사건을 연달아 감행했다.

두 사건은 분단 관리에 실패한 정부의 대북전략 부재를 상징적으로 보여준 사건이었다.

## 08 _ 북한 붕괴론이라는 장밋빛 환상

"어느 날 갑자기 김일성 주석이 심장병으로 사망하고 뒤이어 권력을 승계한 김정일은 체제를 더욱 경직시켜 북한 주민들의 생활을 더 궁핍하게 만든다. 지도자로서 한계에 다다른 김정일은 활로를 찾아 남침을 기도하지만, 결국 내부의 저항에 부딪히고 만다. 주민들의 식량 폭동과 젊은 장교들의 쿠데타로 인한 무력충돌은 북한 전역으로 확산되고, 이 과정에서 수많은 난민이 남쪽으로 탈출한다."

일본의 시사 월간지 〈중앙공론(中央公論)〉이 1992년 신년 호에 실은 '김일성 사망 시나리오'다. 당시 김일성 주석은 80세의 고령이었다. 일본의 북한 전문가들이 이런 식의 북한 붕괴 시나리오를 쓴 것은 처음 있는 일이 아니었다. '김일성 사망과 그로 인한 체제 동요, 그리고 김정일의 모험주의'라는 시나리오의 틀은 오랫동안 한반도에서 거의 유일무이한 가설로 간주돼 왔다. 이런 가설은 북한 체제가 오랫동안 김일성 유일체제로 지속되어 왔기 때문에 김일성이 사망하면 북한 체제의 내구성이 크게 흔들릴 것이라는 가설에 기반한 것이었다.

북한 급변사태 대비 '충무계획'과 '응전자유화계획'

한국 정부도 북한에서 발생할 만일의 사태에 대비해 '충무계획'과 '통합계획'이라는 두 가지 국가 비상계획(우발계획)을 수립해 왔다. 충무계획은 원래 박정희 정권 때 만든 것이다. 박정희 대통령은 1968년 북한 특수부대가 청와대 습격을 감행한 1.21사태를 계기로 향토예비군을 창설하고, 국가안전보장회의(NSC) 산하에 비상기획위원회를 설치했다. 비상기획위는 전시 국가 비상계획을 조정 · 통제하고 기본 전략 지침을 입안하며 각 부처에서는 이 지침 아래 구체적 집행 계획을 만들어 인적 · 물적 동원을 수행한다. 비상기획위원회는 북한 급변사태가 남북 간 전면전으로 비화할 경우를 대비한 정부 차원의 대비계획을 수립해 이를 '충무계획'이라고 명명했다.

이후 한미 연합사 체제에서 대북 전면전을 상정한 '작계 5027'을 수립함에 따라 정부는 이와 연계해 군사작전 지원, 정부 기능 유지, 국민생활 안정에 중점을 두는 쪽으로 충무계획을 짰다. 작계 5027처럼 충무계획 또한 단계화되어 있어 군의 전쟁징후 판단과 데프콘(방어준비태세) 강화에 따라 연동된다. 이에 따르면 충무계획은 한미 연합사 방어준비태세의 '데프콘 II (계엄령 단계)'부터 발효돼 전시(戰時)정부 체제로 들어간다.

〈표1〉 한미연합사 방어준비태세(데프콘) 단계

| 데프콘 V | 데프콘 IV | 데프콘 III | 데프콘 II | 데프콘 I | 전쟁 개시 |
|---|---|---|---|---|---|
| 평시 상태 | 준전시 상태 | 전쟁징후 단계 | 계엄령 국가동원령 주민소개 단계 | 전쟁 직전 단계 | 전쟁개시 (D-Day H-Hour) 선포 |
| | | 작계 5027 발동 | 충무계획 실시 | 한미연합 사령관이 통제 | 한미연합 사령관이 통제 |

그런데 1989년 11월 9일 동서 냉전의 상징인 베를린 장벽이 붕괴되고, 그해 12월 미 · 소 정상이 몰타 회담(Malta Summit)에서 냉전종식을 선언하면서 갑작스레 동독이 서독에 흡수 통일되었다. 이에 따라 노태우 정부는 북한 체제의 붕괴에 대비한 행정인력 파견 등 국가 비상계획을 정비해야 했다.

독일은 베를린 장벽이 갑자기 무너짐으로써 1990년 3월 동독 지역에서 처음으로 자유선거를 실시해 새 정부가 출범한 뒤에 8월 동 - 서독 간 통합조약을 체결한 뒤에 10월 3일 완전히 통일됐다. 통일의 과도기와 통일 후에도 동독 지역에서 행정적으로 가장 먼저 대두한 문제는 공무원의 재임용이었다. 공무원들은 과도 기간에 공직자 신분을 유지하면서 재심사를 받았는데, 슈타지(국가보위부)에 종사한 자는 즉시 면직되었으며 외교관과 군인·경찰공무원 등 특수직 공무원들도 심사를 거쳐 십중팔구는 면직되었다. 이에 따라 부족한 행정인력을 메우기 위해 서독의 공무원들이 구 동독 지역에 파견됐다. 1995년 통계에 의하면, 3만6천 명의 서독 공무원들이 동독 지역에서 일했다.

노태우 정부는 통일원 직원들을 독일에 파견해 흡수통일시에 발생할 수 있는 제반 문제점을 연구했다. '충무 9000'에 반영된 남한 공무원의 북한 지역 파견은 이 모델을 따른 것이다. 당시 '충무 9000' 계획의 골자는 북한 내부에서 급변사태가 발생하면 우리 정부가 수복(북한) 지역에 비상통치기구인 '통일행정원'을 설치하고, 통일부장관이 통일행정원장을 맡아 행정 전반을 관할한다는 것이었다. 이런 식으로 기존의 군사·안보 측면의 충무계획과 흡수통일에 대비한 통합계획으로 세분해 국가 위기·통합 관리 계획을 새롭게 입안한 것이다.

이른바 문민정부의 출범을 앞둔 1993년 1월 1일 81세를 맞이한 김일성 주석은 신년사에서 이례적으로 차기 김영삼 정부를 비난하지 않았다. 새 정부와는 대화할 용의가 있다는 신호로 해석되었다. 김영삼 대통령도 취임사에서 "어느 동맹국도 민족보다 더 나을 수는 없다"고 화답했다. 대북정책의 획기적인 전환을 암시하는 발언이었다. 이후에도 김영삼 정부는 북한을 흡수 통일할 의사가 전혀 없음을 여러 채널을 통해 거듭 밝혀 왔다. 그러나 흡수통일 배제 원칙에도 불구하고, 정부는 '우발 상황'이 발생했을 때, 특히 그로 인한 내부 동요로 북한 체제가 붕괴할 때는 적극 '개입'한다는 복안을 지녀 왔다.

김영삼 정부 출범 이후에는 기존의 통합계획이 전(全) 부처가 참여하는 통합계획으로 새롭게 정리되었다. 통일원이 독일 통합 과정 모델을 중심으로 돌발 상황 예상 시나리오에 따른 대처 방안을 기조로 수립한 새로운 통합계획에는 ▲난민 계획(당시 내무부) ▲식량수급 계획(농림수산부) ▲에너지 공급 계획(상공자원부) 등이 포함되었다. 충무계획과 달리 통합계획은 축조식으로 계속해서 추가 보완되었다. 김일성 주석의 사망과 식량난으로 북한 붕괴론이 힘을 얻자, 김영삼 정부는 '충무 9000'에서 수복 지역에 '자유화행정본부'를 설치하고, 통일부장관이 본부장을 맡는 것으로 강화했다(이후 이명박 정부 들어 김정일 건강 악화로 다시 북한 붕괴론이 고개를 들자, '충무 9000'에 액션 플랜 성격이 더욱더 강화되었다).

충무계획은 부처별로 고유번호를 부여한다. 충무계획의 뼈대는 이를 총괄하는 정부비상기획위원회에서 만든 '충무 1000'이라는 북한 급변사태 기본계획이다. '북한난민 수용계획'의 암호명인 '충무 3300'은 북한으로부터 대규모 난민이 밀려 내려올 경우에 대비한 계획으로, 최대 20만 명 규모의 수용시설을 각 시도에 운영한다는 내용을 담고 있다. 대규모의 난민이 남하할 경우 국정원과 기무사 등 관계기관은 '충무 3300'에 따라 대공용의점이 뚜렷한 북한 주민들을 예비 검속하는 임무를 수행하는 것으로 알려졌다. '북한비상통치계획'의 암호명인 '충무 9000'은 북한 체제가 붕괴하거나 북한의 남침을 격퇴해 흡수 통일할 경우, 통일부 주도하에 북한을 비상 통치하기 위한 계획이다.

이처럼 북한 급변사태와 연계된 '충무 3300'과 '충무 9000'은 한국군의 독자적인 수복계획인 '응전자유화계획'과 연계되어 있다. '충무 3300'은 사안의 성격상 ▲북한 내 쿠데타 또는 대량 탈북 ▲북한의 핵무기 통제력 상실 ▲한미 특수부대 투입 등의 한반도 급변사태를 대비한 '작전계획 5029'와 연계되어 있다. 실제 한미 합동훈련인 을지프리덤가디언(UFG) 연습 때면 '충무 3300' 계획도 실시된다. 전시를 상정한 한·미 연합군의 '작전계획 5027'과 단계별로 연계된 응전자유화계획은 유사시 무력에 의한 수복계획을 담고 있다.

김당 기자는 제1차 북핵 위기가 고조되기 시작한 1994년 2월 국내 언론인으로서는 처음으로 시사저널에 작계 5027과 연계해 한미 연합사가 훈련한 '평화93 연습('전후 단계 연습')'을 공개하면서 '충무계획'과 '통합계획'의 얼개를 보도했다.

김당은 이 보도로 인해 데스크인 김훈 사회부장과 함께 국군 기무사에 불려가 군사기밀보호법 위반 혐의로 조사를 받았다. 그러나 이때만 해도 기무사가 군기법 위반혐의로 비공개 조사를 했을 뿐, 조사한 사실이나 조사받은 내용을 외부에 공개하지 않았고, 김당 기자 역시 기무사에서 조사받은 사실을 외부에 공개하지 않기로 각서를 쓰고 나왔기 때문에 공개하지 않았다.


### 2004년 국감에서 다시 불거진 '충무 9000' 기밀 누설 논란

그로부터 10년이 지난 2004년 10월 4일 국회 통일외교통상위 국정감사에서 당시 한나라당 정문헌 의원이 정동영 통일부장관에게 질의하는 가운데 '충무 3300'과 '충무 9000'의 일부 내용을 언급하는 일이 발생했다. 유사한 사건이 반복되었지만 10년 전과 달리 이번에는 국회 속기록 삭제 소동과 기밀 누설 논란을 불러일으켰다.

정문헌 의원과 정동영 장관이 이날 국정감사에서 나눈 문답을 재구성하면 다음과 같았다.

정문헌 : 통일부는 유사시 북한에 머물고 있는 우리 국민의 철수와 북한 피난민 수용계획을 주요 내용으로 하는 '충무 3300 계획'과 유사시 북한 수복 통합계획인 '충무 9000 계획'을 발전시키고 있는 것으로 알고 있는데, 그렇습니까?
정동영 : 예, 있습니다.
정문헌 : 이러한 계획은 한반도 긴급 상황 시 우리의 대응력을 높여주고 인명과 재산 손실을 최소화하는 비상대비계획인 것인데, 그런 일이 있어서는 안 되겠지만 최근 이런 비상계획의 현실화 가능성을 생각하게 하는 그런 징후들이 나타나고 있

어서 앞으로 더욱 철저한 대비가 있어야 된다고 생각하는데, 통일부와 우리 사회 일각에서는 '북한을 자극하지 않고 통일부가 화해협력을 위한 주무부서이기 때문에 이런 비상대비 업무는 다른 부처에서 맡아야 된다'는 식의 얼빠진 주장이 계속해서 나오고 있습니다. 장관의 견해는 어떠십니까?

정동영 : 유사시에 북한 피난민 처리계획 등을 포함하고 있는 '충무 3300 계획' 또 '충무 9000 계획' 등은 통일부에서 담당해 왔고 계속 업무 개선 업무 발전을 시켜왔습니다. 또 평시 업무와의 연관성을 고려해 볼 때 비상계획업무를 통일부가 담당하는 것은 맞다고 생각합니다. 통일부에서는 매년 을지연습 그리고 관계 부처와의 협의를 통해서 계획을 검증하고 보완시키는 전시대비 업무 발전을 기하고 있다고 말씀드리겠습니다.

질의응답 과정에서 '충무 3300'과 '충무 9000'의 명칭과 그 골자가 언급되었지만, 여기까지는 별다른 이의제기나 논란이 없었다. 그런데 '총독'이란 표현이 들어간 다음 질의가 논란을 촉발시켰다.

정문헌 : 통일부가 보고한 '충무 9000 계획'에 의하면, 통일부장관은 유사시 수복된 북한 지역에서 '총독' 이상의 권한을 가진 '자유화행정본부장'을 맡게 되고, 우리 공무원들이 파견돼 북한 행정을 접수하게 돼 있는데… (속기록에서 삭제된 발언)

정동영 : 위원님, 국가 비밀사항으로 알고 있습니다. 공개된 국정감사장에서 국가의 비밀사항을 노출하는 것은 적절하지 않다고 생각합니다.

정문헌 : 장관께서 국가 기밀이라고 말씀하셔서 자세한 얘기는 안 하겠지만 제가 보고받은 바로는 '충무 3300 계획'이나 '충무 9000 계획' 자체가 매뉴얼도 제대로 안 만들어진 것으로 알고 있는데….

정동영 : 그렇지는 않습니다.

정문헌 : 그런 비상계획에도 신경을 써 주시기 바라고 하여튼 비상대비계획에 다

양한 시나리오를 만들고 시나리오별 대응 수단과 자원을 파악하고 동원하는 계획을 세워야 되고, 이것은 바로 남의 일이 아닌 통일부의 일이라고 생각합니다. 북한 탈북자는 조만간 1만 명이 넘어가게 됩니다. 이미 통일부의 손을 넘어 전 부처가 함께해야 하는 범정부적인 사안입니다. 비상계획으로 접근해야 할 만큼 규모도 크고 누적 인원도 폭증하고 있습니다. '충무 3300 계획'을 원용한 새로운 대비책이 필요한 것 아닌가 하는 생각이 듭니다.

또 우리의 비상계획이라는 것은 한반도의 전면전을 가정해서 만든 계획이라고 생각합니다. 그런데 실질적으로 지금 시점에서는 이러한 한반도 전면전을 가정해서 만든 현행 계획은 물론이고, 북한 안에서의 내전과 소요, 또 하나 북한 안에서의 급격한 체제전환(regime change)에 의한 일시적인 다른 정체의 등장에 대비한 대비계획도 반드시 필요하다고 봅니다. 그래서 기존 계획으로는 엄청난 한계에 부딪힌다고 보고 있는데 이러한 지적에 대해서 장관의 견해를 듣고 싶습니다.

정동영 : 정 위원님께서 걱정해 주신 사항은 충분히 이해하겠습니다. 그러나 정부는 말씀하신 비상대비계획과 매뉴얼을 충실하게 유지 관리하고 있고 발전시켜 나가고 있다고 말씀드리겠습니다. 다만 '충무 3300 계획'과 '충무 9000 계획'에 대해서 세부적인 사항 일부를 말씀하셨는데 위원장님께서 그 부분은 속기록에 남기지 않았으면 하는 요청을 드립니다.

그러자 임채정 상임위원장을 대신해 위원장 대리를 맡은 유선호 의원은 "장관께서 방금 비상계획과 관련된 부분은 국가 안보에 관한 사항으로서 속기록 상 공개되는 것이 바람직하지 않다는 견해를 피력하셨다"면서 정문헌 의원의 동의를 구했다. 다시 이에 대한 논박이 이어졌다.

정문헌 : 속기록에서 비상계획 번호를 생략하는 것은 문제가 없는데 제가 지금 말씀드린 부분이 사실 '충무 3300 계획'이나 '충무 9000 계획' 안의 내용을, 국가 비

밀사항은 말을 안 했다고 생각하고 있습니다. 그래서 속기록에서 생략하는 범위를 작전명이라고 하면 우스울지 몰라도 '충무 3300 · 9000' 정도를 삭제하는 선에서 끝났으면 하는 바람입니다.

정동영 : 내용 중에 일부가 들어 있습니다. 그런 내용은 만천하에 공개되는 것이 바람직하지 않기 때문에 협의하셔서 민사작전 부분 등 비밀사항을 삭제해 주시면 감사하겠습니다.

유선호 : 이렇게 하겠습니다. 구체적인 작전 이름하고 통일 후 관련 부분을 삭제하도록 하겠습니다.


그런데 어떤 영문인지 몰라도, "작전 이름(비상계획번호)과 통일 후 민사작전 관련 부분을 삭제하도록 하겠다"는 위원장의 발언과 달리, '충무 3300'과 '충무 9000'이라는 작전명(번호)은 속기록에 그대로 남았다. 다만, '총독'이라는 표현과 북한 수복 후 통일부장관이 '자유화행정본부장'을 맡아서 남한에서 파견된 공무원을 지휘해 북한 행정을 접수한다는 대목은 속기록에서 삭제되었다. 정문헌 의원이 원래 통일부 보고 자료에는 없던 '총독'이란 표현을 질의에 넣은 것은 당시 여권의 차기 대권 주자이자 NSC 상임위원장인 정동영 장관을 겨냥한 견제로 풀이되었다. 통일부장관의 대통령특사 이야기가 나오던 터였다.


### 중앙일보의 '충무계획' 보도와 북한의 반발

통일부는 "정문헌 의원의 질의 중 충무계획에 대한 언급 부분은 동(同) 계획이 국가기밀인 점을 고려, 국회 속기록에서도 삭제하기로 합의된 만큼 이와 관련한 내용은 보도하지 말 것을 강력 요청한다"며 언론에 비보도를 요청했다. 이에 통일부 기자단은 비보도 요청을 수용해 관련 내용을 보도하지 않았는데, 중앙일보만 10월 5일 자에서 '북한 급변사태 대비 정부의 비상계획은…'이란 제목으로 2급 비밀로 분류된 '충무 3300' 및 '충무 9000' 계획을 1면 톱기사로 상세히 보도했다.

예를 들어 '충무 3300'에 대해서는 "완전한 체제붕괴에 앞서 나타날 대량 탈북사태에 대비하기 위해 총 20만 명을 수용할 수 있는 탈북자 시설을 경기도 화성을 비롯한 각 시·도 지역의 공공건물 위주로 이미 지정했다"고 상세한 내용을 보도했다. 또 '충무 9000'과 관련해선 국회에서 논란이 되어 속기록에서 삭제했음에도 "북한 체제가 완전 붕괴한다면 우리는 북한 내에 비상통치기구인 '자유화 행정본부'를 설치한다, 본부장은 한국의 통일부장관이 맡는다"면서 '통일부장관이 총독 역할'이라고 부제로 뽑아 보도했다.

중앙일보 2004년 10월 5일 자 1면

중앙일보가 1면 머리기사로 보도하면서 정치권에서 기밀누설 논란이 증폭되었다. 통일부는 국감 직전 관련 자료를 요청한 정문헌 의원에게 2급 비밀문서임을 알리고 대면 보고했다고 밝혔다. 정 의원이 공개될 경우 북한을 자극해 남북관계를 한층 더 경색시킬 수 있는 Ⅱ급 비밀임을 알고서도 보도자료를 내 원인 제공을 했다는 얘기였다. 통일부는 충무계획을 보도한 중앙일보와 해당 기자에 대해 6개월간 취재를 거부하기로 결정했다. 이종걸 의원 등 여당 의원 22명은 10월 8일 정문헌 의원이 보도자료에 의도적으로 2급 국가기밀을 언급한 것은 국정감사 및 조사에 관한 법률 제14조(주의의무) 제1항, 제2항을 위반한 것이라며 징계를 요구했다.

북한도 강력 반발하며 한국 정부의 사과를 요구했다. 북한 조선중앙통신은 10월 15일 '급변사태 대비 비상계획은 반공화국 대결 전략'이라는 제하의 논평에서 이렇게 주장했다.

"최근 남조선 당국이 우리의 '급변사태'에 대비한 '충무 3300'이니, '충무

9000'이니 하는 따위의 '비상계획'을 비밀리에 작성해두고 계속 갱신해왔다는 사실이 백일하에 드러나 경악케 하고 있다. 이는 6.15 공동선언에 대한 전면부정이며 이런 상황에서 대화와 협력은 아무 필요가 없다."

이 통신은 "남한당국이 '북의 급변사태'에 대처한 구체적인 계획을 세워놓고 때를 기다리고 있다는 것이 밝혀진 것은 이번이 처음"이라며 "남한당국의 '급변사태 대비 비상계획'은 6.15공동선언에 전적으로 배치되는 냉전식 반공화국 대결전략이며 용납될 수 없는 반민족적, 반통일적 범죄행위"라고 성토했다.

그러나 국내 정치권과 북한의 호들갑스런 반응과 달리 '충무계획'이라는 명칭과 그 내용의 골자는 이미 10년 전인 1994년 2월에 시사저널에 공개된 바 있다. 그때는 인터넷이 활성화되기 전이어서 관련 기사가 검색되지 않았을 뿐이다. 그런데도 그로부터 10년이 지나서 충무계획의 명칭과 그 내용의 일부가 공개되었다고 국회 속기록을 삭제하고, 발언 의원과 언론매체의 징계를 요구한 것은 아이러니다.

또 다른 아이러니는 통일부 종합국감에서 불거졌다. 국회는 통상 4주 동안 열리는 국정감사 초반에 부처를 대상으로 1차 국감을 실시하고, 종반에 부처를 대상으로 2차 종합국감을 실시해 1차 국감 때 지적한 문제점들이 시정되었는지를 점검한다. 10월 21일 열린 통일부 종합 국감에서 정동영 장관은 임채정 상임위원장에게 요청해 "1차 국감 때 제기된 문제(북한 급변사태 대비계획)의 사실관계가 잘못되었다"면서 정식으로 오류의 수정을 요청했다. 정동영 장관은 2차 국감에서 이렇게 주장했다.

"지난번 1차 국감 때 제기됐던 문제로 해서 북측이 이른바 남측의 북한 붕괴 시 급변사태 대비계획을 백지화하고 사죄하라는 공세를 연일 펴고 있습니다. 이와 관련해서 사실관계를 바로잡고자 합니다. 정부가 갖고 있던 계획은 붕괴 시 대비계획이 아닙니다. 북이 남침했을 때, 전쟁이 발발했을 때 어떻게 방어를 하겠느냐, 어뗗게 대비태세를 갖추겠느냐 하는 방어계획입니다만, 북한의 급변사태, 붕괴 시 계획인 것처럼 오도된 사실을 이 기회를 통해서 바로잡겠습니다."

정동영 장관은 충무계획에 대한 사실관계의 오류를 바로잡겠다고 했지만, 실은 사실관계의 오류는 없었다. 북한의 반발을 무마하느라 눈 가리고 아웅 하는 격이었다. 당시는 북한 외무성 부상의 8,000개 폐연료봉 재처리 무기화 발언에 이어, 미 국무부 존 볼턴(John Bolton)[11] 군축담당 차관이 '북핵문제가 풀리지 않으면 안보리에 회부하겠다'고 말한 발언까지 알려진 상황이어서, 북한을 어떻게 하든 4차 6자회담장에 나오게 하려는 정부 당국으로서는 북한을 달래느라 자세를 한껏 낮춘 것이었다.

2004년 당시 미국은 11월 대통령선거를 앞두고 있어서 재선을 노리는 조지 부시 대통령과 공화당은 물론, 존 케리 대통령후보와 민주당을 불문하고 '대북 선제공격을 포함한 모든 옵션이 테이블 위에 있다'는 입장을 견지했다. 백악관의 콘돌리자 라이스 국가안보좌관은 '미국은 군사력을 포함한 선택권을 가지고 있다'고 북한을 압박했고, 공화당의 싱크탱크인 미국기업연구소(AEI)의 니컬러스 에버스타트 선임연구원은 미국의 북한에 대한 선제공격 또는 북한의 자작극에 의한 한반도 전쟁 가능성을 비중 있게 언급했다.

그러자 북한은 10월 1일 노동신문 논평과 평양방송을 통해 "미국이 북침 핵 선제 공격을 기도하고 있다. 그러나 선제공격은 미국만의 독점물이 아니다. 우리는 팔짱을 끼고 기다리지만은 않겠다"고 강경한 발언을 쏟아냈다. 마침 방한한 반핵평화단체 '퍼그워시' 창시자로 노벨평화상 수상자인 로트블랫 경(Sir Joseph Rotblat)은 "부시 대통령이 재선에 성공하면 북한에 대한 선제공격 가능성이 높고 그럴 경우 한반도에 재앙이 올 수 있다"고 경고를 할 정도였다. 그럼

---

주11_ 부시 행정부의 대표적 네오콘(neo-conservatives의 약칭) 인사 중에서도 '슈퍼 매파'인 볼턴은 부시 2기 행정부에서 유엔 대사를 지냈으며, 2018년 4월 트럼프 행정부에서 국가안보좌관으로 발탁되었다.

에도 한국은 할 수 있는 게 아무것도 없었다.


### 국방부와 외교부 그리고 청와대의 거짓말

북한의 급변사태 시 비상계획인 '충무 9000 계획을 둘러싼 논란은 여야 사이에서만 벌어진 것이 아니었다. 정문헌 의원이 충무계획을 문제 삼은 것도 북한 급변사태에 대한 대비책을 둘러싼 한미 간의 갈등을 간파했기 때문이다. 당시 한국과 미국은 북한 급변사태를 상정한 이른바 '개념계획 5029'의 작계화 문제와 주한미군의 '전략적 유연성' 문제를 둘러싸고 심각한 의견 대립을 노출했다. 전략적 유연성(strategic flexibility)은 주한미군이 유사시 한반도에서 다른 지역으로 또는 다른 지역에서 한반도로 쉽게 이동할 수 있는 유연성을 갖추는 것을 말했다.

한미 양국은 김대중 정부 시절인 1999년 초부터 북한 급변사태에 대한 대비책을 논의하기 시작했다. 그렇게 해서 그해 12월에 만든 게 우발사태에 대한 계획(Contingency Plan), 이른바 '개념계획(CONPLAN) 5029-99'이다. 여기에는 북한의 내부정변, 대규모 소요사태, 정권의 붕괴, 대량 난민사태 등 급변사태 시 군사적 조처가 포함되었다. 하지만 개념계획은 병력 동원이나 부대 배치 등이 담겨 있지 않은 추상적인 시나리오다.

이후 노무현 정부가 들어선 뒤에 2003년 11월에 열린 한미 국방장관회담에서 한미연합사와 미국 측은 '개념계획 5029-99'의 작계화, 즉 '작계 5029'를 만들어야 한다는 주장을 폈다. 이에 2004년에 한미연합사와 합참은 내부적으로 '작계 5029-05'의 초안을 작성했다.

하지만 이종석 사무차장을 비롯한 NSC 관계자들이 합참으로부터 '작계 5029'의 일부 내용을 입수해 검토한 결과, 주권 침해 가능성이 있다는 점을 발견했다. 전시가 아닌 북한 급변사태에 한국 정부가 통제해야 할 제반상황을 한미연합사가 통제하게 되어 있었던 것이다. 이에 따라 정동영 통일부장관이 위원장인 NSC 상임위원회는 '작계 5029'가 한국의 주권을 침해하고, 상황에 따라서는 내정 간섭 장치로 활용될 소지가 있다는 결론을 내렸다.

그러나 문제는 이것으로 끝나지 않았다. 미국은 2003년부터 한미 고위 군사당국자 간에 합의해 진행한 사안인데 왜 중단하느냐고 반발했다. 국방부에서도 이견이 제기되었다. 그러나 노 대통령과 NSC의 반대로 이 문제는 국방부가 미국 측과 '5029의 작계화'를 중단하고 '개념계획 5029'를 발전시키는 선에서 마무리 짓기로 정리되었다. 그런데 정부 내에서 개념계획 5029의 작계화 문제가 논의되고 미국과 협의하던 와중에 그 내용이 누설되는 상황이 발생했다.

신동아의 황일도 기자가 2005년 4월호에 "한미연합사 유사시 대비 '작전계획 5029-05' 추진, '북한 붕괴 유도책' 논란…정부 뒤늦은 혼선"이란 제목으로 이 문제를 단독 보도했다. 이 보도로 인해 북한은 물론, 미국도 강하게 반발했다. 당시 한미 간의 협상 당사자였던 리처드 롤리스(Richard P. Lawless) 국방부 부차관보가 워싱턴을 방문한 한국 정치인들에게 5029 언론 유출 사태를 거론하며 '한미동맹이 내리막 추세'라고 말했다는 언론 보도가 신문 지면을 장식했다. 나중에 알려진 바에 따르면, 신동아의 단독 보도와 조선일보 단독 인터뷰 같은 언론 보도는 롤리스의 언론플레이에 따른 것이었다.

CIA 한국지부에서 일하다가 무역 컨설팅 회사를 차려 민간 부문에서 일했던 롤리스는 2002년 10월부터 2007년 7월까지, 사실상 노무현 정부 임기 5년 내내 미 국방부 부차관보·부차관을 지냈다. 롤리스 부차관이 국방부에 들어간 2002년 10월은 매우 민감한 시기였다. 6월 13일 56번 국도에서 여중생 2명이 미군 장갑차에 압사한 사건으로 인해 미국에 대한 비판 여론이 비등점을 향해 치닫는 가운데 대선이 이어졌다. 미국 정부는 반미 여론이 들끓은 시점에 불길을 잡을 소방수나 한미 갈등의 해결사로 롤리스를 긴급 투입한 셈이다.

나중에 '위키리크스'가 공개한 주한미국대사관 비밀 전문에서도 확인되지만, 미국과 한국 사이에 주한미군 관련 논의가 시작된 것도 이 무렵이다. 이라크 파병, 미군기지의 재배치, 주한미군 감축, 개념계획 5029의 작계화, 전략적 유연성, 전시작통권 이양 등이 줄줄이 이어졌다. 롤리스는 2003년 4월 첫 회의가 열린 미래한미동맹정책구상(FOTA) 회의와 이를 이어받은 안보정책구상(SPI) 회의의 미국 측 수석대표로서 한미 간의 초대형 이슈의 협상을 총괄 지휘해왔다. 부인이 한국계로 알려진 롤리스는 한국어뿐만 아니라 언론플레이에도 능하고, 협상에서 협박도 서슴지 않아 그 이름처럼 '난폭한 무법자(lawless)'로 통했다.

급기야 그해 4월 28일 이종석 NSC 사무차장이 워싱턴으로 날아가 롤리스 부차관보를 만나 신동아 보도 사건과 뒤이어 보도된 오마이뉴스와 한겨레 기사에 대해 해명부터 했다. 이어서 비(非)전시 상황인 북한 급변사태에 대해 한국 정부가 주권적 차원에서 주도적으로 책임진다는 것은 본질적인 원칙이라는 작계 5029에 대한 한국 정부의 입장도 설명했다. 이에 대해 롤리스는 "현재 한미동맹의 상황이 실제보다 나쁘게 인식되고 있고, 동맹 관리에 문제가 생기고 있다"면서 이렇게 말했다.

"신동아, 한겨레, 오마이뉴스 등 동맹을 어렵게 하는 언론은 근본적으로 반미주의자들이고 동맹을 훼손시키고 싶어 하는 사람들입니다. 그게 아니라면 그렇게 자세한 기사를 실을 이유가 없습니다."[12]

이 문제를 둘러싼 논란이 지속되자, 그해 4월 20일 국방부는 "작계 5029는 한국 정부가 승인한 적도 없고, 발전 중에 있었던 것을 중지시켜 더 이상 존재하지 않는다"고 공언했다. 한미연합군사령부가 북한의 긴급사태에 대비해 수립하려다가 한국 정부의 제동으로 한미 양국이 '작계 5029'의 작계화 추진을 중단하는 데 합의했다는 말이었다. 그러나 한미 양국 정부는 그해 6월 10일 워싱턴에서 열린 노무현 - 부시 대통령의 한미 정상회담에서도 '작계 5029'와 전략적 유연성 문제를 핵심 의제로 논의했다. 국방부 발표는 거짓말인 셈이다.

---

주12 _ 이종석, 《칼날 위의 평화》 개마고원, 2014년, 152쪽

거짓말을 한 것은 국방부뿐만이 아니었다. 청와대와 외교부도 거짓말 행렬에 동참했다. 당시 한·미 정상회담 후에 청와대와 외교부는 "한·미 정상회담의 핵심의제는 북핵문제 및 한미동맹이었다"면서 양국 정상의 '북핵문제에 대한 평화적 해결 원칙 재강조'와 '확고한 한미동맹 재확인'을 성과로 내세웠다. 그러나 두 정상은 북핵문제 해결의 접근법에서도 이견을 보였으며, 특히 한·미동맹과 관련해서는 상당히 심각한 이견을 보인 것으로 확인됐다.

김당 기자는 이와 같은 사실을 외교부 관계자로부터 듣고 한·미 정상회담에 배석한 권진호 국가안보보좌관으로부터 직접 확인했다. 정보사령관 출신인 권진호 보좌관은 국정원 해외담당 1차장 시절부터 김당 기자와 친분이 있었다. 그래서 사실관계를 확인할 수 있었다. 당시 한·미 정상 – 오찬 회담의 한국 측 배석자는 반기문 외교통상부장관, 홍석현 주미대사, 권진호 국가안보보좌관, 이상희 합참의장, 조기숙 홍보수석, 윤병세 NSC 정책조정실장, 김숙 북미국장 등이었다.

권진호 보좌관은 한·미 정상회담 이후 김당 기자와의 수차례 취재 및 전화통화에서 "한·미 정상이 주한미군의 '전략적 유연성'과 '작계 5029' 문제에 대해 논의하는 과정에서 상당한 이견이 있었던 것은 사실이다"고 인정했다. 다만, 권 보좌관은 "그러나 두 분 정상이 '이 문제는 양국 국방장관들끼리 협의해 나가도록 하자'며 넘어갔기 때문에 잘 해결될 것"이라고 낙관적으로 전망했다.

하지만 김당 기자가 외교부 라인을 통해 입수한 한·미 정상회담 대화록에는 정상회담의 핵심의제와 한·미간에 이견을 보인 부분이 좀 더 명확하게 적시되어 있다. 한미 정상회담 대화록에 따르면, 회담의 핵심의제는 ▲북한의 급변사태에 대비한 '우발계획' 및 주한미군의 '전략적 유연성' 문제와 ▲북핵문제 및 6자회담 전략의 두 가지였다.

그런데 전자에 관한 것은 한·미 정상회담 이후 발표된 정부의 공식 브리핑과 NSC 사무처가 5당 대표들에게 보고한 '한·미 정상회담 결과' 등 어디에서도 찾을 수 없었다. 그해 6월 14일 청와대 초청 오찬설명회에 참석한 한 야당 대표도 "당시 전략적 유연성 문제에 대해서는 전혀 보고받지 못했고 매우 성공적인 회담이었다는 보고만 들었다"고 밝혔다. 청와대와 정부는 양국 대통령이 정상회담에서 북한 유사시 '우발계획'과 주한미군의 전략적 유연성이라는 동맹관계의 핵심의제에 상당 시간을 할애해 논의한 사실 자체를 언론과 국회 그리고 정당 대표들에게 숨긴 것이다.

### 노무현 – 부시의 한 · 미정상회담 신경전

왜 그랬을까? 그에 대한 해답은 노무현 대통령과 부시 대통령이 정상회담에서 두 가지 핵심의제에 대해 보인 '인식의 차이'에서 찾을 수 있다. 실제로 두 정상은 회담 초반부터 의제의 순서를 두고서도 '신경전'을 벌이다가, 이견을 좁히지 못한 채 양국 외교 · 국방장관들에게 문제 해결의 '공'을 넘겼다.

그러다 보니 이런 사실을 공개할 경우 그렇지 않아도 당시에 '노 대통령의 동북아균형자론과 전략적 유연성 부인 발언으로 한 · 미 동맹의 신뢰에 금이 갔다'고 우려하는 국내 여론을 악화시킬 우려가 있다고 판단해 아예 그런 의제를 논의한 사실 자체를 숨긴 것으로 보인다. 한 · 미 정상이 '우발계획'과 '전략적 유연성'에 관해 발언한 대목을 옮기면 다음과 같다.

부시 대통령 : 한 · 미 관계는 전략적인 관계이며 두 가지 사항에 대해 명확히 하고 싶습니다. (한 · 미 관계에서) 첫번째로 중요한 것은 (북한의) '우발사태'에 대한 계획을 갖추어 군이 대비할 수 있도록 하는 것입니다. 평화를 유지하기 위해서는 '최선'을 기대해야 하지만 동시에 '최악'에 대비해야 합니다. 이러한 것은 정치적 성격의 발표 없이도(without making a political statement) 가능하다고 확신합니다.

두번째로, 전략적 유연성 문제가 정치적 쟁점이 되도록 해서는 안됩니다(should not allow this to be a political issue). 중요한 것은 한국 정부가 위험에 처하는 사태가 발생할 경우, 우리로서는 한반도 밖에서 지원군을 보내고 각종 장비와 인력을 투입해야 하며, 이것이 전략적 유연성의 요체입니다. 신속하고 유연하게 대응할 수 있어야 군이 평화를 유지할 수 있습니다. 이 점을 정부 전체가 잘 이해해야 한다고 봅니다. 안 그러면 군은 아무것도 하지 못한 채 제구실을 못하게 됩니다.

노 대통령 : 전략적 유연성에 대해 한국은 기본적으로 동의합니다. 하지만 미군 당국이 요구하는 것은 주한미군을 운용하는 데 있어서 어떤 경우에나 한국 정부의 승인 없이 사전에 모든 것을 하게 해달라는 것입니다. 상당히 많은 한국 국민들은 사전이든 사후든, 원천적으로 허용하면 안된다는 의견을 갖고 있습니다. 대통령은 그 사이에 끼어 있습니다. 이 문제는 양국 외교 · 국방장관들 간의 긴밀한 협의를 통해 동맹에 지장이 없도록 협의해서 정리할 것을 제의합니다.

부시 대통령 : 이 문제는 장관들끼리 협의해 나가도록 하는 것이 좋겠습니다.

이에 앞서 노 대통령은 북핵문제와 6자회담 의제를 먼저 다룰 것을 제의했으나, 부시 대통령은 "두 가지 사항에 대해 명확히 하고 싶다"면서 북한 '우발계획'과 '전략적 유연성' 문제를 북핵문제보다 먼저 거론했다. 부시가 말한 '우발사태에 대한 계획(Contingency Plan)'은 한 · 미 정상회담을 앞두고 논란이 된 '개념계획 5029의 작계화' 문제를 의미했다. 한 · 미 군사당국은 지난 2003년부터 '개념계획 5029-99'를 '연합작전계획 5029-05'로 바꾸는 방안을 추진해오다가, 두 달 전인 4월에 이 문제가 언론에 불거지자 미국 측이 한국 측에 항의했었다.

부시 대통령은 이 대목에서 노 대통령에게 매우 의미심장한 발언을 했다. 부시는 "평화를 유지하기 위해서는 '최선'을 기대해야 하지만 동시에 '최악'에 대비해야 한다"면서 "이러한 것은 정치적 성격의 발표 없이도(without making a political statement) 가능하다고 확신한다"고 밝혔다. 부시가 말한 '정치적 성격의 발표'는 노 대통령의 공군사관학교 연설을 지칭한 것이었다. 노 대통령은 2005

년 3월 8일 공사 졸업식에서 작심하고 '전략적 유연성' 문제에 대한 분명한 입장을 밝혔다.

"주한미군은 한반도의 평화와 안정을 위해서 매우 중요하고 앞으로도 지속적인 역할을 해나갈 것입니다. 최근 일부에서 주한미군의 역할 확대를 둘러싸고 여러 가지 우려의 목소리가 나오고 있습니다. 이른바 '전략적 유연성'에 관한 문제입니다. 그러나 분명한 것은 우리의 의지와 관계없이 우리 국민이 동북아시아의 분쟁에 휘말리는 일은 없다는 것입니다. 이것은 어떤 경우에도 양보할 수 없는 확고한 원칙으로 지켜나갈 것입니다."

노 대통령이 공개적으로 전략적 유연성을 부인하는 듯한 발언을 하자, 크리스토퍼 힐 주한 미대사가 그날 당장 이종석 NSC 사무차장을 면담해 발언의 진의를 확인할 만큼 미국은 민감한 반응을 보였다. 왜냐하면 부시는 이 대목에 이어 곧바로 주한미군의 '전략적 유연성' 문제를 언급했기 때문이다.

부시 대통령은 "전략적 유연성 문제가 정치적 쟁점이 되도록 해서는 안된다(should not allow this to be a political issue)"면서 "중요한 것은 한국 정부가 위험에 처하는 사태가 발생할 경우, 우리로서는 한반도 밖에서 지원군을 보내고 각종 장비와 인력을 투입해야 하며, 이것이 전략적 유연성의 요체다"고 밝혔다. 전략적 유연성의 요체는 동북아 유사시 주한미군을 한반도 밖으로 투사(out-put)하는 것이 아니라, 한반도 유사시 미군을 한반도 안으로 투입(in-put)하는 것이라는 얘기다.

한국 정부가 전략적 유연성을 반대한 것은 동북아 유사시 주한미군이 '한반도 밖으로' 투입될 경우 한국이 동북아 분쟁에 휘말리는 사태를 걱정하기 때문이다. 노 대통령이 공사 졸업식에서 "우리의 의지와 관계없이 우리 국민이 동북아시아의 분쟁에 휘말리는 일은 없다"고 전략적 유연성을 부인하는 발언을 한 것도 같은 맥락이다.

그런데 부시의 강경 발언은 우리 쪽의 예상을 완전히 빗나간 것이었다. 실제로 이종석 사무차장과 반기문 외교부장관은 정상회담 직전에 가진 기자간담회에서 "개념계획 5029와 전략적 유연성 문제는 실무 혹은 고위급회담에서 협의가 이루어졌기 때문에 정상 차원에서는 거론되지 않을 것으로 예상한다"고 밝혔다.

정상회담에서 부시 대통령이 이례적으로 "전략적 유연성 문제가 정치적 쟁점이 되도록 해서는 안 된다"고 강조하자, 노 대통령은 "전략적 유연성에 대해 한국은 기본적으로 동의한다"고 밝혔다. 노 대통령은 "하지만 미군 당국이 요구하는 것은 주한미군을 운용하는 데 있어서 어떤 경우에나 한국 정부의 승인 없이 사전에 모든 것을 하게 해달라는 것"이라며 사안의 어려움을 호소했다.

노 대통령은 이어 "상당히 많은 한국 국민은 사전이든 사후든, 원천적으로 허용하면 안 된다는 의견을 갖고 있으며 대통령은 그사이에 끼어 있다"면서 "이 문제를 양국 외교·국방장관들 간의 긴밀한 협의를 통해 동맹에 지장이 없도록 협의해서 정리하자"고 부시 대통령에게 제의했다.

이에 부시 대통령은 노 대통령에게 한·미 동맹에 대한 몇 가지 '이상신호'에 대해 질문을 한 뒤에 "이 (전략적 유연성) 문제는 장관들끼리 협의해 나가도록 하는 것이 좋겠다"고 공감을 표시해 '전략적 유연성' 문제를 장관급회담에서 해결하도록 하는 데 동의했다. 그런데 정부는 이런 사실을 국회와 언론에 전혀 공개하지 않은 채 숨겼다.

그리고 그로부터 7개월여 만인 2006년 1월 19일 반기문 외교장관과 콘돌리자 라이스 국무장관은 워싱턴에서 열린 제1회 '한·미 장관급 전략대화' 공동성명에서 느닷없이 주한미군의 전략적 유연성 문제에 관하여 양국 정부의 양해사항을 다음과 같이 확인했다고 발표했다.

"①한국은 동맹국으로서 미국의 세계 군사전략 변혁의 논리를 충분히 이해하고, 주한미군의 전략적 유연성의 필요성을 존중한다. ②전략적 유연성의 이행에 있어서, 미국은 한국이 한국민의 의지와 관계없이 동북아 지역분쟁에 개입되는 일은 없을 것이라는 한국의 입장을 존중한다."

노무현 정부에서 미뤄진 '개념계획 5029의 작계화'는 이명박 정부가 들어서자 곧바로 개시되었다. 이명박 정부 출범 첫해인 2008년 8월 북한 김정일이 뇌졸중으로 쓰러지자 '개념계획 5029'를 언제든 실행 가능한 작전계획으로 바꿔야 한다는 미국 측 요구를 거부할 명분이 사라졌다. 그리고 1년여의 협의 끝에 '작계 5029'가 완성됐다. 전시작전통제권 전환 문제도 비슷한 운명을 겪었다.

노무현 정부 후반에 한국 사회를 이념논쟁으로 달군 전시작전통제권 전환은 2007년 6월 당시 김관진 합참의장과 버웰 벨(Burwell B. Bell) 주한미군사령관이 전작권을 한국군으로 전환하기 위한 단계별 이행계획서에 서명함으로써 전작권은 2012년 4월 17일 오전 10시를 기해 한국군으로 전환하게 되었다. 하지만 이명박 정부 출범 이후 2010년 6월 이명박 대통령과 오바마 미국 대통령은 전작권 전환을 2015년 12월로 연기했다. 이어 박근혜 정부 출범 이후인 2014년 10월 한미안보협의회(SCM)에서 양국 국방장관은 전작권 전환 시기를 정하지 않고 향후 전환 여부를 검토하기로 합의함으로써 전작권 전환을 사실상 무기한 연기했다. 한편 문재인 정부 출범 이후인 2017년 10월 SCM에서는 '전작권 전환의 조속한 실현을 뒷받침하기 위한 노력'을 기울일 것이라는 내용이 채택되었다.

**제3장**
**종극무간**
終極無間

멕시코 안전조사총국(Centro de Investigacion y
Seguridad Nacional, CISEN)

…

**과거를 기억하라, 현재를 이해하라, 미래를 예견하라**

Recordar el pasado,

entender el presente,

pronosticar el futuro

## 09 _ 지구상에서 가장 접근하기 어려운 나라

국가정보원은 북한 및 해외 정보를 수집·분석·생산해 국가안보와 국익을 강화하기 위한 대통령과 국정 운영 책임자들의 정책결정에 기여하는 역할을 수행한다. 국정원은 정보 수집 및 공작 교범에서 정보의 출처를 크게 공개출처정보와 비공개출처정보로 나눈다. 비공개출처정보는 다시 과학정보와 인간정보로 나뉜다.

공개출처정보(open source intelligence, OSINT)에는 신문, 잡지, 방송, 여행자, 서적, 지도, 전화번호부, 인터넷 등이 있다. 북한을 대상으로 한 공개출처정보는 북한의 최고 권력기관인 국무위원회[13]와 정부 기관인 외무성, 중앙통신, 신문잡지, 서적, 전화번호부, 지도 등이 될 것이다. 그러나 북한의 공개출처정보는 북한 체제 자체의 비밀주의와 폐쇄성으로 정보의 사실 확인이 어렵고 비밀정보와의 사실 격차가 크기 때문에 공개출처정보에 신뢰성을 부여하기 어려운 실정이다. 북한은 CIA가 공식적으로 선언한 바와 같이, 지구상에서 가장 정보 접근이 어려운 나라이다.

---

주13 _ 북한 당국은 2016년 6월 열린 최고인민회의에서 북한 사회주의 헌법을 개정하고 국무위원회를 '국가주권의 최고정책적 지도기관'으로, 국무위원장을 '공화국의 최고영도자'라고 규정했다. 국무위원회는 기존의 최고 권력기구였던 국방위원회를 폐지하고 만든 것으로, 이에 따라 김정은의 국가직책도 국방위원회 제1위원장에서 국무위원장으로 바뀌게 됐다. 국무위원장은 국가 전반의 사업 지도, 국가의 중요 간부 임명·해임, 국가 비상사태와 전시상태·동원령 선포, 다른 나라와의 중요 조약 비준 또는 폐기 같은 막강한 권한을 갖는다.

문재인 정부가 출범한 직후인 2017년 5월 10일 CIA는 북한의 핵·미사일 위협을 전담하는 특수 조직 '코리아 임무센터(Korea Missions Center·KMC)'를 신설했다고 발표했다. CIA는 2015년 10월부터 급박한 안보 위기에 대응하기 위해 부서 간 칸막이를 허물어 동아시아 지역을 담당하는 '동아시아·태평양 임무센터', 핵무기 관련 사안을 다루는 '무기 및 비확산 임무센터' 등 임무센터 10곳을 운영해 왔지만, 특정 국가를 전담하는 임무센터를 만든 것은 처음이었다.

조너선 류 CIA 대변인은 "미국을 노리는 위협이 현재진행형인 만큼 CIA도 진화해야 한다"고 KMC 신설 배경을 설명했다. 이는 미국의 최대 위협 중 하나로 떠오른 북핵 문제에 집중하겠다는 의지의 표현으로 해석되었다. 센터장의 경우 신설 당시에는 신원이 알려지지 않은 베테랑 요원으로만 알려졌으나, 나중에 CIA 서울지국장을 지낸 한국계 앤드루 김(Andrew Kim)인 것으로 확인되었다.

미국 정부가 필요로 하는 핵심적인 대북정보는 핵개발 및 핵무기 사용 의지와 최고지도자의 의도이다. 핵무기 사용 의지와 의도를 파악해야 예방 선제 타격을 하든 협상을 하든 문제 해결에 나설 수 있다. 그 의도와 의지를 파악하려면 휴민트에 의존할 수밖에 없는데, 대북 휴민트는 미국이 한국을 따라갈 수 없다. 한국계인 앤드루 김을 KMC 센터장에 기용한 것도 그런 배경에서다.

그런데 박채서는 이미 공작원 시절에 북한 국가보위부에 침투해 보위부장의 신임을 얻어 김정일 국방위원장을 면담했다. 그는 공작원을 은퇴한 뒤에도 대북 비선 활동을 하면서 북한 정권의 2인자인 장성택 행정부장과 속 깊은 대화를 주고받을 만큼 가까운 사이였다. 최고지도자의 핵무기 사용 의지와 의도를 파악할 수 있는 단계까지 도달했다는 얘기다.

북한에서는 '전화번호부'도 비밀

북한은 모든 것이 베일에 싸인 지구상에서 보기 드문 폐쇄국가이다. 북한은 1960년대 이후 국가 통계를 '국가기밀'로 분류해 발표하지 않고 있다. 이에 따라 북한의 경제지표는 물론, 인구·사회적인 거의 모든 지표를 추정에 의존할 수밖에 없는 형편이다. 특히, 북한의 인구 현황과 관련된 자료는 1993년 및 2008년 북한에서 실시한 '인구일제조사'가 발표되기 전까지 유용한 자료가 거의 없었다.

북한 인구 자료에 대한 신뢰성 있는 자료가 획득되기 시작한 것은 남북한이 동시에 유엔(UN)에 가입한 1990년대 초반부터다. 북한은 1993년 유엔의 지원을 통해 '인구일제조사'를 실시해 그 자료를 공개했고, 2008년에는 그보다 훨씬 더 정교한 방법을 동원한 '인구일제조사'를 실시해 인구에 대한 좀 더 객관적인 자료를 확보하게 되었다. 국제사회에서 널리 통용되는 인구 현황과 공장 가동률 같은 공개 자료도 북한산(産)이라면 정보 가치가 생기는 배경이다.

북한 주민들이 극심한 경제·에너지·식량난을 겪은 '고난의 행군' 기간에 탈북자들이 대량으로 발생하기 전까지 국가안전기획부는 북한의 《전화번호부》 책을 구하기 위해 많은 노력을 기울였다. 지금은 전화번호가 전산화되어 한국도 전화번호부 책을 보기가 힘들지만, 예전에 한국에서 전화번호부는 이용자 편의를 위해 누구나 구할 수 있는 책자였다. 하지만 북한에서는 일반인이 쉽게 접할 수 없는 비밀 문건으로 취급되었다.

그런 연유로 1995년에는 북한 인권단체가 처음 북한 전화번호부를 입수해 화제가 된 적이 있다. 북한민주화운동본부는 그로부터 10년만인 2005년에 다시 북한 《전화번호부》(2002년 판)를 입수해 공개한 적이 있다. 16개 시·도별로 발간하는 남한과 달리, 북한 전화번호부에는 전국 4만 개의 전화번호가 380쪽 분량으로 기재되어 있었다. 앞표지 좌측 상단에는 '비밀'이라고 찍혀 있었다.

국정원은 과거와 현재의 전화번호부를 비교해 보면서 탈북자 신문첩보로 수집한 북한체제의 변화를 확인할 수 있다. 예를 들어 1995년과 2005년에 입수한 두 권을 비교해 보면, 1998년 헌법개정 이전의 인민무력성이 인민무력부로, 사회안전부가 인민보안성으로, 재정부가 재정성으로 바뀐 것을 통해서 개편된 국가기구 체제를 확인할 수 있다. 국정원이 여전히 북한 전화번호부를 입수하려는 까닭은 거기에 있다. 다만, 북한 전화번호부 책에도 일반 행정조직과 각급 사회단체는 대부분 수록되어 있지만 군사·정보기관 등 특수기관의 전화번호는 빠져 있다. 군사·정보기관 같은 특수기관의 전화번호를 알아내는 것은 박채서 같은 공작원의 몫이었다.

오늘날에는 컴퓨터와 인터넷의 발달로 '정보의 홍수'라고 할 만큼 오신트(OSINT)가 많아졌다. 2001년에 미국에 설립된 위키피디아는 인터넷상에서 세계 최대의 민간 비영리 OSINT 수집·분석·공개 사이트이다. 미국은 2006년 NSA와 CIA 등 16개 정보기관이 참여해 OSINT를 수집·분석·공개하는 오픈 소스 정보 네트워크 서비스인 인텔리피디어(http://ciawiki.wikidot.com/)를 개설했다. 이는 미국 정보공동체의 협업을 획기적으로 개선한 혁신 사례로, 참여기관의 정보요원이면 누구나 정보를 찾아, 올리고, 수정할 수 있다. 기밀취급 인가등급에 따라 사용할 수 있는 정보에 제한이 있으며, 편집할 때 이름과 소속기관을 명시하는 등 정보기관의 위키피디아 서비스라고 할 수 있다.

공개출처로 수집하지 못하거나, 공개출처로는 신뢰하기 어려운 정보는 비공개출처를 통해서 수집하게 된다. 우리가 흔히 첩보라고 일컫는 비공개출처정보의 출처는 인간(HUMAN)과 과학기술(TECHNOLOGY)이다. 인간 출처에서 수집된 정보가 인간정보(HUMINT)이다.

인간정보는 가장 전통적인 방식의 정보 수집 방식이다. 인간정보는 통상 사람을 침투시켜 필요한 정보를 취득하는 것을 의미하지만, 망명자, 여행객, 학술회의 참석자 등 다양한 인간 출처로부터 획득된 정보를 망라한다. 인간정보는 정보관이나 주재관이 직접 수집하는 경우도 있고, 공작원이나 협조자를 활용하는 경우도 있으며, 여행자, 포로, 망명자 등으로부터 추출하는 등 다양한 수집방법이 있다. 또한, 정보기관 간에 서로의 공통 관심사에 대한 정보를 교환하는 정보협력 방식도 있다. 대부분의 정보기관은 상대국에 연락관을 주재시켜 상호 협력하고 있다. 그러나 뭐니 뭐니 해도 인간정보의 꽃은 상대국으로 침투시킨 공작원을 통해 수집한 공작첩보이다.

'가짜정보'에 기만당한 '김일성 사망' 해프닝

2008년 8월 김정일 국방위원장이 한 달 이상 공식석상에서 보이지 않자 건강 이상설이 불거졌다. 그러자 그해 9월 12일 정부의 고위 정보당국자는 김정일의 건강이 '양치질은 가능'한 수준이라고 밝혔다. 누가 봐도 출처는 인간정보였다. 그러나 북한 최고지도자의 신상과 관련한 고급정보를 제공할 수 있는 정보원의 신뢰성이 담보되지 않는다면 항상 허위정보가 제공될 가능성이 있다. 특히 인간정보는 과학기술정보에 비해 과장되는 경우가 더 많으므로 공작 · 분석관의 검증이 필수적이다.

과학기술 출처에서 수집한 과학정보(TECHINT)는 신뢰도에서 인간정보보다 상대적으로 비교우위를 가진다. 북한 대상 테킨트의 경우, 북한의 통신을 감청하는 통신정보(COMINT)와 전파나 레이더 신호를 잡아 분석한 신호정보(SIGINT), 그리고 위성, 레이더, 항공기 등의 기술수단에 장착한 고성능 카메라로 촬영한 영상을 해석 · 분석한 영상정보(IMINT)로 구성된다.

통신정보는 수집비용이 적은 데도 불구하고, 핵심부의 통화내용을 실시간에 들을 수 있어 적시성과 신뢰도가 높다. 적어도 북한에서 전화를 쓰는 사람은 상당한 지위에 있는 사람이기 때문이다. 그러나, 통신감청을 예상하고 '가짜뉴스'나 '기만정보'로 속이면 기만 당하기도 쉽다. 김일성 사망 소동이 대표적인 사례다.

1986년 11월 16일 북한 당국은 전방지역에서 '김일성이 죽었다'고 방송하고 일부 초소에서는 조기를 거는 일이 발생했다. 전방첩보를 입수한 조선일보는 11월 16일 자 1면에 '김일성 사망설'을 전했다. 그리고 휴간 일인 17일에는 '김일성 총 맞아 피살'이라는 제목으로 호외까지 냈다. 조선일보는 '조선일보 세계적 특종, 16일 자에 최초로 보도'라는 기사도 냈다. 이어 18일에는 1면에 '김일성 피격 사망, 북괴 권력투쟁 진행 중'이라는 기사가 나왔다. 하지만 김일성이 18일 공식 행사장에 나타난 것으로 확인되어 '세계적 오보'로 판명되었다.

당시 국방부는 한미연합사를 통해 받은 통신정보만 믿고 그대로 발표했다. 안기부는 공산국가에서 최고 권력자가 죽었을 때 일어나는 상황과 북한에서 일어나는 상황을 비교했다. 대외공관에 나가는 전문이나 외국과의 통신도 점검했다. 김일성의 행적을 추적해 보니, 국방부가 죽었다고 발표한 전후에도 활동한 흔적이 있었다. 그래서 죽지 않았다고 판단했다. 며칠 후 김일성이 몽골의 당 대표단을 금수산의사당에서 접견했다는 내용이 노동신문과 중앙방송에 나옴으로써 김일성 사망설은 해프닝으로 끝났다.

북한이 당시 전방 일부 지역에서 왜 이런 '기만정보'를 노출했는지는 아직 미스터리로 남아 있다. 아무튼 안기부는 김일성이 죽었다는 '가짜정보'에 현혹되지 않았다. 통신정보와 과학정보로 김일성의 행적을 추적하고 인간정보를 통해 교차 확인했기 때문이다.

그로부터 8년이 지난 1994년 7월 9일 11시. 북한의 관영 중앙방송과 중앙TV는 곧 중대방송을 한다고 예고하였다. 국가안전기획부 북한정보국은 그 내용이 무엇인가 판단해야 했다. 당시 청와대와 안기부는 7월 25일 평양에서 개최하기로 합의한 첫 남북 정상회담 전략을 짜느라 분주한 상황이었다. 그래서 처음에는 정상회담에 대한 발표일 것이라고 판단했다. 북한 당국으로서는 남북관계의 주도권을 잡기 위해 "김일성이 제의한 정상회담에 남한이 응했다"고 대내외에 선전을 할 수 있기 때문이다. 한편으로는 '전투동원태세 명령'을 내릴 것으로 판단했다. 당시 북한은 심각한 식량난을 해소하고 노동력을 동원하기 위해 해마다 미군이 쳐들어온다는 이유로 '전투동원태세 명령'을 내리곤 했다.

불과 한 달 전만 해도 북한의 '서울 불바다' 발언과 미국 클린턴 행정부의 정밀폭격(surgical strike) 계획으로 고조된 이른바 1차 북핵 위기 상황에서 남북 관계는 전쟁 일보 직전까지 갔었다. 그런 상황에서 클린턴에게 중재역을 자청한 카터 전 대통령이 6월 15일 김일성 주석을 만났다. 위기는 극적으로 해소되었다. 카터는 김일성의 '선물'까지 들고 왔다. 카터는 방북 사흘 뒤 청와대를 방문해 김일성의 정상회담 선물을 전했다. 김영삼은 김일성의 정상회담 제안을 즉각 받아들였다. 그다음은 일사천리였다. 6월 28일 북한의 김용순 대남담당 비서와 이홍구 부총리가 판문점에서 예비회담을 갖고 7월 25일 평양에서 1차 남북 정상회담을 갖기로 합의하였다.

북한은 보통 중대방송을 한다고 보도한 후 1시간 뒤면 내용을 발표하기 때문에 즉각 최초보고를 올려야 했다. 안기부장은 북한정보국장에게 내용이 파악되는 대로 청와대에 보고할 수 있도록 하라고 주문했다. 북한정보국장은 '전투동원태세명령이 아니겠느냐'고 일단 보고를 했다. 김일성이 앞으로는 회담을 하자고 하면서, 뒤로는 뒤통수를 칠 가능성이 컸기 때문이다. 그러나 긴장된 한 시간이 지난 후 발표된 내용은 '7월 8일 02시에 김일성이 죽었다'는 내용이었다. 북한 당국이 김일성 사망을 공식 발표한 것은 1994년 7월 9일 낮 12시로, 사망 후 34시간이 지나서였다. 하지만 어디서, 어떻게 죽었는지에 대한 설명은 없었다.

북한 당국의 최초 발표 내용은 "김일성 주석이 심장혈관의 동맥경화증으로 치료를 받아 오다 겹쌓이는 과로로 인해 7월 7일 심한 심근경색이 발생하고 심장쇼크가 합병되었다. 즉시에 모든 치료를 한 후에도 심장쇼크가 악화되어 7월 8일 오전 2시에 사망했다. 7월 9일에 진행된 병리 해부검사에서 질병의 진단이 완전히 확인되었다"는 것이다. 요컨대, 평소 심장이 좋지 않은 김일성이 과로로 인해 '자연사'했다는 설명이다. 당시 김일성의 나이는 82세였다.

같은 날 오전 10시 서울시 삼청동 남북대화사무국 회의실에서는 통일안보정책조정회의(統一安保政策調整會議)가 열렸다. 통일안보정책조정회의는 법적 기구는 아니었으나 박관용 청와대 비서실장과 정종욱 외교안보수석비서관, 이홍구 통일원장관, 한승주 외무부장관, 이병태 국방부장관, 김덕 국가안전기획부장 등이 통일외교안보 중요 현안이 있을 때마다 비정기적으로 모이는 회의였다. 이날은 남북정상회담 준비상황을 점검하기 위한 회의였다. 회의가 시작되고 한 시간쯤 지나 여직원이 이홍구 통일원장관에게 메모를 전달했다. 북한방송이 12시에 중대방송을 예고했다는 내용이었다. 참석자들은 회의를 계속하면서 12시까지 기다리기로 했다. 12시 10분쯤 이번에는 김덕 안기부장에게 보좌관으로부터 한 장의 메모보고가 건네졌다. 김덕 부장의 입에서 짧은 신음소리가 흘러나왔다. 김일성이 사망했다는 보고였다.

박관용 비서실장은 5분 거리에 있는 청와대로 직행했다. 이미 한 시간 전에 북한이 중대발표를 한다는 소식을 전해 들었던 김영삼 대통령은 마침 점심을 들고 있던 참에 보고를 받은 후였다. 그 무렵 김 대통령은 분단 이후 최초로 열리는 남북정상회담을 앞두고 긴장된 한 달을 보내고 있었다. 그런 시점에 만에 하나 우려했던 상황이 현실로 나타난 것이다. 보고를 받고 기가 막힌 김영삼 대통령의 반응은 "우째 이런 일이"였다. 김영삼은 이병태 국방장관에게 전군(全軍)에 비상경계령을 내리도록 지시했다.[14]

안기부가 김일성 사망을 탐지하지 못한 것은 국회에서도 논란이 되었다. 김덕 안기부장은 국회의원들로부터 안기부의 정보력 부재와 관련해 따가운 질책을 받아야 했다. 안기부는 김일성 사망 후에 모든 정보망을 가동하여 김일성 사망과정을 추적했고, 7월 10일에는 북한 노동당 중앙위원과 최고인민회의 대의원 소집령을 내렸다는 사실을 북한 공식발표 이전에 파악하였다. 그러나 이미 엎질러진 물이었다.

---

주14 _ 배진영, 털어놓고 하는 이야기 – 朴寬用 전 국회의장(下), 월간조선, 2012년 10월호

북한정보국의 김일성 - 김정일 부자(父子) 담당관

국가정보기관인 안기부 정보 활동의 제1 목표는 북한이다. 그중에서도 김일성의 신상에 관한 것은 가장 중요한 정보다. 그렇다면, 김일성이 죽은 7월 8일 02시부터 사망 소식을 발표한 7월 9일 12시까지 34시간 동안 안기부는 무엇을 하고 있었는가? 김일성의 죽음을 사전에 알고 있었는가? 그런데 안기부의 어디에도 북한방송이 발표하기 전에 그가 죽었다는 첩보를 수집한 곳이 없었다. 안기부는 김일성의 신변에 이상이 있다는 정보를 수집하지 못했다.

당시 안기부 북한정보국에는 김일성 - 김정일 부자(父子) 담당관이 있었다. 김 부자 담당관이 하는 일은 김일성 일가의 행적을 추적하는 것이다. 그것은 간단하면서도 참을성이 요구되는 일이다. '귀때기'로 대북 통신감청을 하지만, 북한에서는 일상 대화나 전화로 '김일성' 또는 '김정일'이라고 이름을 부르지 않는다. 간혹 당이나 행정기관에서 '수령님께서'나 '지도자 동지가' 하고 발표를 해야 무슨 일이 있었는지 알 수 있다. 경호를 이유로 공식 행사도 사전에 예고되는 법이 없다. 북한 언론은 통상 김 부자가 누구를 만났다, 어디서 현지지도를 했다는 내용만 2~3일 후에 보도했다.

그런데 안기부 북한정보국은 김일성이 어디서, 왜 죽었는지를 알아야 했다. 사실 안기부는 김일성의 죽음에 대비해 1985년에 이미 'Post-Kim'이라는 정책보고를 만들었다. 김일성이 죽은 후 북한에서 일어날 수 있는 상황과 대북정책 관련 시나리오였다. 'Post-Kim' 정책보고가 유효하려면 왜 죽었는지를 알아야 했다. 남북관계의 긴장과 희망이 교차하는 순간에 터진 김일성 사망의 배경(정보)을 알아야 정부의 정확한 대북 메시지(정책)가 나올 수 있었다. 일단 김일성이 자연사했는지, 암살당했는지, 친위 쿠데타였는지를 파악하는 것이 급선무였다.

안기부 본부의 전 부서에 비상이 걸렸다. 특히 주무부서인 북한정보국은 당장 김일성의 죽음과 관련된 보고서를 써내야 했다. 김덕 안기부장은 공작원을 통해 수집한 인간정보보다 북한의 고위 인사가 통화하는 내용을 잡은 통신첩보를 좋아했다. 통신정보를 수집하는 과학정보국에서는 1주일 전까지 거슬러 올라가 북한첩보를 뒤졌다.

김덕 부장은 해외공작국이 공작을 통해서 얻은 공작첩보는 유통이 늦고 몇 사람 거치면서 말이 보태져 신뢰성이 떨어진다고 판단했다. 북한정보국의 보고는 정확하지만 생동감이 없었다. 평소에는 거들떠보지도 않던 해외파견관이 보낸 자료와 공작첩보를 뒤졌다. 혹시 한 줄이라도 쓸 만한 내용이 있는지 알아보기 위해서였다. 그러나 김일성의 죽음과 관련된 어떤 징후도, 새로운 첩보도 찾을 수 없었다.

소비에트연방 시절부터 공산국가들은 통상 다음 후계자가 정해지기 전까지는 최고통치자의 죽음을 발표하지 않았다. 내부 권력투쟁을 통해 후계자가 정해지고 난 다음에 장례위원회가 구성된다. 소위 장례위원들의 순서가 정해지면 후계자가 누구인지, 권력순위는 어떻게 바뀌었는지 알 수 있다. 그런데 장례 발표는 빨라야 4~5일, 늦게는 두 달 이상 걸렸다. 그 사이 통화량이 급감해 버린다. 그래서 북한의 통신정보를 수집하는 과학정보국에서는 북한에서 무선침묵(無線沈黙)이 장기간 계속되면 무슨 일이 벌어지고 있다고 판단하는 경우가 많았다.

북한에 투자한 기업들도 중국이나 북한에 나가 있는 관계사 직원들을 시켜 여러 가지 방법으로 평양 소식을 확인했다. 베이징과 선양(瀋陽)에 나와 있는 북한의 외화벌이 일꾼이나, 단둥(丹東)과 투먼(圖門) 등 국경지역을 들락거리는 보따리 장수들을 통해 평양 소식을 들을 수 있는 채널을 가지고 있었다. 그래서 쿠데타 같은 이상한 소문이 들리면 바로 베이징이나 평양에 전화를 했다.

그런데 평양에 전화하는 줄이 안기부에는 없었다. 전두환 정권 시절에 박철언 안기부장 특보실에 처음 개설되어 남북 고위급회담을 하면서 유지된 직통전화가 있었지만 정작 필요한 순간에는 무용지물이었다. 박철언 안기부장 특보는 당시 전두환 대통령의 지시로 '88 계획'이라는 암호명으로 남북 정상회담 준비를 위한 차관급 비밀접촉을 수행하면서 88 계획 추진을 위한 '88 안가'(안기부 직할 비밀 독립가옥)를 운용하고, 1986년 3월 남북한 간의 88 핫라인(직통전화)을 개설했다.[15]

김일성이 죽은 지 이틀이 지나도 어디서, 왜 죽었는지 알 수 있는 첩보는 단 한 줄도 없었다. 해외공작국은 뒤늦게 이런 첩보를 가장 먼저 접할 수 있는 베이징과 모스크바, 도쿄에 긴급 전문지시를 내렸지만 아무 반응이 없었다. 그러자 이런 첩보를 수집할 가능성이 별로 없는 미국과 유럽 등 해외 파견 전(全) 수집관에게 다시 지시를 내렸다.

그렇게 해서 김일성이 죽은 지 닷새가 지난 7월 13일 처음으로 아시아의 한 국가에서 보고가 들어왔다. '김일성이 묘향산 별장에서 조총련 방문단을 만났다고 하더라.' 북한을 다녀온 기자가 한 말을 전해 들었다는 전언 정보였다. 그리고 죽은 지 보름이 지난 7월 23일 북한과 중국의 국경지역에 있는 공작망이 같은 내용을 보고했다.

당시 해외공작국과 대북조사국에서 쓰는 돈은 1년에 250억 원이 넘은 반면, 북한정보국 1년 예산은 3억 원 남짓이었다. 그러나 안기부가 중국과 러시아뿐 아니라, 북한에도 심어 놓았다는 수백 개의 정보망은 허상이었다. 김일성 사망이라는 초미의 관심사에 대해 단 두 건만이 회답했을 뿐이다. 그나마 반응을 하는 데도 한 건은 닷새, 다른 한 건은 보름이나 걸렸다. 그것이 대북공작의 현주소였다. 그 전에 7월 11일 북한은 '정상회담을 무기한 연기한다'고 통고했다.

공개첩보에서 나온 '김일성 사망' 해답의 실마리

해답의 실마리는 공개첩보에서 나왔다. 7월 12일 일간지에 난 기사를 오리고 있던 입사 2년 차의 한 직원은 조선일보가 주한미군 소식통을 인용해 보도

---

주15 _ 박철언, 《바른역사를 위한 증언 1, 2》 랜덤하우스중앙, 2005년, 216쪽

한 기사에 주목했다. '7월 7일 평양에서 묘향산으로 상당히 큰 헬리콥터 3대가 갔는데 2대만 돌아오고 한 대는 추락했다'는 내용의 기사였다.

묘향산 일대는 한-미 양국의 비행 감시 구역으로 경기도 오산에 있는 미 공군 레이더 기지에서 체크된 정보였다. 이 직원은 미군 측에서 보내온 북한 항공기 항적(航跡)을 뒤적였다. 미국은 한-미 간의 협정에 따라 전술정보 자료를 한국 측에 한 부씩 줬다. 이처럼 분초(分秒)를 다투는 정보는 그 시간이 지나면 쓸모가 없기 때문이다. 전술정보 자료는 국방부를 통해 북한정보국 군사담당관에게만 전달되었다. 그 자료에 북한 항공기의 항적이 나타나 있었다.

평양 근교 양암리 기지에서 MI-17 헬리콥터 3대가 7월 7일 묘향산으로 비행한 흔적이 있었다. 그리고 7월 8일 2대만 돌아왔다. 군 정보보고의 서두에는 반드시 기상(氣像)이 쓰여 있다. 비바람이 심한 날씨였다. 양암리 기지는 김일성-김정일 부자가 삼지연과 함흥에 있는 별장에 갈 때, 보급 물자와 경호원을 실어 나르기 위해 사용하는 VIP용 공항이었다. 악천후에도 불구하고 헬리콥터를 보낼 상황이면 김 부자와 관련된 일임이 틀림없었다. 그런데 헬기 석 대 중 한 대가 추락한 것이었다. 어떤 이유인지 모르지만, 주한미군 정보당국은 이런 정보를 언론에 흘려준 것이었다. 담당 직원의 보고를 받은 선임분석관은 즉시 단편적인 관련 첩보를 짜깁기했다.

△최근 김일성은 연설 중에 숨을 자주 몰아쉬고 연설시간도 짧아졌다 △해외에서 심장병 전문의사가 북한에 갔다 △계단에서 경호원의 부축을 받아야 한다 △조총련의 간부들이 김일성을 만났다 △경제 관계자들을 모아 회의를 하였다 △죽기 전후에 평양이나 전방의 군 이동은 없다 △통신량이 줄거나 증가하지도 않았다 △해외공관에도 별다른 변화가 없다.

그리고 다음과 같은 결론을 과장에게 들이밀었다.

"김일성은 묘향산 별장에서 조총련 간부들을 만난 후 과로로 쓰러졌다. 평양에서 의료진을 불렀으나 7월 8일 오전 02시 심근경색으로 사망했다 … 후계 문제는 80년대에 이미 해결되었으므로, 당과 행정기구에 변화는 없을 것이다. 전방에도 특이한 징후는 없다."

북한정보국에는 달리 대안이 없었다. 과장과 국장은 "이거라도 들고 가자"며 부장에게 보고했다. 김덕 부장은 북한정보국장을 대동하고 청와대에 보고했다. 김영삼 대통령은 보고를 마치고 가는 북한정보국장의 팔을 붙잡고 "정말 몰랐느냐?"고 물었다.

일생일대의 정상회담을 준비한 승부사 김영삼에게 김일성의 사망은 큰 실망을 안겨 주었다. 김영삼은 퇴임 후에 SBS 라디오의 '한국 현대사 증언'에 출연해 남북 정상회담 준비 중 김일성 주석이 사망한 데 대해 "청와대에서 오찬 중 김일성이 사망했다는 소식을 전해 듣고 얼마나 놀랐는지 모른다"며 "나하고 모든 걸 이야기하기로 했는데 아쉽고, 기가 막혔다"고 당시를 회고했다.[16]

김영삼은 같은 프로그램에서 1994년 제1차 북핵 위기와 관련 "김일성 주석은 미 군함 33척, 항공모함 2척이 동해에 있던 것을 전부 알고 있었다"며 "당시 방북해 김일성을 만난 지미 카터 전 대통령은 '김일성이 되게 겁을 집어먹고 있다'고 전했다"고 말했다. 김영삼은 그전에도 "김일성이 갑자기 죽은 건 나처럼 기가 센 사람과의 회담 준비에 과도하게 신경을 쏟다가 그 스트레스를 견디다 못한 까닭"이라고 말했다. 지동설(地動說)도 천동설(天動說)도 아니고, '김(金)동설'자인 김영삼은 박정희의 죽음에 대해서도 "내가 야당 때는 참 무섭게 싸웠어요. 그래서 박정희가 죽은 거예요. 나를 국회의원 제명 안 했으면 박정희는 안 죽었죠"라고 했다.

김영삼 대통령은 김일성 사후에 공개적으로 북한을 '추락을 앞둔 고장 난

주16 _ SBS 라디오 특별기획 '한국 현대사 증언': YS "카터, 김일성 겁먹고 있다 하더라", SBS, 2009. 4. 14

비행기'에 비유하며, "북한은 붕괴에 직면해 있다"고 장담했다. 모든 국가의 정보기관은 '최상위 정보 사용자'인 최고권력자의 정책 기조와 취향에 '정보'를 맞추는 경향이 있다. 최고권력자가 북한의 붕괴를 확신하면 그 믿음을 떠받칠 '정보'가 양산된다. 김영삼 대통령이 북한을 '고장 난 비행기'에 비유하자, 안기부는 북한 붕괴의 '근거'를 쏟아냈다.

김영삼 대통령은 장기적인 전략정보보다 매일매일의 현상과 현재의 주요 상황을 분석하여 생산한 현용정보를 좋아했다. 국가이익과 관련된 중요한 사항들을 우선순위별로 정리해 놓은 '대통령 일일보고', '국가일일정보' 등 일일정보에는 북한 붕괴의 근거들이 빠지지 않고 실렸다. 안기부의 북한정세 분석에 영향을 받은 김영삼 정부 고위 관료들의 입에서는 "빠르면 사흘, 길어도 3년" 안에 북한이 붕괴하리라는 '예언'이 무시로 튀어나왔다. 박관용 당시 대통령비서실장은 정계 은퇴 후 한 인터뷰에서 "김일성 사망 이후 북한체제가 곧 붕괴할지도 모른다는 인식이 확산됐다"면서 이렇게 회고했다.

"나는 김영삼 대통령에게 '북한 붕괴에 대비해 정부에서 마련해 놓은 대책이 있다. 곧 보고드리겠다'고 했다. 그리고 안기부와 통일원에 '북한 급변대책'을 가져오라고 했다. 그런데 내 책상 위에 올라온 '북한 급변대책'이라는 것을 보니 너무나 저급한 수준이었다. 수십 년간 통일을 외쳐왔고, 동구·소련 사회주의의 붕괴를 목격한 대한민국의 통일 준비 태세가 겨우 그 정도라고 생각하니 기가 막혔다. 나는 대통령에게 보고했다. '안기부와 통일원에서 만든 '북한 급변대책'을 보니 도저히 대통령께 보고드릴 내용이 못 됩니다. 처음부터 다시 만들어야겠습니다.' 나는 안기부와 통일원은 물론 각 부처에, 북한 급변사태 시 부처 차원의 대처방안을 만들도록 지시했다. 철도청과 도로공사, 한국전력에는 북한과의 철도·도로·송전선 연결방안을 연구하고 준비하도록 했다."[17]

주17 _ 배진영, 털어놓고 하는 이야기 – 朴寬用 전 국회의장(下), 월간조선, 2012년 10월호

물론, 그 전부터 공조직에서 올라온 보고서도 김영삼 대통령의 대북 인식에 영향을 미쳤다. 김일성 사망(1994.7)과 북한 경제난이 겹치면서 탈북자들이 대량으로 발생하자, 안기부는 물론, 국방연구원도 △북한 급변사태 전개 전망 및 대책(1994년, 대외비) △북한의 위기징후와 북·중 관계(1994년, Ⅱ급 비밀) △남북 군사통합 방안 연구(1994년, Ⅱ급 비밀) △북한위협 소멸 후 중장기 한–미 안보협력 발전방향(1995년, Ⅱ급 비밀)' 등 북한 붕괴론에 입각해 급변사태에 대비하는 국책 과제를 집중 수행했다. 안기부에서는 북한군이 석유 등 에너지난으로 공군 전투기를 띄우지 못하고 있다고 보고했다.

그러나 김일성 사후에 "빠르면 사흘, 길어도 3년" 안에 추락할 것이라는 '고장 난 비행기 북한'은 김정일 2세 세습을 거쳐 현재 김정은 '3세 세습'에 이르고 있다. 결과적으로 정보의 실패이자 냉·온탕을 오간 일관성 없는 대통령 정책의 실패였다.

김영삼은 1993년 2월 25일 제14대 대통령에 취임할 때만 해도 "어느 동맹국도 민족보다 더 나을 수는 없다"며 대북정책의 획기적인 전환을 암시하는 발언을 했다. 이후 3월 9일 발표된 비전향 장기수 이인모(李仁模) 노인의 송환은 대북 유화정책의 신호탄으로 여겨졌다. 그러나 이인모 노인 송환 방침이 공식 결정된 직후인 3월 12일 북한은 핵확산금지조약(NPT) 탈퇴를 선언했고, 3월 19일 남북 회담에서 북측 대표의 '서울 불바다' 발언이 터져 나왔다.

김영삼은 취임 100일 기자회견에서 "우리는 핵무기를 가진 상대와는 결코 악수할 수 없다"며 북핵 불용 의지를 분명히 했다. 이후 북핵문제를 둘러싼 갈등이 계속되는 가운데 1994년 6월 북한이 국제원자력기구(IAEA) 탈퇴를 선언하자, 클린턴 행정부는 북한 영변 핵시설에 대한 정밀폭격을 검토하기에 이른다. 이른바 1차 북핵 위기로 인한 한반도에서의 군사적 긴장이 최고조에 이르렀을 때, 박채서는 자신이 대통령이라면 어떤 선택을 할지와 무엇이 대한민국의 국익인지를 제1의 준거로 삼아 안기부 국가공작원으로서 활동을 시작했다.

## 10 _ 미국의 한반도 전략 변화

북한의 핵개발 의혹은 국제원자력기구(IAEA)가 처음으로 북한 당국의 보고 내용에 의심을 품게 된 1992년으로 거슬러 올라간다. IAEA는 의혹을 해소하기 위한 특별사찰을 요구했지만, 북한 당국이 거부함으로써 의혹은 증폭되었다. 이어 이듬해 3월 북한이 핵확산금지조약(NPT)에서 탈퇴할 것을 선언하면서 북한 핵개발 의혹이 수면 위로 떠 오른 가운데 북미 간의 갈등이 고조되었다. 그로부터 북미 간의 줄다리기가 시작되어 1994년 10월 북미 기본합의서를 채택할 때까지 이른바 1차 북핵 위기가 지속되었다.

북한 핵과 관련해 한반도에서의 전쟁 발발 가능성과 서울방어선 붕괴 등을 주요 내용으로 한 한반도 위기설이 고조된 것도 이때였다. 1993년 11월 미 국방부는 이례적으로 1993년 주한미군 감사보고서를 공개했다. 기밀로 분류돼 공개된 적이 없는 감사보고서가 공개된 것이다. 보고서 지적 사항의 핵심은 한미 연합군의 유사시 대응이 미비하다는 것과 전시 지원군 작전계획을 세우라는 것이었다. 그런 가운데 〈뉴스위크〉(12월 1일 자)와 〈워싱턴 포스트〉(12월 12일 자) 등 미국 언론들은 미 국방부 비밀보고서와 전문가들을 인용해 한반도 전쟁 시나리오를 앞다투어 보도했다.

'작계 5027'의 얼개를 공개하다

당시는 소비에트연방의 해체와 동구권의 몰락으로 냉전이 종식되어 전쟁 위협이 사라짐에 따라 미국은 방산업체를 축소 조정해 방위산업은 어려움을 겪고 있었다. 그런데 한국은 아시아에서 미국 무기 산업의 최대 고객이었다. 한국 군은 창설 때부터 미군 편성장비표에 의해 창설되었다.

그런데 한국은 재래식 무기 군비(軍備)를 끝내고 첨단무기로 가는 과정에서 1980년대 말부터는 미국 일변도 장비에서 벗어나 무기 구입선을 다변화했다. 잠수함은 독일에서 들여왔고, 구축함도 선체 자체는 국산이었지만 고가의 사통 장치는 영국이나 독일 것이었다. 게다가 국제 무기시장에 러시아 무기들이 헐값에 나오자 한국도 유상원조의 대가로 러시아 무기를 일부 도입했다. 미국의 방위산업은 당장 급해졌다. 한반도 위기감 조성은 미국의 방산업체 사정과 무관하지 않았다.

김당 기자는 1993년 12월 '한반도 위기설'이 실체가 있는 것인지를 검증하는 과정에서 한미연합사(ROK · US CFC) 작전계획 5027(OPLAN 5027, OPLAN은 Operation Plan의 약칭)의 얼개를 확인해 보도했다. 한미연합사의 주축 작전계획인 작계 5027의 얼개가 언론에 공개된 것은 이때가 처음이었다. 김당은 한미연합사에 근무하는 지인을 통해 'OPLAN 5027(이하 작계 5027)'의 얼개가 담긴 보고서를 입수했다. 그는 이를 근거로 '작계 5027'에 대한 국방부의 입장을 공식 확인하기 위해 합참 정보본부장에게 인터뷰를 신청했다. 하지만 국방부는 미국과의 외교적 고려를 이유로 지금 당장은 인터뷰가 곤란하다며 완곡히 거절했다.

'작계 5027'은 북한의 기습 도발이나 전면전이 발생했을 경우에 대비해 미 태평양사령부(PACOM)[18]가 1974년에 마련한 '한국 방어계획'이다. 하와이의 태

주18 _ 태평양사령부 명칭은 2018년 5월 30일 '인도태평양사령부'로 바뀌었다. 제임스 매티스 미 국방부장관은 이날 하와이 본부에서 열린 태평양사령관 이취임식에서 사령부의 명칭을 이같이 변경한다고 공식 선언했다. 명칭 변경은 남중국해에서 미 · 중 양국 간 군사적 마찰이 고조된 가운데 나온 것이어서 인도, 일본 등과 함께 중국을 포위하고 해상에서 중국의 확장을 차단하기 위한 것으로 풀이된다. 연합뉴스, 美 태평양사령부, 인도태평양사로 '간판 교체'…"對中견제 포석", 2018. 5. 31

〈표2〉 '작계 5027'에 포함된 '한반도 전쟁' 계획 5단계

| 1단계 | 2단계 | 3단계 | 4단계 | 5단계 |
|-------|-------|-------|-------|-------|
| 미군의 신속<br>억제 전력 배치 | 북한 전략 목표 파괴 | 북진 및<br>대규모 상륙작전 | 점령지 군사 통제 확립 | 한국 정부 주도 아래<br>한반도 통일 |
| 미군의 신속전력 배치와<br>한국 육군 총병력 69만 명<br>휴전선에서 20~30㎞ 방<br>어선 구축 | 서울 이북 지역에서 북한<br>의 침략을 저지하며, 북한<br>전략 목표를 파괴 | • F-117, B-116, F-72,<br>F-15k, B-2 등 전폭기 또<br>는 폭격기가 괌과 일본에<br>서 7백여 개의 타깃 폭격<br>• 북진을 계속하면서 제7<br>함대 주력 부대 동해안 전<br>면 배치<br>• 미국 증원 병력(본토, 주<br>한/일 미군) 69만 배치로<br>대규모 상륙 작전 | 평양을 고립시킨 뒤 점령<br>지 군사 통제 확립 | |

평양사령부는 지역 통합군으로서 최고의 역사를 자랑할 뿐 아니라, 인도 동쪽
부터 미 대륙 연안을 제외한 태평양까지 가장 넓은 지역을 담당하는 전략적으
로 가장 중요한 해외 주둔군이다. 관할 지역 내 국가는 총 36개에 달한다. 주한
미군과 주일미군을 지휘하는 곳도 태평양사령부다.

이후 1978년에 한미 연합사령부(ROK · US Combined Forces Command)가 설
치되면서 한미연합사(ROK · US CFC)의 한국 방어 작전계획으로 채택되었다. 한
미연합사 작전계획이지만 전시작전권을 갖고 있는 미국이 주도적으로 작성하
며 도상 작전계획을 '팀스피리트(T/S)' 훈련 같은 한미연합 실병기동훈련(FTX)
을 통해 1, 2년마다 개정판을 내왔다. 1994년부터는 '5027-94' '5027-96'식으
로 2년마다 보완되어 왔다.

한 · 미연합사 작계도 다른 나라의 작계와 마찬가지로 끊임없이 개발 · 발
전되는 새로운 전략 · 작전 개념을 도상훈련(CPX)과 실병기동훈련(FTX) 또는
실전 운용 등을 거쳐 이를 수용해 변화해 왔다. 북한이 가장 민감해 하는 한 ·
미 연합 '팀스피리트' 훈련은 작계를 실험할 수 있는 가장 유용한 '작계 실험장'
인 셈이다.

팀스피리트(Team Spirit) 훈련은 1975년 베트남 공산화 이후 급변하는 주변
정세와 북한의 도발 위협 고조에 따라 한 · 미 안보협력체제를 공고히 해 전쟁

을 억제할 목적으로 1976년 6월에 처음 실시한 합동군사훈련이다. 팀스피리트 훈련은 처음에 상륙작전으로 시작되어 해를 거듭할수록 해상 및 공중 훈련이 추가되어, 1985년부터는 북한의 화학전 능력을 고려한 화학전 훈련이 실시되었다. 이에 따라 미국의 육·해·공군 부대의 신속한 전략이동에서부터 지상작전을 지원하기 위한 각종 공군작전과 한국 해역에서의 한미 연합해상작전·야전기동훈련·연합상륙작전 및 기동부대에 의한 지원작전 등 한국 방위태세의 효율성을 측정하기 위한 모든 훈련이 포함되었다.

훈련기간은 최초 10일이던 것이 나중에는 70~80일로 연장되었으며, 참가 병력 규모도 최초 46,000명에서 1984년 이후에는 20만 명이 참여하는 대규모 야외기동훈련으로 발전하였다. 한반도에서의 전쟁 억지와 돌발사태 발발에 대비해 실시하는 팀스피리트 훈련은 1992년 북한의 핵문제 해결을 포함한 실질적인 남북관계의 진전과 북한 측에 신뢰감을 주기 위한 조치의 일환으로 한 해 중단된 것을 제외하고 1993년까지 매년 실시되었다. 1994년 3월 국방부는 북핵문제의 성공적인 해결과 남북관계의 개선을 위해 팀스피리트 훈련의 조건부 중단을 공표하였는데, 이후 팀스피리트로 명명된 한미 간 연합훈련은 종결되었다.

중요한 사실은 팀스피리트 훈련을 통해 발전된 '작계 5027'이 북한의 선제공격을 전제로 한 것이지만, 사실상 실지 회복 차원을 넘어선 수복 계획이 담겨 있다는 점이다. 북한이 팀스피리트 훈련에 대해 북침을 전제로 한 공격훈련이라고 강력히 비난하는 것은 상투적인 트집이 아니라 실병기동훈련이 언제 실전으로 전환될지 모른다는 두려움이 컸기 때문이다. 북한 당국은 1993년 3월 12일 핵확산금지조약(NPT) 탈퇴를 결정하면서 '자위적 조치'임을 강조하는 정부 성명을 발표했는데 그때도 탈퇴의 표면적 이유는 팀스피리트 훈련이었다.

"팀스피리트 훈련은 공화국 자주권에 대한 침해이고 내정간섭이며, 우리 사회주의를 압살하려는 적대행위다. 핵금조약(NPT)에서의 탈퇴는 우리 공화국에 대한 미국의 핵전쟁 책동과 국제원자력기구 사무국 일부 계층의 부당한 처사에 대한 응당한 자위적 조처이다."

실제로 북한군은 해마다 농한기 철인 2~5월에 실시되는 팀스피리트 훈련 때마다 전군에 준전시상태를 유지한 가운데 대규모 대응훈련을 하느라 국력을 허비해왔다. 팀스피리트에 대항하기 위한 군사훈련이 극심한 석유난에 봉착한 북한에 치명적인 경제적 손실을 안겨준 것이다. 한미 양국은 1993년 북한의 핵개발 의혹 초기에 북한의 에너지난을 압박하는 가장 강력한 수단으로 팀스피리트 훈련을 활용하기도 했다. 이 때문에 북한은 팀스피리트 훈련에 맞대응하는 훈련에 필요한 석유 공급을 남한 기업들에게 몰래 요청하는 역설적인 현상이 벌어지기도 했다.

'공세적 방어전략'과 대북 선제타격 및 무력통일 담은 '작계 5027'

작계 5027의 핵심 전략은 공지전(空地戰) 전술과 종심(縱深) 공격 계획이다. 공지전(Air-Land Battle)은 1980년대 초에 미 육군이 개발한 전략으로, 기존의 '일시 후퇴 후 반격' 차원을 넘어서 적의 후방을 타격하는 새로운 형태의 보복 위협을 줄 '공세적 방어전술'이다. 공지전 전술은 1983년 팀스피리트에서 처음 시험 운용된 것으로 알려져 있다. 이 같은 전술에 의해 신속기동력을 전제로 북한 공격력의 후방 지원 부대, 병참·보급선 및 중요 시설에 막대한 타격을 입히는 종심 공격 계획이 도입되었다.

이에 따라 1987~1988년 무렵부터는 한반도에서의 '봉쇄 전략'이 핵무기와 결합된 '공격적 방어전략'으로 전환되어 작계 5027에 정식으로 포함되었다. 즉, 북한이 기습도발이나 선제공격으로 남침해올 경우 단순히 전방 저지 또는 '후퇴 후 격퇴(휴전상태 유지)' 수준이 아닌 북한 정권의 무력화를 상정한 '수복작전'을 의미하는 것이다. 이 같은 '공격적 방어전략'은 1991년 주한미군의 전술핵무기 철수가 이뤄진 상황에서 기존 작계에 포함되었던 '유연 예비전력'으로서의 핵무기 사용계획이 빠진 가운데서도 신속전개억제전력(FDO) 구성으로 계속 유지되었다.

'수복작전'이 포함된 한미연합사의 공격적 방어전략은 1992년 3월 미 하원 외교위 해외군사 지원에 관한 청문회에서 당시 콜린 파월(Colin Powell) 합참의장의 답변에서 처음 드러났다. 파월은 '한반도 전쟁 시나리오'와 관련한 주한미군 지상군의 역할을 묻는 스티븐 솔라즈(Stephen J. Solarz) 의원의 질문에 북한이 남침할 경우 미국이 단순히 방어를 넘어선 '완전 축출계획'을 가지고 있음을 처음으로 내비쳤다. 미 하원 외교위원회 아시아태평양 소위원장을 지낸 솔라즈 의원은 김일성 주석을 두 차례 면담한 대표적인 지한파다. 걸프전(Gulf War)의 영웅인 파월 합참의장은 뒤에 아들 조시 W 부시 대통령의 삼고초려 끝에 흑인 최초 국무장관을 지냈으나 막상 재임 중 백악관의 경계를 받았다.

1970년대 중령 계급일 때 동두천에서 주한미군으로 근무한 바 있는 파월 합참의장은 청문회에서 이렇게 답변했다.

"북한의 침략을 저지하고 이를 물리치기 위해 지상과 해상에 배치한 미국의 공군력만으로도 충분하기를 바라고 있다 …(중략)… 그러나 우리의 계획에서 우리는 적의 침략을 억제하거나 방어하는 것에만 관심이 있는 것이 아니다. 이 자리에서 더 구체적으로 이야기할 수는 없으나, 우리는 다시 이러한 일이 발생할 수 없도록 북한을 내몰아 붙이는 데도 관심이 있다."

이후 1998년도에 갱신된 '작계 5027-98'에서는 북한이 전쟁을 일으키려는 것이 포착되면 주요 군사목표를 선제 타격한다는 내용을 담아 방어계획에서 공격계획으로 전환하였다. 그 후 언론에 보도된 바에 따르면, 9.11테러 직후 작성된 2002년 판에는 북한의 김정일 국방위원장을 제거하기 위한 암살작전과 함게 부시 대통령의 신(新)안보독트린에 따라 북한을 선제 공습할 수 있는 내용이 포함된 것으로 알려졌다. 이후 '작계 5027-04'는 미군의 신속억제전력 배치(1단계), 북한 전략목표 파괴(2단계), 북진 및 대규모 상륙작전(3단계), 점령지 군사통제 확립(4단계), 한국 정부 주도하의 한반도 통일(5단계) 등 5단계로 구성된 것으로 전해졌다.

한편 '작계 5027'의 2010년 판에 따르면, 한반도 유사시 미군은 90일 안에 병력 69만 명, 5척의 항공모함, 함정 160여 척, 항공기 2천500여 대를 한반도에 파견하는 걸로 되어 있다. 이후 2015년에 유사시 북한 핵·미사일 등 대량살상무기(WMD)에 대한 선제타격 내용이 든 '작계 5015'가 도입되면서 작계 5027은 사실상 폐기되었다.

한반도 작전계획에는 작계 5027 외에도 작계-5026, 작계-5028, 작계-5029, 작계-5030 등이 있으며, 주한미군을 지휘하는 미 태평양사령부(PACOM)가 총괄한다. 작계는 해당 지역 사령부와 작전 지역을 표시하는 고유번호가 명기되어 있다. 예를 들어 '5027-08'의 경우, '5'는 美 태평양사령부를, '2'는 한반도, '7'은 정규작전계획, 그리고 '08'은 작계 지정연도를 뜻한다. 작계는 통상 1~2년마다 한미 양국 군 수뇌부 회합에서 수정·보완된다. 물론 구체적인 내용은 1급 군사기밀이다. 1급 군사기밀이지만 미국의 민간 군사안보 연구소인 '글로벌 시큐리티(www.globalsecurity.org)'는 전 세계 작계의 일부 내용을 공개하기도 한다.

이처럼 작계는 1급 군사기밀임에도 심심찮게 일부 내용이 유출되어 논란이 되곤 한다. 2016년 9월에도 군의 내부 정보통신망인 국방망 해킹 사건이 발생해 훈련용 시나리오 등 작계의 일부 자료가 빠져나간 사실이 확인됐다. 군은 당시 감염 컴퓨터에서 발견된 악성코드 39개 중 20개가 그동안 북한이 쓰던 코드였으며, 감염 루트를 역추적했더니 북한이 사용하는 중국 선양(瀋陽)의 인터넷 주소(IP)가 나왔기 때문에 북한 해커의 소행으로 추정했다.

해킹 공격으로 감염된 컴퓨터는 모두 3천200여 대로, 이 중 2천500여 대는 외부망(인터넷)용, 700대는 내부망용이라고 국방부는 설명했다. 군은 국방망이 외부망과 분리돼 있어 해킹에 안전하다는 이유로 방심하다가 해킹 피해를 입었는데, 그중에는 한민구 국방장관이 사용하던 컴퓨터도 포함됐다.

작계 5027이 폐기됐다고 하더라도 북한이 유사시 한·미의 대응 방안을 알아내면 역으로 이를 이용할 우려가 있어 작계 5027은 여전히 군사비밀(2급)로 분류되어 있다. 이 때문에 군은 국방망 해킹 사건 때도 만일을 대비해 '작계 5015'에서 폐기된 '작계 5027'을 승계한 부분을 일부 수정해야 했다. 군은 이후 한·미 연합 군사훈련인 키리졸브 연습(KR) 때도 북한에 대한 반격 시나리오를 상정해 진행하는 가운데 평소와 다른 지역에 상륙작전을 펼치는 상황을 전개했다. 작계의 일부 내용을 위장하기 위한 '허허실실'이었다.

## 11 _ 한 · 미 연합사 '작계 5027'

　군사용어로 작전(作戰, operation)은 전쟁이나 전투에서 적군의 섬멸, 특정지역의 점령 · 방어, 또는 그 외의 목적을 위해서 조직적으로 움직이는 군사행동을 가리킨다. 작전은 목표가 달성되기까지의 일련의 행동이며, 목표가 달성될 때, 또는 계획이 취소될 때에 종결된다. 통상 작전을 유효 적절하게 수행하기 위해서는 작전계획을 수립해, 그 계획에 따른 구체적 행동으로서 작전을 전개하게 된다.

　작전계획(Operation Plan)은 적에 관한 사항, 아군의 사항, 작전지역의 특징, 기상조건 등 그 작전 목적에 직접적으로나 간접적으로 영향을 미칠 것으로 예측되는 모든 정보를 기초로 하여 주어진 임무를 주어진 기간 내에 실행할 수 있는 방책을 찾아내고, 그 방책의 장단점을 비교 · 평가해서 가장 효과적이고 성공률이 높은 방책을 선택하는 방법으로 수립된다. 작전계획에는 작전 참가부대의 재편성, 무기 · 탄약 및 기타 제장비의 보급, 사전교육, 정찰, 작전지역으로의 이동 등의 준비단계로부터, 작전단계를 거쳐 작전기간 중의 인원 · 장비에 대한 보충, 환자의 후송 등의 근무지원까지 포함한다.

　작전에는 외국군의 침략으로부터 영토를 방어하고 침략군을 축출하거나 섬멸하는 대규모의 장기적 · 거국적인 것으로부터, 전술부대나 행정근무부대의 교육 · 훈련 · 행정업무 수행을 목적으로 하는 국지적이고 소규모인 것까지 있을 수 있다. 전자의 대표적인 사례는 북한군의 남침에 따른 전면전을 상정한 한미연합사의 '작전계획 5027'이고, 후자의 사례로는 북한군의 서해 5도(또는 서북 5도서) 공격에 대비한 한미연합사의 보복응징 국지전 계획인 '작전계획 5047'이다.

모든 작전은 규모와는 관계없이 한 사람의 지휘관에 의해서 통합 · 지휘된다. 참모장교들에 의해서 전문적인 부분에 관한 정보의 수집과 판단 및 계획이 준비되나 작전에 관한 모든 문제는 오직 한 사람의 지휘관에 의해서 결정되며, 지휘관은 작전에 관한 한 모든 명령을 내리는 권한을 갖는 대신 작전의 결과에 대해 전적인 책임을 지게 된다.[19]

"한 · 미 연합사 '작계 5027'… 북한 선제공격 땐 2주 만에 평양 함락"

김당은 1993년 12월 30일 자 시사저널(제218호)에 "한 · 미 연합사 작전계획 'OPLAN 5027' 최초확인, 북한 선제공격 땐 2주 만에 평양 함락"이라는 제목의 커버스토리를 보도했다. 1차 북핵 위기 상황에서 '작계 5027'은 5단계로 돼 있으며, 제1단계 방어작전과 제2단계 반격작전을 거쳐 제3단계 격멸작전, 제4단계 고립화작전, 제5단계의 종전 이후 단계 순으로 전개된다고 그 얼개를 처음 공개한 것이다. 김당은 이 커버스토리에서 작계 5027의 핵심이 북한의 선제공격에 대한 격퇴 수준을 넘어 '평양 점령' 및 '북한 정권 무력화'를 포함한 수복 계획을 담고 있음을 최초로 확인 보도했다. 이를 단계별로 보면 그 얼개는 다음과 같았다.

1단계(전쟁 이전)에서는 전쟁 징후가 보이면 미국 본토에서 신속전개억제전력(FDO)을 한반도에 배치해 전쟁을 예방하는 방어작전이 전개된다. 이어 전쟁이 발발하면, 2단계(거부)로 서울 이북 지역에서 북한군의 남침을 저지하고 북

---

주19 _ 두산백과. http://www.doopedia.co.kr

한 후방의 전략 시설을 파괴하는 반격작전에 돌입한다. 3단계(격멸)에서는 북한의 주요 전투력을 격멸하고 전선을 돌파해 북진하면서 대규모 상륙작전을 감행한다. 이때부터 북한 주민에 대한 선무 및 피난민 대책 등 민사작전도 병행한다.

4단계(고립화)에서는 평양을 고립시켜 정권을 무력화하고 군사분계선 이북 점령지역에 대한 군사 통치를 실시한다. 특히 이 단계에서 한·미 양국이 북한지역 통치 절차 및 방법을 둘러싸고 중대한 견해 차이를 보이고 있다는 점이다. 이 같은 견해차는 북한의 법적 지위를 헌법이 일시 정지된 수복 대상 지역으로 보는 한국과, 국제법에 의한 점령 대상 지역으로 보는 미국의 기본 입장 차이에서 비롯된 것이다.

5단계(종전 이후)는 전쟁을 끝낸 뒤의 상황으로, 국경선까지의 진격 여부에 관계없이 평양·원산·신의주 등을 고립시키면 북한 정권이 사실상 붕괴해 한국 주도하에 통일을 이룬다는 계획이다. 그러나 북한 정권이 중국의 보호 아래 중국 국경선을 넘어가 망명 정부를 세울 경우 등의 변수가 예상되고, 또 한반도에 대한 지속적인 영향력 행사를 꾀하는 미국 측이 나름대로 '한반도 재편 절차'를 예비해 놓고 있어 통일 과정에서 미국을 포함한 주변국과의 마찰이 예상된다.

시사저널 보도 이후 한 달여 만에 뉴욕타임스는 이듬해 2월 6일 자에서 "미국 '북한 남침 땐 평양 점령'" 제목으로 보도했다. 미국 언론들은 다음날 일제히 뉴욕타임스 보도를 인용해 보도했다. 그런데 뉴욕타임스가 '미국의 새로운 한국 방어계획'을 토대로 보도한 내용들, 특히 '5단계로 돼 있는 미국의 한국 방어계획은 북한의 침공을 방어하는 차원을 넘어 북한군을 격퇴한 뒤 평양을 점령하는 공격적인 역습전략을 세워놓고 있다'는 내용 등은 한 달여 전에 김당 기자가 시사저널에 보도한 내용과 일치했다. 시사저널이 처음 보도했을 때 모른 체했던 국내 매체들이 같은 내용을 뉴욕타임스가 보도하자 일제히 인용 보도한 것이다.

그런데 뉴욕타임스가 보도한 '미국의 새로운 한국 방어계획' 중에는 사실과 다른 내용들도 포함돼 있었다. 우선 뉴욕타임스 기사가 '판문점발'로 돼 있는 것에 유의할 필요가 있었다. 이 신문은 미국 국방정보 관계자 및 주한미군 지휘관들의 말을 인용해 △북한의 핵무기 개발계획 △휴전선 일대의 재래식 무기와 병력의 집중 배치 및 증강 △최근의 정치·군사적 요소 등이 한국 방어계획을 수정하게 만들었다고 보도했다. 그러나 이 같은 요인들 때문에 최근 방어계획을 수정해 평양 점령계획을 추가했다는 것은 사실과 달랐다. 그 근거는 여러 가지를 들 수 있었다.

첫째, 당시 청와대에서 열린 안보관계 장관회의에서도 지적되었듯이 '위기론을 뒷받침할 만한 어떤 군사적 도발 징후도 발견되지 않았다'는 점이다.

둘째, 공격적 방어전략과 종심공격 전술을 토대로 한 평양 점령계획은, 시사저널이 보도했듯이 이미 1987년께부터 작계 5027에 반영된 것으로서 최근 수정된 새로운 계획은 아니라는 점이다. 국방부 역시 '한반도 전쟁 발발 시 한·미 연합군의 평양 점령은 전혀 새로운 개념이 못 된다'고 논평해 이를 뒷받침했다.

셋째, 작계는 하루아침에 수정 변경될 수 있는 것이 아니라는 사실이다. 작계 5027도 미 육군이 1980년대 초에 개발한 공지전 및 종심공격 전술 등을 북대서양조약기구(NATO) 동맹군의 작계에 적용한 뒤 한반도에서의 숱한 도상훈련(CPX)과 팀스피리트 같은 실병기동훈련(FTX)을 거쳐 체계화한 것이었다. 실제로 한미 양국은 해마다 '연례안보협의회(SCM)'와 '군사협의회(MCM)'를 열어 북한의 위협을 재평가하고 전력과 전략보완을 논의했고, 팀스피리트 훈련 이후에는 '전시 미 증원군 전개훈련(RSOI)'과 '을지 프리덤 가디언 훈련(UFG)' 등을 통해 작계를 1~2년마다 수정·보완해왔다.

한반도 전쟁 위기의 징후를 판별하는 체크 포인트는 통상 ▲군의 데프콘·

워치콘 ▲주한 미국인의 긴급 철수 ▲미군의 전력 증강의 세 가지다.

우선 데프콘(Defcon)은 정규전에 대비해 발령하는 전투준비 태세이고, 워치콘(Watchcon)은 한·미의 대북한 정보감시 태세다. 데프콘과 워치콘은 북한의 전방 부대가 활발히 움직이거나, 탄도미사일이 발사 위치로 이동하거나, 창고에서 군수물자를 꺼내는 것 같은 북한의 상황 체크리스트를 한·미가 면밀히 관찰한 뒤 단계를 올리거나 내린다. 데프콘과 워치콘은 모두 5단계가 평시(平時)이고, 1단계가 전시(戰時)다. 한국은 6.25전쟁 이후 4단계를 계속 유지해 왔다.

데프콘의 경우 3단계부터 전쟁 위기상황이다. 지금까지 3단계는 1976년 8월 판문점 도끼만행 사건, 1983년 10월 아웅산 묘역 폭탄테러 사건 때 두 번 발령됐다. 반면에 워치콘은 1994년 봄 북한의 1차 핵위기와 1995년 10~11월 공군훈련 및 항공기 배치 당시 3단계까지 올렸고, 이후 1996년 4월 총선 전 북한군의 판문점 난입과 1999년 6월 연평 해전, 수차례의 핵실험, 2010년 천안함 폭침과 연평도 포격 사건, 2015년 목함지뢰 도발 때는 2단계까지 올라갔다.

미국은 매년 20만 명으로 추산되는 주한 미국인의 한반도 철수 작전을 실시한다. 봄·가을 두 차례 실시하지만 그 기간에 위기설이 불거지면 오해를 살 수 있어 철수 작전을 연기하기도 한다. 주한 미국인 긴급 철수 작전이 시작되면, 미국 국적 민간인들은 여권 등의 서류를 갖춰 서울 용산기지 등 전국 18개 집결지와 대피 통제소에 모인다. 하지만 훈련 외에 지금까지 주한 미국인의 실제 집결은 한 번도 없었다.

과거에는 한반도 위기설의 요인이 주로 북한의 공격 가능성이었지만, 북한의 핵개발 이후 한반도 전쟁위기론의 본질은 미국의 북한 선제타격 가능성이다. 이 경우 미국은 타격에 앞서 한반도 주변에 전력을 증강하게 되는데, 미군 전력 증강의 핵심 지표는 핵추진 항공모함의 전개다. 미국은 유사시 한반도에 배치할 항모로 니미츠(CVN 68)·칼빈슨(CVN 70)·로널드 레이건함(CVN 76) 등

3척을 지정했다. 이 세 척이 한반도 인근 해역에 다 모일 경우, 대북 군사행동 가능성이 커진다고 보면 된다.

그런데 1993년 겨울부터 1994년 봄 – 여름에 이르는 1차 북핵 위기 당시 한반도 전쟁 위기징후를 경고하는 '3대 알람시계'는 어느 하나도 울리지 않았다. 특히 작계는 데프콘(Defcon) 1단계, 즉 전쟁 개시 상황이 닥치면 한·미연합사 사령관의 한국군 동원령 및 작계 유효 선포가 이뤄진 뒤부터 개시된다. 결국 북한 핵문제 등의 요인으로 기존의 작계에 '평양 점령계획'을 추가·변경했다는 뉴욕타임스 보도는 사실과 달랐다.

뉴욕타임스의 보도 내용은 부분적으로 북한 핵문제에 대한 강경 대응을 부추기는 미 국방·정보 관계자들의 의도적인 정보 유출 및 언론플레이가 반영된 결과로 보였다. 특히 '미국 정부가 아직 공식적으로 북한 핵시설에 대한 예방 폭격 가능성을 배제하지 않고 있다'는 보도는 이 같은 추정을 뒷받침했다. 언론 보도를 통한 '북한 겁주기'는 1994년 2월 16일 북한이 IAEA의 사찰을 수락함으로써 단기적 효과를 거둔 셈이다.


미국, 군정 후 북한에 '단독정부' 수립 계획

김당은 1994년 2월 뉴욕타임스가 "미국 '북한 남침 땐 평양 점령'"이라고 후속 보도한 이후, 거기서 한 걸음 더 나아가 한국군과 미군이 '평양 점령' 이후 북한 지역을 어떻게 통치할 것인지를 두고 '동상이몽'을 꾸고 있다고 보도했다. 한국 정부가 사실상의 군사적 통일 방안과 우발 상황 시의 수복 계획을 갖고 있는데, 미국 정부는 북한 지역에 군정 실시 후 '단독정부'를 수립하는 계획을 갖고 있어 '한·미연합사의 한반도 재편 절차'와 '한국 정부의 전후(戰後) 통일 절차'가 상충된다는 취지였다. 김당은 "평양 점령 후 시나리오 미국 측 '1년 이상 군정' 주장" 제목의 시사저널(1994년 3월 3일 자) 기사에서 새롭게 입수한 군사비밀 문건을 인용해 이렇게 보도했다.

"한국 정부는 공식적으로 평화통일 정책을 표방하지만, 유사시 '한·미연합사 작전계획'에 근거한 사실상의 군사적 통일 방안과 우발 상황 시의 수복 계획을 예비하고 있는 것으로 밝혀졌다. 그러나 한·미 연합군의 이 같은 군사적 통일 방안은 만일의 경우 미국의 한반도 재편 전략에 의해 변질될 수 있다는 점에서 심대한 우려를 갖게 하는 것이다. '한·미연합사의 한반도 재편 절차'와 '한국 정부의 전후 통일 절차' 사이의 상충점은 이 같은 우려를 뒷받침한다." [20]

한·미 연합군의 전쟁 수행 계획은 전시작전권을 가진 미군이 개발한 군사전략을 반영한 것이지만, 한·미 양국이 합의한 것이다. 이는 한편으로는 '미국 도움 없이는 독자적 방어 및 전쟁 수행력이 없다'고 보는 한국으로서는 달리 어쩔 수 없는 '강요된 선택'이기도 했다. 그러나 다른 한편으로 이는 한반도에서 전쟁이 날 경우, 한반도가 미국의 국가이익과 그 의도대로 재편될 가능성이 있다는 우려를 낳았다. 그 우려를 뒷받침하는 것이 이른바 '전후 단계 연습'이었다.

한·미 양국은 합참과 연합군사령부 공동 주관으로 1993년부터 '평화(PEACE)'라는 이름으로 양국 간 '정치·군사 연습' 이른바 '폴밀 게임(pol-mil game; political military game의 줄임말)'을 시행해 왔다. 일명 '안보정책 개발연습'이라고 부르는 폴밀 게임은 정치·군사학에서 '발생 가능한 위기상황을 상정해 상황 진전에 따라 정치·군사적 대응방안을 모색하는 연습'이라고 정의된다. 한미 양국의 안보 전문가들이 실전에서 벌어질 수 있는 다양한 변수와 위기상황을 상정해 이를 어떻게 해소할지를 두고 토론하는 도상연습이었다.

한·미 양국이 처음 실시한 '평화93 연습'은 한미연합 작전계획(작계 5027)에 입각해 북한의 도발에 의해 한반도에서 전쟁이 발생하고, 한미 연합작전에 의해 북한의 남침 기도가 격퇴된 이후 북한에 대한 응징의 형태는 어떻게 전개되고, 전쟁을 도발한 북한의 지도층은 어떠한 방향으로 처리하며, 전후 처리는

주20 _ 평양 점령 후 시나리오 미국 측 '1년 이상 군정' 주장, 시사저널, 1994. 3. 3

어떠한 절차와 방법에 의해 이루어져야 하는지를 주요 관심사항으로 설정해 실시되었다. '작계 5027'을 크게 전전(戰前) 단계와 전쟁 단계 그리고 전후(戰後) 단계로 분류하면, 전쟁 및 전후 단계에서 맞닥뜨릴 상황변수를 어떻게 처리할지에 관한 연습이었다.

한·미 양국은 '평화93 연습'을 통해 다양한 안보정책 교훈을 이끌어냈다. '평화93 연습' 결과 분석(2급 비밀)에 따른 공식 보고서의 골자는 ▲북진 시 북방 완충지역 설정 및 교전규칙 수정의 필요 ▲구호물자 확보 및 구호작전 수행 방안 ▲평화유지작전 세부계획 발전 및 민사작전과의 관계설정 ▲북한군 노획무기 처리 방안 검토 ▲한반도 관련 유엔의 역할 확정 ▲북한 망명정부 수립 시 대응 방향 ▲군사분계선(DMZ) 처리대책 수립 검토 ▲응전자유화계획에 대한 한미 양국 간의 이견 해소 노력 필요 ▲통일 절차의 규정 등이었다.

한미 연합사 작계에서 '북진 시 북방 완충지역'은 그때까지 '청천강~원산선 이북'을 의미했다. '작계 5027'을 실행할 경우, 한국군은 북한군을 압록강까지 격퇴한다는 복안이지만, 미군은 중국의 개입 가능성을 고려해 '청천강~원산선 이북'을 완충지역으로 둔다는 복안이었는데 완충지역의 설정과 교전규칙의 수정이 필요하다는 것이었다. 하나하나가 북한과 중국 등 주변국에서 민감하게 반할 수밖에 없는 내용이었다.

그중에서도 특히 '응전자유화계획에 대한 한미 양국 간의 이견 해소 노력이 필요하다'는 대목이 김당의 눈에 띄었다. '응전자유화계획'은 북한체제가 붕괴할 경우 한국 정부가 북한 지역에 계엄령을 선포하고 비상통치하는 '충무 9000'을 의미했다. '한미 양국 간의 이견 해소 노력이 필요하다'는 것은 '이견이 상당하다'는 것을 의미했다. 결국 평양 점령 이후 '작계 5027'의 전후 단계에서 북한 지역에 한국 국내법(수복)을 적용할 것인지, 아니면 국제법(점령)을 적용할 것인지 한미 간에 이견이 있다는 뜻이었다.

김당은 한미 연합사에 근무하는 취재원을 통해 한미 양국이 처음으로 시행한 '폴밀 게임'을 담은 보고서의 존재를 확인해 연합사 법무관실에서 검토한 '전후 단계 연습' 보고서를 입수했다. 보고서에 따르면, 이 한·미 합동 '연습'은 한·미 연합사(사령관 게리 럭 미 육군대장) 주관으로 용산 주한미군 사령부 회의실에서 1993년 가을에 실시되었다. 이 연습의 목적은 'UFL 93년 연습과 연계하여 작계 5027 전후 단계에서의 주요 과제를 도출하여 안보정책 개발 연습을 실시하는 것'이었다.

여기서 UFL은 '을지 포커스렌즈(Ulchi Focus Lens)'[21] 연습을 가리켰다. 을지 포커스렌즈 연습은 유사시 외부 위협으로부터 대한민국을 방위하기 위해 작전 수행에 필요한 한미 협조관계, 업무수행절차, 계획 및 체제를 평가·발전시키기 위한 한미연합 및 합동 지휘소(CPX) 전쟁연습(War Game)이다. 작계 5027과 연계한 '전후 단계 연습'은 5단계로 전개되는 작계의 제3단계(격멸작전)부터 제5단계(종전 이후)까지를 의미했다. 이는 군사작전과 병행한 주요 민사작전(피난민·주민 통제 및 구호 등)이 작계 5027의 제3단계부터 전개됨을 뜻했다.

다시 말해 '전후 단계 연습'은 을지 포커스렌즈(UFL) 훈련과 연계하여 한·미연합사 작전계획의 제3단계 격멸작전을 전개할 때부터 5단계 종전 이후 단계까지 예상되는 정치·군사적 주요 과제를 도출하여 안보정책을 개발하는 연습이었다. 통상 UFL연습에는 시·군·구 이상 모든 행정기관과 한국군의 군단(육군), 함대사령부(해군), 비행단(공군) 이상 부대가 참여하며, 미군 측에서는 주한미군사령부, 미 8군사령부 예하부대가 동원된다.

---

주21 _ 을지 포커스렌즈 연습은 유엔군사령부 주관으로 1960년대부터 실시해온 '포커스렌즈 연습'과 1968년 1. 21사태 이후 정부가 실시해온 '을지연습'을 1976년부터 통합하여 연례적으로 실시하는 대한민국 방위를 위한 종합지휘소 연습이다. 전쟁 초기 정부 위기관리 및 한·미 연합위기관리 절차와 함께 작전단계별 상황을 상정하여 연습을 실시한다. 1988년부터는 실제 병력과 전투장비가 아닌 컴퓨터로 전장 상황을 구현하는 워게임(War Game) 모델에 의한 도상지휘소 연습을 하고 있다.

그레그 전 대사 "한미 국방당국이 팀스피리트 훈련 부활 '뒤통수'"

1993년 UFL '전후 단계 연습'에도 한·미 안보정책 관계자들이 다수 참가했다. 한국 측 대표로는 이홍구 전 통일원장관(팀장), 오자복 전 국방부장관(예비역 대장), 신말업 전 3군사령관(당시 국방연구원 군사연구위원장) 등이 참석했고, 미국 측 대표로는 폴 월포위츠(Paul Wolfowitz) 전 국방차관(팀장), 도널드 그레그(Donald Gregg) 전 주한대사, 리처드 아미티지(Richard Armitage) 전 국무차관보 외 아·태 지역 미군 측에서 고위 현역들이 참석했다.

월포위츠는 공화당의 극단적 보수주의 성향을 지칭하는 네오콘(Neo-con ; neo-conservatives의 약칭)의 일원으로 이후에 아들 조지 W 부시 행정부에서 국방부 부(副)장관과 세계은행 총재를 지냈다. 네오콘은 국제정치를 선악 이원론으로 파악했다. 월포위츠는 '악의 축'인 북한으로부터 난민 증가를 가속화해 인권을 박해하는 김정일 체제를 전환시켜야 한다는 신념의 소유자였다.

해군 장교 출신으로 CIA에서도 근무한 아미티지는 조지 W 부시 1기 행정부에서 파월 국무장관 밑에서 부장관을 지냈다. 두 사람은 베트남전 참전용사였다. 아미티지는 9.11 테러 이후 부시 행정부가 테러와의 전쟁을 벌일 때 무샤라프 파키스탄 대통령에게 전화해 "아프가니스탄 전쟁에 협조하지 않겠다면 미군의 폭격으로 석기시대로 돌아갈 각오를 하시오"라고 협박한 것으로 알려졌다. 아미티지는 월포위츠와 함께 북한에 대한 포괄적 접근(1999년 3월) 구상을 발표했다.

그레그 전 대사는 박정희 정부 시절에 CIA 한국 지부장을 지낸 대표적인 지한파로 북한을 6회나 방문한 바 있다. 노태우 정부 시절에 주한 미국대사로 당시 로버트 리스카시(Robert W Riscassi) 주한미군사령관과 함께 근무한 그레그는 2015년에 펴낸 회고록, 《역사의 파편들》에서 북한의 핵개발 방지를 위해 자신이 기울인 노력이 한-미 국방 당국의 방해로 '물거품'이 된 비화를 상세히 소개했다. 거기에는 한미 국방당국이 팀스피리트 훈련을 재개해 자신의 '뒤통수'

를 치고, 이에 김정일이 신경질적인 반응을 보이며 핵확산방지조약(NPT)을 탈퇴하게 된 과정이 자세히 묘사되어 있다.

"남한 정부는 북방정책이 결실을 맺으면서 북한과 접촉하려는 발걸음의 속도와 강도를 더욱 높이기 시작했다 …(중략)… 매년 봄 실시되는 팀스피리트 훈련은 수천 명의 미군을 한반도로 수송해서 한국을 침공한 가상의 북한군을 퇴치하도록 설계된 훈련 과정을 되풀이했다. 북한은 이 훈련을 극도로 싫어했다. 해리 S. 트루먼 대통령이 미군을 대거 투입해서 그들의 남침을 격퇴한 1950년의 충격적인 굴욕을 해마다 상기시키기 때문이었을 것이다 …(중략)…

엄청나게 밀고 당기기를 계속한 끝에 로버트 리스카시 장군과 나는 펜타곤과 한국 국방부를 설득해서 1992년 팀스피리트 훈련 취소에 동의를 얻어냈다. 그들은 1991년 말에 이를 발표했다. 그리고 나서 남북한은 일련의 중요한 합의문에 서명했다. 1991년 12월 13일 서명한 '남북기본합의서'는 남북양측이 남북화해·상호불가침·교류협력을 향해 나아가기로 선언했다.

그해 12월 18일 노태우 대통령은 한국 내에 핵무기가 없다고 선언했다. 12월 31일에는 남북한이 한반도 비핵화 요구와 국제원자력기구의 핵사찰을 허용한다는 선언을 담은 '합의문'을 발표했다 …(중략)… 그러나 불행하게도 이 행복한 기간은 오래가지 못했다. 1992년 가을에 펜타곤에서 열린 연례 안보참모회의에서 팀스피리트 훈련을 1993년 3월에 다시 실시하도록 한 것이다. 양국의 군사기관들은 이 훈련작전이 제공해주는 더할 나위 없이 귀중한 훈련 기회에 대해 떠들어댔고, 딕 체니 국방장관은 국무부나 나하고는 의논조차 없이 훈련을 부활시키고 말았다.

나는 완전히 기습을 당한 꼴이었다. 미국은 대통령 선거전이 혹독한 막바지에 이르렀고, 부시 대통령이 직원을 이용해서 자기 국방장관의 결정을 뒤엎는 어떤 행동이라도 하는 경우에는 민주당 쪽의 정치공세를 허용할 수 있었다 …(중략)… 나는 그것이야말로 내가 대사로 봉직하던 기간 중에 미합중국이 결정한 유일한 최악의 실수였다고 지금도 생각한다. 그 결정의 쓰디쓴 열매는 이내 나타났다 …(중략)… 김정일은 북한 인민군 총사령관 자격으로 팀스피리트 기간 중 북한에 준전시체제를 선언했다. 그리고 1993년 3월 13일 북한은 핵확산방지조약(NPT)을 탈퇴한다고 선언했다.”

그레그 자신이 리스카시 주한미군 사령관과 함께 한미 양국 국방부를 설득해 1992년 팀스피리트 훈련을 취소하기로 동의를 얻어냈는데, 대표적인 네오콘인 딕 체니(Dick Cheney) 국방장관이 1993년 팀스피리트 훈련을 부활시키는 바람에 김정일 국방위원장이 1993년 3월 팀스피리트 훈련 기간 중 준전시체제를 선포하고 핵확산방지조약(NPT) 탈퇴 선언을 하기에 이르렀다는 것이다. 아버지 부시 행정부에서 국방장관을 지낸 체니는 나중에 아들 조지 W 부시 행정부에서 부통령으로 재직하면서 다시 한번 한반도 정세를 먹구름 속으로 몰고 가는 데 지대한 역할을 했다.

체니는 김대중 정부 당시 한미 정상회담에서 부시 대통령에게 “악마와는 대화할 수 없다”며 북한과의 협상을 중단하라고 요청해 대화파인 콜린 파월 국무장관을 ‘왕따’시켰다. 체니는 또 노무현 정부 시절 부시 2기 행정부에서도 미국 측 6자회담 수석대표인 크리스토퍼 힐(Christopher Hill) 국무부 동아태담당 차관보가 2005년에 9.19 공동성명의 모멘텀을 살리기 위해 평양을 방문하길 희망했으나 “북한이 영변의 원자로를 폐기할 때까진 방북하지 말라”고 종용해 무산시켰다. 네오콘의 본거지로 ‘미니 NSC’라고 부른 체니 부통령실의 비서실장은 부시 정부의 대표적 네오콘인 루이스 스쿠터 리비(Lewis Scooter Libby)였다. 리비는 20005년 가을 CIA 요원의 신분을 누설한 죄와 위증죄 등으로 체포돼 기소되어 유죄를 선고받았다.

이홍구 "미국은 자기 나라에 비판적인 통일한국 불원"

김당은 'UFL 93년 전후 단계 연습'에 참여한 한국 측 팀장인 이홍구 전 통일부총리와 오자복 전 국방장관 그리고 신말업 전 3군사령관 등 세 사람을 인터뷰해 연습 내용을 확인했다. '전후 단계 연습' 보고서를 입수했을 때는 월포위츠 전 국방차관 등 미국 측 대표들이 이미 귀국한 뒤였다. 당시만 해도 인터넷이 보급되기 전이어서 이들과 직접 또는 서면으로 인터뷰하지 못했지만, 한국 측 대표들을 통해 한미 간의 견해 차이를 확인할 수 있었다.

김당은 이홍구 전 통일원장관을 인터뷰해 시사저널(1994년 3월 3일 자)에 "미국은 자기 나라에 비판적인 통일한국 불원"이라는 제목으로 보도했다. 김당은 이홍구 장관이 민감한 질문에 난색을 표할까봐, 김영삼 정부의 3단계과 통일안과 흡수 통일의 연관성에 대해 묻다가, 인터뷰 말미에 충무계획(응전자유화계획)과 'UFL 93년 전후 단계 연습'에 대해 캐물었다. 다음은 인터뷰 기사 전문(全文)이다.

= 현 정부의 3단계 통일안 마지막 단계는 총선에 의한 통일 정부 수립인데, 이는 흡수 통일을 내포한 것 아닙니까?

"반드시 그렇지만은 않아요. 연방제라는 것이 정치적인 제도의 측면이라면 남북연합은 국가 체제의 틀을 어떻게 짜느냐 하는 겁니다. 거기에 비해 공동체라는 것은 더 넓은 의미인데, 즉 국가보다 민족 사회가 선행한다, 이것입니다. 그래서 경제 · 사회 · 문화 공동체로서 한민족이 어떻게 함께 살아갈 것인가에 초점을 두고 그 안에서 정치적인 국면을 어떻게 정립할 것이냐 할 때에, 국가 체제는 일단 남북연합으로 가겠다는 겁니다."

= 흡수 통일을 배제하는 통일 정책을 세우지 않은 채 남북연합에서 곧바로 통일 국가로 넘어가는 것은 흡수 통일을 바탕에 깔고 없는 것 아닙니까?

"그렇지 않습니다. 민족공동체안을 아무리 뜯어보아도 흡수 통일이라고 생각할 여지는 없어요. 사실 남북연합이라는 것은 흡수 통일과는 거리가 먼, 북한에게 매우 유리한 안입니다. 왜냐면 국민총생산(GNP)이나 국력은 빼놓고라도 인구 면에서 남쪽이 2:1로 큰데도 남북연합은 1:1이거든요. 그러니 거기(연합)까지 1:1로 가 놓고 우리에게 적절한 통일 국가를 형성하면 되는 것이지, 지금부터 마지막 단계에 대한 논란을 벌이는 것은 비생산적인 겁니다. 그래서 통일 한국의 구체적 모습에 대해 지금 상세한 제도까지 논의할 필요는 없다고 봅니다."

= 그러나 정부는 사실상의 군사 통일 방안을 갖고 있고, 미국도 한반도 재편 절차에 대한 상세한 도면을 갖고 있지 않습니까?

"그것은 흡수 통일과는 무관합니다. 그런 우발적 상황에 대한 대비는 예전부터 있던 것입니다."

= 민족통일연구원 94년 전망 보고서를 보면 남북관계 진전의 한 장애 요인으로 주변 4강의 현상 유지 선호를 지적했던데요.

"그런 지적에 크게 신경 쓸 필요는 없다고 봅니다. 전체 흐름으로 보아 누구도 한반도 통일이라는 대세를 막을 수는 없습니다. 경계해야 할 것은, 이를테면 비록 전쟁까지 상정하지는 않더라도 분단 상황이 조금 더 변형된 형태로 유지되는 것, 이런 유혹을 갖지 않도록 하는 것입니다. 주변국으로서는 그런 분단 상태가 비록 평화적이라 하더라도 오래 유지되는 것 자체가 조종하기에 더 쉽다고 생각할 수 있습니다. 그것에 대해서는 우리 한국뿐 아니라 북한도 항상 경계해야 합니다."

= 그러면 미국은 어떻습니까?

"미국의 국익을 위한 절대적 목표는 중 · 러 · 일 3국 중 어느 한 나라라도 패권 국가가 되는 것을 막는 것입니다. 미국으로서 가장 겪는 것도 자기들에게 비판적 · 적대적인 통일 한국이 절대 나와서는 안 된다는 겁니다.

= 북한체제에 대한 학자들의 예상 시나리오가 과거 그 어느 때보다도 설득력 있게 나오고 있습니다. 우발 상황에 대한 정부의 계획은 어떤 것입니까?

"물론 정부로서는 모든 경우의 수에 대비해야 합니다. 정부는 1차적 책임이 있기 때문에 정부에 그런 계획이 없다면 그것은 직무유기입니다. 정부로서는 우발적 상황에 대한 계획을 철저히 해야겠지만 그 내용은 경우에 따라서는 상대방의 어려운 처지에 관한 것입니다. 예를 들어 갑작스런 붕괴나 난민 문제 같은 것이 한반도에서 일어났을 때 어떻게 한다 하는 것은 상대방을 자극할 수 있기 때문에 정부로서는 말할 수 없는 것들입니다."

= 그 계획은 언제부터 마련했으며, 통일행정원이라는 기구의 역할을 무엇입니까?

"언제부터인지는 모르겠습니다. 제가 통일원에 들어갈 때 이미 계획의 골자는 있었으니까, 그 이전에 된 것은 확실합니다. 통일행정원 조직은 그 골자만 있지 구체적인 운영계획이 나와 있는 것은 아닐 겁니다. 그냥 우발상황을 가상해서 명칭만 있는 것이지 구체적인 운영의 틀은 없는 것으로 압니다."

= 지난해 9월 주한미군사령부 회의실에서 한·미연합사 주관으로 '93 안보정책개발연습'을 했을 때 거기에 팀장으로 참석하셨던데…

"팀장이라기보다는 어드바이저로 간 거라고 볼 수 있죠. 응전자유화계획에 대해 물으셨는데 지금 단계에서 통일 시나리오에 관한 것은 그렇게 중요한 것이 아닙니다. 통일행정원 조직만 해도 냉전시대에 생각한 것이고 지금은 주독대사관에 통일원 직원이 몇 명 상주하면서 정치·경제·사회적 통합에 관한 자료를 수집하고 있고, 국내에 들여온 것을 민족통일연구원 같은 데서 각 부문별로 분석하고 있습니다. 물론 군 쪽은 다릅니다. 군 쪽은 항상 상대방이 공격해 왔을 때 어떻게 하느냐 하는 것이므로 사정이 다릅니다."

= '폴리티컬 밀리터리 게임'에서 한·미 간에 심각한 의견 차이가 있었다고 들었습니다.

"그것은 한·미 간의 견해 차이라기보다는 미국인들 사이에서도 견해차가 있고 우리 안에서도 입장에 따라 다르고 하는 것이기 때문에 심각한 문제는 아니라고 봅니다. 그러나 국제법과 국내법상의 상충점에 대해서는 연구가 필요합니다. 통일원이나 국방연구원에서 하는 것으로 알고 있습니다."

= 한·미 양측 다 현역 장성들도 참여했는데, 토론에서 미국 측은 자신있게 '답안'을 제시한 반면에 한국 측은 논평만 했다고 하던데, 그게 미국 정부의 공식 입장입니까?

"현역 장성들은 주로 듣기만 했지 얘기는 별로 안했습니다. 글쎄 그(미국) 사람들이 놀러 온 것은 아니니까 준비해온 것도 있었고, 그렇게(공식 입장으로) 볼 수도 있겠지요. 저는 다만 통일원장관을 지낸 사람으로서, 내 입장은 이렇다 하고 얘기한 것은 양쪽 참석자들이 서로들 적어서 가지고 갔고, 정부나 군에서 나온 사람들이 나중에 결과 보고서를 작성했을 테니까, 제 의견이 정부의 입장이라고 할 수 있는지 그것은 저도 모르겠습니다."

## 12 _ 한 · 미 간 국익이 충돌한 '전쟁 이후 단계'

'UFL 93년 전후단계 연습'에서 확인된 미국 측 구상의 골자는 한반도에서 전쟁이 날 경우 북한 지역에 대해 점령군 사령관(유엔 · 연합사 사령관), 즉 주한 미군사령관의 통제 아래 1년 이상 군정을 실시한 뒤에 유엔 감시하에 민선 정부에 통치권을 이양한다는 것이었다. 여기서 말하는 '민선 정부'는 피점령국 주민, 즉 북한 주민의 자유로운 의사에 따른 지도자 선출을 의미했다.

미국 측은 이 같은 '안'의 근거로 국제 상황의 변화를 들고 있다. 즉 △1953년 휴전 이후 국제사회가 북한을 국가로 승인하고 △1991년 남북한 유엔 동시 가입으로 국제법상 주권을 가진 2개의 독립 국가인 상황이고 △남북한이 상호 불가침협정을 맺은 것 등을 근거로 삼았다. 따라서 남북한 사이에 전쟁이 날 경우 남북관계는 국제법의 규율을 받는 국제관계이므로 북한은 점령 대상 지역으로서 국제협약(헤이그 · 제네바 협약)에 의거해 통치해야 한다는 것이 미국의 기본적 견해였다.

이에 반해 한국 정부는 △북한은 헌법 규정(헌법 제3조)상 대한민국 영토이고 △대한민국 통치권이 일시 정지된 상태이므로 △남북관계는 유엔 동시가입, 상호 불가침협정 체결에도 불구하고 정부에서 천명했듯이 '국가 간의 관계가 아닌 민족공동체의 특수관계'라는 입장이다. 따라서 한국 정부는 북한이 '점령 대상 지역'이 아닌 '수복 대상 지역'이고 국제법이 아닌 국내법에 의해 정부의 통치 기능을 계속 수행해야 한다고 주장했다. 실제로 한국 정부는 이와 같은 기본적 관점에서 우발상황 시 북한 지역으로 계엄령을 확대 선포해 국내법에 의한 정부 통치 기능을 계속 수행하는 것을 골자로 한 수복 계획을 수립해 놓고 있었다.

미국 "북한 점령 시 미군사령관 통제 아래 1년 이상 군정 실시"

한국 정부는 북한이 전면 남침할 경우 △자위권의 일환으로 응전반격해 북한 지역을 수복하고 △대한민국 헌정을 시행할 때까지 북한 지역에서 '통일행정원' 주관 아래 민주개혁을 실시하는 4단계 통일 절차를 마련해 놓고 있었다. 이는 한국 정부가 남북한 유엔 동시 가입 후에도 여전히 남북관계는 '민족공동체의 특수관계'라는 기본 틀을 유지하는 '한 민족 한 국가'로 규정짓고 있음을 뜻했다.

〈표3〉 'UFL 93년 전후 단계 연습'에서 드러난 한미 간 이견

| 한국 측 입장 | 주요 쟁점 | 미국 측 입장 |
|---|---|---|
| 헌법상 대한민국 영토(수복 대상) | 북한 지역/ 영토 | 국제법상 주권국가(점령 대상) |
| 국내법 적용 및 계엄 통치 | 법률 적용 | 국제법 적용 및 미 군정 |
| 통일행정원(충무 9000) | 통치 · 행정 책임 | 유엔군/ 주한미군 사령관 |
| 특별검찰청 및 특별재판소 설치해 반민족 · 반국가 범죄 처벌 | 전범(戰犯) 처리 | 국제법에 의거하여 처벌 |
| 통일 한국군 적정 규모 유지 | 군비 통제 | 대량살상 및 공격형 무기 폐기하는 '평화 유지 작전' |

그러므로 미국 측이 한 · 미연합사 작계 5027상의 민사작전 계획에 근거해 예비해 놓고 있는 한반도 재편 절차는 한국 정부의 수복 절차와 근본적으로 상충될 수밖에 없었다. 게다가 북한 지역에 대한 민사권한을 유엔 · 연합사 사령관이 보유한다는 미국 측 입장에 견주어, 유엔군 및 한미연합사 사령관을 배제한 상태에서 군 주도로부터 통일행정원 주도로의 단계적 전환을 핵심 내용으로

한 한국 정부의 계획은 상충될 수밖에 없었다.

이를테면 '전후 단계 연습'에서 논의된 전후 전쟁범죄자 처리 문제만 하더라도 한국 정부는 특별검찰청 및 특별재판소를 설치하여 반민족·반국가 범죄 행위를 엄단하겠다는 입장인 반면에, 미국 측은 국제법에 의거하여 전범을 처리하겠다는 입장을 개진했다. 즉 공산주의자라고 해서 다 처벌할 수는 없다는 것이 미국 측 입장이었다.

그밖에 미국 측은 통일된 한국의 병력 및 무장력에 큰 관심과 우려를 피력했다. 미국 측은 기본적으로 현 단계에서 군비통제를 논의하는 것은 부적절하다는 전제 아래 북한이 보유한 대규모 살상 무기를 찾아내 파괴하는 데 주안점을 두되, 추가적으로 탱크 및 잠수함을 포함한 공격형 무기를 파괴하고, 기타 재래식 무기도 압수해 폐기하는 '평화 유지 작전'을 주장했다.

한편 한국 측은 이에 대해 특별한 입장 표명을 하지 않았다. 그러나 국방부 정책실이 이른바 신 국방정책이란 이름으로 구상 중인 21세기 통일 한반도를 상정한 안보 전략의 기본 틀은, 상당 부분 미국의 동북아 전략과 상충될 여지를 갖고 있었다. 따라서 한국이 통일 후에도 불변의 동맹국이라는 믿음을 주지 않게 될 경우, 미국은 한반도 통일 과정에서 의외의 장애 세력으로 등장할 가능성도 배제할 수 없다는 것이 한 참석자의 지적이었다.

미국 측은 '전후 단계 연습'에서 기본적으로 한국의 통일을 지원하는 입장이나 통일의 절차 및 속도를 조절해야 한다는 인식을 내비쳤다. 통일의 절차나 과정이 북한 주민의 자유로운 의사를 충분히 반영해서 진행되어야 한다는 미국 측 입장은 사뭇 '민주적'인 것으로 보이나, 기본적으로 조기 통일을 반대하고 있다는 점에서 통일 과정 또는 통일 후에 적절한 규모의 주한미군을 계속 주둔시킴으로써 한반도에 대한 영향력을 행사하려는 의도가 담긴 것으로 풀이되었다.

한편, 이 연습에서 미국 측은 한반도에서 전쟁이 날 경우 중국이 무력 개입할 여지는 매우 적다는 판단을 내비친 것으로 알려졌다. 이와 같은 미국 측 판단은 과거 6.25 전쟁 때에 중국이 북한을 지원해 직접 개입했던 것에 비추어 중대한 변화로 받아들일 만했다.

뉴욕타임스는 한국 방어계획과 관련, 한 고위 관리의 말을 인용해 "미국 국방부는 중국과의 문제를 의식해 미군이 평양을 점령한 뒤 평양 북쪽으로 더 진격할지 여부와 북한 정부가 압록강 쪽으로 도망갈 경우 뒤쫓을지 여부는 아직 결정하지 않고 있다"라고 보도했다. 그러나 한국 측 참석자에 따르면, 미국 측은 북방 완충지역을 인정하지 않는다는 기본 입장에서 북한군이 중국 국경을 넘어 도피하더라도 중국 측의 사전 양해 아래 이를 무력화할 것임을 내비쳤다. 또 일본 및 러시아의 개입 여부에 대한 양측의 판단도 논의가 되었는데, '직접 개입 불가' 쪽으로 의견이 모였다고 했다.

'전후 단계 안보정책 개발연습'에 참가한 사람들이 양국 정부의 대표성을 띠고 참석했는지는 확인되지 않았다. 주변국에 대한 일종의 전략적 모호성을 유지하기 위해 일부러 반관반민(半官半民) 형태의 '1.5트랙'을 유지했을 수도 있다. 그러나 이 연습의 검토 과제가 '한반도 평화를 위한 한국과 미국 및 유엔의 정치 · 군사적 방안'이었음에 비추어 양국 정부의 견해가 담겼다고 보아도 크게 틀리지는 않을 듯싶다.

한국 측 팀장으로 민주평통 자문회의 이홍구 수석부의장이 참여한 것은 의미를 부여할 수 있다. 대통령이 의장을 맡고 있는 이 기관이 남북관계 및 통일정책에 관해 국민적 합의를 도출하고 이에 관해 대통령을 자문하는 헌법기관이라는 점에서, 토론에서 논의된 내용들은 현 정부의 통일 방안 및 우발 계획의 연장 선상에서 이뤄진 것으로 볼 수 있다. 이홍구 부의장은 이에 대해 "제 의견이 정부의 입장이라고 할 수 있는지는 모르겠다"고 모호하게 말했다.

순수 야전군 출신으로 폴밀 게임에 참석한 신말업 전 3군사령관(국방연구원 군사연구위원장)은 "군에서는 통상적으로 휴전선 회복에서 상황이 종료되는 도상연습을 해왔으나 1989년부터 평양까지 진격해 상황이 종료되는 것으로 발전되었다. 1993년 폴밀 게임은 처음으로 평양 점령 이후의 상황을 다루었다는 점이 특징이다"라고 말했다. 신 장군에 따르면 로버트 리스카시(Robert Riscassi) 전임 연합사사령관도 참석키로 돼 있었으나 사정이 생겨 불참했고, 개리 럭(Gary Luck) 사령관이 참관한 가운데 미국 측은 매우 진지하게 토론에 임했다.

토론은 아침부터 저녁까지 양측이 준비한 과제를 서로 분임 토의식으로 정리한 뒤 그 결과를 양측 대표가 발표하고 질의응답을 벌이는 형식으로 진행되었다. 신 장군은 그 과제가 이를테면 북한 전역에 2만 개나 되는 김일성 동상을 어떻게 처리할 것인가 따위의 싱거운 것에서부터 평양 점령 후 어느 선까지 진격할 것인가 같은 심각한 것에 이르기까지 다양했는데, 양측이 합의된 결론에 이른 경우는 별로 기억에 없다고 밝혔다. 신 장군은 "그러나 미국의 한반도 전략은 궁극적으로 세계 및 동북아 전략 차원에서 짜여짐을 이해해야 한다"라고 덧붙였다.

또 다른 참석자인 오자복 전 국방부장관도 이에 대해 "전쟁 이전 단계 연습은 군(현역)이 도상훈련이나 워 게임에서 자주 하는 것이지만 종전을 어떻게 이끄느냐는 사후 관리를 다루는 전후 단계 연습은 처음인 것으로 알고 있다"라고 밝혔다. 오 씨는 또 "전쟁 이전 단계 연습은 다르지만 전후 단계 연습은 현역들로서도 깊이 다루지 않는 분야이다. 전후 관리, 즉 종전 임박 단계에서의 민사작전 위기연습에 군 이외의 관계자들이 참가하기는 처음이다"라고 밝혔다.

실제로 1993년 여름에도 한 미연합사 주관으로 'UFL 93년 전쟁 이전 단계 연습'이 열렸는데, 여기에는 현역군인들이 다수 참여한 것으로 전해졌다. 이 같은 사실은 1993년 11월 합참 관계자들로부터 사후 대면 보고를 받은 국회 국방위의 나병선 의원(민주)도 밝힌 것이었다. 또 이 같은 전쟁 이전 및 전후 단계 정치·군사 연습의 토론 결과는 당시 국방연구원(KIDA)의 차영구 책임연구위원에 의해 국방연구원 연구과제 형태로 1993년 10월 말에 합참의장과 국방부장관, 그리고 청와대에도 보고된 것으로 확인되었다.

악몽의 시나리오 "한반도 잿더미 된 뒤 수복은 무의미"

그렇다면 '평화 93년 정치 · 군사 연습'의 함의(含意)는 무엇일까? 김당은 한 참석자가 "미국 측은 당당하게 자기들의 '답안'을 제시했지만 우리 측은 답안을 제시하지 않고 쟁점 별로 코멘트만 했다"라고 한 말 속에서 그 함의를 살펴볼 수 있었다. 또 다른 참석자인 현역 장성은 "한국군의 지상 목표는 한반도에서 전쟁이 일어나지 않게 하는 것"이라고 전제하고, 순수한 군인의 입장에서 미국에 대한 불만을 이렇게 밝혔다.

작계 5027은 주한미군 사령관이 만든 것으로 기습해 오는 적을 초전에 방어 · 격멸하는 것이다. 그러나 방어에서 격멸로 작전을 전환하는 시점이 미군의 주력 전개전력이 투입된 뒤로 되어 있다. 전쟁 발발 42일 만에 격멸작전으로 전환하게 돼 있는 미국의 계획은 한민족 생존의 장애이다. 이것은 그동안 한반도가 잿더미가 되는 것을 뜻한다. 이는 미국이 정보를 독점하고 있는 상황에서 한국을 쿠웨이트처럼 보고 있는 것이나 다름없다.

한국군의 입장에서 이미 한반도가 대량 파괴된 뒤의 북진 수복은 무의미하다. 전쟁이 날 경우, 한국군이 스스로 정보를 장악하고 지휘 · 통제하고 전력의 힘을 극대화해 이를 투사함으로써, 즉 한국군의 주도적 판단으로 김일성 전쟁지휘소에 전력을 투사해서라도 전쟁의 조기 종결을 유도해야 한다. 그것이 한민족 전체가 사는 길이다."

그러나 한국 측 참석자들 사이에서는 사실상 미국의 군사적 지원 없이 북한의 선제공격에 대한 방어 및 전쟁 수행이 불가능하다는 인식이 어느 정도 공유되고 있었다. 당시 김당은 '평화 93년 정치 · 군사 연습' 내용을 일부 전문가들에게 제공하고 견해를 물었다. 이에 대해 《한반도 핵문제와 미국외교》 등을 쓴 이삼성 교수(한림대 · 정치학)는 이렇게 지적했다.

"한·미 양국, 특히 미국의 국방정책에 관여하는 사람들과 군부가 모여 이런 비밀스런 계획을 만들고 연습하는 것 자체가 문제라고 본다. 북한 핵문제를 둘러싼 한반도 위기설에서 확인되듯, 만일의 경우 군사적 통일을 상정한 이런 식의 '연습'은 대화와 협상을 통한 평화적 해결을 배제할뿐더러, 최악의 시나리오에만 초점을 맞춤으로써 여러 가지 선택 가능한 정치적 옵션들을 스스로 묶어버리는 결과를 낳을 수 있다. 이런 식의 논의가 미국이 주도하여 전쟁 방식이 결정된다는 것을 정당화해 줄 수 있다는 점에서 우려된다."

한편, '전후 단계 연습' 결과에 대해 합참의 대면 보고를 받은 나병선 의원은 군 출신답게 한·미 간의 견해 차이를 좁히고 대립 요소를 해소할 수 있는 현실적인 방안을 강조했다. 나병선 의원은 이와 관련 "첫째는 한반도에서 전쟁이 일어나지 않는 것이고, 둘째는 만일의 경우 완전 승리하는 것이고, 셋째는 전쟁이 나기 전에 현재의 휴전 결정체제를 평화체제로 바꾸고 전시 작전통제권을 환수하는 것"이라면서 이렇게 밝혔다.

"정부가 흡수 통일은 안 한다고 하지만 한국 측의 수복 계획은 사실상의 군사적 통일계획이다. 다만, 현재는 휴전 상황이기 때문에 정부로서는 만약의 사태에 대비한 계획을 세워둘 수 있는 것으로 본다. 그러나 남북한이 평화협정체제 및 남북연합체제로 가게 되거나 작전통제권을 환수하면 그런 계획이 필요가 없어진다. 지금 당장 필요한 것은 그런 계획보다는 만일의 상황에 대비한 정치·경제·사회적 통합방안을 철저하게 준비하는 것이다. 그것이 궁극적으로 통일 비용을 절감하는 것인데, 아직 현 정부에는 군사적 통일에 대비한 계획만 준비되고 있는 것이 문제다."

당시 익명을 전제로 취재에 응한 김희상[22] 청와대 국방비서관은 "전쟁이 나면 이기는 것이 한·미 양국의 목적이라면, 전쟁 이전 단계 연습에서의 방법론의 차이는 결국 독자적 전쟁수행 능력과 자주성의 차이로서 국익과 관련된 것"이라고 전제하고, "그런 견해차는 한·미 양국이 대화와 협상을 통해 해결할 수 있는 것이고 또 협상이 진행 중"이라고 밝혔다. 결과적으로 한반도 7천만 주민이 할 수 있는 것은 미국 측 안과 한국 측 안이 일치할 때까지는 한반도에서 전쟁이 절대로 일어나지 않도록 기도하거나, 전쟁을 부추기는 세력을 경계하는 것뿐이었다.

'조선 인민'들이 일제 치하에서 해방되었을 때 '점령군 미군'이 아닌 '해방군 미군'을 원했던 것처럼, 한국 국민은 북한 동포에 대해서도 '점령' 아닌 '해방'을 원한다. 그런데 '평화 93 정치·군사연습'에서 드러난 미국의 한반도 재편 절차는 미군이 38도선 이남을 통치하는 점령군으로 한반도에 상륙하면서 살포한 '미 군정 포고령 제1호'를 떠올리게 했다.

"본관의 지휘하에 있는 승리에 빛나는 군대는 금일 북위 38도선 이남의 조선영토를 '점령'했다… 본관은 본관에게 부여된 태평양 방면 미군사령관의 권한으로 북위 38도선 이남의 조선과 조선 인민에 대하여 '군정'을 실시하고, 다음과 같은 점령에 관한 조건을 포고한다. 제1조 북위 38도선 이남의 조선영토나 조선 인민에 대한 '통치의 전권'은 당분간 본관의 권한 하에 시행된다…."

이 포고령의 '38도선 이남'을 '군사분계선 이북'으로 바꾸고 '당분간(군정 3년)'을 '적어도 1년 이상'으로 고치기만 하면 지금도 여전히 유효한 '악몽의 시나리오'를 미국 군부는 상정하고 있는 것이다.

---

주22 _ 예비역 중장인 김희상은 노태우·김영삼 정부에서 청와대 국방비서관, 노무현 정부에선 대통령 국방보좌관을 지낸 군사·안보 전문가이다.

'미국의 한반도 지배 전략'과 '한반도 위기설'의 배후

김당 기자가 1994년 2월 말에 처음 공개한 '미국의 한반도 지배 전략'은 한국 측 민·군 참석자들에 대한 취재에 의존했다. 그런 점에서 미국 측 정보에 의존한 뉴욕타임스 보도와 마찬가지로 미국의 한반도 지배전략이라는 큰 그림의 일부일 수 있었다. 그럼에도 의미는 있었다. 김당은 '한반도 위기설'의 배후를 추적함으로써 '미국의 한반도 지배전략'이라는 그림과 함께 미국 군수산업체의 이해관계가 한반도 정세에 얼마나 깊숙이 개입돼 있는지를 폭로했던 것이다.

한·미 군사 관계에 정통한 한 취재원은 위기설의 진원을, 한국에 대한 미국방부의 전시주둔지원협정(WHNS) 이행 요구 및 군·산복합체의 무기판매 압력으로 해석했다. 이것은 나아가 클린턴 행정부의 국방예산 감축계획에 대한 거대한 군·산복합체의 테스트라는 시각도 있었다. 또 다른 취재원은 북한 핵 문제를 해결하기 위한 미국의 전통적인 채찍(군사적 제재 위협)과 당근 정책의 일환이자 북한 핵 위협을 최대한 활용한 미국 군·산복합체의 위기감 조성을 통한 대(對)클린턴 및 대(對)한국 압력이라는 두 가지 배경으로 해석했다. 클린턴 행정부와 한국을 압박하는 양수겸장이라는 것이었다.

그런데 당시는 시기적으로 미국이 갖고 있는 정보와 판단만이 일방적으로 전파되는 가운데, 미국이 이미 한풀 기가 꺾인 북한을 벼랑 끝으로 몰지도 모를 긴박한 상황이었다. 따라서 김당은 이것이 국가비밀일지라도 보도하는 것이 공정하다고 생각했다. 나아가 김당은 북한을 자극할 수도 있는 작계의 일부 내용을 보도하는 것은, 정작 군사적 시나리오의 한복판(한반도)에 살면서도 아무것도 알 길이 없는 국민의 알 권리를 보장하고 국익을 보호하는 것이라고 판단했다. 나중에 밝혀진 대로, 이후에 전개된 상황은 김당의 판단이 옳았음을 보여준다.

당시 한·미 양국의 안보정책 관여자들이 회고록에서 다들 인정하듯, 1994

년 봄에 북·미 간의 갈등은 위험 수위에 이르렀다. 1994년 3월 19일 판문점 평화의 집에서 열린 제8차 남북 실무접촉에서 박영수 북측 대표는 남측 대표 송영대 통일원 차관에게 "여기서 서울이 멀지 않습니다. 전쟁이 일어나면 불바다가 되고 말아요. 송 선생도 살아나기 힘들어요"라고 악담을 퍼부었다. 이어 북한은 미국의 제재조치를 '전쟁행위'로 간주하겠다고 선언했다. 이때 북측 대표가 '서울 불바다 발언'을 내뱉은 것을 계기로 북한을 '주적'이라고 규정한 표현이 이듬해부터 《국방백서》에 처음 등장했다.

클린턴 행정부의 윌리엄 페리(William J Perry) 국방부 부(副)장관이 1994년 4월 국방부장관이 되자마자 처음 찾은 곳은 한국이었다. 게리 럭 사령관은 페리 장관에게 'OpPlan 5027'을 상세하게 설명하면서 2만 명의 병력, 몇 대의 아파치 헬리콥터, 그리고 패트리어트 방공부대가 추가로 지원되면 남한 쪽의 민간인 피해를 훨씬 줄이면서 북한의 공격을 신속하게 막을 수 있을 것이라고 했다. 페리는 2만 명의 추가병력을 제외하고, 아파치 헬기와 페트리어트 부대를 즉시 남한으로 이동시키는 데 동의했다.

페리는 귀국해서 미국은 플루토늄 제조를 좌시하지 않을 거라고 북한에 공식적으로 경고했다. 이어 샬리카시빌리 합참의장과 럭 사령관에게 북한의 전력에 대한 최신 정보를 반영해 만일의 사태에 대한 비상대책을 새로 짜라고 지시했다. 또한 서울이 사정거리에 들게 배치한 엄청난 규모의 장거리포에 대비할 구체적인 작전도 세우라고 지시했다. 그런 다음에 북한 영변의 재처리시설에 대해 크루즈 미사일로 '도려내기' 타격을 할 작전도 준비하라는 명령을 내렸다.

페리는 미군의 정밀타격으로 한반도에서 군사적 충돌이 발생할 경우 그에 관여하게 될 미국 군 지휘자들의 회의를 합동사령부의 안전시설에서 열었다. 전쟁 당사자인 럭 주한미군사령관과, 필요할 경우 증원병력을 제공할 책임이 있는 미 태평양사령부 사령관, 미국이 한반도에 정신이 팔린 틈을 타 분쟁이 일어날 수 있는 페르시아만 주둔 미군 사령관, 그리고 만일의 경우 병력과 물자를 긴급 수송할 수송사령부 사령관 등이 회의에 참석하기 위해 미국으로 날아왔다. 철통같은 보안 속에 열린 이 회의는 이틀간 이어졌고, 발생할 수 있는 모든 사태에 대한 럭 장군의 계획을 상세하게 검토하는 데 중점을 두었다.[23]

이처럼 불과 한 달 전만 해도 북한의 '서울 불바다' 발언과 미국의 정밀타격(surgical strike) 계획으로 고조된 이른바 1차 북핵 위기 상황에서 남북관계는 전쟁 일보 직전까지 갔었다. 그런 상황에서 클린턴에게 중재역을 자청한 카터 전대통령이 6월 15일 김일성 주석을 만났다. 페리의 표현을 빌리면 위기는 '기괴할 정도로 놀라운 어떤 계기를 통해서' 극적으로 해소되었다. 페리 국방장관은 자신의 회고록에서 당시의 긴박한 상황을 이렇게 기록했다.

"1994년 6월 16일, 나는 백악관 각료 회의실에서 클린턴 대통령이 검토할 행동계획을 제안하기 위해 샬리카시빌리 장군과 럭 장군, 크리스토퍼 국무장관과 함께 있었다. 북한에 제재를 가하고 미국 민간인을 남한에서 대피시키고 병력을 증강할 계획에 대해 대통령에게 보고하는 중이었다. 우선 북한이 남한을 침공할 경우에 대비한 작전인 OpPlan 5027에 대해 대통령과 국가안전보장회의(NSC)에 보고하면서 남한의 미 병력을 즉각 증강하는 여러 방안도 제시했다. 내가 제안했던 방안 하나는 지금 배치된 군대의 거의 50%에 달하는 2만 명의 증원이었다. 대통령이 그 방안들 중 하나를 결정하면 새로운 인력 배치에 바로 착수할 것이었다."[24]

신속전개억제군(FDO)의 배치는 그 명칭대로 전쟁을 '억제'할 수도 있지만, 그 명칭과는 반대로 전쟁을 '촉진'할 수도 있다. 미군 병력이 성공적으로 증강되면 북한에 대한 억제력이 커질 것이나, 병력 증원이 북한을 자극해 신속전개억제군이 한반도에 전개되기 전에 북한이 남한을 공격할 수도 있었다.

주23 _ 윌리엄 J. 페리, 《핵 벼랑을 걷다》 창비, 2016년, 192쪽
주24 _ 윌리엄 J. 페리, 《핵 벼랑을 걷다》 창비, 2016년, 194쪽

페리 장관에 따르면, 클린턴 대통령이 어떤 증강방안을 승인할지 막 결정하려는 순간, 보좌관이 헐레벌떡 들어와 평양의 지미 카터가 대통령과 통화를 원한다고 전했다. 카터와 통화한 앤서니 레이크 백악관 안보보좌관은 '미국 쪽에서 제재와 병력 증강 조치를 중단하면 북한이 핵연료 재처리계획을 협상할 의사가 있다'고 알려왔다. 클린턴은 참모들과 논의 후 '북한이 영변에서의 재처리 과정을 전면 중단한다면 미국도 모든 조치를 중단하고 협상을 시작할 용의가 있다'고 북측에 전했다. 김일성 주석이 그 조건을 받아들여 병력 증강 계획은 보류되었으며, 미국과 북한은 그해 10월 기본합의문(Agreed Framework)을 채택함으로써 1차 북핵 위기는 해소되었다.

김훈 "이거 나가면 보안사에 한번 다녀와야 하겠지"

북·미 간의 극적인 타협과 협상으로 1차 북핵 위기는 해소되었다. 하지만 '작계 5027'의 얼개를 공개해 전쟁 위험성과 '미국의 한반도 지배전략'을 경고했던 김당은 국군 기무사령부에서 군사기밀보호법 위반혐의로 조사를 받아야 했다. 1994년 3월 초 기무사는 시사저널에 공문을 보내 김훈 사회부장과 김당 기자에게 환문(喚問, 소환 신문) 통지와 함께 출석을 요구했다.

김훈은 평소 후배들과의 술자리에서 '기자는 스파이'라는 지론을 폈다. 기자는 모든 수단과 방법을 동원해 취재원의 가슴과 머릿속을 훔치는 스파이라는 것이었다. 가슴을 훔치는 것은 취재원의 마음을 움직여 입을 열도록 설득하는 것이고, 머릿속을 훔치는 것은 허를 찌르는 질문으로 예상외의 답을 이끌어내는 것을 의미했다.

김훈은 "유능한 기자가 되려면 일단 유능한 스파이가 되어야 한다"고 강조하곤 했다. 그가 보기에 군사기밀을 빼내는 김당은 후배들 가운데 가장 '믿음직한 스파이'였다. 그래서인지 김훈 부장은 김당 기자가 '작계 5027' 기사를 발제할 때부터 이 기사로 인해 조사받을 것을 예고하듯 혼잣말처럼 김당에게 반문했다.

"아무래도 이거 나가면 보안사에 한번 다녀와야 하겠지?"

김훈은 한국일보 기자 시절에 1980년 '서울의 봄'과 5.17 그리고 언론 통폐합과 언론인 대량해고 과정에서 한국일보 출신의 김태홍 한국기자협회장 등 선배 기자들이 시국을 비판했다가 보안사와 중앙정보부에 영장 없이 끌려가 온갖 고초를 겪는 것을 지켜보았다. 흔히 펜은 칼보다 강하다고 말하지만, 김훈은 그것이 칼이 펜보다 강한 현실에 대한 자조적 표현임을 알고 있었다.

1970년대의 마지막 해는 10.26과 함께 민주화가 찾아오는 듯했다. 하지만 민주주의는 피를 마시고 자란다는 속설은 예외 없이 찾아왔다. 전두환 보안사령관과 육사 11기 그리고 군 사조직 '하나회'를 주축으로 한 신군부 세력은 박정희의 갑작스런 죽음으로 생긴 권력의 진공을 12.12 군사반란과 5.17 전국비상계엄을 거쳐 단계적으로 야금야금 차지했다. 때로는 우연이 필연에게 다리를 놓아주기도 했다.

10.26사건으로 1979년 10월 27일 04:00시를 기하여 제주도를 제외한 전국에 비상계엄령이 선포되었다. 계엄법 시행규칙에 따른 '충무계획 1200'에는 합동수사본부를 둘 수 있다는 규정이 있었다. 전두환 사령관은 사령관으로 부임한 후, 이 규정을 정비하도록 지시한 바 있었다. 비상계엄령이 선포되자 이에 따라 국군보안사령관을 본부장으로 하는 합동수사본부가 설치됐다. 합동수사본부는 군은 물론 중앙정보부, 검찰, 경찰 등 모든 정보수사기관을 조정·감독하는 권한을 갖게 되었다. 합동수사본부장이 된 전두환 사령관이 가장 먼저 지시한 것은 "정보부 기능을 중지시키라"는 것이었다. 중정의 국·실장급 간부들이 줄줄이 합수부에 잡혀 와 김재규와의 관련성을 조사받았다.

또한 군부는 계엄령이 선포되자 계엄법 시행규칙에 따라 계엄사령부 보도처 산하에 보도검열과와 문화홍보과를 설치하고, 1981년 1월 25일 00:00시 계엄해제 시까지 1년 3개월 동안 신문, 방송, 통신, 잡지에 대한 보도검열을 실시하였다. 보도검열과는 신문반, 방송반, 통신반, 잡지반 등 4개 실무반과 통제반으로 편제되었으며 문화홍보과는 대민홍보 및 심리적 계획수립, 문화예술 공연단체 활동에 관한 방침 수립 등을 담당하였다.

보도검열과는 4개 실무반의 검열관과 보도조정관 등으로 편성되었다. 검열관은 육ㆍ해ㆍ공군 정훈장교들이 담당했으며, 문화공보부에서 신문 및 방송 검열관으로 파견된 직원이 1인씩 검열업무에 참여하였고, 보도조정관은 보안사령부, 중앙정보부, 경제기획원, 문화공보부 등에서 파견된 직원들로 구성되었다. 이에 따라 보안사령부는 '언론조종반 운영계획'을 작성해 보도검열단에 조종담당관을 파견했다. 보안사 '언론반'의 설치 근거 문서인 '언론조종반 운영계획'에 따르면, '본(本) 반은 시청 검열단에서 매일 실시하는 보도검열 업무를 조종ㆍ감독한다'고 규정되었다.

언론조종반은 검열단에 국가안보 유관사항, 공공질서 유관사항, 국익 저해 유관사항 등에 대한 세부 검열기준을 하달했다. 우선 국가안보 유관사항의 세부 기준은 ▲현행 헌법체제에 대한 부정 ▲국가보안상 기밀을 요하는 외교 교섭 사항 및 공표하지 않은 중요 외교정책 ▲군기법 저촉 사항을 포함해 군, 국가방위제도, 국가방위산업에 관한 기밀 및 시비 논란 사항 등이었다.

공공질서 유관사항의 기준은 ▲계엄업무 및 군 관계사항 중 미발표 내용 ▲시위, 난동, 농성, 불법집회 등을 선동, 고무, 찬양하는 내용 ▲재야정치인의 과거행적 미화 및 영웅화 내용 ▲국가원수의 미발표 사생활 내용 및 직계가족의 사생활 유관사항(고 박 대통령 및 유족 포함) 등이었다. 여기서 적시한 '재야정치인'은 일반명사가 아닌 고유명사로 김대중을 지칭했다.

한편 국익 저해 유관사항의 기준은 ▲원유 원자력 등 주요자원확보를 위한 외교 교섭 사항 중 미발표(비밀) 사항 ▲공산권 국가(남아연방 포함)와의 교역 관계 ▲외국 선린관계에 영향을 주는 비방사항 등이었다. 소련과 동구 공산권이 해체되고 남북한이 유엔에 동시 가입하기 전이긴 하지만, 공산권 국가는 물론 남아공(南阿共)과의 교역 관계도 보도관제 대상이었다.

국방부과거사진상규명위원회의 조사결과에 따르면, 당시 계엄 기간(1979. 10. 27~1981. 1. 24) 동안 계엄사 보도처 보도검열단에서는 신문, 방송, 통신, 잡지 등 전 언론에 대하여 총 1,083,696건을 사전 검열해 29,010건을 보도 관제하였다. 전체적으로는 평균 2.6%의 관제율을 보였으며, 지역별로는 계엄사령부에서 담당하는 중앙언론 매체에 대한 관제율이 9.8%로 가장 높았다. 매체별 관제 현황을 보면, 신문이 8,761건, 방송 6,702건, 통신 10,676건, 잡지 1,740건, 문화홍보 1,131건이었다. 총관제 건수 29,010건 중 통신이 36.8%로 가장 높았고 다음으로는 신문이 30.2%를 차지하였다.

서울시청 2층에 자리 잡은 보도검열단은 신문, 방송, 통신, 주·월간지, 대학신문 등 모든 언론 매체에 대해 보도검열 업무를 수행했다. 신문은 가인쇄(게라) 2부, 방송 및 통신은 원고 1부, 기타 간행물은 견본 2부를 제출해 검열을 받았다. 대학신문도 예외는 아니었다. 당시만 해도 납활자로 '와리스케(레이아웃)'를 짜서 조판인쇄를 하던 시절이라, 대학신문은 윤전기 인쇄시설을 갖춘 일간신문사에서 외주 간행을 했다. 외대학보와 고대신문 등은 조선일보사 외간국(外刊局)에서 인쇄를 했다.

당시 외대학보 기자였던 김당도 편집장 등 선배들과 함께 조선일보 외간국에서 조판한 외대학보 가판(架版) 대장을 들고 서울시청 3층에 가서 검열필(畢) 인증도장을 받아야 했다. 신군부는 이른바 '보도지침'에 의거해 하나에서부터 열까지 검열했다. 신문·방송·잡지 편집자들이 검열을 받으려고 들고 오는 대장을 검열관이 검은 매직으로 찍찍 그어 삭제를 지시하면 신문사로 달려가 마감기한에 맞춰 부랴부랴 판을 다시 짜서 신문을 찍어내던 암흑의 시기였다. 그때 '보안사 강 전무'라는 위장명으로 검열단에서 악명을 떨친 이상재 준위였다.

아이러니한 건 하달되는 보도지침을 통해 일선 기자들은 시국이 어떻게 돌아가는지를 파악했다는 사실이다. 기자들도 몰랐던 사실이 보도지침의 통제 사안으로 내려왔기 때문이다. 당시 보도관제된 기사를 보면, '써클활동 규제사항 발표(한대신문)' 같은 대학신문 기사부터 '청와대 간부 술집서 행패(기독교방송)'와 '새헌법 비방한 운전사 구속(동양통신)' 같은 사건 기사와 '김재규 등 재심청구 기각(10. 18. 한국일보 등)' 같은 사실 보도조차도 금지되었다.

김당은 검열필 도장을 받는 날이면 동기 – 선배들과 함께 조판 대조와 검열을 마치고 조선일보사 뒷골목의 태평정에서 설렁탕 그릇에 소주를 부어 마시면서 암울한 현실에 대해 울분을 토하곤 했다. 대학신문도 일일이 검열을 받아야 할 정도였는데, 직업 기자들이 느낀 비애감과 울분은 말할 나위가 없었다.

70년대 중반 유신체제에 저항한 동아 · 조선일보 기자들이 대량 해직되어 침잠했던 기자들은 1980년 '서울의 봄'과 함께 기지개를 켰다. 합동통신 김태홍 기자가 20대 기자협회장이 되면서 각 회원사들이 기협 분회를 결성한 뒤 사내 대자보를 통해 검열철폐를 요구하고 나섰다. 또 검열로 삭제된 부분을 공백으로 제작하기로 결의함과 동시에 편집국 입구에 '기관원 출입금지' 푯말을 붙이고 정보부와 보안사 등 기관원의 상시출입을 막았다.

이런 가운데 5.17 전군지휘관회의에서 비상계엄이 전국으로 확대 선포되었다. 5.17 조치 이후 구속된 언론인은 모두 24명으로 이 중 19명이 실형선고를 받았다. 5월 17일 자정을 기해 정치인 재야인사 학생들과 함께 언론자유투쟁의 주도자로 지목된 기자협회의 임직원은 고영재(경향신문) · 정교용(중앙일보) · 이홍기(한국방송공사) · 이수언(부산일보) 부회장과 감사 박정삼(서울경제), 편집실장 김동선 씨와 편집실 기자 안양로 씨 등이다. 김훈은 한국일보 선배인 노향기 부회장이 피신했다가 한 달 만에 자수하고, 김태홍 기자협회장이 세 달 넘게 도피하다가 체포된 것을 속절없이 지켜보았다. 이들 가운데 김태홍, 노향기, 박정삼, 김동선, 안양로 씨 등은 실형선고를 받고 1년여씩 복역했다.

이처럼 한 치 앞을 내다볼 수 없는 '안개 정국'이 조성된 가운데 대다수 신문과 방송은 '광주사태에 대한 왜곡보도'에 분노하며 제작거부 운동에 들어갔다. 하지만 기자들에게는 신군부의 군홧발을 막을 힘이 없었다. 경향신문 조사국장 서동구, 외신부장 이경일, 외신부 기자 홍수원·박우정, 경제부 기자 표완수, 편집부 기자 박성득, 문화방송 보도부 국장 노성대, 사회부 기자 오효진 등 8명이 기자분회 총회(당시 경향신문과 문화방송은 하나의 회사였음)에서 '광주사태는 권력탄압에 짓눌려온 민중의 정당한 의거다' 등 선동 발언을 하였다는 이유로 연행되어 고문을 당했다. 펜은 칼보다 비교할 수 없을 만큼 유약했다. 그때는 인터넷도, 소셜미디어(SNS)도, 깨어 있는 시민의 조직된 힘도 없었다.

제4장

# 남남북녀

## 南男北女

이스라엘 비밀정보부(Israeli Secret
Intelligence Service, Mossad)

...

**지략이 없으면 백성이 망하여도, 모사(謀士)가 많으면
평안을 누리리라**

Where no counsel is, the people fall, but in the multitude of

counselors there is safety

## 13 _ '행동대장 이상재'와 '괴벨스 허문도'

정통성 없는 정권에게 바른말 하는 언론은 눈엣가시였다. 신군부의 보복은 거침없고 잔인했다. 신군부의 언론 탄압은 언론인 강제 해직과 언론통폐합 그리고 언론기본법 제정 및 보도지침 시행으로 완성되었다. 신군부 언론 탄압사의 주역은 앞서의 '강기덕 전무'라는 위장명을 사용한 보안사 준위 이상재와 '전두환 정권의 괴벨스'로 통한 허문도(1940~2016년)였다. 1988년 5공비리 언론청문회에서 특위의 조세형 위원은 신군부가 광주항쟁을 무력 진압한 뒤 한 달도 채 안 된 1980년 6월 중순, 허문도 당시 중앙정보부장 비서실장은 KBS에서 다음과 같이 '한국언론의 역할'을 규정했다고 밝혔다.

"통일 때까지 또는 안보가 100% 이상이 없을 때까지 군이 집권해야 한다. 그러기 위해서 방송기관을 비롯한 보도매체는 독일 '괴벨스' 역할을 해야 한다."

보안사에서 10.26 사건 이후 최초 언론관계 업무를 취급한 부서는 보안처 산하의 언론반이었다. 언론반은 남기동(중령), 이○○, 김기철(문공부 파견 직원), 정○○(중앙정보부 파견 직원)의 4명으로 구성되어 보도검열 업무, 외신보도 및 유언비어 대책 등을 취급하였다. 그런데 1980년 2월 1일 자로 정보처가 부활하자 보안처 언론반은 해체되고, 이○○과 정○○은 원복하여, 언론관계 업무는 공식적으로 정보처 2과 언론계가 담당하게 되었다. 한편 1980년 3월 일종의 T/F 조직으로서 이상재 준위를 책임자로 하는 별도의 언론조종반이 설치되어 김기철 및 정보처 언론계 외근요원 등을 구성원으로 두었다.

현역 대대장 월북 사건과 보안사 정보처 폐지

보안사 정보처가 폐지된 것은 박정희 시절의 김기춘(金琪春) 중앙정보부 대공수사국장과 관련이 있다. 박정희는 고위공직자 감찰에 중정 대공수사국을 활용했다. 원래 공직자 감찰은 감사원의 직무이고, 비위가 입증되면 검찰이 기소하면 될 일이다. 그런데 공조직을 동원하면 보안 유지가 안 되었다. 그래서 박정희는 군 장성들을 포함한 고관대작들을 겁박하고 길들이는 수단으로 대공수사국을 활용했다.

이를테면 공직자가 사치품을 자랑하며 호화생활을 한다는 투서가 들어오면, 대공수사국을 시켜 쥐도 새도 모르게 남산으로 끌고 와 사실 확인 자술서와 각서를 받고 풀어주는 식이었다. 그러면 신문에는 기사가 안 나지만 당사자는 근신하게 되고 관가에도 소문이 퍼져 다른 고위공직자들을 긴장하게 만들었다. 박정희 정권의 호위사령부였던 보안사도 예외는 아니었다. 독재자 특유의 '분할통치'였다.

1977년 10월 20일 전방 20사단의 대대장이 무전통신병을 대동하고 월북한 사건이 발생했다. 당시만 해도 군내의 가혹행위나 비리 등으로 사병의 월북은 '연례행사'로 발생했지만, 장교의 월북은 드문 일이었다. '1953년 휴전 이후 월북한 국군 현황'이라는 국정원 대외비 자료에 따르면, 특히 1976년에는 처음으로 월북자가 한 명도 나오지 않았다. 그런데 1977년에 휴전 이후 최고 계급의 현역장교가 사병까지 대동하고 월북한 것이다.

'1953년 휴전 이후 월북한 국군 현황'에 따르면, 월북한 국군 장병은 총 453명으로 그 가운데 장교는 42명(9.3%)이다. 국민소득과 체제 경쟁에서 남한이 열세였던 1950~60년대 월북자가 391명(86.3%)으로 대부분이고, 1970년대

'월북'이 '피랍'으로 둔갑. 주한유엔군사령부는 20사단 보안대의 허위보고를 토대로 유운학 중령이 북괴군에 피랍되었다고 발표했으나 나중에 자진 월북으로 밝혀졌다(경향신문 77년 10월 26일 자) ⓒ 네이버 뉴스라이브러리

는 42명(9.3%)으로 감소했다. 장교의 월북 사건은 42명 중에서 37명(88.1%)이 1950~60년대에 발생했고, 1970년대는 4명(9.5%)으로 감소했다. 1980년대 이후로 월북한 장교는 1명뿐이었다.

군이 발칵 뒤집혔다. 20사단은 물론, 사단 보안대도 책임을 은폐하는 데 급급했다. 언론 통제로 첫 보도는 사건 발생 엿새 만에 이뤄졌다. 그것도 월북이 아닌 피랍이었다. 경향신문(10월 26일 자) 1면 기사('대대장 – 통신병 국군장병 2명 북괴 피랍')에 따르면, 주한유엔군사령부는 "20일 북괴군이 비무장지대 군사분계선을 불법으로 침투, 한국군 장병 2명을 납치해갔다"면서 "26일 판문점에서 열린 군사정전위 비서장회의에서 납치된 장병을 송환할 것을 북괴 측에 강력히 요구했다"고 발표했다. 유엔군 측은 조사결과, 납치된 장병은 대대장 유운학 중령과 무전통신병 오봉주 일병이라고 밝혔다.

다음날 동아일보는 군사정전위에 참석한 유엔군 케네드 A. 클레이파소 대령의 발표를 인용해 유엔군 측 조사결과, 유 중령은 승진도 빨랐고 복무경력이 모범적이며 아내와 2명의 아들을 가진 가장으로 월북할 하등의 이유가 없다고 밝혔다. 유엔사는 보안대가 허위 보고한 줄도 모르고 그대로 발표했던 것이다. 그러나 두 장병의 가족들이 한국적십자(韓赤)를 찾아 국제적십자에 송환 협조를 요청했다는 소식을 끝으로 유 중령 관련 기사는 신문지상에서 완전히 사라졌다.

실상은 자진 월북이었다. 유 중령은 당일 경기도 연천 일대에서 DMZ 순찰 명목으로 운전병과 통신병을 태우고 가다가 권총을 꺼내 월북을 강요했으나 운전병이 거부하자 발에 총을 쏴 부상을 입히고 통신병만 대동하고 월북했다. 월북 동기에 대해서는 여러 말들이 오갔으나 보안대의 횡포 때문이라는 말이 설득력이 있었다. 실제로 유 중령의 월북 후 일성이 "보안부대 등쌀에 못 이겨 넘어왔다"였다고 한다. 유 중령과 함께 상무대보병학교 전술학처 유격대와 20사단에서 근무한 예비역 장교가 나중에 자신의 블로그에 쓴 내용도 비슷했다.

당시 김영동 20사단장은 대대ATT(전투력측정)에서 꼴찌를 하는 대대장은 보직해임을 시키겠다고 했다. 긴장한 대대장들은 보안대를 통해 ATT 평가단에게 로비를 했다. 그때만 해도 대대장들이 사단 보안대에서 파견 나온 병사에게 용돈을 주고 편의를 봐주는 것이 관행이었지만 보병학교 대대공격 우수교관 출신인 유 중령은 그런 관행을 거부했다. 그러다가 보안대의 농간으로 ATT 평가에서 꼴찌가 되어 보직 해임될 처지가 되자 월북해 버린 것이다.

박채서는 1975년 단기사관학교설치법 시행령 발표 이후 첫 3사관학교 입교생(1975. 8. 5)으로 1977년에 9월 6일 소위로 임관했다. 그해 3사 졸업·임관식에는 박정희 대통령이 최초로 참석해 자리를 빛내주었다. 1년 과정을 2년 과정으로 늘려 초급대학 졸업자격을 부여한 데는 장교 숫자를 조절하려는 의도도 있었다. 당시 추세대로라면 20년 후에는 3사 출신이 육군장교의 80%를 차지하게 된다는 전망이 나왔다.

하지만 박채서는 임관하자마자 발생한 현역 대대장의 납북 소식에 충격을 받았다. 그는 울산 경비사령부의 해안 초소 소초장으로 소대장 근무의 첫발을 내디뎠다. 그때만 해도 북한 무장공비와 간첩선이 해안으로 간헐적으로 침투했던 시기였다. 당시에도 충남 광천으로 침투한 무장공비가 군의 포위망을 따돌리고 중부전선을 돌파해 도주함으로써 전군에 비상이 걸리곤 했다.

박채서 중대장과 차규헌 군사령관의 부대 시찰

그 사건을 계기로 박채서는 육군의 해안경계 시범소대로 선정되어 육군 참모총장 참관하에 경계시범을 보여 참모총장상을 수상했다. 이로 인해 박채서는 울산경비사에서 소대장·중대장으로 근무한 4년 동안 차규헌 군사령관 등 상급부대 장군들이 수시로 헬기를 타고 와 브리핑을 받는 단골 견학 코스 지휘관이 되었다.

그런데 박채서는 나중에 상무대 보병학교에서 교육받을 때 보병학교 전술학 교관을 지낸 유운학이 납북 아닌 월북을 한 사실을 알게 되어 더 큰 충격을 받았다. 유 중령은 전술학 교관 출신이어서 암호체계는 물론 전술교범 - 훈련체계도 바꿔야 했다. 교범과 훈련체계 및 교리를 바꾸려면 막대한 비용이 소요되었다. 사단장 등 유 중령의 계선 상에 있는 지휘관들은 군복을 벗어야 했고, 연천의 20사단은 양평의 5사단과 주둔지를 교체하게 되었다. 이처럼 현역 대대장 월북 사건은 큰 파장을 몰고 왔다.

유신체제 말기의 박정희 친위 세력은 경호실(차지철)과 중정(김재규) 그리고 보안사(전두환)의 세 축이었다. 보안대의 허위보고로 유엔사에 망신을 당한 박정희는 중정에 특명을 내렸다. 김기춘 5국장은 유운학 사건을 재조사해 보안사의 월권 실태를 보고해 민간인을 사찰하는 정보처를 폐지하는 등 보안사 권한을 크게 축소시켰다. 그런데 최고 권력자의 비호 아래 승승장구하던 김기춘에게 위기가 닥쳤다. 10.26 사건이 터진 것이다.

대통령을 시해한 자가 김재규 중정 부장으로 밝혀짐에 따라 정보부는 '역적'의 신세가 되었다. 박정희 3대 친위세력 중에서 한 축(차지철 경호실장)은 사망했고, 다른 한 축(김재규 중정 부장)은 체포되었다. 남은 한 축인 전두환 보안사령관은 박정희가 만든 계엄법에 따라 합수본부장이 되어 권력을 장악했다. 부장이 '역적' 신세가 됨에 따라 부문(군) 정보기관인 보안사가 국가정보기관인 중정을 접수했다. 중정의 국장급 이상 부서장들은 전원 보안사 수사관들에게 굴욕적인 조사를 받고 일괄 사표를 제출했다. 현역군인인 전두환은 국무회의에 참석하기 위해 중정 부장(서리)을 겸직했다.

당시 중정을 접수한 보안사 요원들은 가장 먼저 손볼 사람으로 보안사 조직에 칼을 댄 김기춘부터 찾았다. 하지만 김기춘은 청와대로 자리를 옮긴 터였다. 김재규의 전임 신직수 부장이 1979년 대통령 법률특보로 가게 되자 김기춘을 청와대 법률비서관으로 부른 것이다. 김기춘은 10.26 몇 달 전에 청와대로 옮긴 덕분에 운 좋게 화를 면하고 친정(검찰)으로 복귀해 서울지검 공안부장을 지냈다. 그러나 박정희와 신직수라는 울타리가 사라진 김기춘은 어미 잃은 병아리 신세였다.

전두환 대통령 취임 후 첫 검찰 인사에서 허화평 대통령보좌관은 김기춘 공안부장을 검사장 승진에서 탈락시켜 옷을 벗기려 했다. 당시 새 정부는 10년 이상 경력 검사 200여 명 중에서 20여 명의 사표를 받았다. 박철언의 회고록에 따르면, 김기춘은 대학과 검찰 후배인 박철언 청와대 정무비서관에게 구명 요청을 했다. 박철언은 궁리 끝에 허화평에게 전달할 편지를 써달라고 했고, 김기춘은 '구구절절 장문의 편지'를 써서 그에게 전달했다. 박철언은 회고록에 이렇게 썼다.

"일종의 충성 맹세인 이 편지를 나는 허 보좌관에게 전달하고 허 보좌관을 설득하여 김 부장의 구명에 나섰다. 덕분에 김기춘 부장은 천신만고 끝에 검사장으로 승진해 비교적 한직인 법무부의 출입국관리국장으로 발령이 났다. 그러나 그해 12월에 정치근 검찰총장이 취임하면서 곧 '검찰의 꽃' 중 하나라는 법무부 검찰국장으로 자리를 옮겼다." [25]

## 언론 통제의 시발은 보안사 정보처의 부활

전방부대 대대장 월북 사건과 보안사의 허위보고를 계기로 박정희는 중정의 김기춘 5국장에게 특명수사를 맡겨 보안사의 월권 실태를 보고받았다. 이를 계기로 보안사에는 '일반정보(행정부·공공기관 및 민간 관련 정보) 활동을 일체 중단하라'는 지시가 내려왔다. 보안사 정보처는 폐지되어 1978년 1월 19일 자로 방산처로 개편되었다.

그러다가 10.26 이후 보안사에 합동수사본부가 만들어지면서 보안사의 일반정보 활동은 사실상 회복되었다. 이후 합수본부장인 전두환 보안사령관이 최규하 대통령에게 건의해 국군보안부대령을 개정해 1980년 2월 1일 자로 정보처를 부활시켰다. 보안사가 다시 직접 민간 정보를 수집하고 민간인을 사찰하는 활동 부서를 두게 된 것이다.

정보는 흐름과 맥이 중요하다. 그런데 정보처는 2년간의 공백기가 있어서 관련 정보를 중앙정보부에 의존해야 했다. 다행히 10.26 이후 보안사가 정보부를 '접수'한 데다가, 곧이어 보스(보안사령관)가 정보부장(서리)까지 겸직하게 되어 수월하게 중정의 정보협조를 받아 그 공백을 메울 수 있었다. 실제로 정보처에 이상재를 반장으로 한 별도의 '언론조종반'이 만들어졌을 때, 이상재는 중정에서 가져온 언론인 존안카드를 활용했다. 존안카드에는 일선 기자부터 사장까지 출생, 학력, 가족사항, 성품, 소행, 사상, 재산상태, 해외여행 등 신상 내용이 기재되어 있었다. 존안카드는 후술하는 'K-공작 계획'을 수립하는 데 활용되었다.

정보처는 1과, 2과, 3과, 5과로 구성되었는데, 그중에서 2과가 언론 및 기

---

주25 _ 박철언, 《바른역사를 위한 증언1》, 94쪽

관을 담당했다. 2과는 언론계와 기관계로 구성되었고, 언론사를 담당하는 언론계는 외근요원과 내근요원으로 나누어 근무하였다. 언론계 외근요원들은 담당기관을 나누어 언론사에 상시 출입하여 동정을 파악하고 정보를 수집하여 보고하였다. 대개 직원 한 명이 2~3개 매체를 담당했다. 이들이 주로 접촉하는 언론사 간부는 편집국장, 정치 · 경제 · 사회부장 등이었다. 내근요원들은 수집된 첩보를 정리하고, 언론의 논조를 분석하는 등 각종 문서를 기안하였다. 언론인들의 동정, 언론사 강제 통폐합 관련 시안들은 각각 언론인 강제 해직과 언론 통폐합 과정에 참고자료로 활용되었다.

그런데 보안사의 언론공작은 이미 언론을 담당하는 정보처가 부활하기 이전인 12.12 군사반란 이후부터 시작되었다. 국방부과거사진상규명위원회의 '신군부의 언론통제 사건 조사결과보고서(2007. 10. 25)'에 따르면, 전두환 보안사령관의 측근인 허화평, 허삼수, 이학봉은 집권 기반을 조성하는 데는 언론공작이 필수적이라고 생각해 허삼수 인사처장이 이상재 준위를 허화평 비서실장에게 추천해 허화평이 이상재를 '보안사령관 보좌관'으로 임명토록 했다. 이에 이상재는 1979년 12월 하순부터 '강기덕'이라는 가명과 보좌관 직함을 사용해 언론사 간부들을 만나 신군부에 호의적인 기사를 내주도록 회유하는 언론공작을 수행했다.

1959년에 입대해 보안사 대공처에서 잔뼈가 굵은 이상재는 언론 분야에는 문외한이었다. 보안사에서 계엄사 검열 업무와 언론 관련 업무를 조종할 인물을 찾던 허삼수 인사처장은 대공 공작업무에서 추진력과 근성을 인정받은 이상재를 추천해 보도검열단 조정관 겸 정보처 언론조종반(이하 언론반) 반장을 맡도록 했다. 정보처 언론반 파견 형식으로 근무한 이상재는 1980년 8월 31일 준위 예편할 때까지 대공처 소속이었다. 그는 전역 후에도 보안사 군무원 2급으로 계속 근무하다가 그해 12월 1일 청와대 사정수석실 2급 비서관(2급)을 거쳐 이듬해 1월 민정당으로 옮겨 조직국장, 사무 2차장을 역임하였다.

언론반장 이상재는 기대에 부응해 보도검열단을 실질적으로 조종·감독하고, 'K-공작 계획'을 입안해 전두환 사령관의 결재를 받아 시행했다. 'K-공작'은 전두환을 대통령으로 추대, 즉 'King'을 만들기 위한 언론 회유·장악 공작이었다. 보안사 '강기덕 보좌관'은 'K-공작'의 일환으로 보안사령관의 언론사주 및 언론사 간부 면담을 추진하고, 이에 대한 언론인의 반응을 수집·분석하였다. 이상재는 5공 초기 권력핵심 3인방을 지칭한 '쓰리 허(許)'(허삼수, 허화평, 허문도)'와 함께 전두환 국보위 상임위원장이 주재하는 회의에도 참석할 정도였다.

'보안사 강 전무'는 '언론인 자체 정화계획서'를 입안해 별도의 '언론대책'을 수행했다. 말이 '자체 정화'이지 실제로는 강제 해고하는 언론인 학살 계획이었다. 그의 신분은 일개 육군 준위이거나 군무원이었지만 기자들에게는 생사여탈권을 쥔 염라대왕이었다.

'보안사 강 전무'가 언론 탄압의 행동대장이었다면, 국보위 문공분과위원 허문도는 언론 탄압의 청사진을 그린 설계자였다. 허 씨는 허삼수 보안사 인사처장, 허화평 보안사 비서실장과 함께 '쓰리 허(許)'의 1인이었다. 조선일보 도쿄 특파원 출신으로 1979년 주일대사관 공보관으로 근무하던 허 씨는 10.26 이후 서울에서 부산고 동문인 김진영·허삼수를 만나 전두환 장군을 소개받아 이듬해 전두환 중앙정보부장(서리) 비서실장이 되어 권력 핵심으로 부상했다. 이후 국보위 문공분과위원과 청와대 정무비서관으로 언론통폐합과 언론인 해직, 그리고 언론기본법 제정을 주도해 '전두환 정권의 괴벨스'라는 오명을 얻었다.

신군부는 1980년 1월부터 군부가 집권하는 방안을 검토해 그해 3월경 전두환을 중심으로 한 군부의 집권 시나리오를 본격 구상했다. 신군부는 집권 가도의 장애물이 될 언론을 1차 공작 대상으로 삼았다. 보안사 이상재 준위를 계엄사 보도검열단에 파견해 검열업무를 조정·통제하면서 언론을 회유하고, 신군부에 유리한 여론을 조성할 목적으로 1980년 3월 'K-공작계획'을 작성토록 했다. 권정달 정보처장은 전두환 보안사령관에게 이 계획을 결재받아 보안사에 별도의 '언론대책반(이상재 반장)'을 구성했다. 권정달이 12.12 군사반란에 가담한 주도세력이 아님에도 부활한 정보처의 책임을 맡아 나중에 민정당 창당 주역으로 전면에 나선 것은 'K-공작계획'을 성공적으로 수행했기 때문이라는 분석이 있다.

신군부는 언론통폐합의 사전작업으로 계엄을 해제하면 신군부에 저항할 것으로 예상되는 언론인을 숙정하기 위해 국보위 문공분과위원회(허문도 위원)를 통해 '언론 자체정화 계획'을 수립하게 하고, 보안사 언론대책반(이상재 반장)을 통해 언론계 종사자들의 성향 및 비리를 조사한 뒤에 보도검열 비협조자 등 언론계 해직대상자의 명단을 작성했다. 신군부는 그해 7월 해직자 명단을 권정달 정보처장을 통해 이광표 문공부장관에게 전달했고, 7월 말경 이 장관은 해직대상자를 해당 언론사에 통보했다.

이에 따라 신문협회와 방송협회는 언론자율정화 형식의 결의를 하고, 각 언론사는 대상자들에게 사직을 종용하여 언론인 933명 이상이 10월 말까지 해직되었다. 그런데 나중에 드러난 문공부의 '언론인 정화결과(1980. 8. 16)' 문건에 따르면, 정화 조치자 총 933명 중에서 보안사가 명단을 작성해 각 언론사에 통보한 숫자는 336명(이중 강제 해직자는 298명, 유보된 자는 38명)뿐이고, 언론사 자체정화자는 그보다 두 배가 넘는 635명이었다. 보안사 언론대책반이 요구한 숫자의 두 배가 넘는 수가 해직된 사실은 언론 경영진이 신군부에 대항해 언론을 지키기는커녕 이를 기회로 회사에 미운털이 박힌 기자들을 '끼워팔기'한 것으로 볼 수 있다.

허문도는 계엄 해제 이후 예상되는 기자들의 반발과 언론의 비수를 막으려면 언론 통폐합이 필요하다고 판단했다. 그는 '언론창달계획'을 입안해 전두환의 결재를 받아 집행을 보안사에 위임했다. 하지만 그는 "언론 통폐합을 자율 결의 방식으로 하되 관계기관이 배후 간여 · 조정하라"고 치밀하게 명시했다. 보안사는 1980년 11월 12일 저녁 보안사령관(노태우 장군) 면담을 구실로 언론사 사주들을 보안사로 소환 또는 연행해 현장에서 통폐합 조치를 통보하고 밀실에서 포기각서의 문안을 작성해 강제로 각서를 받았다.

당시 사회 분위기상 보안사령관이 만나자고 하는데 버틸 사주는 없었다. 하지만 보안사는 사전에 정보처에서 사주들의 동향정보와 약점을 수집했으나 당일 현장에서 포기각서를 징구하기 위해 정보처가 아닌 대공처 수사관들을 동원했다. 대공 수사관들은 이사회 의결을 거쳐야 한다며 버티는 방송과 유력 언론사 사주들에게는 "중앙일보 홍진기 사장과 동양방송 이병철 회장도 각서를 썼다"면서 압박해 포기하게 만들었다.

동아일보에는 사전에 동아방송을 포기하지 않으면 동아일보를 한국일보와 통합해 동국일보로 만든다는 계획을 전해 압박했다. 담당 수사관은 당일 김상만 회장과 이동욱 사장이 버티자 "조그만 동아방송 하나를 내놓지 않으면 모체인 동아일보 존립 자체가 위험하고 두 분의 명예도 치명적으로 손상되는 불이익이 닥칠 것"이라고 협박해 동아방송 양도각서를 작성케 했다. 한국일보는 동아일보와 통합한다는 소문에 어쩔 수 없이 서울경제를 포기했다. 실제로는 다른 언론사들도 한 개씩 포기했으니 매체가 많은 한국일보는 본지 대신에 서울경제를 폐간하라고 요구했다.

김훈은 한국일보를 담당한 보안사 언론대책반 수집관 '이 전무'로부터 "한국일보는 매체가 많았기 때문에 다른 언론사와 형평성을 맞추기 위해 서울경제를 폐간하게 된 것"이라는 귀띔을 들었다. 반면에 조선일보 출신 허문도를 통해 신군부에 줄을 댄 조선일보만 통폐합을 피해갔다. 조선일보 방일영 회장이 박정희 정권 시절부터 '밤의 대통령'으로 불렸던 것에 비추어볼 때, 조선일보 사주와 5공 실세와의 권언유착은 미루어 짐작할 수 있는 일이었다. 실제로 조선일보는 5공화국 시절에 급성장해 동아일보를 제치고 '1등신문'이 되었다.

지역이나 중소 언론사 사주들한테는 충주문화방송의 유호 사장처럼 삼청교육대에 끌려가서 망신당하고 포기할 거냐고 협박했다. 실제로 유호 사장은 언론사 사장으로는 유일하게 삼청교육대에 끌려가 3주간 교육을 받고 석방되었다. 이 때문에 언론계에서는 흉흉한 소문이 파다했다. 신군부는 당시 독립된 법인으로 운영되던 21개 지역 문화방송을 강압적으로 공영화하기 위해 방송사 사장까지 삼청교육대에 끌고 가 공포 분위기를 조성하는 희생양으로 이용했던 것이다.

버티는 사주들은 밀실에 감금당한 채 가혹행위를 당했다. 홍대건 경기신문 대표는 합수부의 연락을 받고 갔다가 취조실에서 감금당한 채 발길질과 몽둥이질을 당했다. 홍 대표는 탈진한 상태에서 서명을 하고 10여 일 만에 귀가할 수 있었다. 그는 수 주일 뒤 합수부 사무실로 다시 불려가 신문사에 차관이 있어 국고헌납이 안되니 매매계약을 해야 한다고 강요해 또다시 서명을 해주었다. 경기신문을 인수한 남평우 씨는 1988년 당시 집권 민정당 수원지구당 위원장이었으며, 사장은 안기부 수원지부장, 감사는 보안사 수원지구 대장이었다. 남평우는 이후 민자당 후보로 출마해 재선 의원이 되었으나, 갑작스런 사망으로 장남인 남경필이 재보궐선거에 출마해 선거구를 이어받았다.

이와 같은 강압적 조처에 따라 공ㆍ민영 방송구조는 공영방송체제로, 언론과 재벌 및 신문과 방송 겸업을 분리해 기존의 신문 28개, 방송 29개, 통신 7개 등 64개 매체가 신문 14개, 방송 3개, 통신 1개 등 18개 매체로 통폐합되었다. 지방지는 1도 1사 원칙을 적용해 10개로 통폐합되었다. 이 과정에서 305명 이상의 언론인이 추가로 해직되었다.

## 14 _ 언론기본법과 '보도지침'

1980년 12월 국가보위입법회의는 언론기본법을 만들어 발효시켰다. 이 법의 핵심은 언론이 폭력행위 등 공공질서를 문란케 하는 위법행위를 고무·찬양할 경우 문공부장관이 언론사 등록을 취소할 수 있도록 한 것이었다. 신문이나 방송이 민주적 시위를 긍정적으로 다룰 경우, 이를 공공질서 문란행위의 고무·찬양으로 몰아 언론사의 문을 닫게 만들 수도 있는 매우 위협적인 법이었다. 신군부는 일련의 언론 대학살로 그들의 입맛에 맞출 언론 기반을 갖추고 국민을 조작대상으로 삼는 여론조작 통치에 나섰다.

'변신의 명수'인 언론들은 언론 대학살 이후의 상황을 오히려 기회로 삼아 권력과의 유착을 꾀했다. 권력의 실세인 군부와 선을 대기 위해 갖가지 수단을 동원했으며, 이들의 권력 쟁탈을 합리화시켜주기에 바빴다. 특히 모든 언론이 권력의 핵심인 '전두환 장군 부각'을 위해 경쟁적으로 나섰다. 일개 군인이 '민족적 지도자'로 떠올라 그토록 짧은 기간에 정권을 장악하고 통치구조를 확립시킬 수 있었던 것은 언론의 여론조작 기능 때문에 가능한 일이었다.

'언론학살'과 '보도지침'

'풀은 바람보다 빨리 눕는다'는 시구(詩句)처럼 권력의 풍향에 밝은 일부 언론과 기자들은 새 역사가 창조되기도 전에 새 역사 창조의 나팔을 불었다. 경향신문은 1980년 8월 19일부터 '새역사 창조의 선도자 전두환 장군'을 전면에 걸쳐 4회 연속으로 실어 언론계에 돌풍을 일으켰다. "국민학교 시절 전 위원장은 말이 적은 편이나 성격이 원만하고 책임감과 통솔력이 뛰어나 무슨 일을 시켜도 빈틈없이 처리하는 성격이었다"로 시작한 낯 뜨거운 찬양이었다.

최규하 대통령이 사임한 것은 그보다 사흘 전인 8월 16일이었다. 전군 주요지휘관회의에서 전두환을 국가원수로 추대키로 결의한 날이 8월 21일이고, 전두환이 그 결의를 수용해 대장으로 전역한 것이 8월 22일이다. 전역하지도 않은 현역군인을 '의리와 정직의 성품'으로 칭송하며 차기 대통령으로 부각시켜 '새 시대의 새 영도자'로 이름 붙인 언론의 '대역사'는 이렇게 시작됐다.

그러자 모든 신문이 앞다퉈 '인간 전두환' 시리즈에 뛰어들었다. ▲새 시대를 여는 새 지도자, 전두환 장군(서울신문 임동주 유철희 최광일 변우정 강수웅 이상철 안승준 기자) ▲'육사의 혼이 키워낸 신념과 의지의 행동 –인간 전두환'(조선일보 김명규 기자) ▲'솔직하고 사심 없는 성품–전두환 대통령 어제와 오늘, 합천에서 청와대까지'(중앙일보 전육 이석구 김재봉 성병욱 기자) ▲'우국충정 30년 · 군생활을 통해 본 그의 인간관, 새 시대의 기수 전두환 대통령'(동아일보 최규철 기자) ▲'전두환 장군 의지의 30년–육사 입교에서 대장 전역까지'(한국일보 하장춘 김훈 이년웅 장명수 기자) 등 언론은 '전두환 찬양 시리즈' 각축전을 벌였다.

신군부는 언론 통폐합 이후 언론기본법을 제정해 언론을 제도적으로 장악했음에도 1981년 1월 문공부에 '홍보조정실'을 만들어 보도를 통제했다. 홍보조정실은 '언론기관의 보도협조 및 지원에 관한 종합계획을 수립한다'는 명분 아래 설치되었으나, 실제로는 '보도지침'을 통해서 기사편집 영역에 개입하였다. 보도지침은 홍보조정실이 매일 각 언론기관에 은밀히 시달한 보도통제 가이드라인이었다. 훗날 홍보조정실은 청와대 정무수석실의 지시를 받았으며, 보안사와 안기부가 업무 협조했던 것으로 밝혀졌다.

신군부는 보도를 통제한다는 사실 자체를 비밀에 부칠 것을 요구했다. 뿐만 아니라 보도통제 지시를 어기거나 저항적인 태도를 보이는 언론인에 대한 폭언과 연행, 폭행, 구속 및 재판을 감행했다. 정부에 불리한 내용이나 정부가 지시한 금기사항을 위반한 언론인은 여지없이 제재했다. 정부의 언론통제는 국가안보와 경제발전, 사회 안정을 도모한다는 것을 이유로 반체제운동이나 이를 보도하는 언론에 국한하는 것은 아니었다. ▲남북한 문제와 외교에 관련된 사항 ▲정부의 주요 시책이나 사업 및 이에 대한 부정적 평가 ▲공직자의 비리 부정에 관한 사항 ▲대통령과 정보기관에 관한 사항 ▲군 관련 사항 등은 예외 없이 보도지침의 통제 대상이었다.

5공 정권의 언론통제가 정의사회 구현과 사회 안정과 국가안보를 위한 것이라는 대외적 명분이 얼마나 허구인가를 단적으로 입증하는 가장 확실한 사례 중 하나가 바로 권력자들의 부패와 공직자들의 부정과 비리에 대한 언론보도를 철저하게 통제했다는 점이다. 매일 보도를 일상적으로 통제한 보도지침은 문공부 홍보조정실이 매일 각 언론기관에 은밀히 시달한 보도통제 가이드라인이었다. 이들은 친절하게 보도에서 '키울 것'과 '줄일 것'을 표시해 내려 보냈다.

보도지침은 형식상 문공부 홍보조정실에서 내렸지만, 실제로 그 골격은 청와대 정무비서실과 공보비서실, 안기부, 보안사 등에서 만들어졌다. 이런 권력기관에서 이른바 '협조사항'을 홍조실로 보내면, 홍조실에서 그것을 취합해 언론사에 내려보내는 절차를 밟은 것이다. 그러나 보도지침이 일상화되면서 이런 절차를 무시하고 청와대와 안기부, 보안사의 실력자들이 개별적으로 지침을 내리는 일이 다반사로 벌어졌다.

이런 '언론 조정'은 유신체제 아래서는 주로 중앙정보부가 담당했으나 계엄하에서는 보안사가 담당했다. 홍조실은 이 보도지침을 통해 특정사안에 대해 '보도해도 좋음' '보도하면 안 됨' '보도하면 절대 안 됨' 등의 지침을 내려 보도여부를 구체적으로 지시했다. 정부, 여당 관련 기사나 대통령 동정 기사는 '크게,

눈에 띄게, 적절히, 강조해서' 등으로 보도방향에 대한 지침을 내리기도 했다. 심지어 전두환이 미국을 방문할 때 전용기 안의 집무실에 정약용의 《목민심서》를 놓아두고 '집무실 안의 《목민심서》가 눈에 띈다'는 스케치 기사를 쓰라고 지시하는 내용까지 담고 있었다.

특히 군에 관한 기사는 공보관실의 보도자료를 제외하고는 취재가 거의 불가능했다. 그러나 해외에서 외신을 타고 들어오는 국내 군사 관련 사항은 물론, 언론인과 군사 소식통과의 비공식적인 접촉을 일일이 막는 것은 불가능했다. 병영 안팎의 안전사고 내지는 대민 접촉에서 생기는 충돌사건 등은 사전 봉쇄가 어려웠으므로 결국 당국을 통한 사후통제에 의존할 수밖에 없었다.

군사 장비나 무기의 수급에 관계되는 보도는 군의 전력을 외부에 노출시킬 우려가 있다는 측면에서, 군사훈련에 관한 사항은 군 작전이나 병력의 이동을 적에게 노출시킨다는 우려에서 군사기밀임을 이유로 엄격한 통제가 가해졌다. 한-미 간의 정치적 불협화음이 외신에 의해 전 세계에 전파되고 있었으나 국내에서는 당국의 철저한 통제로 보도되지 못했다. 국민에게 불필요한 불안감을 조성하여 사회 안정에 해악을 미친다는 논리였다.

군인들의 안전사고와 총기사고, 대민 비행, 탈영사고 등에 관한 보도통제 조치는 반체제 활동 기사 다음으로 많은 숫자를 기록했다. 장병들이 민간의 고기잡이배를 납치하고 물고기를 탈취하여 부식으로 사용했고, 무인도에 방목하는 민간인의 염소 수십 마리를 잡아먹다가 산불까지 내는 사건도 있었으나 모두 보도 금지였다. 언론에 재갈을 물린 보도지침은 중세 암흑 시대에 교황과 교회에 대한 비판을 금기시한 칙령이나 마찬가지였다.

김당 기자는 1980년 군 복무 시절 해안초소에서 근무할 때 대형 사고가 터졌지만 완벽하게 보도관제가 된 사실을 직접 경험했다. 김당은 인근 초소에서 분대장이 M16 소총을 난사해 분대원들을 사살하고 자신도 수류탄을 터뜨려 폭사한 대형 사고를 목격했으나 언론에는 단 한 줄의 기사도 나지 않았던 것이다.

당시 김당은 전남 여천의 한 전경대에 배속되어 여천군 사포리의 한 해안 초소에 배치되었다. 그러다가 그해 가을 인근 초소에서 분대원들로부터 왕따를 당한 특경(하사) 분대장이 내무반에서 소총을 난사해 휴가병을 제외하곤 모두 사망하는 대형 사고가 발생했다. 김당은 나중에 기자가 되어 과거 기사를 검색해 보았으나 단 한 줄도 보도되지 않았음을 확인했다. 오늘날처럼 인터넷과 소셜 미디어(SNS)가 발달한 환경에서는 상상할 수 없는 일이지만, 그때는 보도지침과 보도관제가 맹위를 떨칠 때였다.

5공 시절 국방부 기자들의 취재 접근은 기자실과 화장실뿐

전두환 정부는 물론, 노태우 정부 때까지도 국방부 기자들이 갈 수 있는 곳은 기자실과 화장실뿐이라고 자조할 만큼 군은 언론 보도의 성역이었다. 1990년 11월 보안사에 근무하던 윤석양 이병이 보안사의 사찰 대상 민간인 목록이 담긴 디스크를 공개한 양심선언 사건을 계기로 민간인 불법사찰이 고발되어 보안사가 기무사로 바뀌고, 1992년 대선에서 이른바 문민정부가 들어섰지만, 작계 5027의 얼개가 언론에 공개된 것은 그냥 넘어갈 수 없는 사안이었다.

기무사는 시사저널 편집국장에게 환문(喚問)한다고 통지했고 사회부 데스크인 김훈과 기사를 작성한 김당은 자진출두 형식으로 불려갔다. 환문 이유는 '작계 5027'을 다룬 시사저널 커버스토리가 국가안보를 위해하고 군사기밀보호법을 위반한 혐의가 있으니 기사 취재, 송고, 편집 과정 등에 대해 조사할 필요가 있다는 것이었다.

김훈은 자신이 겪은 무법천지의 세상이었던 5공 시절과 비교하면, 기무사의 출석 요구는 정중했지만 군사기밀보호법 위반이라는 점이 걸렸다. 김훈은 출석하기 전날 회사 근처 카페에서 김당과 맥주를 마시며 특유의 위악적인 표정으로 김당을 안심시켰다.

"한번 가 보자구, 우리를 죽이기야 하겠어?"

국군 기무사령부는 경복궁의 오른쪽 담을 끼고 삼청동 가는 길의 오른편의 소격동에 자리 잡고 있었다. 국군 서울지구병원 안에 있어서 밖에서는 거기가 기무사임을 알려주는 표식은 하나도 없었다. 1979년 10월 26일 김재규 중앙정보부장의 총에 맞은 박정희 대통령이 가장 먼저 실려 간 곳도 바로 이곳이었다. 보안사는 1971년부터 국군 서울지구병원 위장간판을 달고 이곳을 함께 썼다. 그래서 피격은 중앙정보부의 궁정동 안가에서 발생했지만 가장 먼저 실상을 파악하고 신속하게 상황을 장악한 곳은 국군 보안사령부였다.

당시 전두환 소장은 소격동 보안사령관실에서 일과를 끝내고 사복차림으로 부인과 함께 나들이에 나섰다가 세 곳에서 보고를 받고, 사건이 발생한 지 한 시간도 안 되어 주도권을 장악할 수 있었다. 하나는 청와대 경호실 5계장이던 동생 전경환의 '뭔가 심각한 사태가 발생한 것 같다'는 다급한 전화였다.

다음은 보안사 1처장(보안처장) 정도영 대령의 급보로 김계원 대통령비서실장이 경호원에게 피투성이의 인물을 업혀서 국군 서울지구병원에 뛰어왔다는 것이다. 비서실장이 직접 뛰어올 정도면 대통령 아니면 경호실장(차지철)일 가능성이 컸다.

마지막은 보안사 우국일 참모장의 "코드1이 사망했다"는 보고였다. 우국일 준장은 김병수 병원장(공군준장)으로부터 피투성이 인물이 "VIP"이고 "사망"한 사실을 확인해 급히 본부에 온 사령관에게 보고했다. 그래서 보안사는 일찌감치 비상태세에 들어가 상황을 장악할 수 있었다.

국군 서울지구병원[26]은 1960년대 후반 수도육군병원이 소격동에서 등촌동으로 이전하면서 수도통합병원 분원으로 설치돼, 주로 대통령 가족 등의 진료를 맡아왔다. 원래는 청와대 비서실·경호실, 장·차관급 고위공직자, 예비역 장성, 그리고 같은 구내의 국군기무사 직원 등이 입원 및 외래진료를 받을 수

주26 _ 국군 서울지구병원은 2008년에 국군 기무사가 과천으로 이전한 뒤에도 응급상황을 고려해 청와대에서 5분 거리 이내에 병원을 둔다는 경호 원칙에 따라 2010년까지 소격동에 있다가 삼청동 금융연수원 뒤편으로 이전했다.

있게 돼 있으나, 실제로는 대통령과 그 가족에 대한 진료 위주로 운영돼 왔다. 또한 청와대에는 대통령 주치의가 국군 서울지구병원 소속 군의관, 간호장교 등과 함께 24시간 응급 대기하는 별도의 의무실을 갖추고 있었다.

악명 높은 서빙고분실은 폐쇄되었다지만 환문 장소가 새로 '개업'한 장지동 분실이 아니어서 일단 안심이었다. 적어도 보안사 본부 건물에서는 낡은 군복으로 갈아 입히거나 고문을 할 가능성은 없기 때문이다.

보안사 "예전엔 몽둥이 타작부터 했는데 요즘은 세월이 좋아져서…"

기무사 본부 건물은 국군 서울지구병원의 오른편에 있었다. 국군 보안사는 윤석양 이병 사건을 계기로 서빙고분실을 철거하고, 1991년 국군 기무사령부로 개칭하면서 기존의 5처 4실에서 4처 3실로 조직을 개편했다. 자신의 소속을 3처라고 밝힌 정 아무개 소령과 준위로 추정되는 수사관은 데스크인 김훈과 문제의 기사를 취재해 작성한 김당 기자를 각각 다른 장소에 분리해 신문했다. 정소령과 수사관의 언사는 정중했지만, 듣던 대로 초장부터 기선을 제압해 순순히 답을 이끌어내려는 의도가 역력했다. 정 소령이 먼저 운을 뗐다.

"얼마 전까지만 해도 기자분들 여기로 모시면 일단 몽둥이 타작부터 시작했는데 요즘은 세상이 좋아져서 어디 그럴 수 있나요?"

농담이었지만 문민정부가 들어서기 전까지는 보안사령관 출신의 대통령이 번갈아 가면서 권좌에 있었으니 그럴 만도 했다. 김당은 가시 돋친 농담에 웃어야 할지, 아니면 심각한 표정을 지어야 할지 잠깐 망설이다가 어색한 표정으로 살짝 웃었다. 그러자 기다렸다는 듯이 다시 말 펀치가 날아왔다.

"웃자고 한 농담이 아닌데…"

분위기가 썰렁해졌으나 다행히 더는 투수가 타자를 위협하는 '빈 공'을 던지지는 않았다. 수사관들은 우선 백지를 주며 자필로 이력서를 쓰게 했다. 두 사람이 쓰는 일이 직업이고, 특히 기계치인 김훈은 타자기나 컴퓨터 자판을 쓰지 않고 연필로 꾹꾹 눌러쓰는 스타일리스트였지만, 8절지 백지에 눈대중으로 줄을 맞춰가며 힘을 줘서 빼곡하게 쓰다 보니 팔이 저려 왔다.

그다음은 시사저널 편집국의 편제와 기사의 기획·취재·편집 과정에 대한 기본 정보를 묻고 문제의 '작계 5027' 커버스토리 기사의 기획의도를 캤다. 누가 이 커버스토리 기사를 기획했으며, 어떤 의도로 기획했는지가 관심사였다. 김훈은 매주 기획회의에서 데스크가 기획을 주문하기도 하지만 통상적으로 기사 발제는 취재기자들이 하고 데스크는 그 발제의 타당성을 검토할 뿐이라고 답했다. 김당은 외신에서 한반도 전쟁 위기설이 보도되어 전쟁 위기감이 증폭됨에 따라 국민의 알 권리 차원에서 위기설의 진원지를 검증한 기획일 뿐 다른 의도는 없다고 강조했다.

그다음은 기사의 위법성을 확인하는 과정이었다. 수사관은 자신들이 기사를 정독하면서 군기법 위반 여부를 세밀하게 검토했다고 말했다. 이어 관련 기사에 줄을 친 작계 5027의 구체적인 내용을 가지고 다그치며 신문했다.

"시사저널이 작계 5027의 일부 내용을 공개함으로써 군은 작계를 일부 수정해야 합니다. 이렇게 시사저널의 무책임한 보도로 인해 국가와 군에 막대한 손해를 입힌 사실을 알긴 아세요?"

김훈은 노련하게 작계를 수정하는 데 따른 국가의 예산 지출에 유감을 표하고, 군의 노고에는 경의를 표했다. 김당 역시 "의도한 바는 아니지만 손해를 입었다면 유감"이라고 밝혔다. 하지만 "어차피 작계는 1~2년 단위로 수정하는 것으로 알고 있다"고 토를 달았다. 김당은 오히려 언론이 신속전개억제군(FDO)의 문제점 등을 지적함으로써 작계가 더 짜임새 있고 정교하게 수정될 수 있다고 역공을 했다.

실제로 전쟁 게임이나 시나리오는 논외로 치더라도 전시 지원계획의 문제점에 대한 지적은 중요한 문제가 아닐 수 없었다. 작계는 전쟁놀음(워 게임)이나 가상 시나리오와는 차원이 달랐다. 그러나 아무리 막대한 투자비를 들여 개발·발전된 전술·전략 개념을 도상훈련과 실병기동훈련 등을 통해 구체화한 작계일지라도 지원계획에 차질이 생기면 무용지물이 될 수 있다.

특히 신속전개억제군(FDO)의 경우, 기존의 전시 증원군과는 달리 전쟁 위기상황이 조성되는 단계에서 이미 신속 전개함으로써 전쟁을 억제하려는 전략 개념임에 비추어, 실전에서 신속 전개가 되지 않으면 작계는 무용지물이었다. 아무리 막대한 투자비를 들여 개발·발전된 전술·전략 개념을 도상훈련과 실병기동훈련 등을 통해 구체화한 작계일지라도 지원계획에 차질이 생기면 쓸모가 없기 때문이다.

수사관은 몇 차례의 공방 끝에 본론으로 들어갔다. 수사관의 말투는 어느새 강압조에서 설득조로 바뀌었다.

"뭐, 언론사나 기자들은 그런 결과까지는 예상하지 못하고 보도했을 겁니다. 이해합니다. 그런데 작계에 대해 아는 군 관계자들은 그런 결과를 충분히 알 수 있거든요. 그러니 우리는 (작계 관련 자료를 유출하거나 제공해) 국가와 군에 위해(危害)를 가한 사람이 누구인지 알아야 합니다. 취재원이 누군지 말씀해 주시죠."

김훈은 "통상 후배 기자들에게 취재원이 누군지는 물어보지 않기 때문에 취재원이 누구인지 모른다"고 했다. 김당은 취재원에 대해 "기자의 직업윤리상 취재원이 누구인지 말할 수 없다"고 잡아뗐다. 다행히 정 소령과 수사관은 취재원 보호는 기자의 직업윤리이자 지켜야 할 불문율이라는 점을 이해했다. 김훈과 김당이 버티자 이번에는 사정조로 하소연했다.

"기자들한테 취재원 보호는 생명과도 같다는 것 우리도 알고 있어요. 그러나 우리도 윗분들한테 보고해야 하니 대강이라도 알려 주세요. 이름은 틀리게 알려줘도 괜찮으니 어디에 근무하는지만이라도 좀 알려 주세요."

김훈은 실제로 김당에게 취재원이 누구인지 물어보지 않아 알 수가 없었다. 김당은 취재 소스는 한·미연합사라고 밝혔다. 이는 기사만 꼼꼼히 읽어도 짐작할 수 있는 바이지만, 기사를 작성한 기자가 직접 한·미 연합사라고 기사의 출처를 특정해 주었다는 점에서 의미가 있었다. 기무사는 이것을 근거로 적어도 작계 5027의 일부 내용이 국방부나 합참에서 자료가 유출되진 않았다는 점을 상부에 보고할 수 있었기 때문이다.

이렇게 해서 환문 조사는 마무리되었다. 김훈과 김당은 다행스럽게도 언론계 선배들이 겪은 낡은 군복으로의 환복과 옷을 벗기고 무릎을 꿇리는 수치심 자극, 그리고 구타를 겪지 않았다. 두 사람은 다행히 군기법 위반혐의로 기소되지도 않았다. 물론 두 사람은 기무사에서 조사받은 사실과 그 내용은 물론, 거기서 보고 들은 모든 것을 일체 발설하지 않는다는 서약서를 쓰고 나왔다.

## 15 _ '남남북녀' 결혼 프로젝트

1993년에 처음 시작된 '평화 정치·군사 연습'에서는 한·미 양국 참석자들이 모두 인정하듯이, 평양 점령 이후 북한을 어떻게 '요리'할 것인지에 대해 견해 차이를 드러냈다. 북한 지역을 수복 또는 점령한 이후에 북한을 통치·관리하는 데 나타날 수 있는 제반 문제점을 점검하는 '전후 단계 연습'에서 한·미 양국의 견해차를 드러나게 한 핵심 요인은 '중국 변수'였다. 중국 변수는 그 이후에도 해마다 지속된 '평화 연습'의 중요 점검 과제였다.

앞서의 시사저널 보도 이후 나온 뉴욕타임스 보도에는 1993년 '폴밀(Pol-mil) 게임'에 참석한 미국 측 인사들을 취재한 내용이 일부 와전된 것도 있었다. 당시 한·미 양국은 패트리어트 미사일 배치 문제를 둘러싸고도 의견 대립을 보였다. 이런 의견 대립은 나중에 김대중 정부가 부시 정부와 미사일방어체제 (MD) 편입 문제로 갈등하고, 박근혜–문재인 정부가 오바마–트럼프 행정부와 사드(THAAD) 문제로 불협화음을 겪은 것과 같은 맥락이다.

그런데 당시 뉴욕타임스가 지적한 '중국과의 문제', 즉 '북방 완충지역의 문제'는 실제로 폴–밀 게임에서 언급된 내용이라는 점에서 주목을 끌었다. 북한 급변사태 시 중국의 개입이라는 새로운 변수가 등장한 것이다. 중국의 불개입을 전제로 한 한·미연합사의 평양 점령계획은 북한의 처지에서 보면 혈맹국 중국이 이미 자기편이 아님을 미국이 공언하는 것을 뜻했기 때문이다.


### 베이징의 남북한 첫 접촉과 국정원 협조자

작계 5027의 전략 개념에 따르면, 북한이 남침할 경우 수도 서울의 북방 지역은 마치 물주머니가 밑으로 처진 것과 같은 형태로 서울 근교 또는 서울까지 국군이 밀렸다가 한·미 연합군의 반격으로 적을 패퇴시키고 격멸하는 것이었다. 이와 같은 전략 개념은 팀스피리트(T/S) 훈련 때마다 언론 보도를 통해 일부가 공개되어 국민들에게 익숙해져 있다.

즉, T/S 훈련의 기본 취지는 적의 기습공격으로 현재의 휴전선 방어지역이 일부 돌파되면, 72시간 이내 미국 본토의 1개 군단 병역이 한반도에 긴급 투입되어 미 공군 및 해군의 전략무기와 부대가 신속히 배치된 가운데 한·미 양국 군이 밑으로 처진 물주머니를 돌파하듯 반격 작전으로 실지를 회복한다는 것이다. 이를 위해 미군은 실 병력이 미 본토에서 한반도 전투에 투입되는 시간, 방법 등의 각종 제원을 T/S 훈련을 통해 꾸준히 수집하고 평가해왔다.

그러던 것이 2000년대 들어서는 한국군 고위 장성들 사이에 대북 선제 타격론이 고개를 들기 시작했다. '남북이 전면적 무력 충돌 시, 개전 초기 최소 400만에서 최대 700만의 민간인이 대량 살상될 수 있다', '북한의 선제 공격 시, 남한의 주요시설과 산업시설 등 그동안 이룩한 경제적 부가 일시에 잿더미가 될 수 있다' 같은 주장이 언론을 통해 보도되면서부터였다.

급기야는 미국의 발전된 정보시스템이 72시간 이내 북한의 전쟁 징후를 탐지 가능하므로 T/S 훈련으로 쌓인 노하우를 바탕으로 72시간 이내 완벽한 전쟁준비를 갖출 수 있다는 주장이 제기되었다. 이에 따라 한미 고위 장성들은 북한의 전쟁 지휘부와 주요시설을 선제 타격하여 초토화함으로써 적의 전쟁의지를 말살시키는 것이 개전 초기의 대량살상과 한국의 경제적 발전 성과를 지키는 길이라고 공공연하게 주장했다.

북한의 핵개발로 인해 핵 위협이 고조될 때여서 이런 강경 선제 타격론은 일반 국민과 정치권에서도 별다른 거부감 없이 그럴듯한 국가 안보전략으로 받아들여졌다. 대미 동맹파와 자주파의 논쟁이 언론에 보도될 정도로 대미 자주 성향을 보인 노무현 정권에서도 초기에는 그리 심각하게 받아들이지 않았던 것 같다. 그러나 뒤늦게 문제의 심각성을 인식한 노무현 정부는 집권 내내 미국의 세계전략 변화에 따른 '전략적 유연성'과 맞물려 이른바 북한 급변사태 발생 시에 대비한 한·미 연합사의 '작계-5029'를 둘러싸고 한미 간에 정면충돌 양상으로까지 치닫게 된다.

하지만 노무현 정부는 얼마 지나지 않아 과거 김대중 정부 시절에 이뤄진 남북정상회담으로 대북정책의 주도권을 상실해 통제력을 발휘하지 못한 미국이 한반도 정세를 흔들어 신생 노무현 정부를 길들이고 주도권을 회복해 한반도에 대한 통제력을 유지하기 위해 계획된 대(對)한반도 정책으로 결론지었다. 사실 노무현 정권 초기는 국내외적으로 상당히 불안한 상태였다. 특히 대북관계에서 북한의 미사일 발사와 탈북자 대량 유입 등으로 남북관계는 돌파구를 찾지 못하고 대치 국면으로 치달았다.

또한 내부적으로는 김대중 대통령의 대북특사로 남북정상회담을 성사시키는 등 김대중 대통령의 분신과 같은 박지원 전 비서실장을 대북송금에 관여한 혐의로 사법처리함으로써 진보세력은 물론 여권 내에서도 반발을 불러일으켰다. 대북송금 특검 수사에 대한 북한의 반발은 예상외로 강했다.

2003년 1월 27일 김대중 대통령은 임기를 채 한 달도 안 남긴 상황에서 노무현 대통령 당선인 측 인사를 포함한 대북특사단을 평양에 보냈다. 임동원 대통령 통일외교안보특보를 단장으로 임성준 외교안보수석, 국정원 서훈 단장, 통일부 김천식 부장, 그리고 당선인 측 대표인 이종석 인수위원이 동행했다.

그런데 평양의 분위기는 지독한 한파 날씨만큼이나 냉랭했다. 그 전주에 노무현 대통령 당선인이 미국 CNN 인터뷰에서 "북한의 인권탄압과 북한 주민들의 고통스러운 상황에 대해 김정일 위원장에게 책임이 있다"고 발언한 것 때문이었다. 김용순 대남담당비서(통일전선부장)는 회담에서 "대단히 불쾌한 일"이라며 실망과 배신감이라는 표현을 써가며 남측 대표단을 성토했다. 아태평화위원회 위원장이기도 한 김용순 비서는 다음날 회담에서는 이종석 대표에게 대북송금 문제를 공식 거론했다.

"현대-아태 간에 민간급에서 협력관계를 발전시켜 왔으며 도로·철도 연결문제가 해결된 조건에서 현대가 해야 할 사업이 굉장히 많다. 최근 4,000억 원 문제로 아태 관련 사업이 복잡하게 돼 있다. 당장 아태 인사들이 현대 인사들을 만나야 하는데 이 문제로 현대 관계자들이 출국금지를 당하고 있으니 풀어 달라. 만약 출국금지가 계속되면 남북관계가 영(0)으로 돌아갈 것이다."[27]

대북송금 특검은 야당과 풀어야 할 문제이지, 북한이 개입해서 될 문제는 아니었다. 아무튼 노무현 정부는 2003년 4~6월에 대북송금 특검 수사가 진행되도록 했다. 대북송금 특검 수사로 인해 북한 당국이 주요 사업파트너인 현대아산까지도 불신하는 사태가 벌어졌다. 양쪽은 접점을 찾지 못하고 중계자 또한 없는 상태였다. 남북관계의 냉각기가 예상보다 오래가는 바람에 노무현 정부에도 상당한 부담으로 작용하자, 현대아산의 이 모 부장이 베이징에 있는 박채서를 찾아와 해결책을 의논할 정도였다.

그러던 어느 날 노무현 대통령의 한 측근 인사가 박채서를 찾아왔다. 두 사람은 꽉 막힌 남북관계를 어떻게 풀어갈지 허심탄회하게 대화를 나누었다. 이를 계기로 박채서는 청와대 관계자 몇 명과 얘기를 주고받게 되었다. 박채서는 이들과의 대화를 통해 소위 집권 세력에서 대북정책에 관여하는 대통령 측근 인사들이 북한에 대해 별로 아는 게 없다는 것을 알고서 깜짝 놀랐다. 한편으로는 한심하다는 생각이 들었지만, 다른 한편으로는 안타까웠다.

박채서는 그들에게 합숙토론을 제안해 전남 무안의 한 리조트 골프장에서

---

주27 _ 이종석, 《칼날 위의 평화》 개마고원, 2014년, 44쪽

4박 5일 일정으로 일종의 MT를 갖게 되었다. 그는 합숙토론에서 북한의 실체와 그동안 진행되어온 남북 물밑 접촉 과정과 결과를 설명하면서 빠른 시간 안에 남북관계를 정상화하고 활성화하기 위해서는 남북 최고 통치권자의 의사를 대변할 수 있는 인사들이 직접 만나 허심탄회하게 현안을 풀도록 하는 것이 급선무라고 강조했다.

노무현 정부 출범 후 처음 접촉인 만큼 보안을 유지하려면 너무 표가 나거나 특별한 사람은 피해야 했다. 한편, 그러면서도 상대방이 최고 통치권자의 의사를 대변할 수 있다고 인정할 수 있는 인물이어야 했다. 그런 인물을 물색한 결과, 당시 열린우리당의 재정위원장이면서 정동영 당의장의 후원회장을 맡고 있는 한행수 씨로 의견이 모아졌다. 한 씨는 노무현 대통령의 부산상고 선배이기도 했다. 또 한 사람은 민주당 사무총장을 지낸 박상규 전 의원이었다.

한행수 위원장은 박채서가 국정원 재직 시 공작업무 관련 협조자였다. 박채서는 1996년 당시 대북공작의 일환으로 삼성그룹의 방북을 추진했는데 그때 삼성물산의 주택건설 부문 대표인 한행수 사장이 방북 허가를 받아 삼성 측을 대표해 방북하기로 돼 있었다. 그런데 그해 9월 방북 직전에 강릉 잠수함 침투 사건이 터지는 바람에 삼성이 방북을 전격 취소해 버렸다. 그 뒤로 한 대표는 삼성을 퇴직하고 열린우리당 재정위원장과 정동영 당의장의 후원회장을 맡고 있었다.

이에 박채서는 한행수 위원장을 만나서 꽉 막힌 남북관계를 풀어갈 방안의 하나로 '남남북녀 결혼 프로젝트'를 갖고 북측과 접촉하려 하니 정동영 장관과 청와대에 보고해 지원을 받아달라고 요청했다. 노무현과 민주당은 김대중 정부에 이어 정권을 창출했음에도 북한 측의 거부로 정부 차원의 공식채널이 가동되지 않아 내심 고심하고 있을 때였다. 한 위원장은 곧바로 정 장관과 대통령비서실장에게 보고해 협의한 결과, 정부 차원에서 지원해줄 테니 추진해 보라는 언질을 받았다.

김당 기자와 해당화 식당의 여성 복무원들

중소기업중앙회 회장을 지낸 박상규 전 사무총장은 국민회의 부총재 시절에 북한과의 접촉 혐의로 구설에 오르기도 했지만, 사실 박상규 전 의원은 내로라하는 정보통이었다. 박상규는 일찍이 안기부가 생 정보를 수집하기 위해 가동한 현장도청팀 미림팀의 팀장을 지낸 전직 베테랑 정보요원 출신이다.

청와대 관계자들은 이와 같은 토의 내용과 결론을 정리해 노무현 대통령에게 직접 보고했고, 며칠 뒤에 한 가지 조건을 단 대통령의 시행 통보가 왔다. 그것은 남북이 비공개로 만나지만 금번 접촉이 공식적인 성격을 가져야 한다는 것이었다. 북측도 이를 받아들였다. 이에 따라 한행수 재정위원장, 박상규 전 의원 등이 북측과 접촉하기 위해 베이징에 도착했다.

### 남남북녀(南男北女) 결혼 이야기의 단초

박채서는 베이징에 머물면서 북측과 사전 조정작업을 벌여 리호남 참사와 강덕순 참사, 그리고 김성렬 선생이 정해진 일정에 맞춰 베이징에 도착하도록 했다. 그렇게 노무현 정권 출범 후, 최초의 남북 접촉이 북한 당국이 운영하는 베이징의 해당화 식당에서 시작되었다.

해당화는 북한 국가안전보위부가 직영하던 식당이어서 박채서는 국정원 공작원 시절부터 수십 번을 다닌 곳이었다. 직영식당 해당화가 수익을 많이 내자 베이징에 한 곳을 더 열었으며, 장성택은 나중에 외화벌이 사업을 주관하는 인민보안성 9국으로 배속시키고 평양 동부에도 대규모 해당화관을 건설했다.

서해에서 잡은 털게를 삶아서 내놓는 서해 털게 요리가 먹을 만했다. 향신료를 쓰거나 기름진 음식을 싫어하는 박채서는 베이징에 체류할 때면 주로 서라벌(薩拉伯爾) 한식당을 이용했지만 더러는 이곳을 찾았다. 그가 베이징에서 공작활동을 할 때만 해도 '서라벌' 식당은 한중 수교 전인 1991년 9월에 오픈한 량마허(亮馬河) 호텔 1호점과 캠핀스키 호텔 근처의 옌사(燕莎) 2호점뿐이었다.

서라벌 식당은 어지간한 중국 음식점보다 가격이 두 곱절이었지만, 그는 캠핀스키 호텔을 숙소로 이용했기 때문에 '옌사백화점' 지하의 옌사점을 주로 다녔다. 그가 처음 서라벌에 다닐 때만 해도 한식당이 별로 없었고 한국인 손님이 중국인 손님보다 더 많았다. 하지만 얼마 안 가서 매장이 800평인 옌사점은 하루 1천여 명의 손님을 받는데도 예약하지 않으면 자리가 없을 만큼 중국인의 입맛을 사로잡았다. 손님은 90% 이상이 중국인 고객들이어서 매출도 급증했다. 중국인 고객은 한국인 고객보다 1인당 주문 식사량이 1.5배 정도 많았기 때문이다.

중국인들이 "서라벌에서 접대받았다"라고 자랑할 정도로 서라벌이 유명해진 탓인지 박채서가 만나는 북측 인사들도 북한 식당보다 서라벌 한식당을 더 좋아했다. 박채서가 공작원을 그만둔 뒤에는 중국 전역에 10여 개가 넘는 체인점을 둘 만큼 서라벌 식당이 늘었다. 그러나 북측이 접대를 할 때는 주로 '해당화'에서 했다. 북한 당국이 외화벌이를 위해서 직영식당을 권장한 탓도 있지만, 해당화에서 접대를 할 경우, 평양에서 외교행낭으로 가져온 각종 술을 대사관에서 가져와 마시면 비용이 크게 절감되었기 때문이다.

박채서는 보위부가 운영하는 식당을 평양에서 온 보위부 김영수 과장이나 리철 참사와 자주 다니다 보니 여성 복무원들과 스스럼없이 농담을 주고받고 인생 상담까지 해줄 만큼 친해졌다. 또 평양에서 온 손님과 달리 팁도 후하게 주니 여성 복무원들이 그를 좋아하지 않으면 오히려 이상했다. 젊은 여성 복무원들은 3년 주기로 본국으로 귀환하게 돼 있는데 해외 근무를 하다 보니 연애 상담도 하고 귀국을 앞두고 고민을 털어놓기도 했다.

그런데 국정원 소속 이중공작원일 때는 해당화에 가서도 별다른 부담을 느끼지 않는데, 민간인 신분이 되자 오히려 식당 분위기가 낯설었다. 당시 해당화 지배인은 류관식이었는데, 공작원 시절과 달리 북측과 항시적으로 소통할 채널이 마땅치 않자 박채서는 류 지배인을 통해 북측과 연락을 취했다.

박채서는 북한의 내부 생리상, 물밑 접촉에 응한 것 자체가 우리 측 의도대로 되어간다는 조짐임을 알기에 가급적 일사천리로 회의를 진행시켜 나갔다. 물론 사전에 북측 관계자들과 접촉하여 이미 의견을 조율해 놓은 상태여서 주로 양측의 분위기 조성과 안면 익히기에 중점을 두고 회의를 이끌었다. 세 차례의 만남을 통해 대략적인 회의 결과를 도출해 냈다. 결론은 이런 거였다.

우선 현재 경색된 남북관계를 푸는 데 양측이 동의한다. 이를 위해선 사전 분위기 조성이 필요하다. 그런 연후에 당국자 간 공식 접촉을 가진다. 최종적으로 남북정상이 직접 만나 한반도 평화 조성과 남북 교류 활성화를 달성할 수 있도록 한다.

문제는 경색된 남북관계를 풀기 위한 사전 분위기 조성을 무엇으로 어떻게 할 거냐였다. 그때 박채서의 뇌리를 스친 아이디어가 바로 '남남북녀(南男北女) 결혼'이라는 스토리가 있는 이벤트였다.

유능한 기자의 필수조건 중의 하나는 큰 사건이 터졌을 때 도움을 받을 수 있는 취재원이 많아야 한다는 것이다. 유능한 공작원도 마찬가지이다. 어떤 일이 닥쳤을 때 도움을 요청할 수 있는 협조자가 많아야 한다. 박채서는 주로 자신의 주특기인 골프를 통해 사람을 사귀었다. 주택건설업자인 한상렬 사장도 골프로 친해진 경우였다.

박채서는 공작원 시절에 북한 당국자들로부터 금강산개발에 관한 조언을 듣기 위해 전문가를 대동하고 방북해 달라는 요청을 받은 적이 있다. 그는 내곡동에 북측 요구사항을 보고하고 한상렬 사장을 대동하고 방북해 금강산을 답사했다. 현대아산의 금강산관광이 시작되기 전이었다. '친구 따라 강남 간다'는 말이 있지만, 한 사장은 공작원 친구 덕분에 보통 사람은 엄두도 못 낼 시기에 북한을 간 셈이다. 그때 한 사장은 금강산과 원산 등지를 여행하면서 리철 등 북측 인사들과도 안면을 텄고, 못사는 북한 주민들에 대해서 연민의 정을 가졌다.

그런데 2003년 3월 어느 날 한상렬 사장이 박채서를 찾아와, 뜬금없이 농반진반으로 중매를 서 달라고 부탁했다.

"박 전무는 이산가족 상봉도 시켜줬으니, 중매도 서 줄 수 있을 것 같은데. 안 그렇소?"

어리둥절한 박채서는 퉁명스럽게 물었다.

"밑도 끝도 없이 그게 무슨 이야깁니까?"

한 사장은 정색하고 사정을 말했다.

"작년(2002년) 8.15 민족 통일대회를 기념해 북한 예술단이 서울에 와서 공연을 하지 않았소. 그때 온 예술단 무용수 중에 '조명희'라고 있는데, 너무 참하고 예뻐서 큰며느리 삼았으면 좋겠소. 나만 좋아하는 게 아니고, 아들놈도 우연히 방송을 같이 봤는데 첫눈에 반했는지 한 번만 만나면 소원이 없겠다고 사정하오. 박 전무도 알다시피 우리 큰놈이 장가갈 때가 되어 안사람이 맞선을 주선해도 다 싫다며 조명희만 찾고 있소."

한 사장이 말한 '조명희'는 나중에 '조명애'로 확인되었다. 박채서가 나중에 알고 보니 조명애는 서울 워커힐호텔 공연에서 '물동이 춤'과 '장구 부채춤'을 선보여 국내 언론의 스포트라이트를 받았다. 여기저기 한국 고유의 미인상으로 소개된 바람에 인터넷에는 조명애 팬카페가 개설되어 회원이 1만5천여 명에 이를 만큼 인기를 끌었다.

그러나 남북 이산가족 상봉과 남남북녀의 결혼은 차원이 다른 문제였다. 남남북녀의 결혼은 국가보안법상의 회합·통신과 잠입·탈출이 모두 해당되는 사안이었다. 실제로 분단 이후 남남북녀건 남녀북남이건 남북한 주민이 결혼한 적은 단 한 번도 없었다. 금강산관광이 개시된 이후에 금강산에 상주한 현대아산 직원이 북측 금강산 안내원과 사랑에 빠져 결혼 문제가 이슈가 된 적은 있지만 성사되진 못했다.

박채서 역시 농반 진반으로 대답했다.

"정말 마음에 드신다면 다리를 놓아 드려야죠."

박채서는 그렇게 말은 했지만, 그런 말을 한 사실조차 까마득히 잊고 있었다. 그러다가 리철을 만나 경색된 남북관계를 푸는 사전 분위기 조성을 위해 무엇을 하면 좋을지 머리를 쥐어짜다가 불현듯 남남북녀 결혼 이벤트가 떠오른 것이다. 이렇게 해서 한 사장과 농담처럼 이야기했던 남남북녀 혼담이 노무현 정부 출범 후 첫 비공개 남북 대화의 도마에 오른 것이다. 박채서가 남남북녀 혼담 이야기를 꺼내자, 음식 서비스를 하던 해당화의 여성 복무원들이 눈을 반짝이며 호기심을 보였다.

남남북녀의 양가 부모들 베이징에서 상견례까지

사실 박채서는 남남북녀 이야기를 꺼냈지만 솔직히 별 기대는 하지 않았다. 리철을 오랜만에 만난 김에 일종의 브레인스토밍 차원에서 이야기한 것뿐이었다. 한상렬 사장은 북측 요청으로 금강산개발을 위한 현지 답사 건으로 박채서와 함께 방북한 적이 있어 리철 등 북측 인사들과도 안면이 있었다. 그런데 리철이 의외로 대수롭지 않게 답했다.

"같은 민족인데 안될 것도 없지 않갔소? 한번 추동해 봅시다."

뜻밖이었다. 남북한 1차 접촉에 참석한 남측 대표자들도 다들 좋다고 맞장구를 쳤다. 이렇게 해서 남북한은 남남북녀의 결혼을 공식 추진하기로 의제를 설정하고 북측은 다음 2차 접촉 때까지 답을 가져오기로 했다. 남측은 토의 결과를 정리해 한행수 위원장이 정동영 장관을 통해 청와대에도 보고하기로 했다.

하지만 리철이 손쉽게 대답하는 것에 박채서는 오히려 당혹스러웠다. 확실치는 않지만 장난삼아 던진 말이 현실화되면 그 파장은 자신이 감당할 수 없을 것임을 잘 알고 있었기 때문이다. 그로서는 고민하지 않을 수가 없었다.

박채서는 귀국하자마자 한상렬 씨를 만나 접촉 결과를 전하고 전후 사정을 진지하게 설명했다.

"만약 본격적으로 혼담이 추진되면 이것은 단순히 한 사장님 집안 문제로 국한되는 것이 아닙니다. 온 국민과 해외 언론까지 관심을 가질 것이 뻔하기 때문에 정부 차원에서도 상당한 관심을 갖고 진행에 관여하게 될 겁니다. 어쩌면 그동안 남북 간에 성사된 그 어떤 사업보다도 폭발력을 가진 이벤트가 될지도 모릅니다. 그러니 한 사장이나 가족이 일시적 기분으로 추진하다가 심경이 변하거나 하면 절대 안 됩니다. 두 사람의 결혼은 남북관계에 훈풍을 가져올 수도 있지만, 중도에 파경이 되면 반대로 악영향을 미칠 수도 있으니 다시 한번 심사숙고해서 결정하십시오."

북측도 좋다고 한다는 말에 처음에는 귀가 입에 걸렸던 한 사장도 진지하게 고민하는 눈치였다. 한 사장은 "일단 조명애를 직접 만나서 이야기하면서 당사자의 입장을 확인하고 싶다"고 했다. 일종의 맞선을 주선해 달라는 부탁이었다.

박채서 혼자서 결정할 문제는 아니었다. 맞선을 보려면 사전에 북한주민 접촉신청도 받아야 했다. 그렇게 하면 내곡동에서도 알게 될 것이므로 반대하고 나설 것임이 뻔했다. 박채서는 NSC 상임위원장을 겸직한 정동영 통일부장관의 후원회장 출신의 한행수 열린우리당 재정위원장을 만나 맞선 문제를 상의했다.

남남북녀 결혼에는 북측이 더 적극적이었다. 한 달 뒤에 가진 2차 접촉에서 북측은 '김정일 위원장의 지시로 남남북녀 결혼을 추진한다'는 답을 가지고 왔다. 리철은 남북한의 현행 법상으로는 결혼이 불가하니 남북 정상이 사전 합의 하에 동시 발표하자는 방법론까지 가지고 나왔다. 북측은 김정일 위원장이 추진을 지시한 만큼 노무현 대통령의 결단만 남았다고 선제적 태도를 취했다. 다만, 양측 정상이 공식 발표 전에 남남북녀 혼담이 사전에 누설된다면 북측은 부정할 것이라는 조건을 달았다.

박채서와 조명애

2차 접촉 결과도 청와대에 가감 없이 보고 되었고, 남남북녀 결혼 프로젝트를 추진하라는 지시가 떨어졌다. 박채서는 우선 한 사장을 만나 그의 의지와 집안 분위기를 재확인했다. 그리고 결혼 프로젝트가

며느릿감으로 점 찍은 북한 무용수 조명애(앞줄 오른쪽)와 상견례를 한 한상렬 씨(앞줄 왼쪽) 가족의 기념사진(한 씨 뒷줄 청년이 한 씨의 아들)

본격적으로 추진되면 한 사장 가족의 문제가 아니라 국가적 문제로 확대되기 때문에 신중히 결정해야 한다고 다시 한번 사안의 중대성을 주지시켰다.

한 사장은 인륜지대사(人倫之大事)이니 자신이 평양을 방문해 며느릿감을 직접 만나보고 최종 결정을 하게 해 달라고 다시 한번 부탁했다. 박채서는 해당 화 류관식 지배인을 통해 리철에게 연락해 북측으로부터 초청장을 발급받도록 했다. 한 사장은 이 초청장으로 통일부의 방북 승인을 받아 평양에 가서 조명애

를 만났다. 한 사장과 함께 출국한 박채서는 베이징에 남아 평양의 면담 결과를 기다리며 서울과 평양 사이의 메신저 역할을 하기로 했다.

한 사장은 사전에 약조한 대로 조명애를 만난 뒤에 밤 시간에 베이징으로 전화를 해왔다. 한 사장은 약간 들뜬 목소리였지만 국정원의 도·감청을 의식해서인지 약조한 대로 짧게 말했다.

"만족합니다. 예정대로 진행해 주십시오."

오케이(O.K) 사인이었다. 청와대는 한행수 씨를 통해 북의 진의를 직접 확인하고 싶어 했다. 박채서는 즉각 서울에 평양의 면담 결과를 전하고 차후에 예정된 프로젝트 진행 계획을 추진하도록 통보를 받았다. 그다음 일정은 베이징에서 양가의 가족들이 만나 정식으로 상견례를 하는 것이었다. 상견례는 차후의 공식 발표에 대비해 전 과정을 영상으로 녹화하기로 되어 있었다. 박채서는 북측의 동의 하에 KBS 김기춘 베이징 지국장 및 이희엽 특파원과 상의해 녹화촬영 준비를 마쳤다.

한양대 출신의 김기춘 기자는 보도국 국제부에 근무하면서 1997년에 중국 연변대 조선문제연구소에서 객원연구원으로 1년간 공부하면서 북한 문제에 지식을 쌓아 2002년부터 베이징특파원으로 근무했다. 이후 베이징 지국장이 되어 프로듀서 한 명을 포함해 취재기자 세 명, 카메라 기자 한 명을 거느리고 일했다. 이희엽 차장은 방송카메라기자였다.

김기춘 지국장은 베이징특파원으로 일하면서 한국 공관의 탈북자 추방 사건과 북한 신의주 특구 장관을 지낸 양빈 체포 사건, 그리고 김정일 위원장 비밀 방중(2004년 6월) 등 북한 관련 사안을 특종 보도했다. 물론 그중 일부는 박채서가 귀띔해준 것이었다.

양빈(楊斌)은 네덜란드 국적의 화교로, 중국 화훼 생산 및 유통 전문업체인 어우야(歐亞·유라시아) 그룹 회장을 지냈다. 이후 양빈은 2001년 김정일 위원장의 상하이(上海)를 방문을 계기로 수차례 방북해 김정일을 면담해 신의주특구 구상을 밝혀, 2002년 9월 신의주 특별행정구 지정과 함께 초대 행정장관으로 취임했다. 그러나 부동산 사기 및 탈세 혐의로 조사를 받던 양빈은 결국 그해 10월 뇌물공여 혐의로 체포되어 징역 18년을 선고받았다. 일부에서는 양빈이 중국의 미사일 기술을 북한에 유출했기 때문에 체포됐다고 주장하기도 했다.

김기춘 지국장은 이후 KBS 해설위원과 남북교류협력단장을 거쳐 부산방송총국장을 지냈다. 이희엽 차장은 나중에 보도영상국장을 지냈다. 김기춘 지국장은 나중에 박채서와 갈등을 빚기도 했다.


남남북녀 결혼을 방해한 국정원의 회유와 협박

2004년 5월 가정의 달에 베이징에서 양가의 상견례 일정이 잡히자, 박채서는 웨딩 플래너 역까지 수행했다. 그는 상견례가 이뤄진 첫날 베이징대 신문방송학과에 재학 중인 큰딸 서희와 딸의 룸메이트까지 동석시켰다. 말이 상견례이지 북한에서 중국까지 와서 시부모 될 사람을 만나는 게 어디 쉬운 일인가. 인터넷을 통해 조명애를 잘 알고 있으며 세대 차이가 별로 없는 같은 여자여서 분위기를 조성하는 데 좋을 것 같았다. 게다가 대우건설 직원인 한상렬 사장의 아들은 어려서부터 서희를 업고 다닐 만큼 집안끼리 가깝게 지내 분위기 메이커로는 안성맞춤이라고 생각했다.

영상 기록과 촬영은 박채서가 신경 쓰지 않아도 KBS 지국에서 알아서 진행시키고 있었다. 시부모 될 사람과 며느릿감은 남남북녀 결혼 중매를 중간에서 중계한 해당화 식당에서의 상견례 만남을 시작으로 해서 베이징의 황실 정원인 이허위안(頤和園; 이화원) 뱃놀이와 백화점 쇼핑까지 자연스러운 만남을 가졌다. KBS 베이징지국은 남북 양측이 남남북녀의 결혼 소식을 공식 발표할 때 공개한다는 조건으로 모든 과정을 영상으로 기록했다. 이들은 이후에도 센양(瀋陽), 다롄(大連), 단둥(丹東) 등지에서 수차례 만남을 가졌고 이 또한 빠짐없이 청와대에 보고 되었다.

박채서는 남남북녀의 결혼 발표가 임박해온 시점에 청와대에 한 가지 건의를 했다. 결혼 소식을 공식 발표하면 평범한 보통 사람들인 한상렬 사장 가족은 세간의 이목이 집중되는 것을 견디기 힘들어 할 것이 뻔했다. 그러니 결혼 발표 후 적당한 때에 한 사장 가족을 청와대로 초청해 위로해주고 남북관계를 개선하는 데 기여한 점을 치하해 준다면 많은 도움이 될 것이라는 건의였다. 한행수 위원장과 청와대 측에서도 좋은 생각이라고 맞장구를 쳤다. 박채서는 건의한 사실을 한 사장에게도 알려주면서 좋은 소식이 오기를 기다려보라고 언질을 주었다.

그런데 어느 날 저녁, 한 사장이 얼굴이 하얗게 질려서 박채서를 찾아왔다. 국정원 직원이라고 신분을 밝힌 사람이 아내와 아들을 불러내 1998년 3월 북풍 사건 당시의 기사를 보여주며 "박채서라는 사람은 더 이상 국정원과 관계가 없는 사람인데 북한의 꾐에 빠져 불가능한 일로 장난을 치고 있다"면서 아들과 아들에게 협박을 하고 갔다는 것이었다. 한 사장이 들려준 아들에 대한 협박은 이랬다.

"이 결혼은 우리(국정원) 동의 없이는 절대 안 된다. 박채서는 국정원과 현재 아무 관계도 없다. 그런데 당신이 무슨 수로 북한 여자와 결혼을 할 수 있다고 생각하나. 당신이 결혼하면 대한민국 총각들이 전부 북한 처녀와 결혼하겠다고 난리를 칠 것이다."

국정원 직원은 한 사장 아내에게는 더 심한 말을 했다.

"조명애가 북한의 '기쁨조'라는 사실을 아느냐. 북한에서 '기쁨조'는 언제든지 김정일과 잠자리를 같이 하는 애들이다. 그런 여자를 집안의 큰며느리로 삼겠느냐."

한 사장이 하소연했다.

"박 전무, 지금 아내와 아들은 완전히 정신이 나간 상태예요. 어떻게 하면 좋겠소."

들어 보니 딱했다. 그런 얘기를 들은 결혼할 당사자와 부모의 반응이 어떠했을지는 그도 충분히 공감할 수 있었다. 박채서는 그 순간에 두 가지 사건을 떠올렸다. 베이징에서 상견례를 끝내고 귀국해 얼마 되지 않을 즈음, MBC 김현경 기자가 전화해온 적이 있었다. 김 기자는 남남북녀 결혼 프로젝트에 대해 이런 저런 얘기 끝에 이렇게 말했다.

"서희 아빠, 조심하는 게 좋겠어요. 제 말을 허투루 듣지 마시고, 국정원에서 서희 아빠를 주시하고 있어요. 그쪽의 얘기는, 국정원이 하는 일에 앞에 나서지 말고 자기사업만 하라는 거예요."

이처럼 국정원이 경고성 메시지를 전해온 비슷한 시기에 결혼 프로젝트와 관련 있는 주변인을 국정원 직원이 만났고, 그 직원이 '남남북녀 결혼은 남북 정상이 관여할 정도의 수준이 아니다'고 상황을 체크하며 비판적인 발언을 했다는 얘기를 들은 기억이 떠올랐다.

당시에는 박채서도 국정원이 단지 상황 파악을 위해 접촉했거나, 자신의 고유 영역을 침해당한 것에 대해 질시하는 차원의 일과성 행태로 여기고 지나쳤다. 그런데 한 사장이 전한 현재 상황을 보니 이는 단순한 방해가 아니었다. 남남북녀 결혼 프로젝트는 대통령한테까지 보고되어 인가된 사안이라는 점에서 이 사안에 대한 국정원의 노골적 방해는 국정 최고 책임자에 대한 조직적 저항으로 간주할 만한 심각한 사건이었다. 그렇다면 분명히 이 사업을 방해하기 위한 음해성 보고가 청와대에도 전달되었을 것으로 판단되었다.

국정원 소속으로 국가공작을 수행해본 박채서로서는 국정원 직원들이 이 사업이 대통령이 인가한 통치행위임을 알고 있으면서 신분을 드러내 놓고 민간인 당사자들을 만나 협박한 사실에 분노했다. 그는 즉시 그동안의 진행 상황과 문제점, 그리고 대비책에 대해 육하원칙에 따라 세밀하게 보고서를 작성했다. 박채서가 그동안 진행 상황을 청와대에 수시로 보고하지 않은 것은 아니지만,

이번에는 자신의 의견을 첨부해 국정원의 음해에 대비했다.

그의 예상은 적중했다. 며칠 후 국정원의 기관보고에서 남남북녀 결혼 추진사항이 중점 보고되었는바, 결혼 프로젝트는 박채서라는 전직 공작원 개인의 과시성과 명예욕에서 비롯된바 현실적으로 가능하지도 않은 사업이라는 취지였다. 거기까지는 대북 전문기관인 국정원의 노파심에서 나온 것으로 이해할 수 있지만, 노무현 대통령이 불같이 화를 낸 것은 지금까지 실제 진행된 내용까지도 거짓이라는 터무니없는 보고 때문이었다.

노 대통령은 터무니없는 보고에 어이가 없고 화가 나서 한동안 말이 없었다고 한다. 더구나 대통령이 직접 주관한 사업임을 알고 있음에도, 실제로 진행된 사업조차 제대로 확인하지 않고서 그처럼 터무니없는 보고를 하는 것에 대해 국정원과 그 수뇌부를 향해 격노했다고 배석했던 청와대 관계자가 전했다.

부처 이기주의에 사로잡힌 국정원의 행태에 실망한 노 대통령은 허위보고와 대통령을 기망한 책임을 물어 국정원장 이하 1·2·3차장을 모두 경질할 것을 지시했다고 한다. 그러나 대통령비서실장과 측근 인사들이 아직 조직 장악이 안 된 상황에서 고영구 원장까지 경질하면 조직도 흔들리고 국민에게 경질 사유를 설명하기도 곤란하므로 고 원장은 경고만 하고 1·2·3차장을 경질하는 쪽으로 건의해 그 선에서 일단락이 되었다는 것이다.

노 대통령은 2004년 12월 염돈재 1차장, 박정삼 2차장, 김보현 3차장을 모두 경질하고 그 자리에 각각 서대원 외교통상부 본부대사, 이상업 경찰대학장, 최준택 국제문제연구소장을 임명했다. 이 물갈이 인사에 대해 언론은 대체로 북핵문제의 중요성과 국정원의 새로운 과제 부각 등 크게 달라진 국내외 환경에 탄력적으로 대응하려는 포석이라고 보도했다. 김종민 청와대 대변인은 브리핑에서 "(국정원의 새 지도부가) 정확한 판단력으로 한반도 안보와 남북관계 발전에 기여할 것으로 기대된다"고 밝혀 뒷말을 남겼다. 이 말을 뒤집으면 '그동안 남북관계 발전에 기여하지 못했다'는 거였다.

박채서도 한 사장의 아내와 아들을 설득시킬 수가 없었다. 특히 국정원 직원의 협박을 들은 뒤로 태도가 급변해 펄펄 뛰는 한 사장의 부인을 이성적으로 설득할 방법이 없었다. 심지어 그 부인은 박채서의 집에까지 찾아와서는 "'김정일 기쁨조'를 집에 들여 집구석 망할 일이 있냐"며 독설을 퍼붓기도 했다. 박채서는 남한 총각과 북한 처녀가 백년가약을 맺어 남과 북이 하나 되는 상징적 이벤트를 연출하려던 계획은 운이 거기까지라고 생각하고 쓸쓸히 접어야 했다.

그런데 박채서는 불운은 그것이 끝이 아니었음을 나중에야 알게 되었다. '남남북녀 결혼 프로젝트' 무산에 따른 대통령의 경질 지시로 앙심을 품은 국정원은 박채서와 관련된 대북사업을 노골적으로 방해하기 시작한 것이다.

이를테면 2006년 전반기로 예정된 백두산 광고촬영과 KBS가 주관하는 평양예술단 초청 5개 도시 순회공연 등의 사업은 베이징과 개성연락사무소에서 공식회의까지 마쳤는데도 불구하고, 국정원 담당자가 당시 김기춘 KBS 남북교류협력단장에게 압력을 가해 베이징특파원 시절부터 좋은 관계를 유지해온 김 단장이 그에게 사업에서 빠져줄 것을 간절히 요청하기에 이른다. 결국 이 사업은 박채서가 빠진 채, KBS가 독자적으로 추진하다가 좌절되었다.

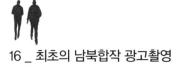

## 16 _ 최초의 남북합작 광고촬영

노무현 정부는 정부 차원의 대북접촉이 이루어지지 않자 애를 태웠다. 남북관계 개선의 돌파구를 마련하기 위해 추진했던 '남남북녀 결혼 프로젝트'는 무산되었지만, 박채서는 북한 당국이 결혼까지 승인한 '조명애 카드'를 버리기가 아까웠다. 조명애는 팬클럽이 있을 만큼 남한에서도 지명도가 있었다. 그가 구상한 조명애를 '재활용'하는 방안 중의 하나는 조명애와 남측 인기 연예인을 '투 톱(two top)'으로 세워 상업광고를 촬영하는 것이었다. 북한 당국이 결혼까지 승낙했던 터라 조명애를 내세운 합작광고도 충분히 설득할 수 있을 것이라는 자신감이 있었다. 그것은 그가 '아자 전무'로서 못다 한 광고사업을 완성한다는 의미도 있었다.

남북의 대표 연예인이 나란히 출연해 상업광고를 찍는 것은 '남남북녀 결혼 프로젝트' 못지않은 반향을 이끌어낼 수도 있을 법했다. 북한의 생리를 잘 아는 박채서는, 만약 결혼이든 광고촬영이든 그들이 진심에서 허가한 것이라면 광고사업을 계기로 남북관계도 풀릴 것이라고 확신했다. 북한 체제의 특성상, 남남북녀의 결혼과 합작광고 같은 사업의 최종 승인권자는 단 한 사람뿐이었다. 합작광고 사업이 성공리에 진행된다면 그것은 곧 최고 지도자 김정일의 뜻이라고 간주해도 무방했다.

박채서는 경험칙상 북한도 더 이상 남북관계를 냉각시키지는 않을 것이라고 판단했다. 다만, 명분과 체면을 중시하는 그들 체제의 특성상 대화의 장에 나올 수 있는 명분을 주면 관계 개선에 응할 것으로 보고, 그런 의견을 한행수 위원장을 통해 청와대와 정동영 장관 측에 전달했다. 한 위원장은 '남남북녀 결혼 프로젝트'와 마찬가지로 적극적 지원 약속과 함께 곧바로 추진해줄 것을 요청해 왔다.

### 작전명 "통화되는가 애니콜"

박채서의 예상대로 북측이 남측의 제안을 순순히 수용함에 따라 양측은 2005년 초부터 본격적으로 베이징에서 만나 사업을 진행시켜 나갔다. 북측의 승인 사실이 확인되자 정부 측에서는 이학수 삼성그룹 부회장에 협조를 구해 합작광고 사업의 광고주로 세계에서 한국을 대표하는 일류상품인 애니콜 휴대폰 제품광고를 선정하고, 당시 최절정의 인기 연예인 이효리를 대상자로 해서 촬영에 대비했다. 삼성그룹 계열사인 제일기획이 제작 비용과 기타 비용은 일체 책임지는 파격적 조건이었다.

남북한 당국 간의 공식 접촉도 동시에 순조롭게 진행되고 있었다. 박채서를 포함한 남측 회사관계자들은 통일부를 통해 2004년 12월 북한주민 접촉 승인을 받았고 2회 연기신청을 했다. 적어도 광고사업과 그 후 예정된 계속 사업을 정상적으로 남북교류협력법상의 절차를 따라가고 있었던 것이다. 광고촬영 사업은 중국 상하이에서 2005년 4월 중에 시행하기로 하고 남북 당국과 공식 회담은 개성에서 5월 중순에 '차관급 회담'으로 개최하기로 잠정 결정되고 나중에 일정대로 순조롭게 진행되었다.

조명애-이효리 광고제작 사업은 남북교류협력사업이라는 단순한 외형적 성과 외에도 참여정부 출범 후 답보 상태에 빠졌던 남북 당국 간 공식 접촉이라는 성과를 내포한 뜻깊은 사업이었다.

우여곡절 끝에 쾌속으로 진행된 남북 합작광고촬영사업은 2004년 4월 중국 상하이에서 북한 측 사람들을 안내해서 현지로 가기로 했고, 베이징 현지에서 과거 '아자커뮤니케이션'에서 함께 일했던 박기영 씨를 대동했다. 사실 여의도에 '스카이 C-K'라는 법인을 만들어 촬영을 준비했기 때문에 박기영 씨가 할 수 있는 역할은 별로 없었다. 그러나 그는 과거 북풍 사건으로 사업상 피해를 입었기 때문에 박채서는 그에 대한 도의적 책임이 있었다.

박채서는 한행수 등 '스카이 C-K' 투자자에게 사전에 양해를 구했다. 박기영 씨를 참여시켜 광고촬영에 따른 기획 경비에서 그의 과거 경제적 손해를 보상하는 의미에서 경비를 지급하겠다는 거였다. 실제로 광고촬영을 마친 후에는 '스카이 C-K'에서 박기영에게 현금으로 5천만 원을 지급했다. 박채서는 박기영을 내세워 전문 광고인으로서 명예를 회복하고 다시 광고 전문가로서 앞길을 개척할 수 있는 길을 열어줄 의도로 동참을 권유했던 것이다.

북측에서는 '리금철'을 단장으로 하여 조명애와 그의 고모, 그리고 평양예술단 관계자들이 대동했고, 주변 인물로 박채서와 그동안 일을 추진했던 4명이 포함되어 있었다. 그런데 베이징에서부터 문제가 발생했다. 북측 단장인 리금철은 사전 협의에 없던 선불금 30만 달러를 요구했다. 주지 않으면 상하이로 움직일 수 없다고 버티는 것이었다. 워낙 갑작스러운 일이라 삼성 측 대리인으로 나온 제일기획 북경지사장도 어찌할 바를 몰랐다. 상황을 보고 받은 청와대 측도 박채서더러 긴급조치를 하라는 말뿐이었다. 결국 박채서가 나서 중국인 친구들에게 부탁해 급전을 구해 리금철에게 30만 달러를 주었다.

또한 CF 주역인 조명애의 건강 상태가 좋지 않아 베이징에서 예정보다 일주일을 더 머물러야 했다. 특히 조명애의 피부 트러블이 심각해 촬영을 할 수 없는 상태였다. 고모라는 사람의 말인즉슨, 남남북녀 결혼이 취소되면서 조명애가 받은 심적 고통이 무척 컸다는 것이다. 혼담이 나오자 조명애와 식구들이 모두 북한 관계 당국에 불려가 교육을 받았다. "당과 지도자 동지를 위해 온 가족이 충성의 마음으로 결혼에 매진하라"는 지시도 받았다고 했다. 가까운 친지는 물론, 주변 사람들에게도 혼담이 전파되어 조명애가 속한 예술단은 부러움 반 시기 반으로 조명애를 대우했다고 한다.

조명애는 그때 가족 앞에서 이렇게 각오를 피력하고 베이징 상견례에 나왔다고 했다.

"나는 상대 남자를 잘 모르고, 더구나 남쪽 사회에서 잘살아갈지 모르겠지만, 내가 남쪽 남자와 결혼함으로써 어머니를 비롯해 우리 가족이 보다 잘 살 수 있다면 기꺼이 결혼하겠습니다."

조명애는 한상렬 사장 아들을 직접 만나보고, 그 가족들의 화기애애한 분위기, 특히 시아버지 될 한 사장의 각별한 배려와 지극한 정성에 마음이 끌렸었다. 한 사장 또한 예비 며느리를 만날 때마다 명품 가방과 옷이며 시계 같은 액세서리를 선물해 순진한 북한 처녀의 가슴을 흔들어 놓았던 모양이었다. 한 사장이 사준 옷과 가방을 메고 예술단에 출근하면, 그 날은 온통 단원들이 야단법석이었다. 서로 옷을 벗겨서 입어보고 신어보는 등 그야말로 예술단 동료들 눈에 비친 조명애는 신데렐라였던 것이다.

한 사장은 조명애와 만날 때마다 만만치 않은 액수의 달러를 챙겨서 동행자와 부모님, 그리고 직장 상사 몫까지 세분해 주었다. 선물도 꼼꼼하게 챙겨주었다. 심지어는 조명애가 속한 예술단 단장을 중국으로 불러내어 달러와 선물을 한아름 챙겨주고, 단장에게 애로사항을 물어 해결해 주었다. 한 사장은 예술단 전용 미니버스가 있으면 좋겠다는 단장의 말에 중국 현지에서 즉각 도요타 24인승 미니버스와 당분간 사용할 연료비까지 챙겨주었다. 그러니 예술단 내에서 조명애의 위상은 상상 이상이었고, 순진한 처녀의 마음은 이미 휴전선을 넘어 서울에 와 있었을 것이다.

예비 며느리에 대한 사랑이 앞선 나머지 한 사장은 장차 조명애가 살게 될 집과 내부 구조, 그리고 한국 생활 적응을 위해 세운 프로젝트까지 설명해줬다.

그럴수록 조명애의 마음은 설렐 수밖에 없었다. 그런데 북한 사회는 한국보다 미혼 남녀의 결혼 풍속이 훨씬 더 보수적이고 폐쇄적이었다. 기대에 부풀었던 결혼이 갑자기 없던 일로 되었다는 소식에 조명애 자신은 물론, 그녀의 가족이 받은 충격은 상상 그 이상이었던 것이다.

조명애에게는 그 무엇보다도 심리적 안정이 필요했다. 박채서는 우선 숙소를 큰딸 서희가 사는 아파트로 정하고, 그의 아내가 피부관리를 해주었다. 식이요법으로 속을 다스릴 천연 약재를 마시게 하고, 내로라하는 고급 화장품과 영양제로 피부를 진정시켰다. 그래도 거의 말이 없고 식사도 하지 못하자, 박채서는 그녀를 달랠 수 있는 사람은 한 사장뿐이라는 생각이 들었다.

박채서의 SOS 요청으로 한 사장이 아파트에 들어서자 조명애는 주위의 시선도 아랑곳하지 않고 한 사장의 품에 달려들어 대성통곡을 했다. 거의 1시간 가까이 울음이 계속되자, 곁에서 지켜보던 박채서의 아내와 딸, 그리고 북측 관계자들까지 같이 눈물을 흘렸다.

한 사장은 겨우 눈물을 멈춘 조명애에게 연이 맺어지지 못함을 안타까워하며 그의 슬픔을 달랬다.

"너를 며느리로 들이는 것은 불가항력으로 무산되었지만, 나는 너를 딸로 생각하고 변함없이 아끼고 지원해주겠다. 너를 위하는 것이라면 무엇이든 해주겠다."

조명애는 베이징에서 일주일 동안의 보살핌 끝에 건강을 회복하고 마음이 안정되자 피부 트러블도 해소되었다. 얼굴 피부톤도 화장과 촬영 후 수정작업으로 해결할 수 있다는 제일기획 측 광고전문가의 판단에 따라 박채서와 조명애는 상하이행 비행기를 탔다.


"역시 삼성!" 감탄사 절로 나온 상하이 촬영 현장

역시 삼성이었다. 상하이 공항에 도착하자 삼성 측이 준비한 치밀함과 규

상하이의 삼성 애니콜 CF 광고촬영 현장에서 조명애가 물동이춤을 추는 장면

모에 박채서는 감탄사가 절로 나왔다. 공항에는 만약의 사태에 대비해 사설 경호팀까지 동원하여 조명애를 비롯한 북측 인원들의 안전에 대비했고, 차량을 인원과 신분에 따라 사전 배차하여 일사불란하게 분승이 이루어져 호텔로 직행할 수 있었다. 군대나 정부의 어떤 조직보다 움직임이 능숙했다. 호텔도 북측 인사와 관계자들의 편의를 최대한 고려해 백화점과 공원에서 가까운 곳에 잡았다고 했다.

광고시안은 3부로 준비했는데 남과 북의 젊은 또래 아가 씨들의 만남과 동행, 그리고 희망과 약속을 전제로 한 이별이 테마였다. 컨셉은 상업성보다는 역사성과 시사성에 비중을 두었다. 유명 한복 연구가가 사전 제작한 조명애의 한복만 50여 벌이었고, 기타 양장과 스포츠 캐주얼 의상까지 완벽했다. 동원된 엑스트라는 외국인을 포함하여 300여 명에 이르렀다.

준비도 완벽했다. 조명애와 이효리의 동행 여행 촬영 장면을 위해 상하이 현지의 열차까지 임대해 놓았으며, 주 촬영장인 상하이 실내체육관은 촬영기간 내내 건물 전체를 임대해 두었다. 촬영 스탭은 국내 최고의 전문가로 구성되었고, 감독도 광고계에서 단연 톱이었다. 제일기획 측에서는 담당 임원이 직접 현장을 진두지휘했고 삼성전자에서도 애니콜 담당 상무가 와서 촬영 내내 현장을 점검했다.

박채서는 박기영 말고도 개인적으로 챙겨야 할 사람이 두 사람 더 있었다. 먼저 오래전부터 남북관계와 관련 기사로 인연을 맺은 김당 기자에게 현장을 보여주고 싶었다. 그래서 김당 기자를 초청했지만 아쉽게도 김당 기자는 다른 일정과 겹쳐 참관하지 못했다. 다른 한 사람은 남남북녀 결혼 프로젝트부터 함께 했던 김기춘 KBS 베이징특파원이었다. 공교롭게 김 기자는 광고촬영 직전에 본사로 귀임했고, 새로 부임한 진홍순 지국장은 베이징지국의 스탭으로만 취재팀을 편성하는 바람에 그도 참관할 수 없게 되었다.

김기춘은 참여를 원했지만 KBS 내부의 역학구도상 참여할 방법이 마땅치 않았다. 그러자 박채서는 북측을 움직였다. 북측이 판문점 연락사무소를 통해 KBS 사장 앞으로 공식 통지문을 발송하도록 했다. 통지문의 요지는 "상하이 촬영 현장의 촬영녹화는 우리가 믿을 수 있는 김기춘 KBS 기자가 책임자로 있을 때 가능하다"는 내용이었다. 결국 이런 과정을 거쳐 김기춘 기자는 KBS 촬영팀의 책임자라는 명목으로 참여할 수 있었다.

박채서는 청와대 측과 아침, 점심, 저녁(촬영 후)에 하루 세 번 정기적으로 통화를 해 미래 정해 놓은 다음과 같은 음어(陰語)로 상황보고를 했다. 6년여 만에 다시 공작원 생활로 돌아간 느낌이었다.

- 애니콜 통화 대기 중 = 이상 없이 준비되고 있음
- 애니콜 통화 대기상태 불량 = 준비에 다소 문제 발생
- 통화 대기할 수 없음 = 준비에 심각한 문제 발생
- 통화 중 통화상태 불량 = 촬영 중 문제 발생
- 품질이 불량하여 통화 불가능 상태 = 촬영 중 심각한 문제 발생
- 애니콜 전화기가 불량품 = 사업 자체 문제 발생

■ 애니콜 전화기 파손 = 사업 자체가 진행 불가 상태

만약의 경우에 대비하여 이런 음어를 중심으로 이야기에 살을 붙여 상거래의 일상통화로 위장해 간단하게 보고했다. 물론 그래 봐야 눈 가리고 아웅 하는 격이었다. 이렇게 한다고 해서 중국 공안은 물론, 국정원과 미국 정보당국이 모를 리는 없지만 그래도 그렇게 하는 것으로 위안을 삼았다.

철저한 준비에도 불구하고 촬영은 출발부터 문제가 발생하기 시작했다. 실무 토의와 진행을 맡긴 박기영이 북측 실무진뿐만 아니라 제일기획 관계자들과도 업무상 사사건건 부딪치는 바람에 일보다 고함과 싸움이 앞섰다. 급기야 제일기획 촬영팀은 박채서 씨를 봐서 참았는데 박기영을 배제하지 않으면 더는 촬영 진행을 할 수 없다는 극단적 상황에 이르렀다. 광고쟁이들끼리 싸우니 박채서는 중간에서 난감해졌다.

나중에 알게 된 사실이지만, 박채서가 그를 배려한 것과 달리 박기영은 이미 국정원의 협조자가 되어 있었다. 박채서는 그가 광고업에서 재기를 도모할 수 있도록 기를 살려주기 위해 별도로 경비를 부담해 가며 그의 아내까지 상하이 촬영 현장에 초청했는데 결과는 배신이었다. 국정원은 박기영을 통해 박채서를 감시하고, 박기영은 광고촬영 사업을 국정원에 보고하고 심지어 방해하는 역할까지 한 것이다.

박채서는 체포되어 조사받는 과정에서 그런 의심을 사실로 확인할 수 있었다. 국정원이 박채서를 감시하기 위한 자료 대부분을 박기영이 제공한 터였다. 또한 박기영은 국정원 수사국에서 수차례 조사를 받으며 박채서에게 불리한 진술을 했음에도 박채서에게 보여주지 않고, 증거목록에도 포함시키지 않으며 그에 대해 아무런 법적 조치도 하지 않았다.

### 국정원과 내통한 리금철과 애니콜 방해 공작

그런데 현장에서는 박기영과 촬영팀의 불협화음보다 북측 리금철의 행위가 더 문제였다. 리금철은 과거 김대중 정부 당시 남북교류에서 언론·문화 분야 실무 책임자로 활동한 인물이어서 한국에서도 관련 분야 사람들에게 제법 알려진 인물이었다. 그런데 북측 대표단 책임자로 온 그가 상식 없는 짓을 하기 시작했다.

리금철은 하루 전에 촬영 일정과 내용을 통고하는가 하면, 사전협의를 했음에도 불구하고 촬영현장에서 장면마다 간섭했다. 심지어 제일기획 측에서 준비해온 조명애의 의상과 액세서리를 일체 사용 못 하게 하는 등 실로 이해 못할 억지를 부렸다. 때로는 일방적으로 촬영을 중단시키는 몰상식한 행동으로 촬영 제작진을 곤란하게 만들었다. 보다 못한 KBS 촬영기자 이희엽이 화를 참지 못하고 리금철과 몸싸움을 벌이기 직전까지 가는 상황까지 이르렀다.

박채서는 제작진을 달래는 한편으로 한상렬 사장을 앞세워 현금 2만 달러를 쥐여주기도 하고 백화점에 데리고 가서 명품 쇼핑을 시켜주기도 했다. 스스럼없이 돈을 요구하고 뒷돈은 받아 챙기는 것으로 봐서 다음날은 차질 없이 진행되겠지 했지만, 이튿날 리금철은 안면을 싹 바꾸어 같은 행동으로 박채서를 당황시켰다. 지금까지 박채서의 경험으로는 뇌물을 받으면 반드시 그에 대한 대가나 효과가 산출되는 것이 북한에서도 정상이었다. 왜냐하면 자신이 할 수 없는 것이면 저들은 절대 뒷거래를 하지 않기 때문이다.

실로 진퇴양난이었다. 청와대는 광고사업이 무산되면 당국자 간 공식회담이 자동으로 무산될 것을 우려해 무슨 수를 쓰더라도 추진시키라고 했는데 촬영은 제대로 진행되지 않았다. 청와대라고 뾰족한 방안이 있으랴마는 문제는 하루하루가 돈이었다. 엑스트라와 엄청난 인력 동원비, 장소 및 시설 임대료, 체재비 등 경비 면에서도 심각한 문제였다.

무엇보다 박채서는 평양 수뇌부의 의도가 이해가 되지 않았다. 이런 황당한 일은 처음이었다. 평양에서 결정하면 개인의 의사는 무시되고 일사천리로 진행되는 것이 지금까지의 경험인데 도저히 그 의도를 납득할 수 없었다. 리금철이 일단 대표 책임자로 왔기 때문에 동행한 북측 관계자들도 방법이 없었다. 사안이 워낙 중요한지라 감시역으로 나온 인사도 개입을 꺼렸다.

문제를 만든 것도 북측이었지만, 문제의 원인을 찾아낸 것도 북측이었다. 해결 방법을 못 찾아 난감해하는 박채서에게 "근처 카페에서 조용히 만나자"는 북측 관계자의 메시지가 전달되었다. 해외에서 대외 활동을 할 때는 일사불란하게 통제되어 함께 움직이는 북측의 행동 패턴과 관행으로 볼 때, 1:1로 조용히 만나자는 것은 중요한 상황임을 직감했다. 박채서의 방에 모여 걱정하던 촬영팀도 순간 호기심과 기대감으로 그를 쳐다보았다.

근처 카페로 가니 박채서를 호출한 상대는 북측 대표단의 감시역으로 온 '김 선생'이었다. 자신의 신분을 '김 선생'이라고만 밝힌 그는 한국군의 준장에 해당하는 북한군 해군소장으로 국방위원회 소속이었다. 국방위 소속이 감시역으로 나온 것은 김정일 위원장이 남북합작 광고사업을 직접 챙긴다는 의미였다. 김 선생은 박채서에게 놀라운 사실을 전해줬다.

"리금철이 지금 국정원 요원들과 비밀접촉을 하고 있습네다. 지금 국정원 요원들과 CIA 요원으로 추정되는 미국 정보원들이 같이 머물면서 리금철과 수시로 만나고 있습네다. 그들이 제공한 휴대폰까지 리금철이 사용하는 것이 확인되었습네다."

박채서는 실로 어이가 없었다. 리금철이 미치지 않고서야 어떻게 국가사업에서 저런 행태를 보일 수 있다는 말인가. 김 선생은 자신과 리 참사는 이번 촬영사업의 중요성과 숨겨진 후속사업을 전반적으로 알고 있지만, 리금철은 속사정을 전혀 모르고 그저 감독만 하라는 임무를 받고 나왔기 때문에 통상적인 남북교류 사업의 하나라고 생각하는 것 같다고 했다. 따라서 자기도 간섭할 수 없으니 평양에 직접 사태의 중요성과 긴박성을 얘기하는 것이 좋겠다는 것이다.

사태의 긴박성을 감지한 박채서는 빨리 상황 판단을 하고 대책을 세워야 했다. 즉시 청와대로 전화해서 담당자를 내일 첫 비행기로 상하이로 오도록 하고, 청와대 담당자를 만난 후 평양과 연락하기로 했다. 북한의 경직된 구조상, 현장에서 새로운 판을 짜는 것은 불가능했다. 일단 촬영을 접어야 했다. 문제는 북측이 광고촬영사업의 결과와 관계없이 당국자 간 개성회담을 보장할지였다. 그게 가능하다면 청와대가 뒷수습을 할 수 있었다.

다음날 도착한 청와대 담당자에게 현 상황을 가감 없이 설명하고 대책을 제시했다. 청와대 담당자가 동석한 자리에서 평양의 김경희 – 장성택 채널과 통화를 하고 5월에 계획대로 차관급 당국자 회담을 진행시킨다는 확답을 받고 철수하기로 결정했다. 박채서는 삼성 측 관계자와 제작진에게 이런 상황을 설명할 수 없기 때문에 삼성 측은 청와대에서 맡기로 했다. 청와대도 난감한 것 같았다. 국정원 직원뿐만 아니라, CIA가 개입한 정황에 대해 달리 어찌할 수가 없었던 것이다.

박채서는 리금철을 용서할 수 없었다. 회의를 핑계로 리금철을 포함한 북측 관계자들과 남측 관계자들을 호텔의 카페로 불렀다. 그 자리에서 박채서는 리금철의 말꼬리를 잡아 시비를 걸고, 한국에서 통용되는 가장 심한 욕설로 리금철의 혼을 빼놓았다. 박채서는 욕을 하다가 분을 참지 못하고 의자를 집어 던졌다. 리금철이 놀라서 방으로 도망가자 그는 방까지 쫓아가 방문을 발로 차면서 그가 챙긴 뒷돈 내역까지 까발리며 소리를 질렀다. 그는 아내와 북측 사람들의 만류에 못 이기는 척하고 물러섰지만 조금은 속이 풀린 듯했다

다음날 아침 리금철은 소리소문없이 사라졌다. 그 이후 남북교류 무대에서 그는 보이지 않았다. 박채서는 이날 사건을 목격한 박기영이 국정원에서 조사받을 때 이렇게 말한 사실을 나중에 재판 과정에서 알았다.

"박채서는 간첩이 분명합니다. 그렇지 않고서야 북측 책임자(편집자 주 리금철)한테 그렇게 할 수가 없습니다."

그 후 청와대는 자체조사 결과, 국정원 모 직원이 과거 남북교류 현장에 자주 등장한 리금철과 개인적 친분을 만들었는데, 리금철이 이번에 사업차 나오자 베이징에서 조우해 그를 매수했고, 그럴싸한 구실을 내세워 광고촬영을 교묘하게 방해하는 방법까지 협의한 것으로 파악되었다. 예정에 없던 '선불금 30만 달러' 요구도 국정원 직원의 아이디어였던 것이다. 이런 일을 겪고 보니, 국정원이 어떤 식으로건 자신을 보복할 것이라는 막연한 불안감이 박채서의 가슴 한편에 남았다. 그 불안감은 막연한 게 아니었다.

리금철 사건이 아니어도 광고제작 사업이 순탄치만은 않았다. 그 무엇보다도 북한에는 광고라는 용어 자체가 없다 보니, 북측 관계자들을 이해시키는 것은 무(無)에서 유(有)를 창조하는 것처럼 어려운 일이었다.

그들은 당초에 남북합작 광고를 조명애의 '물동이 춤'과 '장고춤'을 촬영해 홍보하는 것으로 알고 있었다. 그들은 남한에도 장고춤을 추는 탈북 연예인들이 있지 않냐며 아는 체를 했다. 그들도 탈북 연예인들이 남북 화해 무드를 타고 남한에서 활발히 활동하는 사실도 알고 있었다. 그들은 조명애 촬영 홍보를 위한 비교용으로 탈북 연예인 공연 자료를 박채서에게 요청했다. 그래서 박채서는 박기영 대표에게 전달해 탈북자 김혜영이 운영하는 '한반도' 식당 홍보 팜플렛 등 탈북 연예인 공연 자료를 준비해 북측에 제공하도록 했다. 반대로 북측에서도 남북 비교용으로 연예인 공연 자료를 여러 건 제공해 주었다.

'한반도' 식당은 탈북 연예인들이 공연을 하는 서울 영등포에 소재한 식당이었다. 홍보 팜플렛은 말 그대로 식당 홍보를 위해서 만든 것으로 누구나 구할 수 있는 것이었다. 또한 박채서는 리호남의 부탁을 박기영에게 전했을 뿐이지, 탈북 연예인 김혜영이라는 인물과 '한반도'라는 식당의 이름은 박기영이 찾은 것이었다. 하지만 재판부는 "탈북자 연예인이라는 특수신분자의 신상이 나타난 자료를 전달한 행위는 남북교류와 협력을 목적으로 하는 행위로서 정당하다고 인정되는 범위 내에 있다고 볼 수 없다"면서 "오히려 대한민국의 존립·

안전이나 자유민주적 기본질서에 실질적 해악을 끼칠 명백한 위험성이 인정되는 행위라고 보아야 한다"고 판시했다. 박채서가 반국가단체의 구성원인 리호남에게 편의를 제공했다는 것이었다.

애니콜 CF 광고 성공과 삼성의 푸짐한 선물

예정대로 2005년 5월 16일~19일 남북차관급회담이 개성에서 열림으로써 김대중 정권의 '햇볕정책'을 계승한 노무현 정권의 대북포용정책이 본격적으로 열리게 되었다. 그러나 그 길은 또 다른 험난을 예고하는 고난의 길이기도 했다.

물론 그해 9월 광고촬영이 재개되어 성공리에 마칠 수 있었고, 리 참사가 대표 책임자로 참가하여 무난하게 진행되었다. 촬영이 끝난 후 삼성은 리 참사에게 별도의 큰 선물을 안겨 주었다. 리 참사의 체면을 세워주려는 박채서의 의도에 따른 것이지만, 그래도 박채서는 삼성의 통 큰 배려가 고마웠다. 이중 촬영으로 제작비가 예상보다 2배 이상 소요되었음에도 삼성은 끝까지 사업을 마무리 지었다.

삼성은 돌아가는 리 참사 일행에게 삼성 텐진(天津)공장을 통해 최신형 TV 800대, 냉장고, 세탁기 등을 리 참사의 요구에 맞춰 주었고, 한 사장은 조명애에게 선물을 알뜰살뜰 챙겨주었다. 조명애는 헤어질 때 한 사장 손을 붙잡고 하염없이 눈물을 흘려 보는 이들의 눈시울을 붉히게 했다. 리 참사는 후일에 남북합작 광고촬영사업의 성공적 성과를 인정받아 영웅 칭호를 받게 되었다.

남북합작 상하이 광고촬영 현장에 감시역으로 나와 리금철 문제를 해결해준 김 선생은 알고 보니 김정일 핵심 보위세력인 '100인 그룹'의 일원이었다. 김정일 직속 국방위원회 소속인 김 선생은 2007년 2차 남북정상회담 시기에는 손유범이 북측에 신청한 휴전선 무인 감시 철조망(무인 경계 시스템) 제안서를 검토하게 된다.

박채서는 그로부터 몇 년 뒤에 김 선생을 사진으로 다시 보게 된다. 그는

2010년 6월 체포되어 국정원에서 조사를 받을 때 수사관이 제시한 사진 속에 김 선생이 있는 것을 보았다. 국정원 수사관들이 베이징 등지에서 박채서가 김 선생과 만나는 장면을 찍은 채증 사진이었다. 박채서는 또 대전교도소에 수감 중일 때인 2014년 10월에 열린 남북 장성급회담 장면에서 김 선생의 얼굴을 확인하게 된다. 김 선생은 여전히 국방위원회 소속으로 활동하고 있었다.

처음으로 북한에서 촬영한 CF 광고를 기획한 아자의 박기영 대표는 개인적으로 1998년 북풍사건으로 좌절된 남북합작 광고사업의 한을 풀게 되었다. 물론 처음으로 남과 북이 합작해 촬영을 하다 보니 그 과정에서 적지 않은 충돌을 빚기도 했다. 하지만 첫 남북합작 광고촬영은 2005년 4월과 9월 두 차례에 걸쳐 KBS를 통해 전파를 타게 되었고, 세계 45개국에서 관련 뉴스를 받아 보도했다고 제일기획 측에서 광고효과 검증 결과를 알리며 만족해 했다.

조명애-이효리를 모델로 한 애니콜 광고촬영 사업을 계기로 노무현 대통령의 부산상고 선배인 한행수 씨는 남북 당사자 간 공식접촉의 물꼬를 튼 공로를 인정받아 주택공사 사장이 되었다. 이후 노 대통령 측근 인사 중의 한 사람으로 자리매김하며 공기업 인사와 주택정책에도 개입하게 된 한행수는 남북 간 핫라인이 잘 가동되고 있지 못하다는 박채서의 얘기를 듣고 자신이 특사 역할을 하겠다고 나섰다.

박채서는 청와대(대통령비서실장) 측과 의논을 한 뒤에 리호남을 통해 의사를 전달했다. 북측과 논의 과정에서 방북 시 대통령 친서나 최소한 구두 메시지를 가지고 오는 조건에서 그의 특사 자격을 인정하는 방북을 추진하기로 했다. 그런데 대통령비서실장과의 최종 면담에서는 분위기나 파악할 겸 한번 다녀오는 것으로 결정되었다.

한행수는 개성을 통해 방북 길에 올랐으나 북측에서 아무런 공식임무를 맡지 않은 그를 맞아줄 리 없었다. 한행수의 방북은 개성에서 머물다가 당일로 되돌아온 해프닝으로 끝났다. 북한의 생리와 사정을 모르는 무지에서 나온 결과였다. 북측은 결국 그 후 안희정과 이해찬 전 총리와의 접촉을 통해 남북관계와 북미관계의 현안을 타개하고 남북정상회담까지 이끌어 냈다.

2005년 9월 조명애를 캐스팅한 남북합작 광고제작 사업이 성공적으로 끝나자, 박채서는 광고촬영 현장에서 유일하게 전 과정을 녹화 취재한 KBS 김기춘 팀과 후속 사업을 추진했다. 우선 KBS팀이 평양·백두산을 배경으로 현지 상업광고촬영을 하기로 했다. 또 북한 무용단을 한국에 초청해 서울을 포함한 전국 5개 도시 순회공연을 개최하기로 했다. 이에 따라 그해 12월경 KBS 대표단과 북한 대표단이 베이징 캠핀스키 소회의실에서 이틀간에 걸쳐 구체적 실행방안을 토의했다. 그러나 이 사업은 국정원의 간섭으로 결국 성사되지 못했다.

KBS와 추진한 사업이 무산되자 박채서는 2006년 전반기부터는 북측과 별다른 접촉 없이 가족과 함께 지냈다. 베이징에 거주하는 한인으로서 중국 특유의 꽌시(关系: 관계나 연줄)를 돈독히 하고, 그동안 골프를 통해 쌓은 중국 고위층과의 인맥을 활용해 사업 기반을 닦는 데 열중했다. 리철이나 북측 인사들은 업무차 베이징에 오면 전화로 안부를 확인하거나 가끔씩 차나 식사를 하는 정도였다.

제5장
병아리 작계
小鷄

스페인 국방정보본부(Centro Superior de Informacion

de la Defensa, CESID)

...

**알면 승리한다**

(Sabes Para Vences)

## 17 _ 산허우이(三合會) 총회주와의 만남

중국군의 정식 명칭은 중국 인민해방군(中国人民解放军, People's Liberation Army, 약칭PLA)이다. 1948년에 창설해 1949년에 중국 대륙을 적화시킨 중국 공산당의 홍군(紅軍)이 그 뿌리다. 그래서 중화인민공화국 인민의 군대가 아니라, 자칭 인민을 해방시키는 '당의 군대', 즉 당군(黨軍)이다. 그러나 중국은 사실상 공산당 일당독재 체제이기 때문에 실질적으로 인민해방군이 국군(國軍)의 역할을 수행한다.

중국 공산당 중앙군사위는 인민해방군을 지휘하는 기관으로 중국 내의 모든 군사력을 총괄 지휘한다. 국무원 산하에 중화인민공화국 국방부가 따로 있지만 국방부는 중앙군사위의 지휘하에 주로 행정이나 기술적 문제를 다루며, 군 통수권과 지휘권은 중앙군사위에 있다. 말하자면 중국 공산당 중앙군사위는 미국의 국가안전보장회의(NSC)처럼 안보정책의 두뇌역할을 하며, 국방부는 군의 운영을 책임진다고 할 수 있다.

중앙군사위는 총참모부(总参谋部), 총후근부(总后勤部), 총정치부(总政治部), 총장비부(总装备部)의 4개 부서를 통해 군을 지휘·통솔한다. 다른 나라의 합동참모본부에 해당하는 총참모부는 군의 조직과 군사적 리더십을 관리한다. 총후근부는 군사보급과 물류지원, 복리후생 등을 담당하는데, 많은 군 소속의

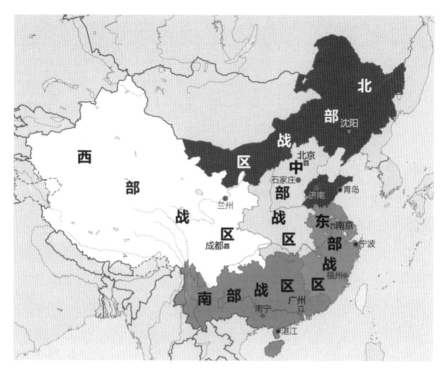

〈그림1〉 2016년 2월에 개편된 중국 인민해방군 5개 전구

국영기업들도 총후근부가 관리한다. 총장비부는 군의 무기 도입 업무와 각종 연구를 수행하는 부서로 한국의 국방과학연구소(ADD)와 방위사업청을 합친 조직에 해당한다. 총정치부는 정치장교와 공보 · 문화 업무, 군사법원 업무를 담당한다.

인민해방군 편제는 육군, 해군, 공군, 로켓군, 전략지원군의 5개 군종이다. 2016년에 새로 창설된 전략지원군대는 우주군과 사이버군 역할을 수행한다. 한편 별도의 준군사 조직인 중국 인민무장경찰부대(무장경찰대)도 2018년 1월 1일부로 당 중앙군사위 예하로 완전히 넘어와 준군사 조직에서 정규군의 한 병종으로 변경되었다. 그러니 인민해방군은 형식적 편제상으로는 6개 군종인 셈이다.

인민해방군은 2016년 2월 개편 전까지는 ▲베이징군구(北京軍區): 제27 · 38 · 65 집단군, 6기갑사단 ▲선양군구(瀋陽軍區): 제16 · 39 · 40 집단군 ▲지난군구(齊南軍區): 제20 · 26 · 54 집단군 ▲난징군구(南京軍區): 제1 · 12 · 31 집단군 ▲광저우군구(廣州軍區): 제41 · 42 집단군 ▲청두군구(成都軍區): 제13 · 14 집단군 ▲란저우군구(蘭州軍區): 제21 · 47 집단군의 7개 군구 · 18개 집단군 체제였다.

하지만 통합군 체제로 바뀌면서 ▲동부전구(东部战区): 난징군구, 대만 및 일본 방면 담당 ▲서부전구(西部战区): 란저우+청두군구, 러시아, 중앙아시아, 남아시아 방면 담당 ▲남부전구(南部战区): 광저우군구, 대만, 동남아 방면 담당 ▲북부전구(北部战区): 선양군구, 동북아시아 방면 담당 ▲중부전구(中部战区): 베이징+지난군구, 수도 방면 담당의 5개 전구(戰區)로 바뀌었다. 각 전구 휘하의 집단군은 현재도 개편 중이다.

### 베이징의 내기골프 도박

박채서에게 베이징은 골프 천국이었다. 한국에서의 규격화되고 정형화된 골프장과 달리 중국의 골프장은 자유롭고 여유로웠다. 중국 베이징에 골프장을 처음 지은 것은 일본이었다. 1990년 베이징 아시안게임을 계기로 만리장성(萬里長城) 근처의 명조(明朝) 13명 황제의 능묘인 '13 능(陵)'이 소재한 문화재 보존지역에 20년 운영권을 갖고 골프장을 건설했다. 그 후에는 베이징에 진출한 대기업 상사 주재원들과 언론사 특파원, 그리고 한국 교민들을 중심으로 골프 인구가 늘었다. 또 한국 체류 기간에 골프를 배운 조선족 출신 사업가들은 조선족 골프동우회를 만들어 친목을 도모했다.

한국에서 닥스배(盃), LG카드배, BMW배 등 각종 골프대회에서 입상한 그였다. 당시 베이징에서는 박채서를 당할 사람이 없을 만큼 발군의 골프 실력자였다. 그는 베이징에서 생활하면서 왕징(望京) 한인타운에 거주하는 교민들의 싱글 골퍼 모임인 '하나회' 활동 말고는 대부분 중국 사람들과 골프를 치면서 시간을 보냈다. 그는 싱글 골퍼 실력으로 다진 베이징의 유력 인사들과의 인맥 관계를 토대로 이미 골프도박에도 참여하고 있었다. 아니 베이징의 지인들을 위해 내기골프 게임에 참여하고 있었다고 하는 것이 정확한 표현이다.

하루는 조선족 골프동우회의 손진석 회장으로부터 내기골프 제안이 들어왔다. 홍콩, 마카오, 타이완, 베이징의 네 지역 대표들이 모여 네 곳을 돌면서 내기골프를 하는데 베이징 대표로 출전해 보지 않겠냐는 제안이었다. 한국에서 최상호 등 프로골퍼들과도 내기골프를 한 박채서로서는 뿌리치기 힘든 제안이었다. 더욱이 중국의 내기골프는 스폰서가 판돈을 전액 지원하므로 금전의 부담도 없었다.

전통적으로 중국인들은 내기도박 현장에서 현금을 주고받았다. 박채서에게 주어진 판돈은 전액 1천 홍콩달러짜리 지폐로 지급되었는데, 우리 돈으로 환산하면 6억 원이 넘는 액수였다. 물론 내기에서 다 잃더라도 그가 부담할 몫은 없었다. 중국에서는 라운딩할 때 게스트가 동반할 수 있어, 네 지역 대표 외에 20여 명의 초청 게스트가 동행했다.

내기골프는 심리적인 멘탈 게임이므로 기선 제압이 중요하다. 박채서는 300야드를 넘나드는 호쾌한 드라이버샷으로 상대방의 기를 죽였다. 이어 9번 아이언샷으로 150야드를 쳐서 상대 3명의 기를 또 한 번 눌렀다. 매 홀 전(前) 홀의 4위가 다음 홀의 프리배팅을 하는 홀 스트로크 방식에서 전체 토털 스코어는 의미가 없었다. 그가 마음속으로 정한 전략적 홀에서는 거의 버디를 낚아 승부를 결정지으며 18홀을 모두 자신의 페이스대로 경기를 이끌었다. 한마디의 말도 없이 4시간여 동안 경기에만 집중하는 모습에 세 사람은 질린 표정이었다.

박채서는 이날 내기골프에서 우리 돈으로 환산해 102억 원을 싹쓸이했다. 그에게 판돈을 건 전주(錢主)는 관례대로 선수가 딴 판돈의 30%인 30억 원을 그 자리에서 주려고 했다. 그러자 박채서는 전주에게 서툰 중국어로 이렇게 말했다.

"니더워 꿔자이 펑요(你和我是国际朋友)"

박채서는 정중히 사양하면서 "돈이 아니라 당신을 친구로 삼고 싶다"고 덧붙였다. 돈 계산이 빠른 중국인으로서는 보상금 30억 원을 사양하니 이해할 수 없다는 표정이었다. 그러나 나중에는 그의 진심을 이해했다. 알고 보니 이들에게 100~200억의 도박 판돈은 큰돈도 아니었다. 이 일을 계기로 박채서는 베이징의 큰손들에게 강한 인상을 남기며 가까워졌다.

중국인은 전통적으로 노름을 즐긴다. 골프라는 스포츠도 중국에서는 스포츠 그 자체보다 내기골프라는 게임으로 더 인기를 끌게 되었다. 물론 중국에서 골프를 칠 수 있는 계층은 특권층이므로 내기골프 노름은 극히 일부의 특권 계층에 국한되었다. 골프가 원래 스코틀랜드 양치기들이 내기를 하느라 만든 게임이다 보니, 어찌 보면 도박을 즐기는 중국인의 습성과 잘 맞았다. 또한 기존의 마작 도박은 참가하는 인원이 일정하게 제한돼 있는 데 비해, 골프는 인원에 구애받지 않고 게임방식도 다양해 기존의 마작이나 카드게임에 식상해 있던 중국인을 매료시켰다.

그는 시간이 가고 횟수가 거듭될수록 중국인들의 도박 규모와 도박에 대한 사고방식에 놀라움을 금할 수 없었다. 주변의 지인들과 개별적으로 도박을 하는 경우는 우리네와 별반 다르지 않았다. 내기 판돈도 친선게임 정도의 액수였고 주로 베이징 외곽의 '경남(京南) 골프장'이나 멤버들이 직접 운영하는 골프장에서 보통 1박 2일 또는 2박 3일 일정으로 이루어졌다.

이에 반해 본격적인 도박골프는 보통 사전에 준비되어 베이징 내에서도 1팀 10명 정도씩의 인원으로 편을 구성해 일주일 혹은 10일 정도의 기간을 정해 놓고 개인전부터 시작해서 단체전까지 반복해서 진행되었다. 특이한 것은 이럴 경우 선수들의 개인 호주머니에서 돈이 나오지 않고, 매 게임 스폰서가 반드시 붙어 다니는 것이었다. 즉, 이기면 판돈의 50%를 스폰서가 가져가고, 지면 전액을 스폰서가 부담한다.

중국은 개인이 수표를 사용하지 못하기 때문에 현장에서 게임 직후에 홍콩 달러로 계산된다. 본격적인 도박게임은 보통 100억 대에서 수백억 대의 판돈이 걸리는데 승리할 경우에 판돈의 50%는 스폰서가, 나머지는 게임 참가자가 나눈다. 패할 경우에는 스폰서가 전부 부담하는 독특한 방식을 취하는데, 도박 자체를 즐기는 것 같았다. 수조 원에서 수십조 원을 가진 거부들에게 수억 원, 수십억 원을 잃고 따는 것은 별 관심이 없어 보였다. 우리는 단돈 만 원을 잃어도 상대에게 패한 것만으로 자존심을 상해 하는데 그들은 이기고 지는 것에 큰 의미를 부여하지 않는 것처럼 보였다.

한번은 베이징에서 대표 10명이 구성되어 상하이, 무한, 칭다오, 심천 등지를 원정해 경기를 갖는데, 총합산으로 승부를 가리는 단체전, 맨투맨으로 승부를 가리는 개인전을 반복해 판돈을 걸고 도박을 했다. 보통 한판에 한국 돈으로 100억 원 이상을 걸고 했다. 그런데 공교롭게도 박채서가 결정적 순간에 승부를 뒤집는 경우가 많아 그는 중국인 큰손들에게 강인한 인상을 남겼다. 그는 베이징에서 열린 6개국 초청 아마추어 골프대회에 한국 대표로 출전해 개인전 우승으로 홍콩에 본사를 둔 최고급 백화점인 '싸이트백화점' 상품권 12만 위안(한국 돈 2천만 원)을 부상으로 챙기기도 했다.


골프 제자로 만난 산허우이(三合會) 총회주

6개국 초청 골프대회 이후 중국인 친구들이 '뷰익자동차배 클럽대항 골프대회'에 출전할 의향이 있는지 물어왔다. 뷰익(Buick) 자동차와 중국 CCTV 그리고 중국골프협회가 공동주관하는 이 대회는 전 중국을 5개 권으로 나누어 22개 팀을 선발해 해마다 중국 대도시를 순회하며 개최하는 중국 아마추어 골프의 최고 이벤트였다.

박채서는 베이징의 경남(京南)골프장 소속으로 베이징 지역 예선전부터 출전했다. 24개 팀이 출전하는 첫날 경기에서 1라운드 이글 2개를 기록하는 등 7언더

중국 골프 잡지에 소개된 베이징 경남(京南)골프장 소속 박채서 골퍼

파를 몰아쳐 관중과 대회 참가자들은 물론, 주최 측까지 깜짝 놀라게 했다. 특히 중국인들은 버디를 잡아도 두 손을 모으고 "시에시에(謝謝)"하는 것이 고작인데, 박채서는 다양한 포즈로 세러머니를 즐기니 관중과 방송 카메라의 스포트라이트를 받았다.

첫날부터 최고령의 외국인 선수가 기염을 토하자 거의 모든 관중들이 구름같이 모여들어 그의 경기를 지켜봤다. 참가 선수들은 대부분 20~30대였다. 수많은 관중과 5대의 CCTV 방송 카메라가 지켜보는 가운데 그는 프로와 아마추어를 막론하고 최고 성적(-7)으로 개인전과 단체전 우승을 거머쥐었다. 대회를 공동주관한 CCTV는 1라운드에서 2개의 이글을 기록한 이 경기를 5차례나 반복 상영했으며 골프잡지에도 4페이지에 걸쳐 실렸다.

베이징 지역 예선전을 1위로 통과한 박채서가 속한 경남골프장은 베이징, 허베이성(河北省), 하이난다오(海南島) 등에 6개의 골프장을 소유한 리조트 전문그룹이었다. 그가 우승하면 골프장도 덩달아 명문골프장으로 이름을 날릴 터이니 결승전에 거는 기대가 커서 전폭적 지원을 아끼지 않았다. 박채서 팀은 대회 9일

전에 전국 결승전이 열리는 난징(南京)으로 출발했다.

　고도(古都)인 난징은 베이징과 다른 세계였다. 박채서와 팀원들이 연습 라운 딩을 끝내고 숙소로 돌아오면, 매일 저녁 난징 시장과 부시장, 장쑤성(江蘇省) 당서기와 부서기 등 지방 최고 권력자들이 선수단 일행을 대접하는 것이었다. 생전 맛을 보기는커녕 듣고 보지도 못한 진귀한 음식들이 나왔다. 필시 선수가 아닌 동행한 게스트 후원자 중에 이런 대접을 받을 만한 귀인이 있을 텐데 아무도 내색을 하지 않았다.

　뷰익대회 결승전은 웅장하면서도 호화로웠다. 전야제 하룻밤을 위해 호수 한 가운데 연단을 만들고 전국 유명 민속예술단을 초청해 공연을 했다. 끝없이 쏘아 올리는 폭죽과 산해진미(山海珍味)는 분위기를 한껏 고조시켰다. 참가하는 골프장이 속한 지역의 기관장과 지역 골프협회장들이 다 참석했는데, 중국에서 상당한 권력을 행사하는 주요 성(省)·시(市)의 무장경찰대장들이 대부분 해당 지역 골프협회장을 맡고 있었다.

　경기 마지막 날, 박채서는 14번 홀부터 연속해서 버디를 잡다가 17번 파 3 홀(216야드)에서 6번 아이언으로 친 공이 두 번 튕기면서 그대로 홀컵으로 빨려 들어갔다. 아마추어 골퍼가 216야드를 6번 아이언으로 샷을 한 것도 화제였지만, 대회 참가자 중에서 최고령에다가 유일한 외국인이 14번 홀부터 연속 버디를 하고 있는 장면을 본부석과 중계팀이 예의주시하고 있는 터에 홀인원이 탄생한 것이다.

　박채서에게 최고의 클라이막스는 마지막 18번 홀에서 나왔다. 드라이버샷을 친 후에 50야드 남긴 세컨샷에서 온 그린에 실패하고 공은 그린 5야드 가까이 떨어졌다. 핀까지 거리는 대략 20야드. 급격히 휘어진 내리막 경사지였다. 그는 이리 재고 저리 재면서 일부러 시간을 끌며 분위기를 잡았다. 관중과 중계석에선 쥐 죽은 듯이 조용한 가운데 모두가 그의 일거수일투족을 뚫어지게 지켜봤다.

그는 지난 홀에서 홀인원을 한지라 부담이 없었다. 9번 아이언으로 과감히 공을 굴렸다. 공이 홀에 떨어지지 않으면 최소 5~10야드는 굴러 내려갈 판이었다. 그런데 기적이 일어났다. 휘어진 내리막을 탄 공은 그대로 홀컵으로 빨려 들어 마지막 홀까지 버디로 장식하게 된 것이다. 그는 두 주먹을 불끈 쥐고 포효하는 세러머니로 대미를 장식했다. 다만, 이왕 홀인원을 할 거면 홀인원상 지정 홀인 전반 파 3홀에서 했더라면 거래가 4억 원짜리 최고급 뷰익자동차를 경품으로 받았을 텐데 하는 아쉬움이 남았다.

폐막과 시상식은 난징 국제컨벤션센터에서 거행되었다. 시상식에서 박채서는 자신의 홀인원이 대회 공식 첫 홀인원임을 알게 되었다. 시상식이 끝나고 숙소에 돌아와선 경남골프장 선수단의 자체 축하연이 열렸다. 박채서는 그 자리에서 9일 동안 품었던 궁금증을 풀었다. 이곳 난징에서 시장과 당서기로부터 극진한 대접을 받게 한 장본인은 처음 그에게 마카오, 홍콩, 타이완 대표들과 도박골프를 하라고 권했고, 이후 여러 지방을 다니며 내기골프를 하면서 함께 어울렸고, 그로부터 골프를 배워 그를 '사부'라고 부른 골프 제자였다.

알고 보니 내기골프에서 딴 30억 원을 사양했던 그를 눈여겨본 골프 제자는 바로 산허우이(三合會) 총회주였다. 중국에서 삼합회의 영향력은 그가 상상하는 것 이상이었다. 신분 노출을 극도로 꺼리는 범죄조직의 특성상 총회주의 신분은 최측근이 아니고는 알 수 없었다. 총회주가 스스로 신분을 밝힌 것은 그를 진정한 친구로 인정한다는 신뢰의 표시였다. 베이징으로 돌아오자 총회주는 박채서에게 '베이징 투주우이(禿鷲會, 독수리회)'에 가입하라고 권유했다.


베이징의 상류사회 '독수리회'

'베이징 독수리회'는 베이징에 거주하는 상류층 인사들로 구성된 비공개 모임이다. 그때의 현재 권력인 후진타오(胡錦濤) 주석과 미래 권력인 시진핑(習近平) 부주석의 최측근 인사들과 가계 고위층 인사들이 두루 포함되어 있었다. 박채서는 총회주와 골프 사제(師弟)라는 인연으로 외국인 최초로 상류사회 클럽인 독수리회의 정회원이 되는 행운을 갖게 되었다. 박채서는 중국 태자당(太子黨)의 맏형인 위정성(俞正声) 상하이 당서기도 그때 처음 만났다.

위정성은 아버지가 초대 톈진(天津)시장을 지낸 위치웨이(俞啓威)이고, 어머니는 베이징 부시장을 역임한 판진(范瑾)으로, 중국에서 혁명원로들의 자제들로 이뤄진 태자당의 맏형이다. 그의 부인도 국무원 부총리였던 장아이핑(張愛萍)의 딸인 장즈카이(張志凱)이다. 1986년에는 형인 위창성(俞強声) 국가안전부 외사국장이 미국에 망명한 사건이 있었으나 이듬해 산둥성 옌타이 시장을 거쳐 1992년에 당중앙위원회 후보위원에 진입하였다. 이후 후베이성 당서기, 당중앙위 정치국원, 상하이 당서기, 정치국 상무위원, 인민정치협상회의 주석을 역임했다.

박채서는 큰딸 서희가 베이징에서 고등학교를 졸업하면 둘째 서현이랑 함께 미국으로 보낼 생각이었다. 하지만 둘째 서현이 미국에 떨어져 사는 것을 거부하는 바람에 아내와 상의해 둘째가 베이징에서 학업을 마칠 때까지 베이징에서 계속 살기로 했다. 그래서 한인들이 많이 사는 베이징 왕징에 아파트를 구입하고, 산허우이 총회주의 권유로 골프장 회원권도 매입해 정착할 준비를 했다.

총회주가 권유해 박채서 부부 명의로 회원권을 구매한 베이후(北湖) 골프장은 그가 베이징에서 인맥을 구축하는 데 실질적 도움이 되었다. 나름 국내외의 유명 골프장을 섭렵한 박채서였지만 베이징 시내 한복판에 그만한 시설과 서비스를 갖춘 곳 찾기 힘들었다. 특히 연습장은 접근성이 중요한데 베이후 골프장에 딸린 연습장은 어디에서도 볼 수 없는 탁월한 시설과 규모를 자랑했다.

연습장에 그 흔한 골프망이 없었다. 300야드가 넘는 천연잔디 구장에 그린과 벙커, 해저드 등 실골프장을 그대로 옮겨 놓은 것처럼 조성해 연습장이지만 실제 라운딩을 하는 기분을 느끼도록 했다. 특히 드라이브샷부터 티칭샷까지 공의 향방과 최종 낙하점을 플레이어가 확인할 수 있도록 한 시공기술은 놀라울 정도였다. 고급요리를 저렴하게 서비스하는 클럽 하우스도 훌륭하지만 특히 연습장에 딸린 벙커연습장, 퍼팅연습장, 실거리 아이언 잔디연습장은 환상적이었다.

박채서는 틈만 나면 베이후 골프 연습장을 찾았다. 오히려 중국의 골프 역사가 짧아 교육과 레슨이 활성화되지 않은 현지 사정이 그에게는 다행이었다. 마음껏 이용할 수 있어서였다. 그는 특이하게 한 번도 정식 골프 레슨을 받은 적이 없이 독학으로 골프를 시작해 입문 7개월 만에 싱글 골퍼가 되었다. 그는 골프를 프로가 가르치는 대로 따라 배운 것이 아니고, 혼자서 연구하면서 수많은 시행착오를 거치며 터득했기에 가르치는 데는 누구보다도 자신이 있었다.

그는 베이후 골프연습장에서 최단 6개월, 최장 1년 과정으로 회원들에게 틈나는 대로 조언하고 지도해주었다. 그들로서는 듣도 보지도 못한 이론과 실전을 바탕으로 한 레슨이었다. 직접 시범까지 보여주며 개인별로 맞춤형 지도를 해주니 회원들이 그를 서로 골프장에 모시려고 줄을 설 정도였다. 하지만 그는 과거 국가공작을 수행했던 시절의 기법을 살려 묵묵히 가르치기만 할 뿐, 일부러 그들의 직업과 신분을 묻지 않고 스스로 말할 때까지 기다렸다.

시간이 흐르자 하나둘씩 신분을 얘기하고 명함을 건넸다. 가까운 친구로, 또는 사부로 인정한다는 뜻이었다. 그중에는 중국 주식시장 상장 시가 총액 5위 안에 드는 중국 최대의 석유회사인 시노펙(中国石油化工) 총경리(회장), 인민군 상장(대장)인 베이징시 무장경찰대장, 중국 공산당 고위층 등 한국 대사관 직원이나 언론사 특파원들도 쉽게 만날 수 없는 인사들이 그의 골프 제자였다.


베이징에 골프장을 짓다

이렇게 골프를 매개로 베이징에서 인맥과 꽌시(关系)를 넓히는 과정에서 중요한 정보를 접하게 되었다. 산허우이 총회주의 소개로 함께 골프를 치게 된 중국 공산당 중앙위원회 간부로부터 라운딩 도중에 골프장 조성을 위해 한국 전문가를 소개해 달라는 부탁을 받은 것이다. 사정을 들어보니 중앙당 간부들 모임에서 골프장을 조성하면 재산 형성에 도움이 되고 은퇴 후 노후를 즐기는 데도 좋은 재테크 수단이라는 데 의견이 모여 방법을 물색 중이었다.

그러나 중국도 부동산 광풍이 불어 경상북도 크기의 베이징시에도 이미 쓸만한 땅들은 처분되거나 정리된 상태여서 골프장을 조성할 대규모 땅을 구하기는 여간 어려운 일이 아니었다. 또한 무분별한 농지 전용과 훼손을 막기 위해 중앙 정부 차원에서 강력한 단속과 방지책을 시행하고 있어 그들이 할 수 있는 선택은 매우 제한적이었다. 그러나 궁하면 통하는 법이었다.

본래 베이징은 물이 풍부한 도시였다. 하지만 급격한 인구 증가와 산업화로 무분별하게 지수를 뽑아 쓰다 보니 베이징 주변의 강들이 모두 말라서 잡초만 무성한 가운데 일부 하천은 골재 채취로 흉물스런 모습으로 방치되어 있었다. 이 때문에 베이징 수로국이나 산림국에서는 하천 관리 문제로 골머리를 앓는다는 이야기를 들은 적이 있었다. 그래서 박채서는 그들에게 특별한 제안을 했다. 그는 "방치된 강상(江上)을 녹화정리 하겠다는 명분으로 베이징시에서 사용허가를 받으라"고 하면서 그 이유를 이렇게 설명해 주었다.

"평평한 모래로 이루어진 강상에 골프장을 조성하면 한국에서 골프장을 조성하는 비용의 1/10도 들이지 않고 만들 수가 있다. 공사 기간도 6개월이면 가능하고 허가 절차 등 까다로운 행정조치도 없기 때문에 비교적 쉽게 원하는 골프장을 획득할 수 있다. 사용허가를 받으면 한국에서 골프장 설계 전문가를 초빙해 구체적 프리젠테이션을 할 수 있도록 하겠다."

그가 제안하기가 무섭게 중앙당 간부들은 베이징시 주변 강을 대상으로 검토에 들어갔다. 이어 베이징 시내에서 승용차로 30~40분 거리에 있는 강을 하나 골라서 주변 경관과 교통 접근성 등을 고려해 최종 후보지를 선정해 알려주었다. 이에 박채서는 한국에서 골프장 설계 전문가를 초빙해 1주일간 현장을 둘러보고 시안을 마련해 중앙당의 관련자들에게 일괄적으로 브리핑해주었다.

그 뒤부터는 속전속결이었다. 베이징 시 당국의 행정조치와 초기 건설자금 조달 등 일사천리로 진행되었다. 자신들의 이해관계가 걸리자 만만디(慢慢的)는 존재하지 않았다.

최소한도의 자금으로 사업을 추진하기 위해 일단 18홀 골프장 1개를 시범적으로 조성해 투자금을 끌어들이고, 베이징시 관계자들에게도 실물을 보여주어 안심을 시켰다. 박채서는 이들에게 회원권을 사전 판매해 건설자금을 충당하는 한국식 골프장 조성 방식 대신에 시범 골프장을 건설해 관심 있는 투자자들에게 지분참여 방식을 취하도록 권장했다. 골프가 활성화된 뒤에 높은 가격으로 회원권을 분양하는 것이 훨씬 더 사업성이 좋다는 판단이었다. 실제로 몇 년 안 가서 이들은 회원권 분양으로 대박을 터뜨렸다. 공무원으로서는 평생 앉을 수 없는 돈방석에 앉게 되었다.

중앙당 간부들과 골프장 사업을 추진하는 과정에서 그의 파트너로 나온 사람이 공산당 대외연락부 조한(朝韓) 처장, 즉 조선 – 한국 담당 처장(한국의 과장급)이었다. 중앙당 간부들은 조한 처장이 단지 김일성대학 유학파로 한국어에 능통해 그를 파트너로 내세운 것이지만, 결과적으로 그와의 만남은 박채서에게 운명적이었다. 덩샤오핑(鄧小平)과 인척 관계인 그의 처도 김일성대학 유학파로 한국에서 서울대 대학원 과정도 수료한 인텔리 여성이었다.

박채서의 골프장 조성사업은 대성공을 거두었다. 시범 골프장을 본 베이징시 관계자들도 대만족이었고 투자자들도 앞다투어 돈주머니를 열었다. 때마침 큰딸 서희도 베이징대 상위학과인 신방과에 1지망으로 합격해 그에게 큰 기쁨을 안겨 주었다. 둘째 서현이도 국제학교에서 모든 과제물을 영어로 작성하며 잘 적응하고 있었다.

## 18 _ 중국군의 '병아리(小鷄) 계획', 39도선 이북을 점령하라

중국은 자국의 국경 안에서 전개된 모든 역사를 중국 역사로 만들기 위해 2002년부터 동북쪽 변경지역의 역사와 현상에 관한 연구 프로젝트, 이른바 동북공정(東北工程)을 추진했다. 동북(東北) 3성(헤이룽장성, 지린성, 랴오닝성)의 역사문화에 관한 연구 프로젝트인 동북공장은 고구려, 발해 등 중국 국경 안에서 전개된 모든 역사를 중국 역사로 만들기 위한 시도였다.

동북공정에 따른 중국의 주장은 ▲고구려는 중국 땅에 세워졌고 독립국이 아닌 중국의 지방정권이다 ▲고구려 민족은 중국 고대 한민족이고 고구려 유민은 상당수 중국에 흡수되었다 ▲왕 씨 고려는 고구려를 계승한 국가가 아니다, 이렇게 요약되었다.

중국 사회과학원이 연구 · 조사해 정부에 제출한 동북공정이 알려지자, 한국은 그 실태를 파악하고 중국의 저의를 알아내기 위해 야단법석이었다. 고구려를 자랑스러운 우리 역사의 일부로 여겼던 대다수 국민에게는 충격이었다. 중국이 갑자기 동북공장을 주장한 배경은 뻔했다. 동북 3성에 거주하는 조선족의 분리 독립을 막고 남북통일 이후 조선족의 이탈과 국경선 분쟁을 방지하기 위해 선제적으로 역사를 왜곡한 것이었다.

### 공산당 대외연락부 조한(朝韓) 처장과의 운명적 만남

박채서는 중국 공산당 중앙당 간부들에게 골프장 조성사업이라는 선물을 안겨 주가를 올린 상태였다. 그 덕분에 남북관계나 국제정세와 관계없이 공산당 대외연락부 조한(朝韓) 처장과 개인적 유대관계를 꾸준히 유지하고 있었다. 때로는 부부가 함께, 가끔은 베이징대에 입학한 큰딸 서희를 동석시켜서 함께 만났다. 나중에 알게 된 사실이지만, 조한 처장과 같은 직위의 공산당과 외교부의 관리는 사전 허락 없이 외부인을 접촉할 수가 없었다.

그날도 박채서는 베이징의 왕징(望京)에 있는 '국지가'라는 한국인이 운영하는 일식집에서 조한 처장과 식사를 하면서 그즈음에 많이 회자된 동북공정을 화제로 얘기가 나누었다. 박채서는 대다수 한국인들이 걱정하는 것처럼 갑작스런 중국의 역사 왜곡에 의아심을 나타냈다. 그런데 조한 처장이 해준 이야기는 매우 충격적이었다. 그 요점은 이랬다.

"동북공정을 단순히 역사를 왜곡하려는 의도로 보지 마시라. 지금에 와서 고구려가 중국의 역사 일부라고 주장한들 현실적으로 무슨 의미가 있는가. 단순한 역사 왜곡에 국가 예산을 한국 돈으로 2조2천억 원이나 책정해 집행하겠는가. 동북공정의 본질은 작금의 한반도, 특히 조선(북한)의 사태와 무관하지 않다. 즉, 조선(북한)에 급변사태가 발발하면 중국 인민과 자산 보호를 명분으로 조선(북한)의 남포와 원산을 잇는 북위 39도선 이북을 중국 인민해방군이 무력 점령하는 군사작전이 전격 시행될 것이다."

이른바 '병아리 작전'의 실체를 조한 처장의 입을 통해서 처음 알게 되는 순간이었다.

'병아리(小鷄, 샤우치우아이) 계획'이라는 명칭은 어미 닭이 위급할 때 병아리들을 품으로 감싸 보호하는 것처럼 북한 급변사태 시 자국민을 보호한다는 개념에서 유래했다. 북한에는 현재 5천 명 이상의 화교가 거주하고 있다. 화교들은 북·중 무역의 담당자로서 북한 주민들보다 풍요로운 생활을 하고 있다. 그러나 자국민 보호는 '병아리 작계'의 명분이고, 실제로는 유사시 북한지역에 대한 무력 점령 작전이었다.

조한(朝韓) 처장에 따르면, 동북공정은 중국 인민해방군의 북한 무력 점령의 정당성을 뒷받침하는 이론이라는 것이다. 실제 책정 예산 대부분이 압록강과 두만강을 경계로 하는 북·중 국경지역의 군사도로 개설에 투입되고 있었다. 작전 발생 시 현지 총 책임부대의 역할을 하게 되는 선양군구와 단동 간에 4차선 도로가 완성되었고 단동-신의주 간 교량 건설 또한 중국의 주도로 건설될 예정이라는 것이다. 실제로 그 뒤로 원자바오(溫家寶) 총리가 압록강대교를 건설하겠다고 공식 발표해 압록강대교가 건설되었다.

사태의 심각성을 직감적으로 파악한 박채서는 우선 진위 여부를 확인하는 것이 급선무라고 생각했다. 먼저 베이징시 무장경찰대장(인민해방군 상장)과 중국 국가안전부 아시아담당 국장 등을 통해 은밀하게 '병아리 작전'의 실체를 알아보았다. 하지만 중국 정부의 '동북공정'으로 유사시 중국의 한반도 문제 개입에 대한 경계심이 부쩍 높아져 있어서인지 이들은 상당히 조심스러워했다. 이들은 '병아리 작전'의 구체적 내용에 대해서는 밝히지는 않았지만, 유사시 중국 인민해방군이 북한을 점령하는 '중국판 북한 급변사태 계획'이 존재한다는 사실을 확인해 주었다.

당시 미국은 북한 급변사태를 가정한 '개념계획 5029의 작계화'를 한국군과 논의 중인 상황이었다. 그렇다면 중국 정부가 이에 대응하여 그와 유사한 비상계획을 준비한 것으로 볼 수 있었다. 중국 정부의 북한 급변사태 계획은 일명 '병아리(小鷄, 샤우치우아이) 계획'으로 마치 암탉이 병아리를 품듯이 북한을 보호하고 관리해준다는 의미를 띠고 있었다. 이 계획은 중국 인민해방군이 남포~원산을 잇는 대동강 이북 지역을 점령하여 북한 전역의 치안을 유지하고 주민들이 대량으로 중·조(中·朝) 국경을 넘는 것을 차단하는 등 복합적인 북한 안정화 계획을 담고 있는 것으로 보였다.

박채서는 리호남을 통해서도 '병아리 작계'에 대해 탐문해 보았다. 북한과 중국 정부는 중국 기업인들이 북한에 투자하더라도 남포~원산선, 즉 위도 39도선 이남에 투자하거나 거주하는 것을 금지하고 있었다. 북한에 급변사태가 발생할 경우, 중국 정부는 '자국 주민들과 재산을 보호한다'는 명분으로 개입하더라도 대동강 이남으로 내려오지 않는다는 것이다. 따라서 남포~원산선은 중국의 북한 점령 남방한계선으로 설정돼 있는 셈이다.

남방한계선을 설정해 놓은 것은 중국이 한계선을 넘어 내려갈 경우, 문제가 복잡해지기 때문이다. 남포~원산의 39도선 이남까지 내려가면 남측의 접경지역과 개성공단 등 남측 투자지역까지 중국이 점령하게 되어 복잡한 문제를 발생시킬 수 있었다. 그리고 그 무엇보다도 6.25 한국전쟁에 참전했던 중국은 1951년 1.4 공세(1.4 후퇴) 당시 39도선 이남으로 진격했다가 퇴각한 경험이 있다.

중국 정부는 유사시 병아리 계획을 원활하게 수행하기 위해 랴오닝성 선양에서 인민해방군 정규군을 집결시켜 압록강과 두만강을 건너 북한에 진입시키는 작전도로 건설을 이미 끝낸 상태였다. 인민해방군의 집결 및 북한 진입을 위한 도로 공사에만 수조 원이 투입되었다. 6.25 한국전쟁 당시 중국군이 개입한 것에 비견되는 대규모 작전계획이 수립되었음을 짐작게 하는 대목이다.

중국군과 미군이 한꺼번에 북한에 진주해 충돌할 수도

중국 정부의 병아리 계획에 대한 북한의 입장은 명확치 않다. 그러나 북한이 한미연합사 '작계 5027-04'의 내용을 입수한 정황에 비추어볼 때 북한은 병아리 계획에 대해서도 파악하고 있다고 보는 것이 합리적 추론이다. 2004년 8월 북한 노동신문은 '작계 5027-04'의 단계별 작전계획 내용을 공개하며 격렬히 비난한 바 있다. 노동신문 보도 이후 당시 리언 라포트(Leon LaPorte) 한미연합사령관은 청와대 고위관계자를 만나 "북한이 우리의 작전계획을 다 알고

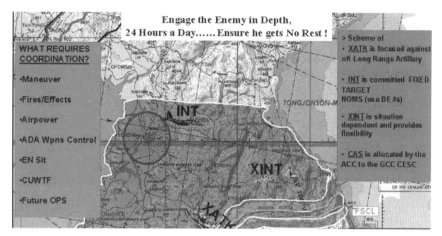

한반도 유사시 북한 점령 계획을 포함한 중국 인민해방군 선양집단군의 '병아리 계획'은 미 태평양사의 '작계 5027'과 충돌할 가능성이 크다.

있는 것 같다"고 불만을 토로했던 것으로 알려졌다. 라포트는 2002년 5월부터 2006년 2월까지 주한미군 및 한미연합사 사령관을 지냈다.

이후 미국이 추진하는 '개념계획 5029'에 대해 노무현 정부에서 이견을 제시하면서 논란이 불거지자, 라포트 사령관은 우리 정부에 대해 "동맹을 깨자는 거냐"며 한국 정부에 대해 극도로 불쾌한 반응을 보였다. 이에 한국 정부가 "작전계획이 아닌 개념계획이라면 인정하겠다"며 한발 물러서자 한미연합사는 사실상 작전계획이나 다름없는 '개념계획 5029'를 발전시켰던 것이다.

북한 급변사태 시 점령계획인 '개념계획 5029의 작계화' 논란을 지켜본 북한으로서는 미국이 한국 정부와 무관하게 일방적으로 북한을 점령할지 모른다는 불안과 공포에 시달릴 수밖에 없었다. 또한 북한은 미국의 군사계획에 대한 방어기제로서 중국 정부의 병아리 계획을 모른 척하면서 묵인했을 가능성도 있다. 이는 마치 이명박 정부 들어서 정부가 미국의 '작전계획 5029'를 용인한 것과 마찬가지다.

군사 전문가인 김종대 의원에 따르면, 2009년 10월 22일 서울에서 개최된 제41차 한미연례안보협의회(SCM)를 앞두고, 당시 김태영 국방장관은 이명박 대통령에게 중요한 현안보고를 했다.

"미국 측이 북한 붕괴 시 중국의 개입에 대비한 별도의 대비계획을 만들자고 제안해왔습니다. 이러한 미국 측 요청에 따라 국방부는 중국과의 협력을 핵심 내용으로 하는 북한 급변사태 대비계획을 '개념계획 5029'의 별도 부속문서로 만들고자 합니다."

이에 대해 이명박 대통령은 "만일 우리가 중국 개입에 대비한 문서를 만든다는 사실이 외부로 알려지면 중국과 외교적 문제가 발생할 수 있으니 각별히 관리에 유의하라"는 지침과 함께 김 장관의 의견을 수용했다. 이 대통령의 지침에 따라 한미 군 수뇌부는 한미연합사령부로 하여금 '개념계획 5029'의 새로운 부속문서를 작성하도록 했다.[28]

김종대 의원에 따르면, 부속문서의 핵심은 두 가지다. 첫째, 미국은 중국이 북한 급변사태 국면에 개입하더라도 중국과 군사적으로 충돌하지 않는다. 둘째, 대량살상무기에 대해서도 중국과 공동으로 관리한다. 이 두 가지는 미국이 북한에 대해 일정한 영향력을 갖고 있는 중국의 지위를 인정하면서 핵문제에 대해서도 자신의 '독점적 지위'를 고수하지 않겠다는 의지를 명확히 한 것이다. 이는 유사시 미국과 중국이 한반도를 관리하고 한국의 주권은 실종되는 개탄스러운 계획이 아닐 수 없었다.

북한 권력의 진공 상태를 노린 미국과 중국이 북한 영토에서 각축전을 벌일 경우 작전계획 5029와 병아리 계획은 충돌할 수밖에 없었다. 한반도에서 북한 급변사태가 일어났을 때, 최악의 경우에는 중국군과 미군이 한꺼번에 한반도에 진주해 충돌할 가능성도 배제할 수 없었다. 그런 사태가 벌어진다면 한민족의 주권과 자주성이 존중될 가능성은 거의 없다고 봐야 했다. 물론, 한국 주도의 통일도 물 건너가는 것이었다.

박채서는 마음속으로, 침착하자, 냉정하자, 이렇게 몇 번이고 되뇌었다. 그

---

주28 _ 김종대, 한반도 유사시 비밀계획 '병아리'는?, 프레시안, 2014년 12월 6일

순간 그는 자신이 국가공작원 시절로 되돌아간 느낌이 들었다. 정확한 상황 분석과 냉철한 판단이 요구되는 시점이었다. 마음 한구석에서는 모른 척하라는 외침이 있었지만, 그러나 알게 된 이상 외면할 수 없다는 것은 스스로 잘 알고 있었다.

박채서는 일단 귀국해서 상황을 알아보기로 했다. 어쩌면 우리 군에서는 알고 있을지도 모른다는 생각에서 국방부 권오성 장군, 국방정보본부 고영일 장군, 육군 참모차장 한민구[29] 장군 , 그리고 나중에는 김충배 국방연구원장한테까지 물어보았다. 특히 작전통인 권오성[30] 육군 정작참모부 작전과장과는 중국의 군사작전에 대해 세 시간 넘게 심도 있게 얘기를 했지만 그조차도 '병아리 작전'에 대해 전혀 모르고 있었다.

### 청와대에 SOS

남북한이 서로 적대하면서 소모적인 경쟁을 하는 동안, 주변 강대국은 한반도의 미래를 자국의 국가이익에 맞게 재설계하고 있었다. 박채서는 며칠을 곰곰이 생각해 보았다.

우선 중국의 동북공정 발표 시기와 미국의 한반도에서 선제타격을 하겠다는 등의 의도된 언론플레이는 전혀 무관하지 않다고 추정했다. 미국은 필요하다면 한국의 의사와 관계없이 미국의 국익과 의도에 따라 북한을 선제 타격할 수 있었다. 더구나 중국은 미국의 최대 가상적국이었다.

중국의 동북공정이 어느 날 갑자기 튀어나온 돌발적인 정책이 아니라면, 미국의 한반도 미래전략에 대응해서 만들어진 의도된 대응책이라고 판단했다. 박채서는 이렇게 상황을 정리하고 정책 제안서를 작성해 노무현 대통령에게 전

---

주29 _ 한민구는 청주고와 육사 31기 출신으로 육군 전략기획처장, 제53사단장, 국방부 정책기획관, 수방사령관, 육군 참모차장, 참모총장, 합참의장, 국방부장관을 역임했다.
주30 _ 권오성은 육사 34기 출신으로 육사 생도대장, 제15사단장, 국방부 정책기획관, 1군단장, 한미연합사 부사령관, 한미연합사 지상구성군사령관, 육군 참모총장을 역임했다.

달하기로 작정했다.

　박채서는 정책 제안서에 현재 용산 주한미군사령부 이전과 동두천 미2사단의 한강 이남 재배치를 협의하는 과정에서 불거진 미국과의 갈등은 다분히 의도적임을 강조했다. 특히 전략적 유연성을 구실로 미국의 대(對)한반도 전략이 변화하고 있는 가운데, 미2사단의 한강 이남 재배치로 인해 발생하는 안보 불안감 증대와 이에 대한 이종석 NSA 사무처장의 '시스템' 방어 논란의 허구성에 대해서도 지적했다.

　그는 특히 자신이 베이징에서 파악한 중국의 동북공정 실체와 '병아리 작전'에 대해서도 상세히 설명했다. 그리고 미국과 중국의 고래등 싸움에 우리 민족의 생존권이 위협받고 민족통일의 미래가 담보 잡혀서는 안 된다고 강조했다. 정책 제안서에는 이를 위한 몇 가지 대안도 제시했다. 핵심은 남북 긴장완화를 위한 대책을 마련해 조속히 시행함으로써 미국이 대북 선제타격이나 군사행동에 나설 수 있는 구실과 중국이 북한 급변사태 시 군사적으로 개입할 여지를 원천봉쇄하는 것이었다.

　아울러 박채서는 김대중 정부 시절에 남북이 합의한 개성공단 조성사업과 북한이 목을 매고 있는 신의주를 중심으로 한 압록강 하구 개발사업, 그리고 해주 - 남포를 연결하는 서해공단 조성사업을 추진할 것을 제안했다. 북한과의 경제협력과 더불어 지리적으로 중국과 가까워지는 의사를 중국 지도부에 표시함으로써 그들의 군사적 행동을 사전 예방할 수 있는 이중효과를 기대하는 사견을 덧붙였고 그동안 장성택 등 친(親) 중국, 개방파들의 의도를 파악한 내용도 첨부하였다.

　이런 정책 제안을 실행하려면 당장 남북 당국자 간의 접촉이 선행되어야 했다. 그래서 박채서는 남남북녀 결혼 프로젝트 대신에 조명애와 한국의 연예인이 함께 출연하는 광고제작 사업을 예비계획으로 제시했다. 정책 제안서를 제출하고 몇 달 뒤에 박채서는 베이징으로 가서 북한 관계자와 남북 합작 광고

제작 사업에 대해 구체적으로 토의해 합의를 이끌어냈다.

당초에는 남한에 이름이 알려진 조명애와 남한의 젊은 청년을 CF모델로 삼아 촬영할 계획이었다. 하지만 남남북녀 결혼 프로젝트의 실패에 따른 부담 때문인지, 조명애가 완강히 거부한다는 북측 관계자의 말을 듣고서 남자 모델 대신에 삼성 애니콜 광고의 여자 전속모델인 가수 이효리와 촬영하기로 결정했다. 평양과 서울을 오가며 촬영하려던 계획도 남북관계가 아직 정상화 되지 않은 상황이어서 무리라고 판단해 중국 상하이에서 촬영하는 쪽으로 바꾸었다.

마지막으로 삼성에 누가 사업 설명을 하고, 막대한 제작비용과 경비를 부담할 것인가가 관건이었다. 광고촬영 완료 시점으로부터 1개월 뒤에 개성에서 남북 당국자 간 차관급 회담을 성공시켜야 하는 박채서로서는 삼성과 접촉할 수도 없었고 또 그럴 힘도 없었다. 남북관계 개선과 긴장 완화에 초점을 맞추어 긴급히 추진한 사업이니만큼 무엇보다도 시간이 절대적으로 부족했다.

결국 박채서는 청와대에 SOS를 요청했다. 그리고 그가 요청한 대로 청와대가 직접 나서 삼성과 조율해 모든 제작비와 소요경비를 삼성에서 제공하게 되었다. 이렇게 해서 우리나라 대표 상품인 삼성전자 휴대폰 애니콜의 남북합작 광고제작 사업이 처음으로 성사된 것이다.


'작계 5029'와 '국방계획 2020'

한편 노무현 대통령은 대북정책의 원활한 추진을 위해 집권 여당인 열린우리당 의장이며 유력한 차기 대권후보인 정동영을 통일부장관 겸 NSC 상임위원장으로 기용해 대북정책을 진두지휘하게 했다. 또한 그간의 전례를 깨고 부산상고 출신의 윤광웅 예비역 해군소장을 국방부장관에 기용해 국방 개혁을 추진하도록 했다.

우선 미국으로부터 전시작전권 환수를 강력히 추진하고 용산 미군부대와 동두천 미2사단 한강이남 재배치 문제를 계속 추진한다. 동시에 국방부로 하여

금 '국방계획 2020'을 수립하게 한바, 2020년까지 한국군 병력 20만 감축안이 주 골자였다. 전시작전권 환수와 미2사단 한강 이남 재배치 문제는 국내 보수층은 물론 군부 내에서도 강력한 반발에 부딪쳤다.

그런 가운데 드디어 우려하던 일이 터졌다. 노무현 대통령의 대미 외교전략과 대북정책이 정면충돌하는 사태가 발생한 것이다. 미국은 북한 정권의 불확실성이 커졌다는 판단하에 급변사태 발생 시 한미연합군이 북한지역을 선점하여 통제하는 이른바 '개념계획 5029'를 작계화할 것을 한국 측에 제의했는데 노무현 대통령이 이를 거부한 것이었다.

노 대통령과 참모들은 북한의 전쟁 도발징후를 포착하는 즉시 한미연합군이 선제타격을 가하여 적의 전쟁의지를 말살시키는 북한지역초토화 작전과 연관시켜 강력 반발했다. 작계 5029는 미국의 북한에 대한 선제타격의 구실을 제공하는 작전이라고 판단한 것이다. 정동영 통일부장관도 북한 급변사태 발생시 개입하는 군사작전에 대해 공개적으로 비판했다.

"북한 내부에서 예기치 못한 급변사태가 발생할지라도 북한 군부가 충분히 통제 가능함에도 불구하고 미국이 일방적으로 개입하여 군정 등 군사적 행동을 하는 것은 민족의 자주권 침해이며 월권행위이다."

그러자 미국 측은 동맹국 간의 군사작전에 관한 기밀사항을 일방적으로 공개한 것과 관련 윤광웅 국방부장관을 항의 방문하기도 했다. 결국 '작계 5029'가 정치 쟁점화되어 윤광웅 국방부장관과 정동영 통일부장관은 국회에 출석하여 해명해야 했다.

그러나 이러한 사태를 겪으면서 노 대통령은 북한의 급변사태 발생 시에 미국이 일방적으로 개입하는 것을 원천봉쇄 하기 위해서는 전시작전권 환수가 필수적이라는 확신을 더 갖게 되었다. 또한 한반도 유사시 인계철선(引繼鐵線) 역할을 해온 주한미군을 한강 이남으로의 재배치하는 계획도 더 속도를 내어 추진하게 하는 계기가 되었다. 인계철선은 원래 지뢰나 부비트랩을 설치할 때

인력에 의한 발화 작용을 돕기 위해 사전에 설치하는 철선(trap wires)을 뜻하지만, 북한군의 주요 예상 남침로인 중서부 전선에 배치된 주한미군 2사단이 한반도 유사시 미군의 자동개입을 보장할 수 있다는 의미로 사용되었다.

노 대통령은 주한미군에 대해 '인계철선'이라는 용어를 사용하는 것을 싫어했다. 보수적인 사람들은 주한미군의 유사시 자동개입이 한국의 안보를 위해 필수적이라고 생각했지만, 노 대통령은 그것이 주한미군에 대한 의존도를 높여 자주국방을 더디게 하는 요인이라고 생각했다. 그래서 노 대통령은 한반도에서의 군사적 자주권 회복과 남북한의 평화 정착을 위한 방책의 하나로 '개념계획 5029'의 작계화 반대, 주한미군 한강 이남 재배치, 그리고 국방 개혁 2020을 추진했던 것이다.

'국방계획 2020'에서 추진한 병력 감축의 핵심 요소는 휴전선에 밀집된 경계 병력의 감축이었다. 이를 위해서 비무장지대의 평화지대 구축과 휴전선 감시 철조망 구축계획이 마련되었다. 그리고 남북한의 군사적 충돌 요인을 줄이기 위한 방편으로 기존의 휴전협정을 남북 당사자 간의 평화협정으로 전환하는 문제와 서해 분쟁수역의 NLL 문제를 북측과의 협상 테이블에 올린 것이다.

노 대통령은 서해를 평화수역으로 만들려는 회담 테이블로 북한을 끌어내기 위한 협상 카드로 NLL 카드를 꺼내 들었다. NLL을 평화선으로 대체할 만한 대응조치가 이루어질 경우, 기존의 NLL을 포기할 수 있다는 일종의 전략적 협상 제스처였다. 그런데 노 대통령 사후에 정치권에서는 이런 배경을 거두절미하고 NLL 포기 발언만 부각시켜 노 대통령의 대북정책을 일방적으로 매도했다. 노 대통령이 바보천지가 아닌 바에야 일방적으로 NLL 포기 발언을 했겠는가.

왕자루이 평양 방문 수행한 조한 처장
노 대통령이 냉각된 남북관계를 푸는 돌파구를 찾기 위해 고심할 때, 북한

왕자루이 대외연락부장을 접견하는 김정일. 왕자루이를 수행한 대외연락부 조한 처장(맨 왼쪽)과 강석주 북한 외무성 제1부상(맨 오른쪽)의 모습이 보인다. (출처 조선중앙TV 화면 캡처)

에 가장 큰 영향력을 행사할 수 있고 중국 대외정책의 실질적 권한을 가진 왕자루이(王家瑞) 공산당 중앙위원회 대외연락부장이 2004년 1월에 이어 2005년 2월에도 평양을 방문했다.

북·중 교류는 전통적으로 당적 교류와 정부 간 교류가 구분된다. 당적 교류는 북한 노동당 국제부와 중국 공산당 대외연락부, 정부 간 교류는 북한 외무성과 중국 외교부가 진행한다. 무려 2003년부터 2015년 11월까지 대외연락부장을 역임한 왕자루이는 김정일이 가장 좋아한 중국인으로 꼽힐 만큼 친북파인사였다.

왕자루이의 방북이 주목되는 까닭은 그가 평양에 다녀가면 그 뒤에 김정일 위원장이 중국을 방문하거나 북·중 관계의 중요한 이벤트가 뒤따랐기 때문이다. 실제로 2004년 1월에 왕자루이가 방북한 지 세 달 뒤에는 김정일의 방중이 전격으로 이뤄졌다. 또 2005년 2월에 왕자루이가 방북한 뒤에 김정일 위원장이 6자회담 조건부 복귀 의사를 피력했다.

북한 당국은 왕자루이의 방북을 공식 확인하면서 김정일과 회담 후 찍은 기념사진을 공개했다. 박채서는 "작금의 한반도 사태에 대해 심도 있는 논의를 했다"고 친절한 설명이 달린 사진을 보다가 왕자루이가 김정일과 찍은 기념사진에 눈이 멎었다. 사진을 보니 오른쪽부터 강석주 외무성 제1 부상, 김정일,

왕자루이 순서로 서 있는데, 맨 왼쪽에 낯익은 젊은 중국인이 서 있었다. 바로 중국 외교부 조한(朝韓) 처장이었다.

국내 언론은 왕자루이의 방북과 김정일 면담 사실을 북한의 6자회담 복귀 가능성과 연관 지어 1면 헤드라인으로 비중 있게 보도했다. 노무현 대통령 또한 북한의 6자회담 복귀 여부에 촉각을 곤두세우던 터여서 국정원과 외교부 등에 상황 파악을 지시했다. 베이징주재 한국대사관에도 긴급훈령이 전달되었다.

그러나 제아무리 탁월한 능력을 가진 정보기관일지라도 김정일과 강석주(1939~2016년) 외무성 제1부상, 왕자루이 대외연락부장과 통역을 겸해 참석한 조한 처장 등 4명이 참석해 대화한 내용을 알아낼 방법은 없었다. 외국 정상이나 고위 인사들과 수없이 면담을 해본 대통령 자신이 누구보다도 그런 사정을 잘 알았지만 당시 남북관계와 6자회담이 지지부진하다 보니 성미 급한 노 대통령은 국정원과 외교부에 몇 차례 독촉하는 등 회담 내용을 알고 싶어 했다.

그러한 사정을 알게 된 박채서는 베이징에서 조한 처장을 만나 평양 회담에서 논의된 주요 내용 세 가지를 듣게 되었다. 그는 그 정보의 신빙성을 담보하기 위해 기념사진을 찍는다는 핑계로 큰딸 서희와 조한 처장을 함께 앉혀 놓고 휴대폰으로 인증샷을 찍었다. 그리고 곧바로 휴대폰 사진을 A4용지에 출력시킨 다음에 뒷면에 조한 처장이 들려준 회담 내용을 정리해 청와대에 전달해 노 대통령에게 보고했다.

문제는 노무현 대통령이 그 보고 내용을 읽고 국정 운영에 참고하면 될 터인데, 국정원을 질책하는 근거로 삼은 것이었다. 심지어 노 대통령이 정보의 출처와 박채서의 실명을 거론하며 국정원의 무능함을 질책하는 바람에 그는 졸지에 국정원의 조직을 흔든 '공공의 적'이 되었다. 그렇지 않아도 1997년 대선 당시 북풍공작의 '내부 고발자' 비슷하게 찍힌 그에게 괘씸죄가 하나 더 추가된 것이다. 물론 당시만 해도 박채서는 자신이 국정원으로부터 실제로 보복을 당한다거나 하는 생각은 하지 못했다.

2010년 6월 1일 새벽에 긴급 체포되어 법정에 설 때까지 박채서는 자신의 행위로 인해 우리나라 법정에 선다는 것은 꿈에도 생각하지 못했다. 그가 공작원 시절에도 늘 고민했던 것은 북한이나 중국에서 스파이 행위로 체포되어 그 나라의 법정에 서게 되는 것이었다. 그런 처지가 될 것에 대비해 가족들에게 유서를 써두었지만, 한편으로는 조국이 자신을 버리지 않고 구해줄 것이라는 기대를 버리지 않았다. 그래서 마치 미·소(美·蘇) 냉전 시절 스파이 영화 속의 한 장면처럼 '스파이 브릿지'를 건너는 자신을 상상하곤 했다.

더구나 해외공작의 생리상 공작원의 귀책 실수가 있다고 해도 자국의 법정에 세워 스스로 국제법에 불법으로 규정된 해외공작을 공식 인정하는 우(愚)를 범하는 일은 어느 나라에도 없었다. 해외에서의 비밀공작과 공작원을 공식적으로 거론하며 공소장에 기록한 나라는 한국이 유일했다. 훗날 법정에 서게 된 박채서는 재판관에게 이러한 점을 당당하게 지적했다.

"정보기관의 비밀공작(covert action)은 무력과 외교의 힘으로 해결할 수 없을 때 동원하는 '필요악'이다. 또한 비밀공작은 인간의 보편적인 약점을 파고 들어가기 때문에 본질적으로 '더티 잡(dirty job)'이다. 특히 해외 비밀공작은 국가이익이라는 목적을 달성하기 위해서는 불법이든, 탈법이든, 비윤리적이든 수단과 방법을 가리지 않고 수행된다. 이처럼 국가 비밀공작의 연장선 상에서 이루어진 일들은 어떻게 법의 잣대로 판단할 수 있겠는가!"

실제로 국가 통치적 차원에서 이루어진 일들이었지만 그 당사자는 세상을 떠났다. 그는 노무현 대통령이 생존해 있다면, 조금도 책임을 회피하지 않고 당당하게 국가 통치 차원에서 이루어진 것이라고 밝혀줄 것이라고 생각했다. 그러나 죽은 자는 말이 없고 그나마 사실의 일부라도 알고 있는 자들은 몸을 사리느라 나서지 않았다. 체포와 동시에 언론에 간첩으로 딱지가 붙었으니 나서 줄 사람이 없는 것도 당연해 보였다. 그 역시 철저히 차단된 상태였다.

재판장은 박채서에게 대통령과의 '연결고리'가 누구인지 대라고 했다. 그것은 국정원 조사 때부터 집요하게 물고 늘어진 사안이었다. 박채서는 그 의도가 무엇인지 알기 때문에 끝내 답을 하지 않았다. 재판 때마다 그를 조사한 국정원 수사관 2명이 빠짐없이 참석해 재판을 모니터링했다. 이들과 검찰은 재판이 진행 중임에도 변호사 선임을 방해하고 사실조회 확인을 조작하고, 심지어 변론 중인 변호사의 통장계좌와 그의 처가 계좌까지도 추적했다. 출석하기로 한 피고인 측 증인을 협박해 재판 당일 증인 출석을 거부하게 하는가 하면, 우여곡절 끝에 증인으로 출석한 현직교수가 출석한 지 일주일 만에 압수수색을 당하는 사건도 벌어졌다. 1심 재판은 그렇게 끝났다.

2심을 변론했던 '바른'의 김상철 변호사는 2개월 전까지 2부 재판장이었던 바, 2심 판결을 보고서 이해가 되지 않는다고 했다. 김 변호사는 항소심 초기에 '바른'에도 2심 변론을 맡지 못하도록 압력이 있었다는 사실을 2심 재판이 끝난 후에 말해 주었다. 결국 사법부 최후의 보루인 대법원에 기대를 거는 수밖에 없었다.

노무현 정부 시절에는 김영란·김지형·박시현·이홍훈·전수안 등 대법원 내에서 진보성향의 판결을 주도한 대법관 다섯 명을 가리켜 언론에서 '독수리 5형제'라고 불렀다. 재판을 받을 때도 박시현 대법관을 비롯 진보성향의 대법관이 4명이 있었다. 확률적으로 1명 이상은 재판부에 포함되는 것이 상례였다. 하지만 박채서 사건의 재판부는 주심 민OO 대법관을 비롯해 검사 출신 안대희 대법관 등 보수성향 일색이었다. 상고 내용을 실질적으로 심의하는 재판연구관들에게 마지막 기대를 걸었지만 보수 대법관들의 문턱을 넘어서지는 못했다.


현실화된 '병아리(小鷄) 계획'과 '작계 5029'의 충돌 가능성

앞에서 언급했지만, 이명박 정부는 노무현 정부가 거부한 '개념계획 5029의 작계화'를 추진하면서 한미연합사에 ▲미국은 중국이 북한 급변사태 국면에

개입하더라도 중국과 군사적으로 충돌하지 않는다 ▲대량살상무기에 대해서도 중국과 공동으로 관리한다는 두 가지 원칙을 담은 '개념계획 5029'의 새로운 부속문서를 작성하도록 했다.

이는 박채서가 우려한 것처럼 미국이 북한에 대해 일정한 영향력을 갖고 있는 중국의 지위를 인정한 것이다. 그가 우려했던 바는 한반도에서 중국군의 '병아리 작계'와 미 태평양사 및 한미연합사의 '작계 5029'가 충돌할 경우, 한국이 취할 수 있는 선택은 극히 제한적일 수밖에 없다는 점이다. 그런데 두 나라가 한국의 선택권을 배제할 가능성에 대한 우려가 나중에 미·중 고위급 전략대화에서 현실로 드러났다.

2017년 12월 12일 당시 렉스 틸러슨(Rex W. Tillerson) 미 국무장관은 주목할 만한 민감한 발언을 했다. 틸러슨은 이날 워싱턴 DC에서 열린 한국국제교류재단과 미국 싱크탱크 '애틀랜틱 카운슬' 공동 주최 세미나에서 "미·중은 북한 내부적으로 어떤 일이 벌어졌을 상황에 대해서 논의했다"면서 "만약 유사시 미국이 휴전선을 넘어야만 하는 일이 생기더라도 다시 38선 아래로 복귀하겠다고 중국 측에 약속했다"고 밝혔다. 이는 북한 김정은 정권 붕괴 후의 상황을 놓고 미·중이 협상에 들어갔다는 것을 의미했다.

미 국무부 홈페이지를 통해 생중계된 이 날 세미나에서 사회자가 "중국은 대북 압박으로 인해 북한 정권이 붕괴하고 대규모 난민 사태가 발생할 것을 우려하는 것 아니냐"고 묻자, 틸러슨은 "나와 매티스 국방장관, 조셉 던퍼드 합참의장이 참석하는 중국과의 고위급 외교 전략대화에서 (난민 사태는) 다른 문제"라며 "그들(중국)은 이미 그런 상황에 대비한 준비를 시작했다. 중국은 상황을 충분히 관리할 수 있다고 본다"고 말했다.

그는 또 "우리(미·중)는 북한 내부적으로 어떤 일이 벌어졌을 상황에 대해서도 논의했다"며 "가장 중요한 것은 북한의 핵이 다른 사람의 손에 넘어가지 않게 안전하게 확보하는 것"이라고 했다. 이어 "미국은 만약 휴전선을 넘어야

한반도 유사시 북한지역에 투입되는 부대로 알려진 중국 북부전구 38집단군이 북·중 접경 지역에서 '옌한(嚴寒)-2017' 훈련을 실시하고 있다. (출처 중국 국방부 홈페이지)

만 하는 일이 생기더라도, 다시 38선 아래로 내려가겠다고 중국 측에 말했다"며 "그것이 우리가 중국에 한 약속"이라고 했다. 휴전선을 넘는다는 것은 전쟁을 의미한다. 미국이 이런 민감한 내용을 공개한 것은 북한에 대한 심리적 압박을 극대화하기 위한 것이었다.

틸러슨 장관이 언제 중국과 이 같은 민감한 대화를 나눴는지는 밝히지 않았지만 2017년 6월 워싱턴에서 있었던 미·중 고위급 외교안보 회의 때였을 가능성이 크다. 당시 미국 측에서는 틸러슨, 제임스 매티스(James Mattis) 장관과 조지프 던퍼드(Joseph Dunford Jr) 합참의장 등이 나왔고, 중국 측에선 양제츠(杨洁篪) 외교담당 국무위원과 팡펑후이(房峰辉) 인민해방군 총참모장이 참석했다. 미·중은 당시 북한 붕괴 후 문제까지 짚어가며 상세한 논의를 했던 것으로 보인다.

실제 미국과 중국이 북한 붕괴 이후 상황에 대비하고 있는 정황은 곳곳에서 포착되었다. 그 무렵 웨이보(微博; 중국판 트위터)에선 중국 정부가 북·중 접경 지역 지린(吉林)성 창바이(長白)현에 다섯 곳의 북한 난민 수용소 건설을 추진하고 있음을 보여주는 국영통신사 내부 문건이 확산되었다. 창바이현은 압록강을 사이에 두고 북한 양강도 혜산시와 삼지연군을 마주하고 있는 곳이다.

〈그림2〉 한반도 유사시 중국군의 개입 시나리오

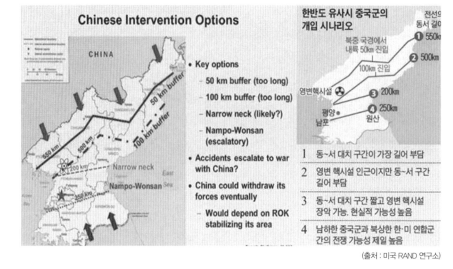

(출처 : 미국 RAND 연구소)

더욱이 중국 국방부는 당시 공식 사이트를 통해 유사시 한반도에 투입되는 부대로 알려진 중국 북부전구 38집단군이 북·중 접경 지역에서 '옌한(嚴寒)-2017' 훈련을 진행하는 사진을 공개했다. 중국이 미국의 북한 공격 등에 대비해 접경 지역에서의 군사 준비 태세를 강화하고 있는 모습을 국방부 홈페이지에 공개한 것이다.

이에 앞서 미·중 관계 전문가인 자칭궈(賈慶國) 베이징대 국제관계학원장은 호주 '동아시아포럼'지에 "중국은 미국·한국과 협력해 한반도 전쟁 발발 가능성에 대비해 비상 계획을 마련해야 한다"는 내용의 글을 기고했다. 그는 이 글에서 북한 핵무기 처리, 대규모 난민 유입 대응, 북한 사회질서 회복, 북한 정권 재편 등을 비상 계획의 핵심 과제로 제시했다.

미국의 군사 전략가들도 '북한의 도발'을 포함한 한반도 유사시 중국의 개입을 상정하고 중국군과 한·미 연합군의 대치 가능성을 시나리오별로 분석하고 있는 것으로 드러났다. 미국 군사·안보 싱크탱크 랜드(RAND)연구소의 브루스 베넷 선임 연구위원은 한반도 유사시 중국군의 남하 정도와 각각의 경우

동~서 전선의 길이가 얼마나 되는지를 구분해 중국군의 개입 시나리오를 4개 상정했다.

우선 중국군이 평양 남쪽까지 전진해서 영변의 핵 시설을 장악하고 남포~원산을 잇는 동~서 길이 250㎞ 구간에서 한·미 연합군과 대치할 경우가 있다. 이 경우 전쟁 가능성은 가장 높지만, 연구소 측은 이 시나리오를 중국 인민해방군이 실제로 검토하고 있는 내용이라고 파악하고 있는 것으로 알려졌다.

두 번째로 중국군이 평양은 포기하고 영변 핵시설을 장악할 정도로만 남하할 수도 있다. 이 경우 평북 박천군 앞바다(청천강 인근)부터 함남 정평군 앞바다(함흥만 인근)를 동~서로 잇는 200㎞ 구간에서 한·미 연합군과 대치하게 된다. 동~서 전선이 비교적 짧아 가장 현실적이다.

중국군이 한·미 연합군과 자국 사이에 완충지대를 형성할 목적만 갖고 북·중 국경을 넘을 가능성도 있다. 제한적 개입이지만 동~서 대치 구간이 긴 것이 부담이다. 북·중 국경에서 내륙으로 100㎞ 진입할 경우 양측 간의 대치 구간은 동~서 500㎞, 50㎞만 진입할 경우 대치 구간은 동~서 550㎞가 된다.

어느 시나리오든 미군이 있는 한 중국군은 철군하지 않을 것이고, 중국군이 철군하는 대신 미군도 서울 남쪽까지 혹은 한반도에서 철수하라고 요구할 가능성이 높다고 연구소는 전망했다. 베넷 연구원은 4개 시나리오를 공개하며 "결국 중국군을 철수하게 하려면 한국군이 북한 전역을 장악하고 안정화할 만한 능력을 보여줘야 한다"고 말했다. 미국 싱크탱크가 중국의 한반도 개입 시나리오를 제시한 것은 미·중 간 대북 군사 옵션에 대한 논의와 분석이 구체적으로 진척되고 있음을 보여주는 것으로 해석되었다

보고서는 또 북한이 핵·미사일을 개발하는 이유는 체제 생존 보장 외에도 한반도의 적화통일과 중국 견제란 목적이 있을 수 있다고 분석했다. 베넷 연구위원은 현재 북한이 20~60개 정도의 핵탄두를 가졌을 것으로 추정하면서 핵탄두의 보유 수량에 따라 유사시 군사 충돌 양상이 달라진다고 지적했다.

북한이 3개 정도의 핵탄두만 갖고 있다면 '체제 보장용'이겠지만, 핵탄두 수가 50~200개로 늘어날 경우 ▲적국 도시를 위협하는 전략 핵무기 ▲미국 타격용 ▲지상군이 보유할 전술 핵무기 ▲기타 작전용 등으로 나눠서 배치할 수 있다는 것이다.

## 19 _ 개성공단과 골프리조트의 덫

　노무현 대통령은 국민과 국가의 자주적인 삶을 열망했다. 문제는 대한민
국에서 수십 년 동안 기득권을 유지하며 애국보수를 자처하는 세력이 자주국
방과 자주외교를 반미 · 친북과 같은 '불온한' 용어로 딱지를 붙여 놓았다는 점
이다. 이들은 자주를 불온시하고, 자주를 주장하는 사람을 '반미'나 '친북'으로
매도했다.

　노 대통령은 2003년 5월 취임 후 첫 한미 정상회담에서 부시 대통령과 '용
산기지 조기 이전'에 합의했다. 미 육군 2사단의 재배치에 대해서는 한반도 및
동북아의 정치 · 경제 · 안보 상황을 신중히 고려하여 추진하기로 합의했다. 용
산기지 이전은 노태우 정부 시절부터 미국과 합의해 추진된 것이었다. 미2사단
재배치는 김대중 정부 시절부터 한미 양국이 '미래 한미동맹 정책구상(FOTA)'
회의를 만들어 논의해온 사안이었다.

　한미 정상회담에서 주한미군 감축 문제는 논의되지 않았다. 하지만 미국
정부는 그해 6월 한국 정부에 주한미군 감축계획을 통보해왔다. 3만7천500명
중에서 1만2천500명을 2006년까지 단계적으로 감축해 2만5천 명 수준을 유지
한다는 계획이었다. 주한미군 감축안은 미국의 세계 군사전략 변화의 일환으로
추진되는 이른바 '전략적 유연성'에 따른 것이었다. 주한미군의 전략적 유연성

은 주한미군이 유사시 한반도에서 다른 지역으로 또는 다른 지역에서 한반도로 쉽게 이동할 수 있는 유연성을 갖추는 것을 말했다. 사실 미국의 사정으로 추진하는 감축계획은 우리가 막는다고 될 일도 아니었다.

### 개성공단과 정동영의 야망

노무현 대통령은 2003년 8월 15일 광복절 경축사에서 이렇게 말했다.

"자주독립 국가는 스스로의 국방력으로 나라를 지킬 수 있어야 합니다. 우리 국군은 6.25전쟁을 거친 이후 꾸준히 성장하여 능히 나라를 지킬 만한 규모를 갖추고 있습니다. 그럼에도 아직 독자적인 작전 수행의 능력과 권한을 갖지 못하고 있습니다."

대한민국은 자주독립 국가이다. 자주국방은 자주독립 국가의 기본적 요소 중 하나다. 그런데 노 대통령이 지적한 것처럼 한국은 한반도에서 전쟁 발발 시 독자적인 작전을 수행할 능력과 권한, 즉 전시작전통제권(戰時作戰統制權; Wartime Operational Control of South Korea's Armed Forces)이 없었다.

6.25 전쟁 초기 이승만 대통령은 작전지휘의 일원화와 효율적인 전쟁지도를 위해 유엔군사령관에게 국군의 작전지휘권(작전통제권)을 1950년 7월 14일자로 이양했다. 이는 1953년 10월 1일 체결된 한·미 상호방위조약과 이듬해 합의한 '합의의사록'에서도 그대로 유지되었다. 작전통제권은 1978년 11월 한미연합사령부가 창설되면서 유엔군사령관에서 다시 주한미군사령관이 겸임하는 한미연합사령관에게 위임되었다.

이후 노태우 정부 시절에 한·미 간에 주한미군의 역할 조정에 대한 논의가 이뤄졌다. 이에 따라 1992년 한·미안보협의회의(SCM)/군사위원회회의(MCM)에서 작통권을 전시작전통제권(전작권)과 평시작전통제권(평작권)으로 구분해, 평작권은 1994년 이전에 한국군에 반환하고 전작권 환수 시기는 무기한 연기하기로 합의했다. 이런 상황에서 노태우 대통령에 이어 10년 만에 또 다른 노 대통령이 자주국방을 천명하며 전작권 환수(전환)에 나선 것이다.

노무현 대통령은 미국의 한반도 전략의 변화와 뿌리 깊은 국내 친미 보수 세력의 저항, 그리고 중국의 '병아리 작전'에서 드러난 군사전략 등을 종합적으로 판단하면서 한국의 군사적 자주권 회복과 민족 생존권 보장이라는 대전제 하에 대외전략과 대북전략을 세우게 된다. 노 대통령은 결국 해결의 실마리는 남북관계의 획기적 개선에 있음을 자각하고 더 강력한 대북전략을 구상하여 추진하게 된다.

노 대통령은 우선 전시작전권(전작권)을 환수해 군사적 자주권을 회복함과 동시에 미국이 함부로 한반도에서 군사적 행동을 못 하도록 법적, 제도적으로 규제하려고 했다.

이는 남북 간 군사적 무력 충돌 요소를 사전 제거함으로써 미국의 군사적 행동의 구실을 제공하지 않겠다는 노 대통령의 의지가 담긴 것이었다. 용산 주한미군사령부의 이전과 동두천 미2사단의 한강 이남 재배치도 그 일환이었다.

또한 세계에서 군사 밀집도가 가장 높아 상호 대량살상 및 우발적 무력 충돌의 가능성이 상존하는 휴전선 지역 병력의 대폭 감축을 구상했다. 이를 위해 비무장지대의 평화지대 구축과 무인감시 전자철조망 설치 및 북측에 대한 설비 지원까지 구상했다.

노 대통령은 서해상에서 군사적 불안 요인으로 상존해온 북방한계선(NLL) 문제의 개선과 대체 방법을 강구했다. 궁극적으로 휴전협정을 평화협정으로 전환해 획기적으로 한반도 평화체제를 구축하여 미국의 군사 개입은 물론 중국에 대해서도 군사 개입의 빌미를 주지 않도록 하는 것이 최종 목표였다.

또한 북한의 개방정책을 적극 지원하여 북한의 경제 안정과 내부 안정을 동시에 취하면서 북한 내 온건개방파를 적극 지원하여 '선군(先軍)정치'로 대변되는 군부 중심의 강경파로부터 북한내 권력구도의 균형과 안정화를 꾀한다는 것이다. 이를 위해 개성공단과 함께 해주~남포~신의주로 이어지는 서해안 축선 개발을 통해 군사적 긴장을 완화하면서 북한의 경제 성장을 지원함과 더불어 향후 대북정책 수행에서 중국의 지지를 얻는 것이었다. 이는 친 중국 정책을 보여줌으로써 중국군의 북한 진출 계획을 사전 봉쇄하는 이중 전략이었다.

정동영 통일부장관은 노무현 대통령의 이러한 대북전략을 정책으로 구현하는 데 적극적으로 앞장섰다. 정동영 장관은 전 직원을 상대로 이렇게 말했다.

"앞으로 자신과 현 정부의 대북정책에 적극적으로 따르지 않거나 불만이 있는 사람은 과감히 통일부를 떠나라. 모든 대북정책은 통일부가 주도한다. 민간의 대북교류를 적극 지원하고, 북의 초청장이 있으면 방북을 승인하라."

정동영 자신이 직접 대북정책을 주도적으로 추진하겠다는 강력한 의지의 표현임과 동시에 국정원에 대한 경고성 발언이었다. 실제로 정동영 통일부장관이 NSC 상임위원장을 겸임한 재직기간은 국정원이 통일부의 대북정책에 간섭하지 못했다.

노무현 대통령의 대북정책은 김대중 대통령의 '햇볕정책'에 가려 상대적으로 주목받지 못했지만, 노 대통령은 임기 중후반으로 갈수록 재임 기간에 대북정책에서 성과를 남기고자 했다. 노 대통령은 특히 김대중 대통령이 2000년에 합의해 놓은 개성공단 조성사업을 추진해 임기 내에 공단을 가동시키려고 했다. 그 점은 통일부장관 재직 중에 성과를 내서 차기 대권에 도전하려는 야망을 품은 정동영도 마찬가지였다.

리호남 "개성에 땅 사놓으면 돈벌이가 될 것"

개성공단은 남북이 합의하여 북측 지역인 개성시 봉동리 일대에 개발한 공업단지로 남측의 자본과 기술, 북측의 토지와 인력이 결합해 남북교류협력의 새로운 장을 마련한 역사적인 사업이었다. 2000년 6.15공동선언 이후 그해 8월 9일 남측의 현대아산과 북측의 아태평화위 · 민경련 간에 '개성공업지구 건설운영에 관한 합의서'를 체결하여 남북한은 개성공단 조성의 단초를 마련했다. 합의서에 따르면, 토공은 현대아산과 함께 개성시 일대에 산업단지용 800만 평, 주거지역 1천200만 평 등 2천만 평의 공단을 조성하기로 합의했다. 그이후 북측이 2002년 11월 27일 개성공업지구법을 공포함으로써 사업이 구체화되었다.[31]

그런데 남북 당국자 간 공식 접촉으로 남북 대화의 물꼬는 터졌으나 북측은 개성공단 조성에 쉽게 응하지 않았다. 합의서를 체결한 이후에도 한동안 별다른 진전을 이루지 못했다. 북한 군부의 반대가 만만치 않았기 때문이다. 북한 군부는 오래전부터 '제2 경제위원회' 체제를 통해 스스로 생존을 유지해 왔다. 개성공단을 조성하려면 4개 사단을 재배치해야 하는데 부대 이전을 군부 예산에서 자체적으로 해결하는 것은 불가능에 가까웠다.

김대중 정부의 대북정책을 계승하겠다고 공언한 노무현 정부는 출범 이후 남북관계가 경색되고 개성공단 조성사업이 진전을 보지 못하는 것에 대해 부담을 가지고 있었다. 북한 역시 내부 강경파의 반대를 무릅쓰고 추진한 개성공단 조성사업이 2년 넘도록 첫 삽을 뜨지 못하자 정치적 부담감을 가지고 있었다. 그러던 차에 청와대와 정동영 장관의 요청을 받은 한행수 위원장이 박채서에게 북측을 상대로 개성공단 조성의 가능성 타진과 그 방법을 알아봐 줄 것을 부탁했다.

박채서는 혼자서 곰곰이 생각해 보았다. 개성공단 조성은 현실적으로 그리 간단한 일이 아니었다. 금강산관광개발 지역은 군사적으로 후방 지역이고 남측에 개방하기 전에도 제한적이나마 내외국인에게 관광지로 개방되어 소규모 부대시설도 갖추고 있었다. 따라서 김정일이나 북한 고위층의 의지로 남측의 개발업자와 관광객에게 개방하면 되는 단순한 사업이었다.

하지만 '전연지대(전선에 인접한 지역이라는 뜻의 북한식 표현)'로서 여기에 들

---

주31 _ 북측에서 제정한 개성공업지구법은 2002년 11월 20일 최고인민회의 상임위원회 정령 제3430호로 채택되었고, 2003년 4월 24일 최고인민회의 상임위원회 정령 제3715호로 수정 보충되었다.

어가려면 특별통행증을 받아야 하는 개성은 달랐다. 군사적으로 전략적 요충지이자 북한군의 남침 시 수도권을 향하는 주(主)진격로여서 기계화 부대를 비롯한 각종 특수부대들이 포진한, 군사적 가치가 매우 높은 지역이었다. 김대중 대통령 시절 남북 간에 경의선 철도 연결사업을 벌일 때, 일부 극우 인사들과 군사전문가들이 유사시 북한군에 진격로를 제공하게 된다며 반대했던 것도 그런 이유였다.

개성을 방문한 한행수 씨. 한 씨는 청와대와 정동영 장관의 요청으로 박채서에게 북측을 상대로 개성공단 조성의 가능성 타진과 그 방법을 알아봐 줄 것을 부탁했다.

하물며 선군정치를 표방하는 북한에서 군부 강경파를 설득할 자신감과 방법은 그에게도 없었다. 쉽게 말해 남북 교류협력사업을 위해 개성공단 예정부지와 똑같은 축선의 반대편에 포진한 한국군 1사단과 9사단을 모두 후방으로 옮기고 배속 및 파견된 전략적 부대와 병기를 이동시키려 한다면 과연 쉽게 추진할 수 있을까? 아무리 고민해도 방법이 떠오르지 않았다. 지금까지 대북관계 일을 공식·비공식으로 하는 과정에서 수없이 많은 어려움이 있었지만, 자신의 능력 부족과 좌절감이 일머리부터 짓누르기는 처음이었다.

그로서는 할 수 없다고 거절해도 아무런 문제는 없었다. 그러나 1997년 대선 당시 북풍 사건 때부터 북한과 얽힌 자신이 노무현 대통령이 대북정책을 추진하는 데까지 엮인 것이 운명처럼 느껴졌다. 또한 눈앞에 닥친 일을 피하지 않고 몸으로 부딪쳐 뚫어야 직성이 풀리는 그의 성격이 더해져 어떻게 해서든지 방안을 찾겠다는 오기와 투지가 생겼다. 물론 그 어떤 조건도 대가도 없었다.

오랜 고민 끝에, 오래전에 리호남 참사(당시 북한 경제개발총국 심의처장)가 넌지시 던졌던 말이 문득 떠올랐다. 북한이 라진 - 선봉 지역 개발을 대내외에 선포하고 투자기업을 유치하기 위해 활발히 홍보활동을 하고, 남한 대기업 총수들은 뒷돈으로 거액의 현금을 주면서 경쟁적으로 방북해 둘러보던 시절에 리호남은 라진 - 선봉 경제특구 개발에 관여했었다. 리 참사는 그때 이렇게 말했었다.

"라진 - 선봉 지역은 남조선을 대상으로 하는 개발구역이 아니니 당신이 아는 기업이 있으면 자제 시키시오. 이어서 신의주를 중심으로 하는 압록강 하구 개발계획이 발표될 것인데 그곳 역시 중국을 상대로 하는 곳이요. 만일 개성, 해주 지역 개발계획이 발표되면 그곳은 순수하게 남조선을 상대로 한 것이니 참여해도 좋소."

리호남은 그러면서 "'박상'이 돈을 대주면 개발이 예상되는 개성 지역에 대규모 임대 사용계약을 맺어 놓으면 돈벌이가 될 것"이라고 농반진반으로 이야기했다. 물론 그때는 공작원으로 공식적으로 업무 수행 중이어서 그의 발언 내용을 구체적으로 국정원에 보고했다. 북한 측이 개성이나 해주 지역에서 남북경제협력 가능성을 염두에 두고 있다는 박채서의 디브리핑은 국정원의 공세적 대북전략에 반영되었다. 김대중 대통령이 2000년 8월 북한과 개성공단 조성사업을 위한 합의서 작성을 이끌어낸 것도 이런 북한의 의지를 파악했기 때문이다.

박채서의 세 가지 제안

2002년의 어느 날 박채서는 평소 골프로 연을 맺어 오랫동안 알고 지낸 최기선 사장으로부터 갑자기 만나자는 연락을 받았다. 서울 은평구청 뒤에서 '은평 골프연습장'을 운영하는 최 사장은 다짜고짜로 그를 차에 태워 자유로를 달려 한강과 임진강이 합류되는 지점에 있는 통일전망대에 도착했다. 최 사장은 강 건너에 손에 잡힐 듯 보이는 북한의 개풍군을 바라보며 들뜬 목소리로 이렇게 말했다.

"요즘 북한 왕래가 쉬워지고, 금강산에도 한국 사람이 골프장을 만든다고 합니다. 수도권 지역에서 골프장 건설은 그야말로 하늘의 별 따기인데, 저곳 북한 땅의 구릉지와 야산을 개발해 대규모 골프장을 건설하면 황금알을 낳게 될 겁니다. 서희 아빠가 북한 고위층과 협의해 골프장 사업을 해보면 좋을 텐데…."

최 사장은 상당히 상기된 표정이었다. 자신이 기가 막힌 사업 아이템을 제공했으니 북측을 설득해 골프장 사업을 추진해 보라는 자신감이 역력했다.

병영국가인 북한에서는 군사시설 보호구역에 내국인을 위한 골프장을 만드는 것도 힘들 터인데, 그곳에 남측 관광객을 위한 골프장을 만든다? 그는 속으로 '말로 꺼내기도 힘든 허황된 생각'이라고 말해주고 싶었다. 하지만 최 사장은 이후에 사업계획서까지 만들어 그에게 줄 만큼 열성적이었다. 그 또한 최 사장의 '허황된 생각'에서 북측과 개성공단 조성에 관해 대화할 이야기의 실마리를 찾아냈다. 그것은 바로 개성공단이 조성될 때 그 배후에 골프리조트를 조성하는 것이었다.

박채서는 그 무렵 베이징에서 중국인들과 내기 골프를 해서 제법 큰 돈을 땄는데 마침 리호남이 베이징에 왔다는 연락을 받았다. 늘 그렇듯이 두 사람은 캠핀스키 호텔에서 만났고, 근처의 '서라벌' 한식당 옌사점에서 딴 돈으로 저녁을 거하게 샀다. 자연스레 베이징의 골프 붐과 골프가 화제에 올랐다. 이런저런 이야기 끝에 그는 최기선 사장한테서 들었던 골프장 이야기를 꺼냈다.

"리 선생, 남측에 오두산전망대라고 있는데 혹시 아시요?"

리호남이 심드렁한 표정으로 말했다.

"알다마다요. 파주에 있는 것 아닙니까? 내래 전연지대에서 군견병을 해서 잘 압니다. 가보진 않았지만서두. 그게 와요?"

박채서는 다행이다 싶어서 얼른 이야기를 꺼냈다.

"지도를 보면 오두산전망대 건너편이 개풍군 지역인데, 금강산골프장처럼 거기에다가 남측 관광객이 이용할 수 있는 골프장을 개발하면 어떻겠소? 서울 수도권 인구와 골프 인구를 감안했을 때 거기에 골프장을 지으면 이용객이 장난이 아닐 거요. 북측은 금강산관광처럼 외화를 벌어서 좋고, 남측은 서울에서 가까우니 골프장 접근시간을 절약해서 좋고, 이거야말로 누이 좋고 매부 좋은 것 아니겠소."

그가 현실적으로 불가능하다는 것을 알면서도 개풍 골프장 이야기를 꺼낸 것은 이야기의 끝을 개성공단에 골프리조트를 조성하는 쪽으로 끌고 가기 위한 숨은 의도가 있었다. 그런데 뜻밖에도 리 참사 입에서 개성공단 조성사업에 관해 남북이 합의했다는 이야기가 나왔다.

"박상, 지금 북남 정부 차원에서 합의한 개성지역 합작공단 조성사업이 추진되고 있는데, 굳이 도로도 없는 황량한 전연지대인 개풍 지역에 골프장을 조성한답니까? 개성공단 조성사업이 진행되면 골프장은 배후지역에 그냥 뒤따라가기만 하면 되는 것 아닙니까?"

순간 박채서의 귀가 번쩍 뜨였다. 리호남에 따르면, 자신이 개성공단 사업 계획에 관여해 정책적 차원에서 지원하고 있고, 개성공단 사업 책임자도 대학 후배인데 자기가 추천했다는 것이었다. 그러면서 이렇게 말했다.

"박상이 그곳이 불가한 지역이라는 것을 알면서 내게 그런 이야기를 하는 것은 다른 이야기를 하고 싶은 것이 아닌가? 차라리 개성에 만들자고 해야 되는 것이 아닌가?"

리호남은 오랜 세월 박채서와 보조를 맞춘 덕분인지 그의 숨은 의도까지 짐작하면서 대화를 이끌었다. 리 참사의 말이 사실이라면, 개성공단 지역에 골프장을 건설하는 것이 불가능한 것만은 아니라는 생각이 머리를 스쳐 갔다. 북에서만 적극적으로 호응해 준다면….

그 후 얼마 뒤에 리호남이 귀띔해준 개성공단 조성사업계획이 남과 북 양쪽에서 동시에 발표되면서 국내외에서 큰 이슈로 등장했다. 솔직히 박채서는 흥분하지 않을 수 없었다. 그의 구상대로라면 50년에 걸쳐 싼 가격으로 대규모의 땅을 임대받아, 개성지역의 평평한 구릉지에 골프장과 리조트 시설을 조성하면 시공 단가도 저렴하고, 캐디와 기능 인력, 잡부 등 값싼 북측 노동력을 활용하면 골프장과 리조트 운영비도 절감될 것이므로 사업에 대해서는 잘 모르는 자신이 생각해도 수지맞는 사업임이 분명했다.

금강산관광사업에 이어 개성공단 조성사업도 정부의 적극적 지원하에 속도를 내며 진행되어 나갔다. 금강산관광 및 개발사업은 그가 공작원 시절에 북측과 면밀히 협의하면서 삼성을 통해서 하려 했던 사업이기 때문에 그리 놀라지는 않았다. 하지만 개성공단 조성사업은 그가 생각해도 대단한 성과라고 판단했다.

유사시 수도권을 위협하는 주공격로상에 위치한 북한군의 주력부대를 이동시키고 부대가 주둔하고 경계하는 한 가운데 남한의 공장이 건설되어 운영되고, 수많은 공장 인력이 북한군 젊은 병사들의 눈앞에서 출퇴근하는 모습이 그려졌다. 정부가 발표된 계획대로 3천300만 평 공장부지가 1차로 가동될 경우, 수만 명의 북한 인력과 수백 명의 한국 운영자 및 기술자들이 섞여 생산활동을 해야 했다. 북한 주민들이 남측의 우수한 생산기술과 설비로 만든 생산제품 등을 접하게 될 텐데, 그것은 북한 지배층이 가장 꺼리는 상황이 아니던가. 김정일과 고위층은 어떻게 설득했다손 치더라도 강경한 북한 군부를 어떻게 설득하고 움직였을지가 궁금했다.

어쨌든 개성공단 조성사업은 남북 경제협력사에서 획을 긋는 대단한 사업임에 틀림이 없었다. 그리고 그런 역사적 사업과 맞물려 개성지역에 대규모 골프 리조트를 조성하는 것은 개인적으로 한번 도전해볼 만한 의욕을 넘치게 하는 사업이었다.

## 20 _ 김정일 '100인 그룹'과 장성택 비자금

　북한은 현대국가 중에서 유일하게 '3대 세습'에 성공한 나라다. 아무리 견고한 독재체제를 유지하더라도 세습은 왕정국가에나 가능할 일이다. 하지만 '김 씨 일가'는 2세를 넘어 3세까지 권력 세습에 성공했다. 김 씨 일가가 세습에 성공한 데는 북한의 초당적 권력기관인 '조직지도부'의 존재가 있다.

　조직지도부의 탄생은 김일성 주석에서 김정일 국방위원장으로 이어지는 2세 세습과 역사적으로 연관성이 깊다. 김정일이 후계자로 낙점된 때는 1970년을 전후한 시기다. 그러나 그가 공식적으로 당적 직함을 가진 것은 1964년 북한 노동당 조직부 책임지도원(현재 책임부원)이다. 당시 그는 조직지도부의 전신인 조직부에서 경험을 쌓는 한편, 1967년부터 선전선동부 영화연극예술담당 과장을 거쳐 1971년에 조직부 부부장 겸 선전선동부장에 오른다. 당시 조직부장은 김일성의 동생이자 김정은의 숙부인 김영주였다.

　1973년은 북한 현대사와 김 씨 일가의 가족사에 있어서 매우 특별한 해이다. 김정일은 이때 아버지 김일성의 후견을 업고 숙부 김영주를 몰아내고 조직부를 완전히 장악했다. 김정일은 또한 당 구조를 전면 개편해 기존의 조직부를 현재의 '조직지도부'로 확대 개편한다. 국가를 영도하는 노동당의 20개 전문부서 중에서 유일하게 '지도'라는 명칭이 붙은 부서가 탄생한 것이다. 이후 김정일은 자신이 죽은 2011년 12월까지 초대 조직지도부장 직함을 계속 유지했다.

　　조직지도부의 막강한 권한은 '인사권'과 '검열권'에서 시작된다. 조직지도부는 당 조직은 물론 또 다른 권력기관인 군부의 인사권도 통제한다. 즉, 체제에 위협이 될 수 있는 병력 수준을 유지하는 군 간부들, 조선인민군 총정치국뿐만 아니라, 호위총국(기존 호위사령부)이나 국가안전보위성과 인민보안성 같은, 군복을 입은 모든 당 조직들은 철저하게 조직지도부 군사담당 부서들에 의해 통제된다. 조직지도부는 이처럼 검열 및 인사(간부) 구조를 통해 당과 군, 그리고 국가의 독재체제를 김정은 1인이 완벽하게 장악하게 하는 핵심 부서인 것이다.

　　김정일 호위 '100인 그룹'과 박채서의 장성택 비자금 관리

　　김정일은 조기에 후계자로 지명되어 일찍부터 김일성과 그의 지지세력인 혁명 원로그룹의 전폭적인 지지 하에 매제인 장성택과 함께 노동당 조직지도부를 장기간 장악하면서 조직과 세력을 구축했다. 그럼에도 김일성 사후에 기존의 혁명 1세대 그룹을 퇴진시키는 과정에서 격렬한 저항에 부딪혔다. 1995년에 발생한 6군단 반란 사건이 그것이다.

　　박채서가 북한에서 들은 바에 따르면, 김정일이 함경도 담당 제6군단장을 해임하자 이에 반발한 6군단 군관들이 무장 반란을 꾀해 특수 8군단을 투입해 무력 진압하느라 양측에 상당한 피해가 발생했다. 또 호위총사령관을 전격 교체시키자 호위사령부와 김정일 경호세력 간에 평양에서 총격전이 벌어질 만큼 기득권 세력의 저항이 심했다.

　　김정일로서는 20년 넘게 권력을 장악했음에도 군부가 불이익을 당하자 반발하는 것을 보고 상당히 충격을 받았다고 한다. 이에 호위총사령관을 복직시키는 등 무마에 힘쓰는 한편, 북한의 당·군·행정의 중간 간부급을 장악하기 시작했다. 김정일은 김일성대학 출신을 중심으로 측근세력을 엄선해 이른바

'100인 그룹'을 결성해 이들을 김정은 후계구도의 보위세력으로 육성하게 된다. 이들은 이후 북한 각계의 핵심 실세로 포진해 김정은의 최측근 호위세력이 된다.

이후 권력 기반이 안정기에 접어들면서는 장성택과 김용순이 김정일의 권력과 행정을 떠받치는 쌍두마차 역할을 하게 된다. 대남관계를 비롯 대외적인 업무는 김용순 비서가, 대내 문제는 장성택 행정부장이 관장했다. 중요 사안만 김정일에 보고해 업무 부담을 대폭 줄였다. 이로 인해 일반 간부들도 김정일을 직접 면담하면서 업무에 대한 지적을 받는 부담감에서 해방되어 쌍수를 들고 환영했다.

1995년 이후 북한 경제와 식량 배급제의 급격한 붕괴로 인해 '고난의 행군' 시대를 통과하는 가운데 수백만 명의 아사자가 속출하자, 김용순과 장성택을 비롯한 이른바 온건개방파 수뇌부는 국가의 장래를 생각하며 심각한 고민에 빠졌다. 특히 6.15 공동선언 이후 남한을 방문해 남한의 눈부신 경제 성장을 본 김용순과 중국을 수차례 방문해 개혁개방 정책 이후 중국의 발전상을 체감한 장성택은 개혁개방과 남북경제협력에서 활로를 찾을 수밖에 없게 되었다. 김용순은 2000년 9월 추석 연휴에 김정일의 특사로 방한했으며, 장성택은 2002년 10월에 경제시찰단으로 방한한 바 있다.

마침내 김용순과 장성택은 장남인 김정남을 후계자로 옹립하고 중국식 개혁개방 정책을 생존전략으로 취하기로 의견을 모으고 김정일에게 진언을 하게 된다. 김정일이 장자 우선 원칙이라는 명분으로 후계자가 된 것처럼, 김정일도 같은 논리로 김정남을 후계자로 지정하도록 압박했다. 박채서가 들은바, 김용순과 장성택의 숨은 의도는 집단 지도체제였다. 과도기로 김정남을 후계자로 내세우고 김용순과 장성택을 중심으로 집단 지도체제를 구성해 후계구도를 안정화시키고 북한을 서서히 개혁개방으로 이끈다는 복안이었다.

그러나 김용순 · 장성택이 김정일에게 진언을 한 지 얼마 안 된 2003년 10

월 26일 김용순이 탄 승용차가 평양 보통문 앞 대로에서 대형트럭에 치여 압사당하는 사고가 발생했다. 김용순은 노무현 정부 출범 이후 대북 송금 특검으로 정치적 위기를 맞이해 사망 당시 공교롭게도 권력 갈등의 중심에 있었다. 장성택은 김경희의 강력한 반대에 부딪혀 생명은 부지했지만 가택연금을 당하게 된다. 이후 2년 넘게 가택연금을 당하는 동안 그의 추종세력들은 대거 숙청되었다.

대남 – 대외 업무를 관장해온 김용순이 사망하고, 대내 업무를 분담해온 장성택이 실각하자 김정일의 업무 부담은 더 과중해질 수밖에 없었다. 이후 김정일의 건강을 걱정한 김경희의 간청 덕분에 장성택은 2006년에 복권되었다. 하지만 장성택은 김정남과 집단 지도체제에 대한 미련을 버리지 못했다. 박채서는 2000년부터 장성택과 베이징 근교 등지에서 수차례 만나 속 깊은 대화를 했기 때문에 그의 이런 의도를 정확히 파악할 수 있었다. 그래서 박채서는 장성택에게 북한의 권력구조 변화와 개혁개방의 필요성에 대해서도 말한 적이 있다.

그는 오늘날 중국의 성장을 이끈 덩샤오핑 주석의 개혁개방 정책, 국가관과 인생관, 그리고 그에 대한 국제 사회와 중국의 지도층과 일반 국민의 평가를 설명해주며 장성택에게 북한의 등소평이 되도록 은근히 부추겼다. 물론 장성택이 극비에 베이징을 방문한 목적은 자신의 도피 자산관리 상태를 직접 점검하고 확인하는 것이었다. 하지만 그 기회에 박채서로부터 솔직한 의견을 듣고 싶어 했다. 때로는 자신의 고민과 의문점을 솔직히 털어놓고 의견을 구하기도 했다. 그래서 때로는 4시간이 넘는 장시간 토론이 이어지기도 했다.

박채서가 아는 장성택은 합리적인 사고를 하는 사람이었다. 북한이 안고 있는 문제점을 정확히 알고 있었고, 그 해결책을 찾으려면 중국과 한국의 도움이 절대적으로 필요하다는 사실도 인식하고 있었다. 그가 재산을 축적하는 데 과도한 집착을 보이는 경향이 있지만, 그것은 북한 권력자들이 동구 공산권과 소련의 붕괴를 보면서 터득한 일반적인 현상이었다. 공산주의에서도 결국 자신을 지켜주는 최후의 보루는 돈이라는 인식은 그의 탓만이 아니었다.

박채서가 북측에 제시한 '반대급부'

박채서는 단도직입으로 이야기를 시작했다. 자신의 의견에다가 노무현 대통령의 남북관계 개선 의지를 덧붙여서 전했다. 역시 예상대로 군부가 제일 문제였다. 리 참사의 말로는, 라진-선봉지역 개발계획을 수립하면서 북한의 관계전문가들도 다른 지역과 더불어 개성지역 개발을 포함시켰지만 구체적 위치와 방식에 대해서는 명시적으로 제시하지 못하고 원론적 수준에 그쳤다는 것이다. 박채서는 평소 북한의 수뇌부 인사들을 대하는 방식에 따라 그들의 귀가 솔깃할 만한 '반대급부'를 선제적으로 제시했다.

먼저, 정부 차원에서 북한에 전력을 직접 공급해줄 수 있다고 제안했다. 전력은 북측이 식량 다음으로 시급하게 지원을 원하는 분야였다. 전력 지원 카드는 박채서가 서울에서 출발 전에 자신이 사용할 두 개의 카드 중 하나로 내락을 받은 것이었다. 북측은 신포 경수로 건설 중단으로 상당히 예민한 반응이어서, 이번에는 북측이 수용할 만한 카드를 제시할 필요가 있었다. 경수로 건설비용으로 북한에 직접 전력을 송전해주는 방식은 북측이 솔깃할 만한 제안이었다.

그다음은 북측이 늘 원하는 바대로, 만족할 수준의 식량과 비료 지원 제의였다.

세 번째 제안은 김경희와 장성택 등 북한의 핵심 지도부의 욕망에 박채서 개인의 야망을 얹은 '선물'의 성격을 띤 것이었다. 박채서는 개성공업지구 청사진과 함께 골프리조트 조성의 대략적 개요와 골프리조트 사업에서 거두게 될 실질적인 금전적 이익의 규모를 전해 주었다. 그는 골프리조트 영업이익을 산출하기 위해 사전에 영종도의 인천국제공항 골프장 규모와 수입내역과 강원랜드의 자산 규모 및 매출 내역을 입수했다. 제안서에는 이런 카피를 담았다.

"72홀 규모의 골프장을 비롯하여 고급 호텔, 쇼핑센터, 다양한 펜션 단지,

그리고 국제적 수준의 컨벤션센터를 조성해 각종 국제회의를 유치·개최함으로써 남북 화해와 평화의 상징적 장소로 세계에 알린다."

리조트 단지 내의 카지노 설립과 운영에 대해서도 구체적 안을 제시했다. 현재 운영되는 강원랜드의 매출내역과 비교하면서 위치나, 접근성, 그리고 수도권 고객들의 호기심을 거론하며 강원랜드보다 입지가 더 유리하다는 점과 일본과 중국에서 대규모로 고객을 유치할 수 있는 가능성도 제시했다. 아울러 북측 수뇌부에 제공될 실질적 금전적 이득은 공개된 골프리조트가 아니라 내외국인 전용 카지노라는 점을 상기시켰다. 이런 부대조건과 함께였다.

"그로 인해 발생되는 이익금을 사전 약정한 대로 자동으로 주거래은행을 통해 원하는 해외계좌로 즉시 이체해 줄 것이다."

북한 수뇌부의 성향을 가장 잘 알고 있는 박채서의 배팅이었으며 그는 성공을 확신했다. 그는 이 정도의 조건이면 김경희와 장성택은 물론, 김정일까지도 거부할 수 없으리라 판단했다. 북한도 엄연한 국가이고 조직 사회여서 아무리 김정일이라고 해도 금강산관광같이 공개된 사업의 수입은 사적으로 전용하는 데는 상당한 제약이 있었다. 그 때문에 마약 거래와 골동품 판매, 기타 38호실과 39호실을 통한 독점적 외화벌이로 통치자금을 조성하지만 거기에도 한계가 있고 그 금액 또한 제한이 있었던 것이다.

그가 대북공작 및 대북사업을 해오면서 알게 된 뜻밖의 사실은 공산주의 이념과 당성이 충만한 인사들도 국가나 인민보다 개인의 이익을 우선한다는 점이었다. 어떤 사업이든 국가와 인민에게 얼마나 이익과 혜택이 돌아가는지보다 얼마나 개인의 이익을 얻을 수 있는지가 더 큰 관심사였다. 따라서 사업의 성과에 따라 어느 만큼의 개인적 이득을 보장해줄 수 있는지를 확실히 인식시켜 주는 것이 일의 진행과 성공을 끝까지 보장해주는 동기 부여 요인이었다. 즉, 충분한 보상을 약속하는 일종의 성공 보수에 대한 확신을 제공하는 것이 중요했다.

마지막으로는 장성택이 베이징에서 처리하고 싶어 하는 '개인적 민원'을 해결해 주겠다고 제의했다. '개인적 민원'은 그가 전에도 한번 운을 띄운 사안이었다.

박채서의 제안을 심각하게 들으면서 열심히 메모한 리 참사 일행은 일단 평양에 보고한 뒤에 다음날 다시 만나기로 했다. 박채서도 서울에 전화해 긍정적 사인을 보냈다.

다음날 리 참사의 답변은 간단명료했다.

"전력 지원 문제에 대한 노무현 대통령의 의지를 확인하고 싶다. 가까운 시일 내에 우리 측도 의견을 정리한 뒤에 부장 선생이 직접 베이징에 와서 '박상'을 만나겠다고 하신다."

리 참사가 말한 '부장 선생'은 장성택을 지칭했다. 박채서는 속으로 빙그레 웃었다. 그의 예상이 적중했기 때문이다. 북측이 공식적 제안과 비공식적 제안에 모두 솔깃해한 것이다. 전력 직접 지원이라는 공식적 제안과 함께 제시한 '개인적 민원'을 해결해 주겠다는 비공식적 제안을 장성택이 덥석 문 것이다. 사안의 중대성에 비추어, 장성택을 직접 설득해 그의 적극적 의지와 도움을 끌어내는 것이 절대적으로 필요했기 때문에 그로서는 공식적 제안에 더해 '고단수'를 쓴 것인데 적중한 셈이다.


장성택, 박채서에게 '개인적 민원' 해결 부탁

서울로 돌아온 박채서는 대략적인 진행 상황을 보고했다. 아울러 대북 전력 직접 지원에 대한 정부의 공식 발표를 제안했다. 이는 저들이 요구한 '노무현 대통령의 의지를 확인받고 싶다'는 조항에 충분한 효력을 줄 수 있으며 미국이나 중국에 대해서도 선언적 의미 외에 상당한 경각심을 주는 복수 효과를 노린 것이었다. 이후 정동영 통일부장관은 2005년 6월 노무현 대통령의 특사로 방북해 이른바 '중대제안' 형식으로 대북 직접 전력 지원 방침을 공식 제안하고,

6자회담 복귀를 촉구하면서 남북정상회담을 제안하게 된다. 이어서 그해 7월 북한이 6자회담 복귀를 발표하자 노무현 대통령은 7월 12일 NSC를 개최해 정동영 장관이 김정일에 제안한 '중대제안'의 내용을 국민들에게 공개하기로 결정하고, 회의 직후 NSC 상임위원장인 정동영 통일부장관이 대북 직접 송전계획을 공식 발표하도록 했다.

중대제안의 골자는 이미 알려진 대로 북한이 핵폐기에 합의하면 현재 중단 상태에 있는 신포 경수로 건설을 종료하는 대신에 한국이 독자적으로 200만kW의 전력을 송전방식으로 제공하겠다는 내용이었다. 정부는 이를 위해 즉각 송전선로 및 변환시설 건설에 착수해 3년 이내인 2008년께 전력을 공급할 수 있도록 할 방침이라고 밝혔다. 정 장관에 따르면, 북한이 2005년 2월 10일 핵무기 보유 및 6자회담 무기한 중단 선언을 한 직후 대북 중대제안을 마련했으며, 5월 남북 차관급회담에서 북한에 이를 알리고, 6월 17일 평양 방문 때 김정일 위원장에게 구체적인 내용을 전했다.

문제는 북핵문제의 주요 당사자 중 하나이자 신포 경수로 건설을 중단한 미국이 전력 직접 지원을 수용할지 여부였다. 사실 대북 전력공급 문제는 2000년 남북 경제협력추진위 회의 때부터 남북 간에 본격 논의되기 시작했으나 별다른 진척이 없었다. 극도의 대북 불신을 갖고 있는 미국은 남측이 공급하는 전력을 북한이 군사적으로 전용할 수 있다고 우려해 강력히 반대해왔기 때문이다.

미국은 대북 전력제공은 남북 신뢰구축은 물론 북한이 군사적으로 전용하지 않는다는 확신이 들어야 가능하다는 입장이었다. 하지만 북핵문제를 민족의 명운을 좌우할 중대한 문제로 인식하고 있는 한국 정부는 북핵문제와 북한의 경제난을 동시에 타개해야 한다는 목표 아래 '중대제안'을 마련해 북한과 미국에 대담하게 제안한 것이다. 미국은 북한이 6자회담에 복귀한다는 전제하에 이에 대해 양해했다. 당시 방한 중인 콘돌리자 라이스 미 국무장관도 일단 "중대제안은 창의적이고 북핵문제를 해결하는 데 유익한 영향을 미칠 수 있는 긍정적 방안"이라고 평가했다. 하지만 미국은 여전히 대북 전력 지원에 경계심을 품고 있었다.

박채서는 정해진 약속 날짜에 베이징의 교외에서 장성택과 만났다. 늘 그래왔듯이 장성택과 둘만의 자리였다. 장성택이 부르기 전에는 누구도 대화에 참여할 수 없었다. 상호 감시를 의무화한 그들 체제의 특성상 서로가 서로를 믿지 못하는 불신에서 비롯된 현상이었다.

장성택은 자신의 '개인적 민원'을 해결할 수 있는지부터 물었다. 그의 '개인적 민원'은 비자금 돈세탁과 안전한 자산관리였다. 박채서는 장성택이 베이징에서 부동산을 안전하게 구입해 관리할 수 있는 방안을 비밀리에 모색해 온 것을 리호남을 통해 이미 알고 있었다. 그래서 장성택을 만나기 전에 삼합회 총회주와 만나 이 문제에 대한 협조를 당부했기 때문에 별 어려움이 없이 구체적인 자산관리 방법에 관해 대화를 진행할 수 있었다.

중국 당국은 고도성장에 따른 부동산 과열 현상을 막기 위해 개인이 아파트나 단독주택을 1가구 이상 소유하는 것을 엄격히 규제했다. 특히 2006년 이후 외국인들의 부동산 과다 소유와 불법 투자에 대한 통제와 감시를 강화해, 장성택 일가는 안정적 자산관리에 부심하고 있는 상태였다.

박채서는 이후 삼합회 총회주의 주선으로 샹허(香河) 지역의 가구단지에서 1개 동을 통째로 매입하고, 베이징 시내 장안대로(長安大路) 상의 최고급 오피스텔, 상가 수십 개, 향촌 지역의 고급 장원형 주택 등을 안전하게 구매하고, 삼합회의 주 사업 중 하나인 마약사업과 연계하여 기존의 거래망 외에 장성택의 개인 루트까지 개설해줌으로써 장성택을 만족시켜 주었다. 특히 총회주의 특별지시로 모든 부동산 구입가를 현 시세보다 훨씬 유리한 가격으로 책정했고, 마약 거래 조건에서도 큰 편의를 제공받는 혜택을 부여했다. 박채서가 중국에서 골프를 인연으로 꾸준히 관계를 유지하며 다져 놓은 꽌시와 인맥이 결정적인 순간에 빛을 발하게 해준 셈이다.

　북한 측에서 가지고 온 2000년 8월에 작성한 개성공단을 조성하기 위한 남북 합의서는 토의 과정에서 생각보다 구체적으로 협의가 잘 진행되어 문구의 수정이나 조정은 특별히 필요하지 않았다. 특히 박채서가 주목한 것은 개성시 부근이나 그 후방에도 공단 부지가 많이 있었을 텐데도 개성시와 휴전선 사이에 공단 부지를 선정한 것이었다. 공단 선정 이후 일시 중단되긴 했지만, 김대중 정부의 안목과 더불어 군부의 반발이 거셌을 텐데도 북한을 설득한 능력이 놀라웠다.

　예상은 했지만 골프리조트 조성도 역시 북한 군부를 설득하는 것이 가장 큰 관건이었다. 결국 이 문제는 장성택이 알아서 처리하는 것으로 결론이 모였다. 그가 장성택의 '개인적 민원' 해결을 위해서 중국 인맥을 동원했으니, 그 보답으로 장성택이 영향력을 발휘하는 것은 당연하다고 생각했다. 나중에 알게 된 사실이지만, 장성택의 친형이자 북한 군부의 최고 실세 중의 한 사람인 장성우 인민군 대장에게 관련 임무가 맡겨진 가운데 그가 모든 수단과 전권을 위임받아 군부의 이해를 얻어냈다고 한다.

　이제 구체적 실천은 청와대의 몫이었고 박채서는 장성택 측과 약속한 그들의 이익을 보장하기 위한 방안을 강구하는 데 몰두했다. 물론 박채서 개인의 경제적 욕심도 더해졌다. 하지만 그는 사업 경험이 없고 또 마음 놓고 주변에 상의할 문제도 아니어서 결국 한행수 위원장과 골프리조트 사업을 논의했다. 그는 리조트 사업을 준비해 2개의 법인을 만들어 놓은 상태였다. 앞서 진행한 대북 광고사업을 'SKY C-K' 명의로 법인 등록을 했고, 리조트 카지노 사업을 위해서 'SKY C-월드와이드'라는 별도 법인을 설립해 두었다.

　리호남 "군부를 설득하려면 '선물'이 필요하다"
　개성지역에 골프리조트를 조성하려는 박채서의 계획에 북측도 상당히 적극적으로 협조해 대략적인 규모와 운용 방안, 그리고 기타 조건 등에 대해 상당한 의견 접근을 해가고 있었다. 그런데 리호남 참사 일행이 북한 군부를 설득하는 데 명분과 구실이 필요하다며 새로운 제안을 해왔다. 박채서는 이미 장성택과 협의가 끝난 문제를 거론하는 것을 들으면서 이들이 리조트 사업 여건을 실적 쌓기에 이용하려고 하는 의도로 봤지만, 대화에 응하지 않을 수는 없었다. 군부를 설득하려면 '선물'이 필요하다는 것이었다.

"개성공단 안에 골프장리조트를 건설하면 현대아산과 마찰이 생길 것이므로 개성공업지구 계획 토지를 재조정해야 하는 문제가 생깁니다. 그런데 알다시피 그곳은 최전방 군사 주둔지역이고, 군 주둔지는 그 지역 군 지휘관이 절대적 권한을 가지고 있습니다. 그들을 설득하려면 뭔가 '선물'이 필요합니다. 그들이 관심을 가질 만한 군사 관련 자료가 있으면 좋겠습니다."

초기 예상과 달리 개성공단은 그리 활발하게 진행되지 못하고 있었다. 까닭을 알아보니 남북이 급속히 밀착되는 것을 못마땅해하는 미국의 견제가 예상했던 것보다 심했던 것이다. 일부 언론에도 보도되었지만, 한국통신(KT)에서 공단 내에 전화기를 설치하는 것도 유엔군사령관의 허가를 받아야 할 정도로 개성공단 조성과 그 후의 제품 판로까지 미국은 사사건건 견제했다. 미국 측에서 개성공단 조성사업을 반대하는 표면적인 이유는 첨단 장비와 기술이 북한군의 전력화에 이용될 우려가 있다는 것이었다.

박채서는 미국의 그런 우려를 불식시키는 방안의 하나로 첨단기술과 장비가 필요 없는 골프리조트 단지를 먼저 조성해 개성공단 조성을 활성화시키자는 일종의 역발상을 생각했던 것도 사실이다. 리조트에 대해서는 미국 측도 반대할 명분이 없을 것이기 때문이다. 아무튼 박채서로서는 개성공단이 활성화되어 많은 사람과 물자의 통행이 자유로워져야 자신이 구상한 골프리조트도 함께 활성화되어 수도권의 골프 인구가 자유롭게 개성 지역을 출입할 수 있는 것이었다.

박채서는 두 마리 토끼를 잡기 위해서 고민에 빠졌고, 또한 결심해야 했다. 그는 우리 측 피해를 극소화하면서 소기의 목표를 달성할 수 있는 방안을 강구하기 위해 고심에 고심을 거듭했다. 서로 상대가 만족할 만한 선물을 주고받는 거래를 해야 했다. 그러나 북측의 생리를 잘 알고 있는 만큼 극도로 조심해야 했다. 자칫 한번 약점을 잡혀 끌려 들어가면 한없이 끌려들어 갈 것이 불 보듯 뻔했다.

그는 심사숙고 끝에 《군사교범》을 제공하면 어떨까 하는 생각을 하게 되었다. 군사기밀은 아니지만 군에는 꼭 필요한 필수자료이기 때문이다. 더욱이 한국은 미국과 독일 등은 물론, 주요 국가들과의 군사교류와 연합훈련을 통해 외국의 군사교리와 전술을 익히고 있지만, 북한은 외교적으로 고립되어 있어 군사교류를 통해 외국의 《군사교범》을 입수하기가 어렵다는 사정을 알고 있었다.

한국에서 《군사교범》은 고등군사반과 육군대학 피교육생일 때도 학교 주변에서 쉽게 구할 수 있었다. 교육생들은 교육훈련 기간에 자유롭게 교범을 지참하고 다니면서 한두 권 분실하더라도 쉽게 구해서 대체시켜 놓곤 했다. 특히 보병학교나 육군대학 앞 문방구나 복사 전문점에서는 학생들의 교육 주기를 미리 알고 교범에서 필요 부분을 복사해서 미리 책자를 준비해 놓고 있어서 구하기도 그다지 어렵지 않을 것이라 판단했다.

박채서는 얼마 후 베이징에서 북측 관계자들을 만나 자신의 생각을 얘기하고 《군사교범》을 선물로 제공하면 어떻겠냐고 의사를 타진했다. 몇 차례의 대화 끝에 《군사교범》을 몇 권 제공하는 것으로 잠정 결정되었다. 박채서는 다소의 부담은 느꼈지만 북측 실무자들의 체면을 세워주면서 그들과 무난한 관계를 유지하는 것도 고려하지 않을 수 없었다.

한국군의 야전교범은 처음 미군에 의해 제작되었고, 미국과 군사교류 관계를 맺은 전 세계 우방국에도 배포되어 있었다. 박채서는 자신의 군 경험에 비추어 볼 때 교범을 제공하는 것은 별 부담이 없다고 생각했다. 실제로 육군대학을 비롯한 국내 군사교육기관에서도 태국, 터키 등 20여 개국 장교들이 같이 교육받으면서 교범을 습득하고, 본국에 귀국할 때 가져가기도 했다. 우리 군도 역시 미국, 독일 등 여러 나라에 파견 나가면 같은 내용의 야전교범으로 교육받기 때문에 군사적 보안성에 대해 큰 문제를 두지 않았다.

그러나 그들의 요구 사항을 보고하지 않을 수는 없었다. 박채서는 상황을 있는 그대로 청와대에 보고했다. 돌아온 답은 '그 문제는 군 장교 출신인 당신이 알아서 처리해 줬으면 좋겠다'는 거였다. 박채서는 이때 일생일대의 어리석은 실수를 하게 된다. 단순한 메신저로서 청와대에 그들의 요구를 전달하는 역할로 그쳤어야 했는데, 사안을 너무 안이하게 받아들인 것이었다.

박채서는 어쩌면 개성 골프리조트와 카지노 독점 욕심에 빠져 냉철한 판단력을 잃은지도 몰랐다. 한편으로는 대통령에게도 보고된 사안이니 설령 나중에 문제가 되더라도 노 대통령의 성격상 통치권 차원의 조치였다고 보호해줄 것이라는 막연한 기대를 품은 것도 잘못된 판단을 하는 데 한몫했다. 아무튼 그는 한순간의 실수로 인생에 큰 오점을 찍게 되었다.

제6장
**불신지욕**
不信之辱

프랑스 국토감시국(Direction de la surveillance
du territoire, DST)

···

**음지에서는 엄격하고, 양지에서는 명철하게**

Inflexible dans lombre, etincelante dans, la Lumiere

## 21 _ 박채서 덫에 빠지다

대한민국 육군 장교는 군생활을 하는 동안 필수적으로 이수해야 하는 교육 과정이 있다. 소위 때의 초등군사반, 대위 때의 고등군사반, 소령 진급과 동시에 받는 육군대학 과정이다. 이중 초등 · 고등군사반은 각 병과 별로 분류되어 교육을 받고, 육군대학은 모든 진급자가 통합교육을 받는다.

육군 제3사관학교 14기로 임관한 박채서 대위는 1980년 2월에 광주 보병학교 고등군사반(高等軍事班) 229기로 입교했다. 고등군사반(OAC; Officer Advanced Course)은 초급 장교들이 중대장이 되기 위해 훈련받는 과정으로 군에서는 흔히 '고군반'이라고 한다. 6개월 과정인 고군반은 소대장 또는 1차 참모(대대 인사장교 같은 초급 참모)를 완료한 대위(진) 또는 대위들이 훈련받는 과정이다.

육사나 3사의 출신 구분에 관계없이 섞어서 교육받는 고군반 성적은 직업 군인에게는 군생활과 진급에 결정적 영향을 미칠 정도로 중요했다. 1개 기수 150명 내외 교육생 중에서 10%(15위) 이내의 졸업성적을 받아야 향후 진급에 지장이 없다고 했다. 박채서의 중간성적은 평균 92.7%로 1위였다. 그는 고군반 입교 전에 같은 부대에 근무한 김동기 대위로부터 12기 선배인 김인동 보병학교 전술학처 교관을 찾아가 보라고 소개를 받았다. 하지만 중간성적이 나올 때까지 찾아가지 않았다.

치열한 경쟁 속에서 박채서는 두 마리의 토끼를 쫓고 있었다. 하나는 군사교육이고, 다른 하나는 정규대학 편입학 준비였다. 주변에서 동기생들은 고등반 교육성적 내기도 힘든데 대학 편입학 준비까지는 무리라고 걱정을 많이 했지만, 그에게는 정규대학 졸업이 고등반 교육성적 못지않게 중요했다. 대학편입 준비와 시험 때문에 서울에 왔다 갔다 하고, 교육시간에 자주 결석하게 되었다. 하필이면 그때가 가장 중

육군 대위 시절의 박채서

요하고 성적 비중이 큰 대대 공격 · 방어 과목 시간이었다. 대대 방어 시험에서 반 평균점 정도로 성적이 부진했다.


박채서가 《군사교범》을 건네게 된 과정

위기의식을 느낀 박채서는 하는 수 없이 김인동 선배를 찾아가 인사를 하고 의논했다. 대대 공격 과목은 외워서 볼 수 있는 시험이 아니었다. 전반적인 전술 개념을 깨닫지 못하면 절대 좋은 성적을 기대할 수 없는 것이 4시간짜리 전술학 시험이었다. 그도 열심히 했지만 김 대위는 대대 공격 시험까지 1주일 넘게 방과 후 개별지도를 해주면서 성의껏 지도해 주었다. 그 결과, 필기시험은 42점 만점에 41.7점 최고점수였다. 그는 대대 방어 과목에서 잃은 점수를 만회해 무난히 우수한 성적으로 '고군반' 과정을 졸업하고 전주대학교 일본어과 편입시험도 무난히 합격했다. 두 마리 토끼를 다 잡은 셈이었다.

박채서는 그런 김인동 선배가 너무 고마웠다. 그가 고마워서 식사대접을 하

려고 했으나 김 대위는 저녁 한 끼 식사비도 굳이 자기가 부담하고 준비해 간 양주 한 병도 고사할 만큼 자기 관리가 철저한 사람이었다. 나중에 필요할 때가 많을 테니 그때 쓰라며 김 대위가 끝까지 거절하는 통에 결국 집으로 들고 왔을 정도였다.

그러고 나서 한동안 못 만나다가 1998년 북풍 사건 이후 동기인 손유범을 통해 근무처를 알아내 연락을 하니 무척 반가워했다. 박채서는 아내와 함께 전방 28사단에서 연대장 근무를 하고 있는 그를 찾아가 인사했다. 그렇게 해서 부부끼리도 허물없이 지내며 가까운 사이가 되었다.

박채서는 광주 보병학교에서 훈련받던 옛날을 회상하며 교범을 직접 구하기로 작정하고 보병학교로 찾아가기로 했다. 마침 김인동 대령이 보병학교 전술학처장으로 있어서 인사도 할 겸 찾아간 것이다.

광주에 있던 보병학교는 전남 장성으로 이전해 있었다. 원래는 보병학교 근처에서 교범을 구한 뒤에 김인동 대령을 만나려고 했는데, 보병학교 가는 도로가 아직 개통되기 전이어서 약속한 시간보다 도착이 상당히 지체되었다. 그러다 보니 미리 나와 있던 김인동 대령을 만나 학교 앞 문방구를 들르지 못한 채 곧장 BOQ(Bachelor Officer Quarters; 장교용 독신자 숙소)로 가게 되었다.

애초에 박채서는 김인동 대령에게 교범을 부탁할 생각은 없었다. 다만 도착이 늦어 문방구를 둘러보지 못해 혹시나 하는 생각에서 아무 교범이든 필요한데 빌려줄 수 있느냐고 물었는데 김인동 대령은 잠시 생각을 하더니 《보병대대》라는 야전교범을 한 권 빌려줬다. 박채서는 그해 10월경 베이징 캠핀스키 호텔 커피숍에서 리 참사와 동행한 국방위원회 김 과장에게 주고 이튿날 돌려받았다.

김 과장은 한국군의 교범 종류에 대해 물어와 박채서는 정확하지는 않지만 스무 개 정도 되는 교범 이름을 불러주었다. 실제로 군의 교범은 육·해·공군의 군별 기본교범을 비롯해 기술교범, 운용교범 등 셀 수 없이 많아 그 종류조차 일일이 알 수 없을 정도였다.

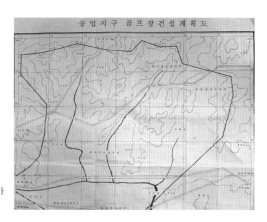

골프리조트를 조성하기 위해 개성공업지구가
계획 변경된 북측의 지도

이후 김인동 대령이 2003년 10월 장군으로 승진하여 6군단 참모장으로 근무할 때 《군단작전》, 《보병사단》, 《보병연대》 등을 건네받고, 손유범으로부터는 《사단 통신운영》이라는 교범을 받아 이듬해 7월경 같은 방법으로 김 과장에게 건네주었다. 이때는 이미 북측으로부터 골프리조트를 조성하기 위해 개성공업지구가 계획 변경된 북측의 지도를 건네받은 상태였다. 골프리조트와 카지노 조성을 위한 북측의 협조가 매우 적극적이라고 판단되었기 때문에 박채서로서는 일종의 무모한 도박을 한 셈이었다.

박채서는 재판 과정에서 육군본부와 해당 교범 제작부서인 교육사령부, 국방부에 사실조회를 한 결과, 교범은 군사기밀에 해당되지 않고 평문이라는 답변을 받았다. 분실했을 경우의 조치에 대한 질문에는 국가 재산상의 손실로 인정하여 책값 1만여 원을 배상하면 된다고 하였고, 심지어 지금까지 군에서 해당 교범을 분실하거나 반출해 처벌받은 사례가 있느냐는 질문에도 "전혀 없다"고 답했다. 또한 군사기밀에 해당되어 분류된 교범은 철저히 규정에 의거해 보호 · 관리되고 있다는 답변도 있었다.

합참에서 온라인과 오프라인으로 매월 발행하는 군사잡지 〈합참〉에는 교범 내용이 그대로 실려 전파되었고, 신교리는 대부분 잡지 등에 그대로 게재되어 논란을 일으키거나 비판을 받을 정도였다. 그러나 국가정보기관이 국가보안법을 적용하면 무엇이든 국가기밀이 되는 것이었다. 그렇게 박채서는 간첩으로 전락했다. 어찌 되었든 이는 박채서 최대의 실수에서 비롯된 것이었다. 문제는 '작계 5027'에 관한 범죄사실이다.

### 박채서는 '작계 5027-04'를 탐지해 북에 넘겼나

대형 사건은 대개 첫 보도가 사건을 규정한다. 흑금성 간첩 사건을 맨 처음 보도한 조선일보 기사의 제목은 〈'작계 5027(北과 전면전 대비 극비 군사작전계획)' 北 유출 혐의…현역 육군 소장 체포〉였다. 《군사교범》을 유출한 사실은 제목에 언급되어 있지 않다. 군사기밀인 '작계 5027'에 비하면 교범을 유출한 것은 부차적이기 때문이다. 조선일보가 '작계 5027'에 '전면전 대비 극비 군사작전계획' 이라고 친절한 주석을 단 것도 이 때문이다. 기사의 본문에서도 '최고도 극비 군사 작전계획'임을 강조했다.

"작계 5027은 북한군 도발로 전쟁이 벌어졌을 때 한·미 연합군의 초기 억제 전력 배치와 북한군 전략목표 파괴에서부터 북진(北進)과 상륙작전, 점령지 군사통제 등의 전략까지 들어있는 최고도 극비 군사 작전계획이다."

다른 언론들도 대부분 '작계 5027-04' 곧 '작계 5027의 2004년 수정판'을 북측에 넘긴 것처럼 보도했다. '작계 5027'은 한미연합사에서 생산해 군단급 이상 야전부대와 국방부 직할부대에 배포되는 군사Ⅱ급 비밀로 분류돼 있다. 사실 일반 국민은 '작계 5027'이 뭔지 잘 모른다. 하지만 기사만 보면, 전방부대 사단장을 지내고 군단장 승진을 앞둔 현역 육군 소장과 장교 출신의 전직 국가 공작원이 북한에 포섭되어 전면전에 대비한 극비 군사 작전계획을 북측에 넘겼으니 한 마디로 두 사람 다 '죽일 놈'이다. 과연 그럴까?

재판부는 박채서가 북한 공작원인 리호남으로부터 "북한 군부를 상대로 사업추진을 설득할 수 있도록 북한 군부에 제공할 남한 군사정보나 자료를 구하여 달라"는 지시를 받음으로써 반국가단체구성원인 리호남으로부터 지령을 수수하였다는 것을 전제로 박채서의 제반 행위를 유죄로 판단했다. 그런데 리호남이 북한 공작원이 아니라면 문제가 달라진다. 재판부가 전제의 오류로 잘못된 결론에 이르렀기 때문이다. 전제의 오류가 없다고 해도 문제는 있다.

우선 박채서가 2005년 4월 중순경 김인동 장군이 경기도 포천의 6군단 참모장으로 근무할 때 관사로 찾아가 북한의 급변사태 시 중국의 '병아리 작전계획'을 거론하면서 한국군의 대응계획, 곧 '작전계획 5027'에 관해 물어본 것은 박채서 본인과 김인동 장군 양측이 인정하는 사실이다. 다만 박채서는 자신이 중국에서 첩보를 입수한 '병아리 작전계획'을 얘기하는 과정에서 '작계 5027'가 자연스레 나왔다고 주장하는 반면에, 재판부는 박채서가 '작계 5027'에 관한 설명을 유도했다고 판단했다.

김인동 장군이 '작계 5027'의 주요 내용을 박채서에게 설명해준 것도 양측이 인정하는 사실이다. 재판부는 박채서의 범죄혐의와 관련, 그에 대한 사실관계를 이렇게 적시했다.

"김인동은 16절지를 가져와 그 위에 한반도 지형과 화살표 및 실선 등을 그리면서, 북한의 선제공격으로 휴전선이 붕괴되면 미군 증원부대가 도착하여 한미연합군이 전열을 정비해 반격을 하게 되는데, 그 과정에서 **미군과 한국군이 각각 어느 지역을 담당하게 되는지, 공격 속도를 조절하는 등의 목적으로 휴전선 위에 몇 개의 통제선이 어떤 지역에 설정되는지, 최종적인 통제 지점은 어디인지 등** 구체적인 사항에 관한 설명을 하고, 피고인은 그 내용을 지득하였다."(굵은 글씨는 저자 강조)

재판부는 이와 같은 사실관계를 근거로 "('작계 5027–04'가) 북한에 유출될 경우 전시 한미연합군의 반격 작전 파악 및 대응 등에 악용되어 한·미 연합군의 작전수행에 큰 지장을 야기하는 등 대한민국의 존립·안전에 명백한 위험을 초래할 수 있다"고 판단해 유죄를 선고한 것이다. 그런데 구체적인 사실관계는 이와 달랐다.

우선 2005년 4월 중순 두 사람이 만난 것은 박채서가 먼저 제안한 것이 아니고 김인동 장군이 "마침 주말이니 저녁이나 같이하자"고 해서 이뤄진 것이었다. 저녁이나 같이하자는 김인동 장군의 제안이 없었다면, 이날 만남도 작계 5027에 관한 대화도 없었을 것이라는 얘기다. 곧 박채서가 '작계 5027'에 관한 설명을 유도할 목적으로 김인동을 찾아갔다는 전제가 오류일 수 있다는 얘기다.

또한 당시는 정동영 NSC 상임위원장 겸 통일부장관이 한미연합사와 미국군 당국의 '개념계획 5029의 작계화' 제안에 대해 주권 침해를 이유로 거부한 사실이 언론에 보도되어 논란이 되던 때였다. 이에 한·미 간의 예민한 군사 작전계획이 언론에 보도된 것에 대해 한·미 연합 사령관이 윤광웅 국방장관을 항의 방문하고, 국방부장관과 통일부장관이 국회 출석하여 답변하는 상황이었다. 또한 이종석 NSC 사무차장이 워싱턴으로 가서 한미 간의 제반 협상에 영향력을 행사한 롤리스 국방부 부차관보를 만나 작계가 언론에 보도된 것에 대해 해명해야 했다. 박채서와 김인동은 이와 같은 상황을 걱정하는 차원에서 대화를 주고받았던 것이다.

### '작계 5027' 누설 혐의는 국정원의 충격요법

특히 박채서는 2002년경 중국 공산당 대외연락부에서 북한과 한국을 담당하는 실무 책임자인 조한(朝韓) 처장으로부터 '북한에 급변사태가 발생하면 중국 국민의 생명과 재산 보호 명분을 내세워 북한을 무력 점령한다'는 중국군의 '병아리 작전' 계획이 존재한다는 사실을 듣고, 중국군 상장 계급인 베이징시 무장대장을 통해 그 실체를 확인한 바 있다. 따라서 그는 북한 유사시에 중국군이 북한을 무력 점령하는 사태가 통일에 최대의 걸림돌이 된다고 판단해 주변 지인들과 이 문제를 상의를 해왔다.

그러던 차에 2005년 4월경 미국이 북한의 급변사태 시 대응책인 '개념계획 5029의 작계화'를 한국 측이 거부했다는 보도가 나오자, 박채서는 중국 인민해방군의 '병아리 계획'과 미국 태평양사령부의 '작계 5029', 엄밀히 말하면 '개념계획 5029의 작계화'는 상호 대척점에 있다는 판단하에 자신의 의견을 정리해 한행수 씨를 통해 정동영 장관에게도 이미 전달한 바 있었다.

또한 그날 대화 중에 박채서가 '병아리 작전' 계획상의 북한 점령지역을 남포와 원산을 잇는 지역의 이북으로 제한하고 있는 까닭을 궁금해하자 김인동 장군은 북한군이 남침할 경우 한·미 연합군이 반격 작전을 전개할 때 통제선이 존재함을 알려주었다. 김인동 장군은 이를 쉽게 설명하기 위해 16절지 한 장에 북한 지역에 대한 4~5개의 통제선을 스케치 형식으로 대충 그리는 과정에서 박채서는 그중 1개의 통제선이 중국군의 북한 점령 제한선과 거의 일치하는 것을 알게 되었다.

그런데 당시 김인동 장군과 박채서가 대화에서 거론한 통제선이 군사비밀이 되려면 4~5개 통제선의 명칭과 순서가 일치하여야 하고, 더욱이 그 각각의 통제선이 구체적 지명과 지형을 적시하며 표시되어야만 했다. 그러나 당시 두 사람이 대화하면서 거론된 통제선은 각각의 이름도 정확하지 않거니와, 각각의 통제선은 구체적인 지명이나 지형이 명기되지 않고 대충 왼쪽에서 오른쪽으로 그은 실선들에 불과했다. 이날 오간 대화는 작전계획으로 정리할 수준의 내용도 아니었고, 어디에 보고할 수준은 더더욱 아니었다. 그 무엇보다도 이날은 부부가 함께 식사하는 자리였기에 박채서와 김인동 장군이 작계 5027에 대해 대화를 나눈 시간은 고작 5분도 넘지 않았다.


노무현 청와대가 '작계 개념계획'을 북측에 '선물'로 줬다?

더구나 박채서가 김인동을 만나 '병아리 계획'과 '작계 5027'에 관해 대화를 나누기 전인 2004년 8월경에 북한은 이미 '작계 5027-04'를 입수한 사실을 두 차례 걸쳐 공개적으로 발표한 바 있다. 한국에서도 한미연합사를 비롯한 일부 부대에서 관리 부주의로 작계의 일부가 인터넷에 유포된 적이 여러 건 있었다. 또 미국 안보 전문 웹사이트 '글로벌 시큐리티'에는 미 태평양사령부의 '작계 5027-04'가 공개된 상태였다.

흥미로운 사실은, 북한 핵실험 직후인 2006년 10월 중순 안희정의 대북 비밀접촉을 주선한 권오홍과 이화영 의원의 비망록에도 '작계 5027'이 등장한다는 점이다. 그 내막은 이렇다.

노무현 대통령은 2006년 12월 3일부터 인도네시아를 시작으로 호주와 뉴질랜드를 잇달아 국빈 방문한 뒤에 11일부터 3일간 필리핀 세부에서 열리는 아세안(ASEAN)+3(한·중·일) 회의에 참석하는 10박 11일의 해외 순방 일정이 잡혀 있었다. 그런데 세부에 갑자기 태풍이 몰려오자 필리핀 정부는 ASEAN+3 회의를 이듬해 1월로 연기했다. 이에 따라 노 대통령은 순방 일정을 사흘 앞당겨 뉴질랜드 국빈 방문을 끝으로 12월 10일 귀국했다. 노 대통령이 조기 귀국하자 안희정과 함께 몇 차례 대통령을 만난 이화영 의원은 방북하기 전에 노 대통령을 독대해 몇 가지 지침과 메시지를 전달받아 출국했다.

권오홍과 이화영은 12월 16일 베이징에서 리호남(리철)과 함께 고려항공 JS152편을 타고 평양 순안공항에 도착해 민화협 박경철 부회장과 김성혜·현정인 참사의 영접을 받았다. 이화영은 3박 4일 일정의 첫날 고려호텔 3층 식당의 만찬에서 박경철 부회장과 김성혜 참사 등에게 "노무현 대통령을 독대해 지침과 메시지를 메모해 왔다"고 밝혔다. 이어 "문성근 특사 방문 시 전달된 노 대통령의 친서가 제대로 답장을 받지 못해서 대통령이 화가 났다"면서 아예 수첩을 펴놓고 '대통령의 뜻'이라며 네 가지 사항을 요약해 이렇게 전달했다.

"첫째, 내 본심이 제대로 전달되는지를 확인하라. 개인적으로 문성근을 통해 보낸 편지가 잘 전달되었는지 반드시 확인하고 싶다. 또한, 허심탄회하게 이야기하고 싶다는 걸 전하라. 그 방식이 어떻고 자리가 어떻건 관계없다. 개성이건 금강산이건 좋다. 개성이라면 왔다갔다 하면서 수시로 봐도 좋다.

둘째, 뜻을 정확하게 전달, 교환하기를 바란다면 특사를 받아라. 12월 말이나 1월 초에 받고, 그 이후 한 달 이내에 정상회담을 하자.

**셋째, 무엇을 토의하고 결정해도 할 수 있는 준비가 되어 있다. 그러나 이 부분이 가장 고심 되는 부분이다. 본인의 뜻이 제대로 전달되지 않은 것 같다. 이종석의 경우도 작계 5027건을 잘 처리해서 중용했다.**

넷째, 구체적으로 무엇을 할 것인가의 문제에서 '본질적 협력'을 해보자는 거다. 그러기 위해 필요한 크건 작건 할 수 있는 일을 찾자. 이건 일방의 문제가 아니고 머리 맞대면서 해야 할 부분도 있을 것이다. 정치건 경제건 할 일이 많다."[32] (굵은 글씨는 저자 강조)


당시의 남북관계는 북핵 문제 해결을 위한 6자회담과 맞물려 있었기 때문에 남북한 당국의 비밀접촉만으로 풀릴 일은 아니었다. 노무현 대통령이 이화영 의원을 통해 북측에 제안한 '특사' 문제는 이후 이해찬 전 총리의 방북으로 일단락되었다. 그런데 이화영 의원이 전달한 '대통령의 뜻' 가운데서 납득이 안 되는 대목은 "본인의 뜻이 제대로 전달되지 않은 것 같다"면서 "이종석의 경우도 작계 5027건을 잘 처리해서 중용했다"고 말한 것이다. 여기서 '본인'은 노 대통령을 지칭한다. 그렇다면 "이종석 장관이 작계 5027건을 잘 처리해 중용했다"는 것은 무슨 뜻일까?

우선 중용했다는 것은 맥락상으로 당시 이종석이 차관급인 NSC 사무차장에서 통일부장관으로 승진 기용한 것을 염두에 두고 말한 것으로 풀이된다. 문제는 그가 '작계 5027건을 잘 처리했다'는 대목이다. '작계 5027건'은 권오홍의 《노무현정부의 대북접촉 비망록》에 이렇게 한 번 더 나온다.

---

주32 _ 권오홍, 《나는 통일 정치쇼의 들러리였다 - 노무현정부의 대북접촉 비망록》 동아일보사, 2007년, 215~216쪽

"(노무현 대통령이) **평양을 고려한 것인지 '이종석은 작계5027을 잘 처리해서 중용했다'라는 메시지를 이화영을 통해 평양에 건넸다.** 남북한이 정말로 해야 할 일들은 도처에 널려 있다." [33](굵은 글씨는 저자 강조)

권오홍이 자신의 대북접촉 비망록에 기록한 '대통령의 뜻'은 이화영 의원이 북측에 전달한 것이다. 그 내용과 맥락을 보면, 남북접촉 현장에서 메모했거나 녹취하지 않으면 알 수 없는 것들이다. 이와 관련 김당 기자가 사실 확인을 요청하자, 이화영 전 의원(현 동북아평화경제협회 이사장)은 자신이 2006년 12월 중순 방북 전에 노 대통령을 독대해 받은 지침을 수첩에 메모해 북측에 전달한 것으로 네 가지 사항은 다 사실 그대로 권오홍 씨가 옮긴 것이라고 밝혔다. 다만, 그는 "노 대통령이 한 · 뉴질랜드 정상회담 당시 뉴질랜드 총리가 북한 정권을 비하하는 발언을 해 항의한 사실까지 거론하며 북측에 자신의 본심과 진정성을 알아 달라는 취지로 '작계' 이야기도 한 것 같은데, '작계 5027'을 인용했는지는 기억나지 않는다"고 덧붙였다.

그러나 이종석 당시 NSC 사무차장이 했던 역할과 맥락에 비추어보면, '비망록에선 '작계 5029'를 '작계 5027'로 오기(誤記)한 것으로 보인다. 사실 일반인들은 '작계 5027'와 '작계 5029'의 차이점을 잘 모른다. 그런데, 2005년 당시 한미관계를 긴장시킨 최대 현안은 주한미군의 역할과 관련된 '전략적 유연성' 문제와 맞물린 '개념계획 5029의 작계화' 문제였다. 그리고 합참과 한미연합사가 추진한 '5029의 작계화'를 중단시킨 장본인이 바로 이종석 NSC 사무차장이다. 알다시피 '개념계획 5029(작계 5029)'는 북한 정권의 갑작스러운 붕괴를 상정한 미 태평양사의 군사적 비상점령 계획이다.

결국 노 대통령이 "이종석이 작계 5029건을 잘 처리해 중용했다"는 뜻을 북측에 전달한 것은 북한 정권의 붕괴를 상정한 '5029의 작계화'를 중단시킨 이

주33 _ 권오홍, 《나는 통일 정치쇼의 들러리였다 – 노무현정부의 대북접촉 비망록》 동아일보사, 2007년, 233쪽

종석을 중용한 자신의 본심과 진정성을 알아 달라는 항변인 셈이다. 이를 근거로 일부에서는 당시 노무현 청와대가 북한 통전부와 접촉채널을 유지한 국정원 대북전략국을 통해 '작계 5029'의 개념계획을 북측에 전달했다는 의혹을 제기한다.

박채서도 리철에게서 "남측 국정원이 우리 측에 '작계 5029의 개념계획'을 전달했다"는 이야기를 들었다. 박채서는 2006년 당시 김당 기자에게 "이종석 통일부장관의 주도하에 남북정상회담 추진을 위해 서훈 국정원 대북전략실장 등 5명이 한팀으로 베이징과 선양에서 북측 인사들과 접촉하고 있다"고 전했다. 한국 정부는 2006년 8월 초에 북한의 조기 핵실험 움직임을 포착해 이를 막기 위해 북미를 상대로 설득하는 작업에 들어갔다. 이종석 장관은 비망록에서 당시 상황을 이렇게 기록했다.

> "북한에 대해서는 2006년 8월부터 노 대통령과 김정일 위원장 간 마지막 담판을 위해 남북정상회담을 추진했다. 차갑게 얼어붙은 남북관계 속에서도 **대북협상의 최고 베테랑인 서훈 실장이 직접 나서서 비공개접촉**을 했으나 그들은 '상부에 보고하겠다'는 공허한 대답을 할 뿐이었다."[34] (굵은 글씨는 저자 강조)

박채서는 당시 리철한테서 "남측으로부터 작계 5029 개념계획을 전달받았다"는 이야기를 듣고서, 서훈 실장이 북측과 비공개로 접촉하면서 김정일 위원장을 정상회담장으로 나오게 하기 위한 '당근'으로 '작계 5029의 개념계획'을 선물한 것으로 판단했다. 물론 일반 국민이 북측에 '작계 5029의 개념계획'을 제공했다면 간첩죄로 처벌받을 사안이지만, 상부에 보고하고 인가받은 대북공작 차원에서 김정일을 유인하기 위해 제공된 것이라면 면책을 받을 수 있었기 때문이다. 하지만 작계의 개념계획을 북측에 제공한 것이 사실이라면 논란이 될

---

주34 _ 이종석, 《칼날 위의 평화 – 노무현시대 통일외교안보 비망록》 개마고원, 2014년, 509쪽

수밖에 없는 사안이었다.

더 큰 문제는 '작계 5027-04'에 관한 범죄사실은 국정원의 수사나 김인동 장군의 진술로 밝혀진 것이 아니었다는 사실이다. 작계 부분은 박채서에 대한 가택 압수수색에서 나온 《군사교범》 등을 근거로 국정원 대공수사국의 이병철 수사관 등이 군사기밀을 제공한 내역을 추궁하는 과정에서 박채서가 지나가는 말로 "병아리 계획과 작계 5029와 관련해 김인동 장군과 대화를 나누었을 뿐"이라고 얘기한 것을 토대로 수사를 확대한 것이었다. 즉, 애당초 내사 과정이나 수사 초기에는 작계 누설 혐의에 대한 수사는 전혀 없었다.

그런데 국정원이 사전에 설정한 수사의 기본 틀이 깨지자, 언론이 관심을 가질 만한 수사결과를 보여주기 위한 일종의 '충격요법'으로 작계 누설 쪽으로 수사 방향을 튼 것이다. 이는 국정원의 피의자 신문조서에서 그대로 드러난다. 국정원과 검찰의 피의자 신문조서와 공판 기록을 보면, 박채서는 2005년 4월 김인동 장군과 나눈 대화 내용에 대해 최초 진술에서부터 전 과정에 걸쳐 일관되게 진술하고 있음을 알 수 있다. 그러다가 박채서가 '작계 5027'에 대해 언급한 것을 계기로 국정원 대공수사국의 김명중 수사관이 투입되어 '작계 5027-04'에 대해 집중 신문하게 된 것이다.

결론적으로 과거 정보사 공작관과 안기부 공작원을 지낸 대북 비선으로서 북한 인사들과 지속적으로 접촉해온 박채서와 현역 육군소장인 김인동 장군이 단지 '작계 5027-04'와 관련된 대화를 5분도 안 되는 짧은 시간 동안 나눈 사실 자체만으로 국가보안법 위반혐의로 구속되어 유죄를 선고받은 것이다. 박채서는 구치소 수감 중에는 물론, 2016년 5월 31일 징역 6년의 형기를 마치고 나온 뒤에도 리호남으로부터 '작계 5027-04'를 수집하라는 지령을 받은 바 없었고, 이를 수집·탐지하여 제공한 사실도 없다고 일관되게 주장했다.

개성 리조트 사업에 롯데가 참여하게 된 배경

북한 당국에서는 이왕에 조성할 거면 세계적인 명소로, 그리고 남북교류협력사업의 상징물이 되도록 그 규모와 시설을 확장하도록 주문해 왔다. 단순한 골프장 건설사업이 아닌 종합 리조트 단지가 되는 것이다. 더구나 리조트 단지 내에 내외국인 카지노까지 사업이 확장되고 있는 상황에서 사업의 경험이 없는 박채서가 혼자 감당하기에는 그 규모가 방대해졌다.

박채서는 개성리조트 조성을 함께 할 기업을 물색하는 중에 한행수 위원장으로부터 롯데건설 원계태 전무를 소개받았다. 아마도 개성리조트 공사에 롯데건설을 참여시킬 의도인 것 같았다. 박채서는 롯데월드를 염두에 두고 계 전무에게 제안을 했다.

"우리가 지금 추진 중인 개성 리조트 조성 예정부지 150만평 옆에 삼성에버랜드와 같은 대규모 놀이공원을 조성하면 어떻겠습니까?"

한행수로부터 사전 설명을 들어서인지 계 전무는 적극적으로 관심을 표시했다.

"그렇지 않아도 어떤 계획인지 들어 보려고 뵙자고 했습니다."

박채서는 원가 절감과 접근성을 강조했다.

"우선 토지를 임대하면 매입하는 것보다 저렴하고 쉽게 구입할 수 있습니다. 원가를 계산해 보면 알 수 있겠지만, 소수의 전문 관리요원 이외의 대다수 기능요원들을 북한의 저렴한 노동력으로 활용한다면 분명히 삼성에버랜드보다 저렴한 입장료가 나올 것입니다. 아울러 개성이라는 지리적 이점과 장차 건설 예정인 '제2 자유로'를 감안하면 훨씬 더 경쟁력이 있을 겁니다."

계 전무는 맞장구를 쳤다.

"실은 신격호 회장님의 생애 마지막 숙원사업이 수도권에 삼성에버랜드와 같은 놀이공원을 만드는 것입니다. 이를 위해 그룹 차원에서 부단히 노력했으나 수도권에서는 그에 맞는 용지를 구입하는 것이 가장 어려웠습니다. 또 매입을 시도하면 삼성의 방해가 심해 번번이 부지 매입 단계부터 좌절하곤 했습니다."

사흘 뒤에 박채서는 원계태 전무로부터 소공동 롯데호텔에서 만나자는 연락을 받았다. 약속 시간에 가니 호텔 VIP 전용 접객실에서 신격호 회장 비서실장인 김○○ 사장이 박채서를 맞이했다. 계 전무의 보고를 받은 신격호 회장의 지시로 급히 마련된 미팅이었다.

김 사장은 반갑게 박채서를 맞이했다.

"우리 회장님께서 박 사장님의 제안을 듣고 '기막힌 아이디어'라며 극구 칭찬하셨습니다."

당시는 이미 정부가 개성공단 조성사업에 대해 공식적으로 발표했고, 북에서는 개성특구 관련 특별법을 급히 제정 공표하여 화답이 오는 상태여서 따로 개성지구 리조트사업을 설명할 필요가 없었다. 원계태 전무에 따르면, 롯데 측은 일본 조총련을 통해 북한 지도부에 박채서의 존재 가치를 확인해 롯데의 참여를 적극적으로 검토한 상태라고 밝혔다. 북측과 협조하여 골프리조트와 같은 크기의 토지를 값싸게 임대받을 수 있다고 하니 롯데로서는 그 모든 문제가 일시에 해결되는 기회가 아닐 수 없었다.

롯데 측은 박채서에게 150만 평을 요구하면서 성사되었을 경우 컨설팅 비용 명목으로 지불할 대가를 제시하라고 말했다. 박채서가 사양하자 원 전무와 김 사장은 그에게 넌지시 타이르는 투로 말했다.

"사업은 반드시 계산이 분명해야 성사도 분명해지는 법입니다."

결국 차후에 카지노를 조성할 때, 카지노는 물론 방갈로 등 부대시설과 일체의 카지노 관련 조성공사를 롯데가 무료로 시공하는 것으로 결론을 지었다. 이로부터 부지 타당성 조사부터 측량 설계, 리조트 조성공사는 롯데에서 맡아 시행하게 되었다. 롯데 측은 삼성을 의식해 보안 유지를 당부했고, 향후 원활한 협조체계를 위해 원계태 전무는 ㈜롯데기공 사장으로 파격 승진하는 행운을 얻었다.

당시 일부 언론 기사에 북측 당국자들이 개성관광을 롯데관광과 하겠다고 일방 발표하여 현대아산과 남한의 관계 당국을 곤란하게 한 적이 있다. 이는 북한 당국자들이 롯데관광이 롯데그룹 계열사인 줄 오해한 것에서 비롯된 것이었다. 하지만 그만큼 북한 당국자도 개성 골프리조트 조성사업에 적극적이라는 방증이었다.

리조트 단지가 완성되면 개성지역 관광이 필수 코스로 포함되어야 했다. 금강산은 어차피 현대아산에 독점권을 주었지만 개성관광은 경쟁적 차원에서도 다른 기업으로 전환해야 한다는 주장을 북측이 수용한 것이다. 박채서가 공작원 시절에 금강산관광사업을 현대아산에 독점케 함으로써 생길 폐단에 대해 지적해 주었지만, 자본주의 경제의 기본원리인 자유경쟁에 익숙지 않던 그들은 그 부작용을 실감하지 못했다. 그러다가 그의 예상이 들어맞자 북측이 수용한 것이다.

일이 진척될수록 박채서는 중대한 결심을 해야 했다. 개성 골프리조트 150만 평과 가칭 롯데월드 150만 평 조성사업을 혼자 독점할 수는 없었다. 물론 그럴 능력이 없음을 누구보다 자기 자신이 잘 알고 있었다. 더구나 본격적으로 사업이 시작되면 리조트 조성사업은 세인의 관심 대상이 될 것이며 정부의 강력한 지원과 통제가 뒤따를 것이 분명했기 때문에 그는 한행수 위원장과 담판을 지었다. 그는 카지노 부문의 독점권을 보장하면 나머지 골프장을 비롯 리조트 부문에 대해서는 전부 넘기겠다는 의사를 밝혔다. 그러면서 구체적인 방안을 다음과 같이 제시했다.

"1단계 사업은 골프장(72홀), 호텔, 공원을 조성하는 것으로 정부의 남북교류협력기금을 지원받아 건설한다. 2단계 사업은 쇼핑몰, 국제 컨벤션센터, 비즈니스센터, 펜션 등을 건설하는 것으로 민간 투자를 적극 추진한다. 남북한 정부 당국에서 공식 발표하게 하고, 1단계 공사가 성공적으로 추진되면 투자는 무리 없이 될 것이다."

실제로 향후에 이세기 전 통일부장관과 동방유량, 아모레퍼시픽 등 개성을 연고지로 한 개인과 기업들의 투자의향이 넘쳐났다. 박채서는 한행수와 상의해 사업 영역을 분할했다. 골프장을 비롯한 리조트 단지는 박채서가 30% 지분만 갖고 나머지는 한행수 일행에게 인계하고, 박채서는 단지 내에 조성되는 카지노 운영권만 갖기로 의견 조정했다. 조명애 광고사업을 주도한 대북사업 전문 회사인 SKY C-K도 한행수 일행에게 양도했다.

박채서는 최종적으로 리조트 단지 부문에는 형식적으로 참여하고 카지노는 자신이 독점한다는 조건으로 결론지었다. 리조트 지분 70%는 정관계 인사들이 지분을 나누었는데, 한행수를 비롯해 당시 노무현 정권의 실세들이 5~15%까지 균등 배분하여 나눈 것으로 전해 들었다. 2,000억 원으로 예상되는 초기 자본금을 통일부 교류협력자금으로 1단계 사업을 완료하고, 2 · 3단계는 민자유치를 기본으로 하는 자금 조달계획도 마무리했다.

박채서가 의도한 대로 효과는 금방 나타났다. 통일부가 주관한 현지 조사단에 롯데 관계자들이 참여하여 21일간 체류하면서 리조트 부지 조사를 진행했다. 정동영 장관은 개성공단 조성사업과 남북교류 활성화를 위한 남북교류협력기금 5,000억 증액을 국회에 요청하겠다고 발표했다. 이는 남북교류협력기금을 개성리조트 조성사업에 쓰기 위한 것으로 박채서가 제안한 방법이었다. 정부가 그간 끈질기게 요구한 개성에서의 이산가족 정례 상봉장소 조성 이유를 설명하고, 북이 이를 인정하도록 유도하면 투자 명분이 생길 것이라고 제안한 결과가 협력기금 증액으로 발표된 것이다.

북한 당국자들은 남북 경제회담과 장관급 회담의 북측 단장인 권민(본명 권호웅)을 통해서 청와대와 우리 측 관계당국에 개성 골프리조트 조성사업의 진의를 전달했다. 우리 측 당국자 또한 반대할 이유가 없어 본 사업을 계획대로 무난히 달성될 것이라고 판단했다. 그러던 어느 날 정부 당국자가 한행수 씨를 통해서 개성 골프리조트에 남북교류협력기금을 투자하려면 명분이 필요하다,

자칫 특혜 시비와 불필요한 뒷말에 휩싸일 수 있다는 말을 전해왔다. 특히 수도권 지역의 카지노 허가는 너무나 예민하기 때문에 만약 1시간 이내 거리의 개성리조트가 완성되어 운영된다면 강원도와 강원랜드 측에서 문제 삼을 거라는 우려였다.

박채서는 고민 끝에 리조트 단지는 남북 이산가족의 정례상봉소를 위한 기본시설 조성용으로, 즉 남북 이산가족이 자유롭게 만나 2~3일간 함께 숙식하는 휴양시설로 조성하되, 카지노 이익금으로 국가안보나 국가전략 문제를 연구하는 공익재단을 설립·운영해 공익에 기여하는 방안을 계획했다. 이산가족 상봉 문제는 사전에 북측의 동의를 받아야 했는데 공식채널을 통해 동의 의사를 전달받은 것으로 한행수 씨를 통해 나중에 확인했다.

가칭 전략문제연구소를 설립해 운영하는 계획은 리조트 카지노에서 발생할 수익금을 사회에 환원할 수 있는 방안을 고민하다가 나온 것이긴 했다. 하지만 박채서가 군과 정보 분야에서 일하면서 오랫동안 생각해온 것이기도 했다.

군과 경찰 그리고 국정원이 다른 공무원 조직과 다른 점은 계급정년이 적용된다는 점이다. 즉, 이 분야의 공무원은 일정한 기간 승진하지 못하고 동일한 계급에 머물러 있을 경우, 그 기간이 만료되는 때에 자동적으로 정년, 곧 퇴직을 맞이한다. 계급정년은 침체된 공직사회에 새로운 활력을 불어넣는 긍정적 측면도 있지만, 주변을 살펴보면 아직 전문성을 살려 한창 일할 나이에 계급정년에 걸려 퇴직해 마땅히 할 일을 못 찾고 전문성을 사장시키는 경우가 적지 않았다. 박채서는 이들을 전략문제연구소에 취업시켜 성공적으로 운영되는 사례를 보여주는 것이 국가나 사회적으로 의미가 있다고 생각했다.

## 22 _ 미국의 방해공작

지금까지 우리나라는 미군에 의해 최초 군이 조직되고 훈련되고 체계화되었기 때문에 미군과의 군사교류는 활성화되어 육해공 합동작전이 가능할 정도가 되었다. 미국과 군사교류가 잘돼 있는 일본과도 잘 알게 되어 최근 한·미·일 합동 훈련이 빈번하게 개최될 수 있는 것도 상호 상대방의 교리나 전술 연구 덕분이었다.

한·미·일의 합동군사훈련과 작전의 가상적은 누구인가? 말할 것도 없이 북한과 중국이다. 그런데 우리는 그들의 전술과 전략에 얼마나 알고 있고 연구되고 있는가? 앞으로 필요시 미군에만 의존하여 훈련과 작전을 해 나갈 것인가?

특히 북한에서 급변사태 발발 시 중국 인민해방군이 북한 지역을 무력 점령하는 '병아리 작전'의 존재를 알게 된 뒤로는 중국군의 교리와 작전에 대해 연구할 필요성을 더욱 느끼게 되었다. 그래서 그는 재단 설립 시 군사분야에서는 한·중·북한 3개국의 교리연구·비교 사업을 우선적으로 해야 한다고 생각하고, 정통 야전 작전 전문가인 김인동 장군에게도 전역 후에 관련 연구를 추진할 수 있도록 준비해 달라고 부탁했던 것이다.

## 손유범과 DMZ 무인경계시스템

3사관학교 1개 기수는 육사보다 네 곱절 많은 1천여 명이었다. 그러니 같은 동기생이라고 해도 특별한 관계가 아니면 서로 잘 모르는 경우가 허다했다. 손유범은 박채서가 권유해 국방대학원 석사과정 같은 과를 1년 뒤에 들어왔다. 그래서 한동안 군인아파트의 같은 단지에서 생활하며 가족 간에도 격의 없이 친하게 지냈다.

1998년 북풍 사건의 여파로 '이대성 파일'이 공개되고 박채서가 언론에 '이중스파이' 혹은 '이중간첩'으로 묘사되면서 그는 군 동기생들 사이에서 접촉하기 부담스런 존재가 되었다. 그가 전화하거나 연락을 하면 의도적으로 피하거나 심지어는 대놓고 접촉을 거절한 동기생도 있었다. 그런 상황에서 손유범은 전화를 받아주고 따뜻하게 위로의 말을 건네 준 동기생이었다.

박채서는 마음속으로 개성리조트나 다른 사업이 계획대로 추진되면 '이 친구만은 반드시 함께 하겠다'고 생각했고, 아내한테도 그런 생각을 밝힌 적이 있다. 또 현실적으로 개성 골프리조트 단지 조성사업이 급박하게 진전되자, 그로서는 믿고 의지하며 함께 호흡을 맞춰 일할 사람이 필요하기도 했다.

박채서는 손유범에게 그런 뜻을 전달하고 베이징에서 2005년 12월경 KBS팀이 북측과 순회공연을 위한 회담을 할 때 자연스럽게 리호남 일행에게 인사를 시켰다. 당시 그는 전역 예정일이 확정되어 있었지만 아직 현역 신분이어서 북측 사람들에게는 별생각 없이 '국정원에 근무하는 김무송'이라고 소개했다. 박채서가 과거 안기부에 근무했던 사실은 양쪽이 다 알기 때문에 적당히 둘러댄 것이었다. 다만 북측 인사들에게 그를 소개하는 이유를 이렇게 분명히 밝혔다.

"내가 가장 신뢰하는 친구인데 얼마 있으면 곧 퇴직합니다. 앞으로 나를 대신해서 일할 사람이고, 경우에 따라서는 나와 역할 분담도 하게 될 것입니다."

국정원 대공수사국은 박채서가 이때 전역을 앞둔 손유범을 리호남에게 소개한 것을 두고 '리호남의 지시에 따라 손유범의 진급 탈락을 기회로 삼아 대북

개성공단 전자출입체계(RFID) 시스템. 사진공동취재단

사업으로 유혹하여 포섭했다'고 판단했다. 그러나 박채서가 손유범을 포섭할 목적으로 리호남에게 소개할 거면 굳이 이름까지 '김무송'이라는 가명을 써가며 소개할 필요는 없었을 것이다.

박채서가 말한 '역할 분담'은 빈말이 아니었다. 2005년 4월과 9월, 조명애·이효리가 출연한 남북 합작광고촬영사업이 성공적으로 성사되어 박채서는 두 번이나 매스컴을 탔다. 또한 2005년 5월경 개성에서 열린 남북 차관급 회담을 시작으로 그간 막혔던 남북관계도 뚫리기 시작했다. 이에 따라 국책사업으로 추진된 개성공단 조성사업도 활기를 띠고 개성지역 골프리조트사업 또한 활발히 논의되었다.

박채서는 남북합작 광고촬영 후 이어진 평양 예술단의 한국 5개 지역 순회공연, KBS 열린음악회 평양공연, 그리고 개성 골프리조트 조성사업 등을 추진하면서 사업을 함께 할 사람이 필요했다. 그런데 때마침 동기생 손유범이 더 이상 군에서 진급이 불가능해 전역이 불가피한 처지였다. 그래서 손유범을 전역 후에 대북사업을 같이할 동반자로 생각해 제안을 했고, KBS 대표단과 북측 민화협 관계자들이 베이징 캠핀스키 호텔에서 만나 회담을 할 때 소개 및 현장체험을 겸해서 손유범과 동행했던 것이다.

손유범은 전역 후 LIG 계열 방산업체에 취직해 무기납품 관련 분야에서 근무했다. 그는 회사 업무에 대해서는 좀처럼 얘기를 하지 않고 박채서도 굳이 알려고 하지 않고 지냈다. 다만, 박채서가 서울에 오면 편하게 부부가 같이 만나고 식사하는 등 친구 관계를 유지했다. 다만, 그가 직접적으로 표현은 안 했지만, 군에서 나와 일반기업에 근무하면서 적응하는 것이 그리 쉽지는 않아 보였다. 그러던 차에 2006년 초에 손유범은 박채서에게 새로운 사업 제안을 했다.

"앞으로 전방 철책선 경계는 크게 바뀔 걸세. 지금처럼 많은 인력을 이용하는 것을 탈피해 무인 경계 시스템으로 전환될 것일세. 문제는 우리만 일방적으로 해서는 효과가 없고 상대방도 같이해야 효과와 실효성이 배가(倍加)된다는 것일세. 그래서 내가 생각해 놓은 것이 있는데, 남한 지역은 우리가 손댈 수 없지만 북한 지역은 사전에 자네가 저쪽에 잘 이해를 시켜 놓으면 좋겠네. 내가 잘 아는 무인 경계 시스템 설치 업체가 있거든. 남북이 잘 협조해 본격적으로 사업이 시행되면, 북한 지역은 우리가 미는 업체가 무난히 설치 작업을 할 수 있다네. 공사금액이 워낙 크기 때문에 공식 리베이트만 받아도 거액을 받을 수 있을 걸세."

손유범은 방산업체에 근무하면서 다양한 사업 아이템을 검토해본 경험이 있어서인지, 휴전선 지역 155마일에 무인 경계 철조망을 설치하는 작업에 드는 공사비는 남북한이 각각 4,000~5,000억 규모로 예상되는데, 그중 5~10%의 리베이트가 국제 표준이라고 했다. 리베이트만 최소 200억 원에서 최대 500억 원이나 되는 큰돈이었다.

처음 이런 얘기를 들은 북측 인사들은 시큰둥한 반응을 보였다. 하지만 2007년 10월 2차 남북정상회담 이후에는 적극적인 관심을 보이기 시작했다. 예전에 그가 말했던 비무장지대 무인화 사업에 관심이 있으니 구체적 설명을 해달라면서 다시 만날 것을 제안해왔다. 박채서는 손유범에게 북측의 제안을 전달하고, 공식적인 절차에 따라 북측과 이 문제를 협의했으면 좋겠다는 자신의 뜻도 전달했다.

당시 노무현 – 김정일 정상회담에서 노 대통령이 김 위원장에게 비무장지대 경계 과학화 시스템 설치를 제의했다는 언론 보도가 있었다. 그래서 정상회담 이후 북한 국방위원회를 중심으로 그러한 제안에 긍정적으로 검토하기로 하고 구체적 내용을 확인하기로 한 것이었다. 당시 북측에서 실무를 맡았던 이가 조명애 – 이효리 애니콜 광고촬영 당시 감시역으로 나왔던 김성렬 선생이었다. 그렇게 해서 2008년 1월 12일 두 사람과 리철, 김 선생 등이 베이징 캠핀스키 호텔 커피숍에서 만나 논의를 했다. 그런데 리철이 전하는 바에 따르면, 그동안 알려진 것과는 조금 달랐다.

리철에 따르면, 2차 남북정상회담에서 노무현 대통령이 먼저 김정일 위원장에게 비무장지대 과학화 시스템과 생태공원화 사업에 대한 제안을 했지만, 김정일 위원장이 북측은 아직 준비가 부족해 제안을 수용하기가 힘들다고 판단해 거절했다는 것이다. 이에 노 대통령은 북측의 설치 비용과 기술을 남한에서 지원할 용의가 있다는 뜻을 전하고, 생태공원화 사업에 참고하라고 MBC가 제작한 다큐 프로그램 'DMZ는 살아 있다' 1, 2, 3편 가운데 1, 2편을 김 위원장에게 제공했다는 것이다.


팜플렛과 설명서가 간첩죄로 둔갑

손유범은 이날 무인 경계 시스템 사업의 기술적 내용을 잘 모르는 박채서를 대신해 리호남에게 비무장지대 과학화 경계시스템 운용방식을 설명했다. 손유범이 "개성공단에 시범 설치도 가능하다"고 하자 리호남과 민화협 관계자들은 관심을 보였다. 손유범은 설명과 함께 무인경계시스템 설명 자료집 소책자와 회사가 공개입찰로 쿠웨이트 지역 비행장에 설치한 무인경계시스템의 설치 및 운용과정이 정리된 사업설명서를 제공했다. 이와 함께 〈합참〉(2003년 1월호)지에 실린 '경계강화를 위한 정보체계 활용'이란 논문을 인터넷에서 검색하는 방법을 알려주었다.

이때 팜플렛과 사업설명서를 북측에 제공한 것이 나중에 간첩죄가 되었다.

재판부는 박채서와 손유범이 리호남에게 알려준 "비무장지대 과학화 경계시스템 관련 자료는 비무장지대의 병력배치, 운용 등 국방정책과 관련된 사항으로서 북한에 알려질 경우 우리 군의 장비 및 능력이 노출될 위험성이 있다"고 판시했다.

하지만 DMZ 과학화 경계시스템 사업은 정부가 추진한 대북 국책사업을 순수하게 사업적 차원에서 북측과 논의했을 뿐이었다. 제2차 남북정상회담 당시 노무현 대통령이 김정일 위원장에게 이 사업을 제의했는데, 김정일이 북측의 준비 부족을 이유로 들어 거절했다는 것까지 언론에 보도되었다. 그 뒤로 리호남은 박채서에게 무인 감시 시스템에 대해 협의하자면서 한국의 전문업체와 베이징에서 회담을 가질 것을 제안했다. 이에 박채서는 손유범에게 그와 같은 사실을 알리고 공식 회담을 갖게 된 것이다.

손유범은 북측 인사들과 만나기 위해 출국하기 전에 통일부에 사전에 북한 주민 접촉승인 신청서도 제출했다. 접촉 내용은 'KBS 베이징지사의 주선으로 리호남과 접촉하여 비무장지대 평화체제 구축 관련 병력 철수에 따른 대책 방안을 협의한다'는 것이었다. 손유범이 순수한 사업 목적이 아닌 불순한 목적을 갖고 리호남 일행과 접촉하려 했다면, 사전 접촉승인 신청서에 '리호남'이라는 이름과 무인 경계시스템 설치를 위한 협의라는 접촉 목적을 있는 그대로 적시해 신고했을 리가 없었다.

쿠웨이트 공개입찰 실적을 토대로 계산한 휴전선 155마일에 설치 예상 비용은 5,000억 원 정도였다. 남북한이 각각 5천억 원씩 1조 원을 들여 휴전선 경계 병력과 장비, 그리고 군사시설을 감축하면 그만큼 군비축소를 하면서 평화경제를 구축할 수가 있었다. 대통령이 직접 나서서 북측에 비무장지대에서 병력을 감축하고 무력 충돌 가능성을 줄여 평화 분위기를 조성하자고 했었다. 따라서 박채서는 북한 측의 협조가 절대적으로 필요한 국책사업에 자신이 나서는 것은 남북 화해와 평화 만들기에 기여할 뿐 아니라 사업적으로도 유익할 것으로 판단했던 것이다.

손유범이 업무상 관계했던 '위다스(Withus)'라는 회사는 과거 중국에 진출해 이동통신 중계기 설비 작업을 하다가 실패하고 철수했다가 다시 중국에 진출하기 위해 부심하고 있었다. '위다스'는 이동통신 및 와이브로 서비스용 중계 시스템 등 통신장비를 개발해 국내외 통신사업자에게 공급하는 업체였다. 또한 디지털TRS 통신장비 및 SI서비스 공급 사업도 진행했다. 방산사업 부문에서는 항공기용 상태감시 장치와 주의경고장치, 자동비행 조종패널, 데이터 획득 처리기 등의 개발사업을 진행하고 있었다.

손유범은 마침 중국이 2008년 말까지 이동통신 중계시스템을 아날로그 방식에서 3D 방식으로 전면 전환할 계획을 갖고 있다는 정보를 업계에서 입수해 박채서에게 도움을 요청해 왔다. 그렇게 해서 2008년 1, 2월 두 차례에 걸쳐 베이징에서 중국 국가안전부 고위 간부들과 실무진, 그리고 '위다스' 관계자들과 공식 회담을 가졌다.

당시 중국의 유·무선 통신 관련 업무는 우리나라의 국정원과 같은 대외정보기관인 국가안전부에서 총괄하기 때문에 통신 관련 협회나 연구소 단체 등은 국가안전부 출신 전직 관료나 관계자들에 의해 직간접으로 운영되고 있었다. 그래서 북한의 이동통신 시장이 개방되어 사업이 본격화될 때를 대비하여 상호 인사하고 장차 협력관계를 유지시켜 놓자는 의미에서 중국 국가안전부 간부들과 만남을 주선했던 것이다.

하지만 중국 국가안전부와는 협상은 자본금 문제로 진척이 되지 못했다. '위다스' 측에서는 한국 돈 2억 원을 최대 투자 금액으로 제시한 반면에, 중국 국가안전부 관계자들은 최소 10억 원의 투자를 제안하였다. 중국 시장을 상대하기엔 '위다스'의 규모가 너무 작았던 것이다. 중국 국가안전부와의 협상은 실패로 끝났지만, 국정원은 중국 국가안전부와의 협상에 대해서도 산업스파이 혐의를 적용하려 했다.

미국은 한국이 북한에 제안한 DMZ 무인 경계시스템에 대해서도 이미 알고 있었다. '위키리크스'가 미 국무부 비밀전문을 폭로한 바에 따르면, 제2차 남북 정상회담을 한 달 앞둔 2007년 9월 4일 박선원 청와대 통일외교안보전략비서관은 조셉 윤 주한미국대사관 차석 대리 대사와 함께한 오찬 회동에서 남북정 상회담 의제에 대해 질문을 받자, 다음과 같이 자신의 견해를 밝혔다.

비핵화 : 노무현 대통령은 틀림없이 비핵화 쟁점을 제기할 예정이다. 노무현은 남 한이 북한 핵무기의 위협 아래에서 살 수 없다는 뜻을 굽히지 않았다.

북방한계선(NLL) : 노무현이 NLL를 재획정하기로 동의하는 건 상상도 못 할 일이 다. NLL은 영토자주권을 유지하도록 하는 한국 헌법의 구속을 받는 영토 문제이 다. 노무현이 가장 할 만한 내용은 분쟁 어로수역에 공동이용이라는 문제를 협의 하는 정도일 거다. 북한은 매우 적은 어선을 보유하고 있기 때문에 공동어로 수역 에 대한 합의는 해당 지역을 사실상 남한이 통제하는 결과이며, 지금도 그렇듯이 NLL 아래 지역을 계속해서 순시하게 될 거라고 박선원은 말하였다.

신뢰구축 조치 : 박선원이 말한 바로는 노무현이 가장 추구할 공산이 클 것으로 보 이는 군사적 신뢰구축 방안은 현재 비무장지대에 있는 140개가 넘는 경계 초소의 해체나 철수를 요구하는 것이다. 한국은 대략 그런 경계초소를 60개 유지하고 있 다고 그는 말하였다.

미국 정부는 이미 남북정상회담 한달 전부터 노무현 대통령이 김정일 위원 장에게 군사적 신뢰구축을 위한 수단으로 비무장지대에 무인 경계 시스템을 설 치하는 방안을 제시하며 현재 DMZ에 있는 140개가 넘는 경계 초소의 해체나 철수를 제안할 것임을 알고 있었다. 주한미대사관 전문은 미국 국방부는 물론, CIA에도 공유되었다. 따라서 CIA는 손유범과 '위다스' 관계자들이 중국 국가안 전부 간부들과 접촉한 것도 이미 알고 있었던 것이다.

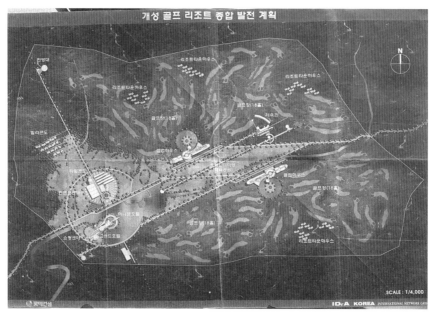

김정일 책상 위에 올려진 개성 골프리조트 조감도

김정일 책상 위의 개성 골프리조트 청사진

　미국의 집요한 방해를 북측도 잘 알고 있었다. 그들은 군부의 강력한 반대를 무릅쓰고 개성 부근의 6개 부대와 병장기를 소거시키면서 공단을 조성했는데 기대한 성과를 보여주지 못하는 것을 가장 우려했다. 그래서 박채서는 미국도 방해할 수 없는 골프리조트를 조성해 개성공단도 동시에 활성화하는 방안을 제안했던 것이다.

　그의 제안에 대해서는 북측이 더 적극적이었다. 김정일은 개성지역 골프리조트 단지를 남북합작 사업의 상징성을 최대한 살리고, 세계 최고 수준으로 자랑할 수 있도록 신경 써서 추진해 달라는 부탁까지 했다. 이를 위해 롯데 측에서 전담팀이 구성되어 세계 유명 리조트 단지를 참고해 구체적 조감도와 설계도를 만들었다. 그 자료들은 김정일 책상 위까지 보내졌고 김정일은 이를 보며 매우 흡족해 했다고 한다.

한동안 잘 추진되던 노무현 정권의 대북정책은 내부에서 파열음이 일기 시작했다. 그동안 사태 추이를 관망하던 정동영 통일부장관이 치고 나가기 시작했다. 여권의 강력한 대선 후보인 정 장관은 대북정책의 성과로 자신의 대권가도를 탄탄하게 닦고 굳히려는 의욕에 넘쳐 페이스를 오버하기 시작했다. 노무현 대통령은 정동영 장관을 정치적 동반자로서 의례적 대우는 했지만 그에 대한 인간적 신뢰는 없었다.

정동영 장관은 언론의 스포트라이트를 받으며 방북하여 김정일을 만나 김정일의 답방과 남북정상회담을 제안하고, 굵직한 대북정책을 자신이 주도하여 발표하면서 노 대통령의 청와대 참모들과 각을 세웠다. 모든 성과와 공(功)은 대통령에게 돌리고 과(過)는 자신들이 떠안는 청와대 참모들이 보기에는 정동영 장관이 열매를 따 먹는 것이 못마땅했다.

노무현 정부 초기 남북대화에서 역할을 인정받은 한행수는 그의 희망에 따라 주택공사 사장에 취임했고, 노 대통령과도 더 친밀해져 부부동반으로 청와대 관저에서 식사를 하곤 했다. 그러면서 한 사장이 정동영 후원회장 직을 물러난 가운데 후원회는 유명무실하게 되었다. 또한 후원회의 주요 멤버였던 기획부동산업자인 김현제가 거액 부동산 사기 사건으로 사법처리되었다. 정동영은 개성공단은 자신의 분신이라고 주장할 정도로 애착이 강했으나 그럴수록 노 대통령의 참모들과는 척을 지게 되었다.

여당 대선후보인 정동영과 청와대 참모들과의 '소 닭 보듯' 한 관계는 '위키리크스'가 폭로한 주한미국대사관 비밀전문에도 등장한다. 전문에 따르면, 대선을 한 달 보름 앞둔 2007년 10월 30일 당시 조셉 윤 정무참사관은 '노사모' 출신 '청와대 연락선(The Blue House contacts)'인 김태환 행정관과 조수정 정무기획 행정관을 만나 다음날 본국에 '청와대 행정관, 우리가 대선에서 패하겠지만 괜찮다(BLUE HOUSE ADVISORS: WE WILL LOSE IN DECEMBER BUT THAT'S OK)'라는 제목의 전문(3급 비밀)을 보냈다.

"청와대 두 연락선(정보원)은 노무현 정부가 정동영 대통합민주신당 후보 지원에 별로 열의가 없다고 인정하였다. 대신에 노무현 지지자들은 무소속 문국현 후보를 위해 뛰고 있거나, 유시민 전 보건복지부장관의 2012년 선거 캠페인이 이미 시작되었다고 두 사람은 말했다. 영남지방 노사모 조직의 회장이었던 청와대 행정관 김태환은 노무현 추종자들은 '모두 자기 갈 길을 갔다'며 '누구도 자발적으로 정동영 캠프에 합류하지 않았다'고 말했다. 두 사람은 야당 한나라당 후보인 이명박의 당선을 피할 수 없다고 인정했다."

역시 '위키리크스'가 공개한 전문에 따르면, 주한미국대사관 직원들은 대선을 불과 엿새 앞두고 '노사모' 출신의 두 '청와대 연락선'을 다시 만났다. '침울한 청와대 보좌진, 최악의 상황에 대비(BLUE HOUSE AIDES SOMBER, READY FOR THE WORST)'라는 제목으로 본국에 전송한 전문에는 이렇게 기록돼 있다.

"두 사람은 현재는 대다수 노무현 추종자들이 이번 대선 캠페인에 간여하지 않고 있다고 말했다. 몇몇은 공직을 떠나 2008년 4월 9일 국회의원 선거에 출마를 준비하고 있고, 서울에 남아있는 지지자들은 청와대에서 노 대통령의 고향인 김해로 이사할 준비 중이라고 말했다…(중략)… 김태환 행정관은 고향인 마산의 노무현 지지자들에게 '좋을 대로 이명박에게 투표하라고' 말했지만, 노무현과 김대중이 지난 10년간 무엇을 했는지를 분명하게 기억하라고 말했다고 했다."

미국의 노골적인 방해와 간섭

노무현 정권 대북정책에 어려움을 안긴 또 다른 요인은 미국의 방해와 간섭이었다. 중국과의 교류가 활발해지고 남북교류도 활성화되어, 개성공단 조성사업이 초기 예상과는 달리 급진전되어 가고 있을 즈음, 언론에 주목할 기사가 하나 실렸다. 전문가와 일반시민을 대상으로 한 여론조사였는데, 미래 한국의 안보와 경제에 미국과 중국 중에서 누가 더 영향력 있고 중요한가를 묻는 질문에 70% 이상이 중국이라고 답변했다는 것이다. 김대중 - 노무현으로 이어진 한국 정부의 대북정책 기조의 변화에 불편한 심기를 감추지 못한 미국으로서는 충격이었다.

노무현 정부는 이미 개성공단 활성화 이후 해주~남포~신의주~단둥으로 이어지는 산업·물류 환서해 벨트와 '제2 개성공단' 건설 프로젝트를 발표한 바 있다. 일부 성급한 전문가들은 "중국 단둥에서 저녁에 출발한 중국산 값싼 농축산물이 새벽 서울 가락동 농수산물시장에서 경매에 오르고, 한국의 자가용족이 직접 운전하여 개성을 통해 신의주, 단둥을 거쳐 중국 대륙을 누빌 날이 멀지 않게 되었다"고 장밋빛 청사진을 내놓았다. 아주 근거 없는 주장은 아니었다. 그런 효과를 보고 추진한 주요 대북정책이고, 그런 홍보효과 또한 노무현 정권이 바라는 결과였으니까.

노무현 정부는 개성공단 조성의 필요성과 그 성공 효과를 정책 홍보하여 국민적 호응을 얻는 데는 성공했지만 미국의 반응은 그렇지 않았다. 개성과 휴전선 사이의 북한군 소개(疏開)나 전략적 주(主)진격로 상의 공백, 남북의 평화회랑 조성은 애초에 미국의 관심사가 아니었다. 미국은 개성공단 조성사업이 오히려 그들의 세계 전략인 중국 봉쇄정책과 대한반도 전략에 부정적 결과로 작용할 것으로 판단했다.

이미 알려진 바대로, 개성공단 조성사업 초기에 미국은 휴전협정의 법적 지위를 내세워서 개성공단 입주기업을 제한했다. 즉, 기계, 전자산업, 첨단 과학기술 분야와 대규모 매출이 발생해 북측에 경제적 이익을 줄 수 있는 분야 기업의 입주를 제한했다. 북한의 전력화와 군비 증강에 도움이 된다는 명분 하에 전략물자의 군사분계선 통과를 불허했다. 그래서 공단사무실과 기업체에 KT 전화기 개설에도 주한미군사령관의 허가를 받게 했다는 볼멘소리가 나올 지경이었다. 또한 2004년에는 주한미국대사관 상무관이 공개적으로 개성공단 생산

품목이 전략물자 수출통제체제에 저촉될 가능성이 엄연히 존재한다고 지적해 '바세나르 협약 암초'에 부딪치기도 했다.

미국은 냉전 종식으로 공산권에 대한 전략물자 수출통제 필요성이 감소된 반면에 국제안보 및 지역정세 안정을 위한 재래식 무기와 이중용도 품목 및 기술에 대한 통제 필요성이 대두되자, 1994년에 기존의 대공산권수출통제위원회(COCOM)를 해체하고 새로운 전력물자 수출통제체제인 바세나르 협정체제를 창설했다.

한국 등 30여 개 국가가 회원국인 바세나르 체제에 따르면, 전차, 장갑차, 대구경포, 군용기 및 무인항공기, 군용 및 공격 헬기, 군함, 미사일 또는 미사일 시스템 같은 재래식 무기는 물론, 신소재, 소재가공, 전자, 컴퓨터, 통신장비, 레이저센서, 항법장치, 해양기술, 추진장치 같은 이중용도 물품 및 기술도 수출이 통제된다.

이 때문에 2004년 개성공단 시범단지를 조성할 때부터 한국 정부는 미국과 전략물자와 관련 긴밀한 협의를 해왔다. 한국 정부는 개성공단 시범단지 완공에 앞서 미국 측에 입주업체 반출물자(1400개 품목) 리스트를 전달했으며, 미국 정부는 미 수출관리령(EAR)에 위반되는지 여부를 심사해 한국 측에 통보했다. 한국 정부는 공단 입주업체의 생산설비 및 물자에 대한 품목을 제출하도록 해 전략물자에 해당되는지를 심사해 반출을 허가했다. 이 때문에 개성공단 입주업체들은 "노트북 하나도 마음대로 못 가져가게 하면 어떻게 공장을 가동하느냐"고 불평을 털어놓기도 했다.

개성공단은 2004년 10월부터 가동되기 시작했으나 박근혜 정권 때인 2016년 2월 북한의 4차 핵실험을 계기로 가동이 중단됐다. '위키리크스'가 폭로한 주한미대사관에 본국에 보고한 비밀전문을 보면, 개성공단에 대한 미국의 시각을 엿볼 수 있다.

예를 들어 알렉산더 버시바우 대사가 본국에 전송한 2007년 7월 18일 자

전문에 따르면, '단순 환율 비교를 적용한 우리의 계산법에 따르면 북한 정권은 각 노동자들에 책정된 월 급여 58달러(USD) 중 거의 56달러가 북한 정권에 흘러들어 간다'고 돼 있다. 2007년 당시 북한 정권이 공단 근로자 월급의 96% 이상을 가져간다는 주한미대사관의 보고를 보면, 미국 정부가 북한 정권이 이 돈으로 미사일과 핵 기술을 진전시키는 데 활용해왔다는 심증을 갖게 되었음을 짐작할 수 있다.

## 23 _ 노무현과 미국은 서로를 믿지 않았다

노무현 정부 5년 동안 한미 관계를 뜨겁게 달군 주요 외교안보 현안의 협상 당사자였던 리처드 롤리스(Richard P. Lawless) 미 국방부 부차관보는 다루기 까다로운 문제적 인간이었다. 롤리스는 2002년 6월 13일 56번 국도에서 여중생 2명이 미군 장갑차에 압사한 사건으로 인해 반미 여론이 들끓을 때인 그해 10월 불길을 잡을 소방수로 긴급 투입되었다.

롤리스는 2007년 7월 미 국방부 부차관에서 퇴직하면서 신동아 허만섭 기자와 단독 인터뷰를 했다. 롤리스는 마치 현직에 있을 때 억눌린 감정을 토하기라도 하듯이 인터뷰에서 한국 정부에 대한 자신의 견해를 거침없이 쏟아냈다.

난폭한 무법자(lawless), 롤리스 부차관보

신동아 2007년 8월호에 실린 "미국 국방부 '아시아 · 태평양 총괄' 리처드 롤리스가 밝힌 한미동맹의 진실"이란 제목의 인터뷰 기사에는 김대중 - 노무현 정부에 대해 불편해한 미국의 인식이 그대로 드러나 있다. 이를테면 롤리스는 노무현 대통령이 주창한 '동북아 균형자론'에 대해 "한국 측에 '균형자(balancer)'가 무엇인지 물어본 적이 있다"면서 "혼란스럽고 천진난만한 개념"이라고 일축했다.

"균형자라는 것은 우리가 정말 이해하지 못했던 개념이다. 이는 두 가지 가운데서 균형을 맞춘다는 의미인데 우리는 그 양쪽이 무엇인지 확실히 알지 못하기 때문이다. 그 양쪽이 미국과 중국인가? 아니면 미국과 일본인가? 일본과 중국 사이의 조정자로서 행동하는 한국과 동맹을 유지하는 것은 어려운 일이다. 한국 측에 '균형자(balancer)'가 무엇인지 물어본 적이 있다. 그들은 '우리는 한미동맹을 평형대로 사용하고 있으며, 그 평형대 위에서 균형을 맞춰가고 있다. 우리는 한미동맹이 앞으로도 그 기준을 제공할 것으로 생각한다'고 하더라. 이것은 매우 혼란스럽고 천진난만한 개념이다. 우리는 우리가 균형자라는 개념의 어디쯤 위치하는지 알지 못한다."[35]

롤리스는 또한 김대중 – 노무현 정부가 한미동맹에 아무런 문제가 없으며 신뢰관계가 흔들림 없이 지속되고 있다고 밝혀온 것에 대해서도 이의를 제기했다. 롤리스에 따르면 반미(反美) 감정이 절정에 달한 2002년은 한미관계에서 최대 위기의 시기였으며, 당시 미국 정부는 한국 측의 대응에 커다란 충격을 받았다.

"가장 큰 충격을 받은 것은 2002년 한국 대통령선거를 앞둔 6개월, 즉 2002년 7월부터 12월까지였다. 그 기간에 한미동맹은 정치적으로 공격되고 이용됐다. 6월 13일 58번 국도에서 발생한 두 소녀의 비극적 죽음 이후 미국은 그 사건이 미칠 파장을 줄이려고 무척 애를 썼다. 그러나 김대중 정부는 동맹을 지키기 위해 거의 아무것도 하지 않았다(There was no defense of the alliance by the Kim Dae Joong government). 그런 매우 정치적인 한미동맹 반대 및 반미주의 때문에 미국 사회와 의회는 한국을 방어하기 위한 미국의 지원 및 주한미군을 유지하려는 노력의 의미가 무엇인지 돌아보게 됐다. 이런 기존 시스템을 변화시키려는 움직임도 시작됐다. 미국에선 이러한 나쁜 감정들이 2002년 말 한국 대선이 끝나고 나서도 계

주35 _ 허만섭, 미국 국방부 '아시아·태평양 총괄' 리처드 롤리스가 밝힌 한미동맹의 진실, 신동아, 2007년 8월호

속됐다." [36]

롤리스는 이어 김대중 정부 말기의 반미감정이 미국에서 반한(反韓)감정을 걷잡을 수 없이 증폭시키고, 한미동맹에 성격적 변화를 초래한 계기가 됐다면 서 미국 TV 프로그램을 예로 들어 설명했다.

"가장 분명한 사례는 미국 TV 프로그램에서 나타났다. 미국 전역에서 가장 많이 시청하는 일요일 밤의 한 프로그램은 오랜 시간을 할애해 한국에서 반미, 반(反)한 미동맹 감정이 끓어오르는 상황을 보여줬다. 그리고 2명의 주한미군 장군의 인터 뷰로 끝을 냈다. 미국 국기가 불타는 가운데 주한미군사령관이 울기 시작했다. 이 것은 너무나 충격적인 장면이어서 다음날인 월요일 아침 수많은 미국인이 미 의회 로 전화를 걸었고, 의회 측은 정부로 전화를 걸어왔다. '우리가 왜 한국에 있는가' 라는 의식의 물결이 일게 된 것이다. 정말 심각한 문제를 야기했다." [37]

2002년 6월에 발생한 미군 장갑차에 의한 여중생 압사 사건을 계기로 그해 대선 때까지 주말마다 미국을 규탄하는 촛불시위가 지속되는 장면을 텔레비전 으로 지켜본 미국 시민들과 정치인들은 '우리가 왜 한국에 있는가'라는 본질적 인 의문을 품게 되었다는 것이다. 그리고 이를 계기로 한국을 방어하기 위한 미 국의 지원과 주한미군을 유지하는 기존의 시스템, 곧 동맹관계를 뒷받침하는 제반 시스템을 변화시키려는 움직임이 시작되었다는 것이다.

미국 정부는 2002년의 뼈아픈 '실패의 경험'을 토대로 한국의 정권이 교체 되는 2007년을 한미동맹 체제의 근본적 변화의 해로 삼았다. 미국 국무부와 주 한 미국대사관은 한국 관련 정치 · 군사 분야 인력을 총동원해 한국의 정치 · 안

---

주36 _ 허만섭, 같은글
주37 _ 허만섭, 같은글

보 전문가를 인터뷰해 ▲한국인들이 인식하는 자국의 안보 환경을 점검하고 ▲한국인들이 자국 안보와 관련해 기대하는 한 · 미 동맹의 역할은 무엇인지 살펴보고 ▲미국과 한 · 미 동맹 관련 이슈가 2007년 한국의 대선 캠페인과 그 이후에 어떤 양상으로 펼쳐질지를 면밀히 진단했다.

그 결과가 2007년 4월 26일 주한 미국대사관이 본국에 3회에 걸쳐 전송한 ▲한미동맹의 정치학 1/3(문서번호 07SEOUL1211) ▲한미동맹의 정치학 2/3(문서번호 07SEOUL1215) ▲한미동맹의 정치학 3/3(문서번호 07SEOUL1216)이라는 제목의 전문이다. 위키리크스가 폭로한 이 전문들에는 한미동맹의 기존 시스템을 변화시키려는 미국 정부의 움직임이 고스란히 드러나 있다. '한미동맹의 정치학' 보고서는 "미국의 외교정책 개발자들이 한국에서 좌파건 우파건, 좋지 않은 방향으로 한미동맹을 정치 이슈화하려는 자들의 시도를 예상하고 적절히 대응하는 데 도움이 되길 바란다"면서 그 배경을 이렇게 제시했다.

"2002년 남한 대통령 선거에서 승리를 거둔 노무현 후보는 계속되고 있는 주한미군 병력 37,000명의 주둔 문제와 미군의 주둔으로 야기되는 관련 문제를, 특히 한국 여중생 두 명이 사고로 주한미군 차량에 깔려 죽은 56번 국도 사건을 선거 쟁점으로 악용했다. 이에 따라 미 대사관은 한 · 미동맹 문제가 2007년 대선 캠페인에서 정치적으로 좋지 않은 점수를 따는 데 다시 이용될 가능성을 줄이도록 주한미군과 긴밀히 협력해왔다.

미국 정부가 앞서 논란을 샀던 전시 작전통제권 이양 문제와 미군기지 재배치 및 통폐합 등의 동맹 문제를 해소하기 위해 2월 22일 한국과 미국 정부가 포괄적인 합의를 이루는 것이 가장 중요한 일이다. 게이츠 미 국방부장관과 예비역 장성인 김장수 국방부장관이 승인으로 이뤄진 해당 합의는 2007년 남한 대선으로 가는 길목에 한미동맹 쟁점을 탈정치화하도록 크게 도움이 되었다. 그리하여 '우리'가 '그들' 선거에 쟁점이 될 가능성을 줄이도록 했다. 그러나 미군 병력을 한국 땅에 유치하는 데 따른 환경적, 사회적 비용에 반대하는 좌파 정치가와 학생단체, 시민단체 활동가들이 비판 대상으로 삼기에는 미군의 한국 주둔이 여전히 매력적인 소재다." [38]

2002년 대선에서 노무현 후보가 한국 여중생 두 명이 사고로 주한미군 차량에 깔려 죽은 56번 국도 사건을 선거 쟁점으로 악용했고, 이를 김대중 정부가 방관했다는 주한미대사관의 인식은 앞서의 롤리스 미 국방부 부차관보가 퇴임 인터뷰에서 드러낸 한미관계에 대한 인식과 정확히 일치한다.

노무현 대통령의 반미 인식

한편, 노무현 대통령이 비공식 간담회에서 밝힌 발언 내용을 입수해 보고한 주한미대사관 전문에는 이와 반대로 노무현 대통령의 한미관계와 북미관계에 대한 인식과 반미감정이 잘 드러나 있다. 이 또한 '위키리크스'가 폭로한 주한미대사관 전문(SEOUL 002827)에서 볼 수 있다. '노무현 대통령의 전작권 환수, 북한, 미국 정부, 국내 정치에 대한 비공식 코멘트'라는 제목의 이 전문은 퇴임을 앞둔 노무현 대통령이 2007년 8월 13일 한겨레, 경향, 서울신문 간부들과 만찬을 갖고 '오프 더 레코드'로 한 발언을 조셉 윤 차석대사가 한 언론사의 정보보고를 입수해 본국에 전송한 것이다. 조셉 윤이 노 대통령의 발언과 관련 "한국 군대는 북한보다 일본과 중국을 겨냥해야 한다는 그의 견해가 매우 놀랍다"고 논평한 것이 눈에 띈다.

전문에서 소개한 것처럼 전작권 환수, 작계 5029, 북핵과 6자회담, 미국 정부, 국내 문제 등에 대한 대통령의 '비공식 코멘트'이긴 하지만, 퇴임을 앞둔 대통령이 우호적인 매체 편집 간부들과 가진 만찬에서 격의 없이 나눈 코멘트라는 점에서 오히려 공식 문건보다 노 대통령의 인식이 더 잘 드러나 있다. 다소

---

주38_ 주한미대사관 전문(07SEOUL1211), 한미동맹의 정치학(1/3부), 2007년 4월 26일

길지만 요약 인용하면 다음과 같다.

### 전작권 환수

전작권 환수는 미국과 협의하에 진행되고 있다. 보수언론은 이 문제에 대하여 공세를 취하고 있는데, 10년 전엔 그들이 요구하였던 일이다(이 대목에서 노무현은 보수언론에 대한 적대감을 드러냈다). 미국 정부의 공식 발표에 주목해야 한다. 미국 정부는 논란의 여지가 많기 때문에 한미동맹에 대한 그들의 입장을 잘 표현하지 않는다. 그러나, 미 국방성과 국무성은 그들의 입장을 분명히 한다. 미 정부와 전작권 협상을 미뤄서는 안된다.

많은 비판자들은 한국군의 능력을 의심한다. 하지만, **우리는 북한이 아니라 일본과 중국에 대항할 수 있는 방어태세를 갖출 수 있도록 군사적 역량을 강화하고 있다.** 국방부는 시급히 일본이 보유한 장비를 갖춰야 한다. 대북 억지력에 대한 이야기는 중점이 아니다(이 대목에서 노무현은 그가 평양에서 본 북한의 낙후성에 대해 언급했다). **전작권 환수 이후에도 방어태세에 틈이 생기지 않을 것이다.** 군사적 주권의 본질은 우리가 가진 권한을 행사하는 것이다.

**작계 5029: 작계 5029의 세부사항을 바꾸어야 한다.** 현행 작계는 근본적으로 미군이 북한에 진격해 상황을 통제하는 데 초점이 맞춰져 있다. 만약 그렇게 된다면 심각한 사태가 일어날 것이다. **중국은 미군이 북·중 국경지역에 가까이 접근하는 것을 원하지 않는다.** 만약 북한에 **비상사태가 발생하면, 미국과 중국이** (남한을 배제한 채) **북한을 놓고 경쟁할까 걱정이다.** 북한은 남북한 군사회담에서 이런 사안을 언급하지 않았지만, 북한이 전작권 환수 이슈를 회담 테이블로 가지고 올지 모르니 대비해야 한다.

### 북핵과 6자회담

**현시점에서 우리가 할 수 있는 것은 아무것도 없다.** 이 사안을 다음 정부에 넘기는 수밖에 없다. 이 문제가 더 악화되지 않도록 현 상황을 잘 관리해야 한다. 나는 지금 곤혹스러운 처지다. 송민순은 우리가 할 수 있는 걸 다 한다고 하지만, 이게 내가 느끼는 바다.

**미국은 궁극적으로 김정일 정권이 몰락하기를 바란다**(The United States is trying to bring about a collapse of the Kim Jong-il regime)**. 그래서 우리의 입장을 전달하기가 어렵다. 한편, 북한은 완고하다. 한국은 그 중간에 끼어 있다.** 북한에 대한 충분한 정보를 가지고 있지 못하기 때문에 우리의 판단이 정확치 못했던 경우가 많다. 국가정보원 또한 북한에 대해 아는 바가 많지 않다.

**공식적 남북 채널이 우리가 가진 가장 정확한 정보 소스다.** 우리는 비공식 채널을 사용하려고 노력한 적도 있지만, 별 소득이 없었다. 비공식적 채널이 김정일이 원하는 건지, 아닌지도 판단이 서지 않는다. 정동영 전 통일부장관이 김정일을 만났을 때처럼 김정일을 직접 만난다면 기회는 있을 것으로 본다. 그래서 이종석 장관을 계속 기용하는 것이다. 이종석이 북한과 직접적 접촉을 할 수 있는 믿을 만한 경로를 가지고 있다. 통일부장관을 교체한다면, 북한이 어찌 생각하는지 판단하기 매우 어려울 것이다.

중국은 북한이 핵무기를 갖던 말던 별로 심각하게 받아들이지 않는 것 같다. 그들은 북핵 기술을 그다지 높게 평가하지 않는 것 같다. 북한의 위협은 핵기술 자체보다 다른 국가들과의 관계와 더 밀접하게 연관되어 있다. 북한 경우는 인도와 흡사하다. 하지만, 왜 (북한은 안되면서) 인도는 핵무기를 가져도 되는지 이해하지 못하겠다. 미국이 핵무기를 가졌다고 한국인들이 불안하게 느끼나? 또, 인도와 이란은 핵무기를 얻는 데 관심을 두지만, **북한의 관심사는 핵기술을 파는 것이다.**

미국 정부: 부시 정권과 안보 문제를 이야기하기가 쉽지 않다. 미국의 이스라엘에 대한 태도를 보며 확실해졌다. 정동영 - 김정일 회담부터 9.19 공동합의가 나올 때까지는 상황이 괜찮았지만, 미국이 BDA 문제를 들고나오면서 상황이 변했다. 이상하게도, 부시 대통령은 사적으로 날 좋아하는 것 같다. 이것은 괜찮은 하나의 자

산이라고 생각한다.

국내 문제(DOMESTIC POLITICS)

국방개혁은 참 어렵다. 윤광웅 장관이 아니었다면 국방개혁을 생각하지 못했을 것이다. 국방 관련 연구소 학자들은 전부 그들의 전임자들이 선발한다. 우리는 이들을 교체해야 하지만, 지금 상황에선 매우 어렵다. 내가 취임하고 국방부를 처음 방문했을 때, 국방부 관료들이 나를 조롱한다는 인상을 갖게 되었다. 그들이 남북 간 군사력을 단순 비교하는 것을 들으며, 나를 일반 방문객과 비슷하게 취급한다는 느낌을 받았다. **군의 인식은 시대에 뒤떨어졌다.**[39] (굵은 글씨는 저자 강조)

미국 정부의 시각으로는 의아할지 모르지만, 노 대통령이 전작권 환수 이슈와 관련 "우리는 북한이 아니라 일본과 중국에 대항할 수 있는 방어태세를 갖출 수 있도록 군사적 역량을 강화하고 있다"고 말한 것은 한국 대통령으로서 당연한 것이다. 노 대통령은 '작계 5029'에 대해 "현행 작계는 근본적으로 미군이 북한에 진격해 상황을 통제하는 데 초점이 맞춰져 있으므로 세부사항을 바꾸어야 한다"고 강조했다. 노 대통령이 "만약 그렇게 된다면 심각한 사태가 일어날 것"이라며 그 배경을 "중국은 미군이 북·중 국경지역에 접근하는 것을 원하지 않을 것"이라고 한 것은 박채서가 청와대에 전한 '병아리 작계'를 보고받은 것과 연관이 있다.

당시의 상황이 상황인지라, 북핵과 6자회담에 관해 언급한 대목이 가장 길다. 하지만 노 대통령은 북핵과 6자회담과 관련 "현시점에서 우리가 할 수 있는 것은 아무것도 없다"고 했다. "미국은 궁극적으로 김정일 정권이 몰락하기를 바란다", "중국은 북한이 핵무기를 갖든 말든 별로 심각하게 받아들이지 않는

---

주39 _ 주한미국대사관 전문(SEOUL 002827), 노무현 대통령의 전작권 환수, 북한, 미국 정부, 국내 정치에 대한 비공식 코멘트, 2007년 8월 16일

것 같다", "북한 또한 완고하다"는 노 대통령의 발언은 북한과 미국 사이에 낀 한국 대통령이 처한 운신의 한계를 솔직히 토로한 것이다.

전문에는 북핵과 6자회담에 대한 참석자의 질문과 노 대통령의 답변도 소개되어 있다. 한 참석자가 "미국과 중국이 한국이 북한과 협상하도록 위임한다면 어떻게 되나?"라는 질문에 노 대통령은 "미국이 절대 그렇게 하지 않을 것이다. 그런 가능성이 있다면, 미국은 북한과 직접 교섭할 것이다"고 강조했다. 노 대통령은 또한 "미국은 북한을 야만 정권으로 보고 있다"면서 "미국은 북한을 공정하게 대하지 않는다"고 덧붙였다.

북핵문제와 관련 노 대통령 발언에서 특히 주목할 부분은 "인도와 이란은 핵무기를 얻는 데 관심을 두지만, 북한의 관심사는 핵기술을 파는 것"이라고 언급한 대목이다. 즉, 미국이 북한의 핵기술을 사주는 협상을 하면 북핵문제를 풀 수 있는데, 미국이 북한을 야만 정권으로 인식해 공정하게 대하지 않기 때문에 북핵문제가 풀리지 않는다는 노 대통령의 인식을 엿볼 수 있다.

노 대통령은 북미 사이에서 균형자나 중재자 역할을 해보려고 하지만 "북한에 대한 충분한 정보를 가지고 있지 못하기 때문에 우리의 판단이 정확치 못했던 경우가 많다"면서 "국가정보원 또한 북한에 대해 아는 바가 많지 않다"고 아쉬움을 토로했다. 노 대통령은 특히 "우리는 비공식 채널을 사용하려고 노력한 적도 있지만, 별 소득이 없었다"고 말했다. 박채서를 포함한 여러 대북 비선 채널을 가동해 김정일 위원장의 의사를 타진해 보았지만 별 소득이 없었다는 얘기다.

국내 문제와 관련해서는 "국방개혁은 참 어렵다"면서 "군의 인식은 시대에 뒤떨어졌다"고 군에 대한 아쉬움을 토로했다.

박채서를 둘러싼 검은 그림자

광고촬영 중 북측과 사전 협의된 'KBS 열린음악회 평양 개최'를 위한 실무

협의가 베이징 캠핀스키 호텔에서 열렸다. KBS에서는 국장급의 최고 베테랑 PD와 김기춘 단장을 비롯한 남북교류협력단 관계자들이 참석했고, 북측에서는 리철 참사와 관련 실무자들이 참석했다.

그런데 미팅 장소에서 뜻밖의 상황이 발생했다. 감독과 교류협력팀의 부장이 사사건건 의견 충돌을 일으켰다. 협상 테이블에 앉기 전에 회사 차원의 계획 수립과 의견 조율은 필수였을 것인데, 북측 관계자를 앞에 앉혀 두고 자기들끼리 현장에서 의견 충돌을 일으키는 것은 목불인견이었다. 참으로 기가 막힌 현상이었다.

박채서는 단순한 업무 착오와 조정 역을 못 한 김기춘 팀장의 실수라고 생각했었다. 그러나 점점 감정까지 격해져 더 이상 회의를 진행할 수 없어 KBS 측에게 숙소로 돌아가 의견 조율 후 내일 다시 미팅을 진행하자고 하며 그날의 회의는 중단시켰다. 박채서는 김기춘 팀장을 강하게 질책했다. 있을 수 없는 일이었다. 그러나 이튿날까지도 회의는 계속할 수 없었고 철수할 수밖에 없었다. 박채서가 개입할 수도 없는 상황에서 작심하고 방해하는데 방법이 없었다. 후에 알게 된 사실은 출국 전 교류팀 담당 부장이 국정원 과장과 만났고 모종의 지시를 받았다는 것이다.

KBS의 대북교류는 고장 난 시계처럼 멈췄고 오로지 김기춘만 업무 성과를 위해 동분서주했다. 그는 KBS 사장 주관회의 참석이 두려울 정도로 강박감에 시달리는 시간을 보냈다. 그러한 상황에서 여러 가지를 의논하고자 장성택을 만난 자리에서 얘기 도중, 김기춘의 현재 처지가 생각나서 KBS 추진 사업을 도와줄 것을 부탁했다. 무엇을 도와주면 되느냐는 장성택의 질문에 박채서는 그 자리에서 서울의 김기춘과 통화하여 가장 긴급히 추진해야 할 대북교류 사업을 물었다. 이미 사장에게 업무보고 한 'KBS 열린음악회 평양 개최'와 조명애를 포함한 '평양예술단의 남한 순회공연'이라고 말했다. 바로 장성택으로부터 지원 약속을 받고 김기춘으로 하여금 신속히 구체적 계획을 수립하고 개성에서 협의할 준비를 하게 했다. 장성택은 김정일이 심수봉 노래를 좋아하니 '열린음악회'에 심수봉을 반드시 출연하게 해달라고 했다.

귀국 후 박채서는 준비를 시작했다. 장성택에게 부탁하여 얻은 기회인 만큼 실수는 곧 자신의 신뢰에 직결되기 때문이다. 청와대도 적극적이었다. 열린음악회 평양 개최는 KBS에 맡겨도 문제가 없어 보였지만, 조명애와 예술단의 남한 순회공연이 어려웠다. 역시 스폰서가 가장 시급했으므로 삼성의 전폭적 지원을 끌어냈다.

KBS는 서울, 대전, 대구, 부산, 광주의 공개홀만 제공하고 삼성의 통 큰 지원으로 정부와 삼성, 그리고 KBS의 초청 건으로 해서 관객을 조정했다. KBS가 지불해야 하는 5억 상당의 방송료까지 삭감하는 공연계획서를 작성하여 KBS에 넘겨줬다. 방송료 삭감 문제로 한행수 등에게 싫은 소리를 들어야 했다.

한동안 KBS에서 소식이 없어 의아해하던 박채서에게 베이징에서 급히 만나자는 연락이 와서 만나보니 장성택 수행비서가 나와 있었다. 그는 장성택이 직접 작성한 밀봉된 서류봉투를 박채서 앞에서 개봉해 건네줬다. 내용은 이랬다.

"박 선생의 부탁으로 KBS의 두 사업을 추진시켜줬다. 그런데 개성회담 회의 말미에 김기춘 단장이 박 선생을 이 사업에서 배제시켜 달라고 간곡하게 부탁했다. 박 선생은 김기춘을 위해서 도와주는 행위를 하는데 정작 당사자인 김기춘은 박 선생을 배제시키라고 한다. 박 선생의 의사에 따르겠으니 의견을 보낸 비서에게 직접 전해달라."

김기춘이 국정원의 압력과 회유를 받았을 것이 뻔했다.

현재 KBS가 진행하고자 하는 남북교류사업이 '박채서'라는 사람을 제외하면 추진이 불가능하다는 사실을 국정원은 잘 알고 있었던 것이다. 남남북녀 결혼 계획이나 애니콜 광고촬영에서처럼 핵심인물을 배제시켜 목적을 이루려 했던 것이다. 김기춘은 어리석게도 국정원 요원의 수작에 넘어가 그와의 관계를 단절하고 배신을 한 것이다. 이뿐만이 아니었다.

김기춘은 전임자로부터 추진해온 KBS 개성지역 촬영장 조성사업도 위와 같은 시기에 KBS 사장에게 사업중단을 직접 건의했다. 그렇게 북한과의 계약을 무시한 채 일방적으로 중단시켜 북측 관계자를 곤란에 빠지게 했다. 일련의 행동으로 미루어 짐작하면 조직적인 방해 책동자들과 김기춘은 발을 맞춘 것이다. 후일 김기춘은 국정원 담당 과장에게 불려가 강한 경고 메시지를 들었다는 변명을 했다.

그때부터 박채서는 자신을 둘러싼 검은 그림자의 실체에 대해 피부로 느끼기 시작했다. 북측 역시 미국의 노골적 방해가 남과 북의 의지로 해결할 수 없는 거대한 벽이라고 깨닫는 것 같았다. 그들은 과거 경수로 건설 과정에서 미국의 방해 공작을 경험했었기에 어쩌면 박채서보다 담담히 받아들이는 듯했다.

박채서는 그 무렵에 베이징주재 한국대사관에 근무하는 국정원 직원인 이OO 영사로부터 경고를 들었다. 그가 알기로 이(李) 영사는 김대중 정권 인물로 분류되어 해외로 도피성 파견 근무를 나온 사람이었다. 그런데 이번 경고는 그가 지금까지 제3자를 통해서 들은 것과는 그 성격이 달랐다. 이 영사는 개인적으로 박채서의 처지와 능력을 안타까워하며 진심을 담은 충고를 했다. 그래서 더 두렵고 충격적이었다.


"우리 조직의 입장에서 보면, 지금 당신이 하는 일은 도가 지나쳐 당신뿐만 아니라 주변 사람의 신상에도 피해가 갈 수 있다. 우리 조직은 당신 때문에 치욕을 당했다고 생각하고 있다. 내가 본부에 근무하면서 확인한 바, 당신은 1997년 대선 때부터 관리 대상자이다. 종결된 다른 공작사업과는 달리, 우리 조직이 연락 자체를 끊고 사후 관리가 전혀 없는 것을 보고서도 느끼는 게 없는가. 당신이 잘하고 못하고, 죄가 있고 없고의 문제가 아니다. 지금이라도 중지하지 않으면 다른 사람들까지 다칠 수 있다."

박채서는 자신의 능력과 역할의 한계는 여기까지라고 생각했다. 아빠 때문에 중국에 와서 베이징대(北京大)와 칭화(清华)대학에서 한창 공부하고 있는 두 딸에 대한 걱정도 했다. 그 후로 그는 남과 북 모두를 애써 외면하면서 베이징에서 골프대회에 참가하거나 대회를 주관하면서 소일했다. 대북 업무에 의욕도 없었을뿐더러 노무현 대통령과 측근들은 나름의 핫라인을 만들어 가동하고 있어, 자신이 나설 필요도 없을 것 같았다.

2006년 10월 북한 핵실험 이후 안희정과 리철의 비밀접촉에 이어 이화영 의원 방북, 이해찬 전 총리 방북 사건 등 굵직한 사건들이 발표되었으나 실제적 효과는 없었다. 장성택 등이 리 참사를 통해 그에게 의논해 왔지만 박채서는 흥미를 잃은 뒤였다. 박채서는 스스로 놀랄 정도로 어느 순간 차갑게 변해 있었다. 2006년 이후, 박채서는 중국에서 골프에 빠져 있었다. 골프가 생활의 전부였다. 어쩌면 박채서는 의도적으로 자신의 관심을 돌리려 했는지도 모른다.

골프에 빠지다

박채서는 그 어떤 사업보다도 개성 골프리조트 조성사업에 '올인'했다. 골프리조트에 큰 기대를 걸었기에 심혈을 기울인 노력도 많이 했다. 또한 심혈을 기울일 만큼 기대가 컸기에 결과적으로 《군사교범》을 제공하는 어리석은 실수를 저질렀다. 그러나 골프리조트 조성사업은 남과 북의 의사와 관계없이 미국과의 관계 악화로 실현되기가 어렵게 되었다.

그런 사실을 깨달은 2006년 중반기부터는 북측과 이렇다 할 이슈가 없었고, 박채서 자신도 대북사업에 관심과 흥미를 잃었다. 오히려 중국 사업에 관심을 가지고 중국에서 사업기반을 다지기 위해 베이징에서 상주하면서 사업에 몰

중국 유명 골프 잡지에 실린 박채서

두했다. 북측의 리호남 일행은 베이징에 와서 전화가 오면 잠깐 만나서 차 한잔 하거나 때에 따라 식사를 같이하는 정도였다.

리호남 일행은 박채서와는 관계없이 바쁘게 움직였다. 김정일 위원장은 집권 후 모두 일곱 차례 중국을 방문했는데, 그때마다 김정일 방중 선발대를 이끌고 단둥에 나오거나 경제사절단과 함께 베이징에 와서 사방팔방으로 움직이며 대외 경제활동을 활발하게 수행했다. 그때마다 오랜 동무인 박채서에게는 방중 과정과 내막, 그리고 결과까지 얘기해주곤 했다. 그 덕분에 박채서는 베이징에서 알고 지낸 KBS를 비롯한 베이징주재 특파원들에게 요긴한 정보를 제공해주고 필요한 경우에는 직접 리호남을 만나게 해주기도 했다.

아무튼 중국 사람을 상대로 하는 그의 정착사업은 의외로 순조롭게 잘 진행되어 나갔다. 특히 그의 골프 실력이 중국의 고위층들과 가까워지는 데 큰 역할을 했다. 우리나라가 70~80년대 그러했듯이 갑작스레 경제강국으로 부상한 중국 사회는 부의 편중이 심화되어 일부 계층에서 골프가 부과 권력의 상징으로 인식되면서 상류층 사이에서 골프 붐은 과거 우리의 골프 붐을 능가하고 있었다.

박채서는 베이징 지역 아마추어 대회를 석권하여 이름이 알려져 있던 차에 2007년 6개국 초청 아마골프 대회 개인전에서 우승한 것을 계기로 중국에서 가장 크고 권위 있는 클럽대항전 골프대회에 출전하게 되었다. 그는 중국 고위층의 주선으로 '경남 C.C' 대표로 출전하여 28개 팀이 참가하는 중서부지역 예선전 3일 동안 이글 2개를 포함해 7언더파를 기록해 중계 방송하는 중국 CCTV와 골프 기자들에 의해 중국 언론에 부각되었다.

난징에서 열린 전국 결승전에서는 2일째 되는 날 17번 홀에서 홀인원을 기록하는 등 5개 홀 연속 버디 행진을 해 전국에서 모여든 중국 골프고수와 관계자들 사이에서도 존재감을 부각시켰다. 이어 이듬해 천진에서 열린 전국 결승전에서는 3일 내내 언더파 기록을 하면서 존재감을 확실하게 부각시켰다.

도박을 좋아하는 중국인들은 앞다투어 그를 돈 내기 골프에 초청했고, 그와의 라운딩을 원하는 고위층 골퍼들의 신청이 쇄도했다. 급기야 그는 대회는 참가하되 시상에서는 번외로 하겠다고 스스로 선언하는 상황이 되었다. 박채서는 이런 여건을 토대로 중국에서 골프 관련 사업으로 글로벌 컨설팅 회사를 설립해 운영하기로 작정하고 착착 준비를 진행시켜 나갔다. 2007년부터 각종 대회를 주최하고 2009년부터는 중·한 친선 골프대회를 통해 양국 골퍼들 간의 우호를 증진시켜가는 가운데 특히 중국 골퍼들을 집중 공략할 수 있는 골프 이벤트와 관련 사업을 추진해 나갔다.

중국인들은 한국 골프문화의 우수성을 인정하고 있어서 박채서와 회사의 운신 폭이 자유로웠다. 의식적으로 인맥 관리를 하다 보니 중국의 정·관계와 공산당 그리고 사회 각 분야의 고위층들과의 인맥 관계가 급속히 형성되어 심지어 세계적인 조직폭력 조직인 '삼합회'의 고위 두목들과도 친교를 맺게 되었다.

그러한 인맥 관리의 효과는 2006년 1월 초 이후 김정일의 몇 차례 방중에서 입증되었다. 우리 정보기관에서 정확한 방중 정보에 접근하지 못해 전전긍긍하고, 언론은 추측성 기사를 쓰고 있을 때 그는 김정일의 방중 기획과 실행을 도맡은 장성택 등 고위층으로부터 전 과정을 속속들이 알 수 있었다. 다만, 필요한 부분, 즉 우리 언론이 오보를 하는 부분에 대해서만 KBS 정인성 기자를 비롯 몇몇 기자에게만 귀띔해주는 정도였다.

국정원 직원들은 베이징에서의 이러한 활동내역을 속속들이 알고 있었다. 그러나 그들은 그를 잡으려고 덫을 놓고 감시하는 데 주안점을 주었기 때문에 국익을 위해 그를 활용하는 데는 관심이 없었다. 일본의 경우 대사관 주재원들이 상사 주재원이나 교민 등 자국민의 역량을 최대한 활용해 대북 첩보를 수집하는 시스템이 잘 구성되어 있었다. 하지만 국정원 직원들에게 박채서는 자기들 영역을 침범한 손보아야 할 존재에 불과했다.

# 제7장
# 아, 천안함
天安艦

영국 비밀정보부(Secret Intelligence Service, MI6)

···

**언제나 비밀**

Semper Occultus

## 24 _ 이명박 정권 출범과 북한의 대남전략

2000년 6월 김대중 대통령과 김정일 국방위원장의 정상회담은 한반도 분단 이후 최초로 남북한의 정상이 만나 공동선언을 이끌어 냄으로써 국내외에서 큰 반향을 불러일으켰다. 두 정상이 손을 맞잡음으로써 한반도에서 더 이상 전쟁은 없다는 메시지를 전 세계에 공표한 셈이다. '햇볕정책'으로 상징되는 김대중 대통령의 대북포용정책은 세계 유일의 분단국인 한반도에서 남북한이 적대관계를 해소하고 화해협력해 공동의 번영과 통일로 가는 길을 제시했다는 점에서 역사적 사건이었다.

그러나 김정일 위원장이 서울 답방 약속을 지키지 않음으로써 1차 남북정상회담은 '절반의 성공'에 그치고 말았다. 김대중 대통령이 정상회담의 제도화로 한반도 평화를 못 박기 위해 김정일에게 서울 답방을 공식 제의하자, 김정일은 호탕하게 웃으며 "대통령도 평양에 오셨는데 나도 당연히 가야지요, 못 갈 이유가 없지요"라고 화답했다.

북한 사회에서 김일성 주석은 '영원한 수령님'이고 김정일 국방위원장은 '영원한 장군님'이었다. 북한 주민들에게 '수령님의 교시'로 체화된 최고 지도자의 한 마디는 왕조시대의 '어명'보다도 지엄하고, 반드시 지켜져야 하는 절대적 가치였다. 그래서 김일성의 교시는 사후에도 이른바 '유훈'이라는 이름으로 북한 사회의 통치이념으로 계속 존치되어 왔다.

김일성 사후에 1995년을 전후해 북한이 극심한 식량난으로 수많은 주민이 아사 위기에 처했다. 당시 남북대화 전문가인 정세현(통일부장관 역임)은 한 대북정책 토론회에서 "북한의 식량난은 향후 3년 이내는 문제가 없다"고 장담했다. 근거는 북한은 항상 전쟁에 대비해 3년 치 식량을 비축하라는 김일성의 교시에 따라 지금도 3년 치 식량을 비축하고 있으므로 군량미를 풀면 3년은 버틸 수 있다는 거였다.

그러나 북한은 군량미를 풀지 않았다. 오히려 전쟁에 대비해 3년 치 식량을 비축하는 것이 김일성의 유훈을 지키는 것이었기 때문이다. 결국 한국 정부는 잘못된 판단으로 대북 식량 지원의 적기를 놓치는 바람에 북한 주민의 대량 아사 사태를 초래하였고, 북한 당국은 군량미를 푸는 대신에 '고난의 행군'이라는 구호로 북한 주민을 고난 속으로 몰았던 것이다.


김정일은 왜 답방 약속을 지키지 않았나

그렇다면 김정일은 왜 답방 약속을 지키지 않았을까?

근본적으로는 북미 관계가 악화된 탓이 컸다. 2000년 6월 김대중 대통령이 김정일 위원장과 6.15공동선언을 이끌어냈을 때만 해도 그해 10월 북한 군부의 실권자인 조명록 차수와 올브라이트 국무장관이 상호 교차 방문하는 등 북미 관계는 수교 직전까지 갔었다. 그러나 부시 공화당 행정부가 등장하고 이듬해 9.11테러로 네오콘(Neo-con)이 득세한 가운데 미국이 '악의 축' 국가들에 대한 테러와의 전쟁을 선포하면서 관계가 급속도로 악화되었다.

이러한 국제 정세를 들어 북한 군부를 중심으로 한 기득권 강경파들이 미국의 신변보장을 요구하며 서울 방문을 반대하니 김정일로서도 어찌할 수 없는 상황이었다. 게다가 1차 북핵 위기 이후 제네바합의로 추진된 북한 신포시 금호지구 경수로 건설사업의 공정이 지지부진하자, 대미 강경파의 입지가 강화되었다. 특히 군부 강경파들은 김정일의 답방 자체를 남한에 굴복하는 것으로 규정해 격렬히 반대했다. 실제로 그들은 내부적으로 김대중 대통령의 평양 방문을 그런 식으로 왜곡해 선전하고 내부 교육자료로도 활용했었다.

급기야 리철 등 북한 내부의 대남 온건파들은 베이징에 와서 박채서에게 여러 차례 방법을 의논하기도 했다. 이들에 따르면, 김정일은 정상회담 직후 내부회의에서 서울을 방문하게 되면 기차를 타고 가겠다고 선언하였고, 그런 의사가 남한 당국에도 전달되어 경의선 철도 연결작업으로 이어졌다는 것이다. 그런데 군부 강경파들이 김정일의 답방을 결사반대해 서울 답방은 물 건너갔다는 것이다.

결국 남북 당국자 간에 서울이 아닌 제3의 답방 장소를 두고 다양하게 거론하는 과정에서 제주도와 판문점이 거론되었다. 그러나 제3의 장소에 대해서는 한국 정부가 난색을 표명하였다. 김대중 대통령이 노구를 이끌고 평양을 방문한 것에 대한 답방으로서 방식과 격이 맞지 않는다는 판단이었다.

당시 한국에서는 남북 분단현실을 배경으로 한 영화로서 한국 영화 사상 최다 관객을 동원한 〈쉬리〉(1998년)에 이어 〈공동경비구역 JSA〉(2000년)이 인기리에 상영되고 있어 그러한 북한의 내부 상황을 반영하는 듯하기도 했다. 김대중 정부도 북한의 이런 내부 사정을 파악하고 있었기에 김정일의 서울 답방을 드러내 놓고 강력하게 요구하지는 못했다.

이런 상황에서 신포 경수로 건설공정이 지지부진하자 강경파의 목소리가 커진 것이다. 그도 그럴 것이 비슷한 시기에 착공한 남한의 원자력발전소는 7년 뒤에 완공되어 가동이 시작되었으나 신포의 경수로는 원자로를 여전히 기초공사에 그치고 있었다. 또 경수로 건설 기간에 난방용 중유 50만t의 공급을 책임진 미국은 기름이 필요한 가을이나 초겨울에 주지 않고 겨울이 지난 다음에 제공함으로써 북한을 힘들게 하였다. 상황이 이렇게 되자 핵개발 포기의 대가로 경수로 건설에 합의한 온건파와 남한과 미국을 불신하는 강경파 사이에 노선 갈등이 벌어졌다.

2002년 6월 월드컵 축구 경기가 한창일 때에 발발한 '제2차 연평해전'은 북한 군부 강경파에 의한 도발이자 내부 갈등의 결과였다. 이는 남한의 지도자와 국민에 대한 시험이기도 했다. 북한 내부적으로는 남북 화해 분위기에 밀린 군부 강경파의 존재를 과시함과 동시에 나아가 정국 주도권을 되찾기 위한 일종의 몸부림이기도 하였다.

제2차 연평해전 직후부터 오늘날까지도 일부 보수층에서는 남한 정부가 월드컵 분위기와 남북 화해 분위기가 깨지는 것을 염려해 일방적으로 사건을 은폐하고 소극적으로 대응하였다고 평가한다. 하지만 박채서의 판단은 달랐다. 만약 그 당시 북의 도발에 정면 대응해 보복 대응전을 감행했다면, 북한 수뇌부나 김대중 정부의 의사와 관계없이 대규모 국지적 충돌로 이어져 전면전으로 확대되었을 가능성이 농후했다.

물론 한국 정부로서는 세계가 지켜보는 2002년 한일 월드컵과 햇볕정책에 미칠 영향을 고려하지 않을 수 없었다. 하지만 국군 통수권자인 대통령으로서는 서해에서의 교전이 남북 간의 무력 충돌로 확장되어선 안 된다는 전략적 판단과 미래지향적 남북관계의 유지에 방점을 두고 최종 대응을 결정했다고 봐야 했다. 왜냐하면 당시 남북한 수뇌부 간에는 '정 – 통 핫라인'(국정원장 – 통전부장 직통전화)이 설치돼 있어 도발 의도와 상황에 대한 정확한 판단이 가능했기 때문이다. 실제로 우리 측은 이 핫라인을 통해 더 이상의 확전을 원하지 않는다는 북측 내부의 기류를 읽고 그런 정책적 판단을 했던 것이다.

김대중 정부 시절에 발생한 제2차 연평해전 당시 정부와 군이 대처한 방식은 그로부터 7~8년 뒤인 이명박 정부 시절에 발생한 대청해전(2009년 11월)과 천안함 사건(2010년 3월) 당시 정부와 군이 대처한 방식과 판이하게 달랐다.

장성택의 SOS

김대중 - 노무현으로 이어진 진보세력은 2007년 대통령선거에서 한나라당의 이명박 후보에게 역대 최다 표 차이로 패하게 된다. 뻔히 예상된 승부였지만 표의 격차는 예상보다 큰 것이었다. 이명박 후보는 선거기간에 한미동맹의 중요성과 복원을 최우선시하는 대외정책을 선거공약으로 제시했던 만큼, 지난 10년간 지속된 대북포용정책이 대폭 수정될 것임을 뻔히 예상할 수 있었다.

박채서는 베이징에서 선거 과정과 결과를 지켜보면서 애써 한국 내 사정에 초연해지려 노력했다. 그런데 정작 북측에서는 선거 결과에 촉각을 곤두세우고, 당황해하는 기색이 역력했다.

우리가 북한의 내정, 특히 권력의 향배에 큰 관심을 가지는 것 이상으로 북한의 수뇌부 역시 한국의 총선이나 대선 때마다 온 역량을 기울여 정보 수집에 열을 올린다. 때로는 그들의 정권적 차원에서 남한의 선거에 개입하기도 하였다. 당연히 선거 때마다 베이징에는 그들의 '정치공작사령부'가 설치되어 한국의 선거 상황과 그 예상 결과를 체크하고 분석하면서 평양과 긴밀한 연락을 하곤 하였다.

박채서가 그들의 행태를 관찰해 보건대, 그 어느 선거 때보다 당황스러워하고 대응책 마련에 부심하는 모습이었다. 그들도 과거 10년과는 다르게 남북관계가 재설정될 것을 예상하고 있었다. 특히 온건파 세력은 베이징 등지에 나와서 새로 출범하는 이명박 정부와 새로운 대화 채널을 조성하기 위해 다양한 접촉을 시도하고 있었다.

이명박 정부 초기부터 시작된 다양한 접촉 채널은 2008년 7월 금강산관광객이 북한 경비병이 쏜 총에 맞아 사망하는 사건이 터지자, 그해 8월 베이징올림픽을 전후해 가장 활발하게 움직였다. 대체로 베이징올림픽 참석차 베이징을 방문하는 이명박 대통령이 방중 기간에 북한의 고위 인사와 만날 거라고 예상했다. 그러나 그런 일은 일어나지 않았다.

급기야 장성택이 리철 참사를 보내 박채서에게 도움을 요청해 왔다. 박채서는 그즈음에는 의도적으로 남북문제에 거리를 두고, 베이징에서 두 딸의 교육에 힘을 쏟으면서 본격적으로 개인사업에 몰두했었다. 어쩌면 애써 남북한의 상황에 무관심했다고 하는 게 더 정확했다.

박채서는 2007년 대선 전에 우연한 기회에 여의도에서 박근혜·이명박 캠프 인사들을 알게 되었다. 박근혜 캠프에는 군 시절에 잘 알고 지내던 선배 장교가 전역해서 활동하고 있었고, 이명박 캠프에는 골프모임 회원의 소개로 몇 년 전부터 알고 지낸 '이 전무'라는 사람이 있었다. 이 전무는 박채서에게 이명박 캠프에 들어와 남북관계 업무를 도와 달라고 요청했었다.

이명박의 친척인 이 전무는 이명박이 현대건설에서 나올 때 같이 따라 나온 이후 여의도에서 사무실을 준비하고 조직과 자금을 관리해준 측근이었다. 박채서는 선거운동 기간과 대통령 당선 직후, 그의 사무실에 정부 고위관료나 정치인, 권력의 향배에 민감한 국정원 고위간부들이 찾아오는 것을 여러 번 목격했다. 박채서는 이 전무의 권유로 이명박 후보에게 남북관계의 실상에 대한 서면 브리핑을 하기도 했다. 이런 인연으로 이 전무는 인수위 시절에 박채서에게 대통령실이나 국가안보실에서 일할 것을 권유했으나 박채서는 고사했다.

박채서는 자신이 새로 출범한 보수 정권과는 체질적으로 맞지 않는다는 것을 스스로 잘 알고 있었다. 이명박 정권은 정부 초기부터 이른바 고소영(고려대·소망교회·영남 출신), 강부자(강남 땅부자) 내각이라는 비아냥을 들어야 했다. 사관학교 졸업 후 국가안보를 지탱하는 중추 조직인 군과 정보기관에서 근무한 박채서는 기본적으로 보수성향이지만 이른바 기득권 세력을 비호하는 수구성향과는 거리가 멀었다.

또한 그의 몸은 이미 공작원 일을 그만둔 뒤로 골프와 자유로운 생활에 길들여진 상태여서 새벽에 출근해 밤늦게 퇴근하는 청와대 생활은 그 자체가 지옥으로 여겨졌다. 설령 청와대 근무 권유를 받아들인다고 해도 국정원이 신원조회 과정에서 태클을 걸 것이 뻔했다. 북한 당국자들도 수차례나 박채서에게 러브 콜을 보냈다. 그러나 대북사업에 더는 나서지 않겠다고 결심한 박채서는 직접 나서는 대신에 조언을 해주는 선에서 그쳤다.

### 한·미 간의 '엇박자 프레임'과 이명박의 무대책

한미 관계사를 살펴보면, 냉전 시기에는 군사동맹을 기반으로 한 양국 보수정당 정부의 전략적 이해가 거의 완벽하게 일치했다. 따라서 한국 군사정권의 대북정책은 미국의 대북 압박 및 봉쇄정책과 100% 일치하는 '찰떡 공조'를 과시했다. 그러나 냉전 체제가 붕괴되어 남북한이 유엔에 동시 가입한 가운데 남북 고위급회담으로 해빙 무드를 맞이했으나 북한 핵문제가 불거지면서 한미 양국의 대북정책은 '엇박자 프레임' 양상을 보였다.

〈표4〉 냉전 및 탈냉전 시기 한미 간의 전략적 이해

| 한국 역대 대통령 | 미국 역대 대통령 | 전략적 이해관계 |
|---|---|---|
| 전두환(80. 9~88. 2) | 로널드 레이건(81. 1~89. 1) | 일치 및 공조 |
| 노태우(88. 2~93. 2) | 조지 부시(89. 1~93. 1) | 일치 및 공조 |
| 김영삼(93. 2~98. 2) | 빌 클린턴(93. 1~01. 1) | 부분일치 및 공조 |
| 김대중(98. 2~03. 2) | | 일치 및 공조 |
| | | 갈등 및 조정 |
| 노무현(03. 2~08. 2) | 조지 W. 부시(01.1~09. 1) | 갈등 및 조정 |
| 이명박(08. 2~13. 2) | | 일치 및 공조 |
| | 버락 오바마(09. 1~17. 1) | 부분일치 및 공조 |
| 박근혜(13. 2~17. 3) | | 부분일치 및 공조 |
| 문재인(17. 5~현재) | 도널드 트럼프(17. 1~ 현재) | 상호조정 및 공조 |

* 한미 양국의 집권당 성향을 보수 또는 진보로 구분해 색깔로 표시했음

탈냉전 이후 한미 관계의 흐름(위 표4 참조)을 보면, 김영삼 vs 클린턴, 김대중·노무현 vs 부시, 이명박·박근혜 vs 오바마, 문재인 vs 트럼프 정부처럼 한국과 미국 정부가 진보 vs 보수 또는 보수 vs 진보로 '엇박자 프레임'을 보인 경

우가 많았다. 물론 양국 정부가 클린턴 vs 김대중, 부시 vs 이명박 행정부처럼 진보 vs 진보, 또는 보수 vs 보수로 일치하는 경우도 없지는 않았다. 하지만 대체로 엇박자를 내는 경우가 더 많았고, 그 기간도 더 길었다.

그러다 보니 1990년대 초반에 북한의 핵개발 의혹이 처음 불거진 뒤로 대북정책을 둘러싸고 한미 간에는 이견을 보이는 가운데서도 대체로 미국의 입장에 따라 대북 압박과 봉쇄정책이 추진되었다. 반면에 클린턴 – 김대중 시기처럼 한미 정부의 진보성향이 일치할 때는 협상과 타협정책으로 '찰떡 공조'하는 경우도 있었다. 물론 부시 – 이명박 시기처럼 정부의 보수성향이 일치할 때는 압박과 봉쇄정책으로 공조했다.

북한 역시 미국과 핵협상을 하면서 이 같은 한미간의 정부 성향에 따른 엇박자를 잘 활용해 통미봉남 또는 통남봉미의 외교전략을 번갈아 구사해왔다. 즉 김영삼 – 클린턴 정부 시기처럼 한국 정부가 보수정권일 때는 미국과의 실리적 통상외교를 지향하면서 남한 정부의 참여를 봉쇄하는 통미봉남(通美封南) 전략을 구사했다. 또 북한은 김대중 · 노무현 – 부시 정부 시기처럼 미국에 보수정부가 들어서 봉쇄 · 압박정책을 펼칠 때는 반대로 통남봉미(通南封美) 전략을 구사했다.

하지만 북한 핵문제를 둘러싼 한 · 미 · 북 · 중 간의 줄다리기와 협상이 장기화하면서 미국도 북한의 전략과 수를 읽게 되었다. 버락 오바마 정부는 북핵문제와 관련해 유엔 안전보장이사회 차원의 제재 등 경제적 압박을 지속하며 북한의 붕괴를 기다리는 이른바 '전략적 인내(Strategic Patience)'를 대북정책의 기조로 삼았다. 또한 2012년부터는 한국을 배제하고 북한과 미국 간의 대화를 통해서는 북핵 위협을 비롯한 각종 문제를 해결할 수 없다는 판단 아래, 남한을 통하지 않고는 북한과 대화하지 않겠다는 '통남봉북(通南封北)' 전략으로 응수했다.

한편 북한 김정은은 박근혜 – 트럼프 정부 시절에는 한 · 미와 대화를 거부했지만, 문재인 정부가 들어서자 2018년 신년사에서 남북대화를 제안해 통남봉미(通南封美) 전략을 구사했다. 다만, 과거와 다른 점은 한국 정부가 평창올림픽 기간에 북한을 북·미 대화로 이끌어 통남통미(通南通美)로 전환시켰다는 사실이다.

네오콘이 포진한 조지 W. 부시 행정부는 노벨평화상 수상자인 노정객 김대중 대통령을 통제하지 못했지만, 노무현 대통령이 등장한 뒤로는 한국의 대북정책에 브레이크를 걸면서 사사건건 충돌했다. 미국으로서는 노무현 정부가 김대중 정부의 대북포용정책 기조를 계승한 가운데 북한이 핵실험을 하면서 중장거리 탄도미사일을 개발해 핵무력을 고도화하는 것에 대한 불안감도 작용했다.

한나라당과 이명박 후보는 미국과 불편한 관계라는 노무현 정부의 '약한 고리'를 파고들어 2007년 대선에서 그 무엇보다도 한미동맹 복원 및 강화를 강조했다. 실용주의 경제대통령을 표방한 이명박은 2위와 역대 최대의 표 차이로 대통령에 당선되었다.

한미동맹 강화를 공약으로 내건 이명박 후보가 당선되자마자 미국의 이노우에 의원, 스티븐슨 의원 등 의회 축하사절단이 알렉산더 버시바우 대사와 함께 이명박 당선인을 예방했다. '친미'를 표방한 이명박 정부의 등장은 노무현 대통령 시절부터 끌어온 한·미 FTA 비준, 특히 미국산 쇠고기 개방 협상에 큰 호재였다.

2008년 1월 16일 대통령 당선인 사무실에서 이명박 당선인과 축하사절단이 나눈 대화 내용은 나중에 '위키리크스'가 공개한 주한미국대사관 전문에 잘 나타나 있다.

> 이명박 당선인 : 지켜보는 기자들이 없으니까 자유롭게 말할 수 있다. 나는 미국산 쇠고기가 품질이 좋고 저렴하기 때문에 좋아한다.
> 버시바우 대사 : 미국산 쇠고기는 안전하기까지 하다.

이명박 당선인 : 국내에서 쌀 소비는 주는 반면 쇠고기 소비는 늘고 있으니, 앞으로 한국이 미국산 쇠고기의 더 큰 잠재적 수출 시장이 되는 셈이다. 통일이 되면 북한이 또 다른 미국산 쇠고기 수출 시장이 될 것이다.

대통령 당선을 축하하는 덕담과 농담이긴 했지만 대미 외교전략과 대북정책에 대한 이명박 대통령의 안일한 인식을 엿볼 수 있는 대목이다. 이명박 대통령은 대선 전 공약인 한미동맹 강화론과 '비핵개방 3000'을 대북정책의 기조로 삼고, '당근과 채찍'을 적절하게 구사하면 북한이 대화에 응할 것이라는 낙관적 견해를 가지고 있었던 것으로 보인다. 하지만 이명박 정부의 외교안보 사령탑은 '비핵개방 3000'만을 주장할 뿐이지 이를 정부 차원에서 전혀 구체화하지 못했다.

그러다 보니 2008년 4월 한·미 정상회담 직후에 불거진 미국산 쇠고기 파동에 제대로 대처하지 못한 채 촛불시위가 확산되면서 향후 정국 운영은 물론, 대북정책을 시행하는 데도 두고두고 걸림돌이 되었다. 사실 한미FTA 협상은 노무현 정부가 추진해 노무현 대통령 임기 내에 체결되었다. 다만 광우병 문제에 대한 이견으로 쇠고기 전면 수입은 합의하지 못한 채 한미FTA 최종안이 작성되어 이명박 정부로 이월된 것이다. 비유컨대 이명박 정부는 전 정부가 떠넘긴 '쇠고기 폭탄'을 안일하게 처리하다가 '독박'을 쓴 셈이다.

하지만 위키리크스가 공개한 주한미대사관 전문에 따르면, 이 같은 대형 사고의 조짐은 한·미 정상회담 이전부터 예고되어 있었다. 전문에 따르면, 김병국 외교안보수석은 2008년 4월 8일 한미정상회담을 앞두고 버시바우 대사와 함께한 오찬에서 "이명박 대통령이 미 의원과 기업가들을 상대로 한미FTA 홍보가 가능하도록 하려면 쇠고기 문제가 한미정상회담에 앞서 해결될 것으로 '확신'한다"고 말했다.

김병국 수석은 "청와대는 한미정상회담 이전에 쇠고기 문제 해결을 다짐하고 있다"면서 "쇠고기 건과 관련 '합의가 있을 것'이다"고 버시바우 대사에게 단언했다. 한미 쇠고기 협상이 진행 중인 상황에서 미리 쇠고기 문제의 해결과 합의 방침을 알려준 것이다.

더 충격적인 사실은 버시바우 대사가 "이명박 정부가 국방 문제와 관련해 사업하기 용이한 상대임을 보여줄 기회다"면서 "한국 언론에 보도된 것처럼 한국 정부가 국방예산 10%를 삭감하면 한국의 국방력뿐만 아니라 '국방개혁 2020'도 위협하는 것 아니냐"고 우려를 표명한 것에 대한 김병국 수석의 다음과 같은 답변이다.

"버시바우 대사의 걱정에 대해 김병국은 모든 부처를 상대로 10% 예산 삭감 여지를 발굴하도록 지시가 떨어졌다고 말했다. 모든 정부 지출이 조정돼야 한다는 요청은 본래 이명박 대통령의 지시에 따른 것이다. 김병국은 '국방개혁 2020'과 관련해 전체 계획을 다시 살펴봐야 하는 까닭은 한국에 '주적이 없다' (No main enemy)는 핵심 전제가 틀렸기 때문이라고 말했다. 북한은 주요한 적이며, 해당 국방개혁안에 이러한 신 '안보 원칙'을 반영해야 한다는 것이다."

'주적(主敵)'은 본디 '임금의 적'이라는 의미로, 우리나라와 맞서는 적을 말한다. 《국방백서》에서 '주적' 표현을 사용하기 시작한 것은 1995년부터다. 1994년 3월 북핵문제로 한반도 위기가 고조된 가운데, 판문점 회담에서 북한 측 대표 박영수의 '서울 불바다' 발언으로 국민의 대북감정이 격앙되자 1995년 《국방백서》에서 처음으로 '주적인 북한'이라는 표현이 명시되었고 이것은 2000년 판까지 이어졌다.

그러나 2000년 남북정상회담이 성사되고 경의선 연결작업이 진행되는 등 남북관계 변화에 따라 '북한 주적론'이 사실상 무의미하다는 의견이 제시되었다. 이에 따라 국방부는 2005년 2월에 발간된 《국방백서》에서 '주적'이라는 표현을 삭제하였다. 새 국방백서는 대신 북한을 '주적'으로 표기하지 않고 '직접적이고 가장 주요한 위협'으로 규정했다.

그런데 인촌 김성수의 손자로 미국에서 고등학교와 대학을 다닌 이명박 정부의 대표적 '고소영 · 강부자' 멤버 중의 한 사람인 김병국 수석이 해묵은 '주적' 문제를 거론한 것이다. 이명박은 그해 6월 미국산 쇠고기 협상 파동에 따른 책임을 물어 김병국 수석과 류우익 비서실장 등을 경질했다. 그러나 따지고 보면 이 문제는 기본적으로 대통령이 외교안보현안에 대한 전반적인 구상과 전략이 없다 보니 생긴 외교안보 난맥상이었다.

그럼에도 이명박 정권은 촛불시위 자체를 새로 출범한 보수정권에 대한 진보세력의 조직적 발목 잡기로 규정하고, 이러한 반대세력을 극복하는 것이 자신의 임기를 성공적으로 마칠 수 있는 전제 조건으로 간주해 '블랙 리스트'를 만들어 야당과 반대세력을 탄압하게 된다. 이러한 불법 행위는 박근혜 정부에서도 계속되어 결국 사상 초유의 대통령 탄핵으로 끝장이 났다.

특히 이명박 정부는 한미동맹 강화를 강조하다 보니 독자적인 대북정책 대신에 미국의 대북정책에 동조 또는 의존하는 무개입 · 무대응 · 무대책으로 일관하게 된다. 결국 이명박 정부는 김대중 – 노무현 정부 10년의 대북정책을 일방적 '퍼 주기'로 규정하고 미국의 대북 강경책에 기댄 채 변변한 대북정책 하나 없이 '비핵개방 3000'만 읊조리는 가운데 금강산관광객이 북한 경비병의 총에 맞아 사망하는 사건이 발생하게 된다.

박왕자 피격 사건의 진상

2008년 7월 11일 금강산관광객 박왕자 씨가 북한군 해안초소 경비병의 총에 맞아 숨지는 사건이 발생했다. 그날 이명박 대통령은 국회 개원 연설을 위해 국회로 출발할 채비를 하는 중에 김성환 외교안보수석으로부터 긴급 보고를 받았다.

"금강산 지구 북측 지역에서 우리 관광객이 북한군에 의해 피격됐다고 합니다."

이명박 대통령은 정확한 사건의 진상이 파악되지 않은 상황이어서 시정연설 원고를 바꾸지 않고 준비한 원고대로 시정연설을 마쳤다. 이명박은 "과거 남북 간에 합의된 7.4 공동성명, 남북기본합의서, 비핵화공동선언, 6.15 공동선언, 10.4 정상선언의 이행방안에 대해 북한과 협의할 용의가 있습니다"며 북한에 대화를 제의했다. 이명박은 국회 연설을 마치고 청와대로 돌아와 관광객 피격 문제를 참모들과 논의한 끝에 이렇게 지시했다.

"우리 국민의 귀한 생명이 희생됐습니다. 철저히 진상을 규명해 합당한 조치를 취해야 합니다. 금강산관광은 진상이 조사될 때까지 중단시키세요."

이명박 대통령은 퇴임한 지 채 2년이 안 된 시점인 2015년 1월에 《대통령의 시간 2008-2013》이란 제목의 회고록을 펴냈다. 그는 퇴임 후 그해 5월부터 회고록 집필에 착수하여 1년 10개월의 집필 기간을 거쳐 정책 위주의 회고록을 출간했다. 그는 "기억이 용탈돼 희미해지기 전에 대통령과 참모들이 생각하고 일한 기록을 가급적 생생하게 남기고 싶었다"고 회고록을 펴낸 소회를 밝혔다. 이명박 대통령은 회고록의 제목을 왜 '대통령의 시간'으로 정했을까? 그 배경과 의도는 출판사 서평의 다음과 같은 대목에서 알 수 있다.

"이명박 정부 5년은 출범하자마자 광우병 사태와 세계 금융위기라는 대내외적 도전에 직면한 '위기의 시간'이었다. 선제적이고 과감한 정책으로 한국 역대 최고의 국가신용등급을 받은 '기회의 시간'이기도 하다. 4대강 살리기 사업, 해외 자원 외교, 친서민 정책 등 새로운 미래를 위해 나아간 '일머리를 아는 대통령의 시간'이기도 하다."

그러나 그가 회고록에서 자화자찬한 '위기의 시간'과 '기회의 시간' 그리고 '일머리의 시간'의 어디에도 대북정책이나 남북관계 개선에 관한 조치는 찾을 수 없다. 실제로 이명박 대통령은 재임 5년 동안 5.24조치처럼 남북관계를 단절하고 후퇴시킨 네거티브 정책 말고는 한 것이 없기 때문이다. 아니 한 것이 없지는 않다. 역대 어느 정부 때보다 그가 재임한 5년 동안 분단 관리의 실패로 인해 많은 국민이 희생되었다는 사실이다.

참여정부는 서해 북방한계선(NLL)의 긴장을 완화하기 위해 서해에서의 우발적 충돌방지체계를 수립했다. 그 결과로 참여정부 5년 동안 서해든 휴전선이든 남북 간 교전이 한 차례도 없었고, 당연히 남한이든 북한이든, 군인이건 민간인이건 한 명의 사상자도 없었다. 반면에 이명박 정부 5년 동안은 천안함 장병 46명이 수장되고, 연평도에 포탄이 떨어져 4명이 사망하는 등 50명이 넘는 국민이 희생되었다. '평화와 공존의 바다'를 '증오와 대결의 바다'로 만든 결과다.

금강산관광객 피격 사건은 이명박 정부 시절에 남북한을 증오와 대결로 이끈 도화선이었다. 이명박 대통령은 자신의 회고록에서 금강산관광을 중단한 배경을 이렇게 기록했다.

"나는 관광객이 죽었음에도 진상 조사조차 못 하는 상황에서 또 그런 위험한 곳에 우리 국민을 보내서는 안 된다고 생각했다. 철저한 진상 조사와 책임자 처벌 그리고 재발 방지가 이루어지기 전에는 우리 관광객을 북한에 보낼 수 없었다. 금강산관광을 중단시키고 금강산에 있는 우리 관광객을 모두 귀환시켰다 …(중략)…이윽고 사건에 대한 보다 상세한 상황이 보고됐다. 동이 터서 육안으로 충분히 식별이 가능한 시간에 벌어진 일이었다. 저항 능력이 없는 민간인 여성 관광객에게 북한군은 총격을 가했다. 그럼에도 불구하고 북한은 4시간이 지나서야 이러한 사실을 현대아산에 통보하고, 우리 측의 전화통지문도 받지 않는 등 불성실한 자세로 임했다.

도저히 그냥 넘어갈 수 없는 문제였다. 북한은 계속 전화통지문 수신을 거부했다. 이유인즉, 주말이라 받을 수 없다는 것이었다. 있을 수 없는 일이었다. 나는 더 이상 기다릴 이유가 없다고 판단하고 북측에 보내려 했던 전화통지문 전문을 발표하도록 했다.

북한은 우리 관광객이 군사통제구역에 들어갔기 때문에 사격이 불가피했다고 주장했다. 도리어 우리에게 사과와 재발방지 대책 수립을 요구했다. 또한 우리 측의 금강산관광 잠정 중단에 반발하여 우리 측 체류 인원을 추방하는 등 적반하장의 태도를 보였다."

금강산관광객 피격 사건은 누구에게도 발생하면 안 되는 사고였다. 하지만 이명박 정부와 미국은 기본적으로 금강산관광이 북한 정권에 미사일 개발자금으로 쓰일 현금을 제공해 준다며 과거 정권의 대북정책을 부정해왔다. 따라서 한미 당국자들은 관광객 피격 사건을 북한을 압박할 수 있는 일종의 호재(好材) 카드로 활용한 측면이 있다.

한국 측은 즉각 북한의 공식 사과와 현장조사를 요구했다. 북한 당국에서는 이례적으로 군이 나서서 자신들은 규정대로 했을 뿐이라며 남측에 재발방지를 요구했다. 이렇게 양측이 강경 대치 국면으로 들어감에 따라 한국 정부는 금강산관광 중지 조치를 취한 것이다.

이것이 일반 국민이 알고 있는 사실이다. 하지만 이 사건의 대응을 두고 북한 내부에서도 강온파 간의 의견 대립이 있었다. 문제는 박왕자 씨가 새벽 5시에 민간인 출입금지선을 넘어 약 800미터가량을 북한군 군사통제구역으로 들어갔고 북한 경비병은 근무 규칙에 따라 발포했다는 것이다.

박채서가 북측의 고위층에게서 들은 바에 따르면, 본디 금강산관광을 위한 숙박 및 편의시설이 설치된 지역은 북한군의 군사시설보호 구역이었다. 그래서 처음부터 북한 군부의 반발과 거부감이 컸던 곳이다. 더구나 이전에도 관광객이 군사통제구역 안으로 들어간 유사 사건이 발생해 현대아산 측에 재발방지를 요구했던 터였다. 그런데 현대아산 측이 그때마다 북한군 지휘관들에게 뒷돈을 주고 출입금지선을 넘은 관광객을 데려오는 것으로 마무리를 했기 때문에 대수롭지 않게 여기다가 사달이 난 것이다.

공교롭게도 당일 근무초소에는 고참병과 군 입대 후 3개월 된 신참병이 근무조였는데 고참병이 조는 통에 신참병이 발포해 사고가 난 것이었다. 안개 낀 초소 앞에 인기척이 나타나자 신참 병사는 수화 규정에 따라 "움직이면 쏜다"고 소리쳤는데 놀란 박왕자 씨가 도망치는 바람에 엉겁결에 총을 쏜 것이다.

문제는 현대아산이 출입 경계 철조망을 설치할 때 썰물 때를 기준으로 설치해야 하는데 밀물 때를 기준으로 설치하다 보니 썰물 때와 밀물 때의 차이가 20m 정도가 생긴 것이다. 그러다 보니 저녁이나 새벽에 해안을 산책하는 관광객이 썰물 때는 자신도 모르고 경계선을 넘게 되는 일이 발생한 것이다. 결과적으로 현대아산의 안이한 대응으로 인해 사건이 발생했고 금강산관광 중단까지 초래한 셈이다

북한 군부는 정상적으로 근무에 임한 경비병과 지휘관을 문책할 수 없고, 군사보호 구역에서의 정당한 경계 활동에 대해서 사과할 수도 없으며, 현장조사 또한 절대로 받아들일 수 없다고 맞섰다. 또한 한국 정부가 금강산관광 및 개발에 대한 남북합의서를 내세우자, 북한군은 합의 당사자인 아태평화위원회와 해결하라고 주장했다. 실제 북측 금강산관광 당사자인 아태평화위는 청와대에 두 번에 걸쳐 비공개 사과를 했으나, 청와대는 공개 사과와 현장조사를 허용할 것을 요구하여 결국 합의점을 찾지 못했다.

이명박 정부는 북측의 비공개 사과 사실을 국민에 알리지 않고 박왕자 씨의 피살 사건을 대북정책을 전면 수정하는 계기로 삼았다. 이후 남측이 미국과 함께 대북 압박 및 봉쇄정책에 공조함에 따라 북한 내에서 남북 교류에 관여한 대남온건파가 강경파에 밀리면서 관련 인사들의 퇴진과 숙청이 시작됐다. 결국 금강산관광객 박왕자 씨 피격 사건을 계기로 김대중 대통령의 햇볕정책으로 시작된 남북 교류가 부정되고 그 이전의 남북 대치 국면으로 회귀하게 된다.

대통령 당선 전에 그의 대북관에 대해 알 기회를 가진 박채서는 그의 재임 기간에 남북관계가 최악의 상태로 치닫는 것을 보고 점점 더 의아하게 생각했

다. 어떤 대북 전문가는 이명박 대북정책은 한 마디로 무대응·무전략이라고 강력 비판하기도 했다. 집권 초기 이명박의 대북관을 잘 보여준 사례가 2009년 10월 임태희 노동부장관과 북한 김양건 통전부장의 싱가포르 비밀회담이었다.

화폐개혁과 북한 내부 권력 투쟁

북한은 2009년 11월 30일부터 12월 6일까지 새 화폐 발행 및 교환사업을 진행하였다고 발표했다. 1992년 이후 17년 만에 화폐개혁을 단행한 것이다. 북한 당국은 화폐개혁으로 북한 돈 구권 100원을 신권 1원으로 교환해 주었다.

북한은 이번 화폐개혁의 배경을 △비정상적 통화팽창 조절 △공식상품 유통망 강화 및 시장 역할 축소 △국가경제 건설 재원 마련 △근로자 생활 안정 등으로 밝혔다. 그러나 북한이 화폐개혁을 단행한 데에는 지하자금을 끌어내고, 기업가 계급의 증가를 막기 위한 것이라는 분석도 나왔다.

실제로 북한 주민들은 돈이 있어도 은행에 저금해 두지 않는다. 인출이 자유롭지 않기 때문이다. 주민들은 배급제가 무너진 뒤로 장마당에서 번 돈을 집안에 쌓아 두었다. 북한 당국이 화폐개혁을 통해 노린 것은 과도한 인플레이션을 막고, 주민들이 집안에 쌓아 둔 돈을 끌어내는 것이었다.

그러나 17년만의 화폐개혁의 목적은 단지 주민들이 집안에 쌓아 둔 돈을 끌어내는 것이 아니었다. 김대중 - 노무현 정부 10년 동안 활발한 남북교류와 대중국 교역의 확대에 힘입어 북한 내에서 이른바 '가진 자'들이 생겨나게 된다. 주로 남북 교류와 경협에 참여했던 온건파와 관련 부서를 중심으로 생성된 새로운 계층이었다.

이들은 김일성 - 김정일로 이어진 이른바 '백두혈통'에 무조건적으로 충성하고, 정치사상적으로는 주체사상을 중심으로 당과 인민을 위해 헌신하는 전통적인 북한식 사회주의 관념과는 다소 거리를 두고 있었다. 개인의 부와 이익을 추구하면서 자연스레 가족의 안위와 자식의 미래를 걱정하는 계층이 늘어난 것이다. 이러한 변화는 북한 권력 지도부의 처지에서는 매우 위험한 사회 변동의 조짐이었다. 그리고 이는 김정일이 은밀하게 추진해온 후계자 세습에도 위험한 기류였다.

오랜 기간 후계자 수업을 해온 김정일과 달리, 김정은은 김정일이 뇌졸중으로 쓰러진 지 1년만인 2009년 8월에 전국에 나붙은 표어·포스터에 처음 등장했다. "장군복, 대장복 누리는 우리 민족의 영광, 만경대 혈통, 백두의 혈통을 이은 청년대장 김정은 동지"라는 문구와 김정은 찬양가인 〈발걸음〉 가사가 적힌 포스터였다. '청년대장 김정은 동지' 이름이 북한 주민에게 공개된 지 서너 달 뒤에 화폐개혁이 단행된 것은 그것이 후계구도의 공고화를 위한 시도였음을 의미했다.

하지만 화폐개혁은 한 달 만에 실패로 끝났다. 화폐개혁은 경제정책 분야에서 성장한 온건파의 반대를 무릅쓰고 강경파의 주도로 추진되었다. 북한 경제와 행정부서를 틀어쥔 장성택 노동당 행정부장조차도 모르게 몇 사람이 주도하다 보니 그 결과는 뻔했다.

김정일과 강경파가 간과한 것은 주민들의 집단적 저항이었다. 주민들은 상점의 문을 닫고 시장에서는 상품이 사라졌다. '고난의 행군' 시기를 거쳐 대량 탈북과 대중국 국경무역, 해외 친인척의 외화 송금 등으로 외화를 보유한 주민들도 집안에 둔 외화를 풀지 않았다. 정치적 통제는 참아오면서도 장마당에서 돈 버는 재미를 들인 북한 주민들이 생존권을 빼앗기자 목숨을 걸고 저항한 것이었다.

당국이 예상했던 것보다 '가진 자'들과 신흥계급은 광범위하게 포진해 있었다. 이미 북한 체제를 이탈해 탈북한 경험이 있는 주민들은 당에서 요구해도 따르지 않았다. 당국이 상업 활동을 재개해 달라고 호소해도 아무 소용이 없었다. 결국 장마당을 통해 개인의 부와 이익을 추구하는 신흥계급의 돈줄을 억누르려던 계획은 수포로 돌아갔다. 완벽한 통제 사회인 북한에서 당의 정책이 주민들의 반발과 저항으로 실패한 것은 전례 없는 사건이었다.

결국 화폐개혁은 후계자로 등장한 김정은을 띄워주려는 목적으로 실시됐으나 물가가 폭등하고 생필품 품귀 현상으로 생활경제가 파탄 나는 결과를 초래했다. 정책 실패에는 희생양이 필요했다. 결국 실패의 책임을 물어 당 재정부장 박남기를 공개 총살하는 선에서 화폐개혁은 유야무야되고 말았다.

화폐개혁은 외형적으로는 대화온건파의 돈줄을 틀어쥐려는 강경파의 실패로 끝났다. 근본적으로는 북한 건국 이래 최초로 '가진 자'들이 자기 것을 지키려는 강한 저항에 의해 국가정책이 실패한 사례였다. 이때의 실패 이후 북한은 경제 문제에 관한 한 더 이상 주민들을 강제하지 못하고 있다. 이 사건을 계기로 북한 강경파들은 방법을 달리하는데, 그것은 그들의 유리한 무기, 즉 무력을 이용한 공격이었다.

## 25 _ 이명박 정부 시기의 비밀 대북접촉

　중국은 한국보다 국민소득은 많이 낮지만, 주5일제 근무제도는 한국보다 10년이나 앞서 도입했다. 중국은 내수 촉진과 고용 증대를 위해 지난 1995년 국무원령을 통해 공무원의 법정 노동시간을 주 40시간으로 확정하고, 2년 뒤부터는 민간부문으로 확대해 시행했다. 일부에서는 중국의 경제와 소득수준에 비추어 시기상조라는 우려도 있었으나, 주5일제가 경기를 활성화하고 삶의 질을 향상하는 데 기여했다는 긍정적 평가를 받는다.

　주5일제가 시행되고 소득수준이 높아짐에 따라 중국인들이 접하는 스포츠도 골프, 수상스포츠, 스키 등으로 고급화되었다. 특히 골프는 아직 일반인들에게 아직 생소한 운동이지만, 2000년 이후 빠르게 성장해 1985년에만 해도 중국 전역에 20여 개에 불과했던 골프장이 2005년 무렵에는 200여 개, 2014년에는 1400개로 증가했다. 골프 인구도 꾸준히 증가해 2014년에는 100만 명까지 늘어났다.

　물론 시진핑 정권 출범 이후 반부패 정책이 추진되고 골프장의 과세기준이 체육업에서 오락업으로 변경되어 세율이 4%에서 20%로 급증하면서 골프 산업도 불황의 늪에 빠져 골프장이 500개 수준으로 떨어지고, 골프 인구도 40만 명 수준으로 크게 줄어든 형편이다. 하지만 중국도 고소득층을 중심으로 골프 여행을 목적으로 한 해외여행이 급증하는 추세이다. 한국이나 미국의 골프 인구가 총인구의 10% 수준임을 감안하면 중국이 언제까지 골프 인구 증가를 반부패와 세금으로 누를 수 있을지는 미지수다.

### KBS와의 백두산 다큐 프로젝트

박채서는 당시 중국 아마추어 골프대회에서는 가장 규모가 크고 골퍼들의 관심도 큰 클럽 대항 골프대회인 '뷰익 골프대회'의 지역예선전과 결선대회 준비 등으로 한창 바쁠 때여서 골프사업에 집중해 있는 상태였다. 또한 그는 체질적으로 동시에 여러 가지 일을 못 하고, 한 가지 일에만 집중하는 스타일이어서 남북관계에는 신경을 쓰지 못하는 터였다.

그런데 박채서는 북경(北京)지역 연고전(延高戰) 골프대회 참가를 계기로 국회의원을 지낸 구천서(具天書) 한반도미래재단 이사장을 만나게 되었다. 그는 청주고 선배라는 개인적 인연도 있었지만, 2007년 대선 당시 이명박 후보를 지원하기 위해 베이징 교민을 위한 특별 전세기를 띄울 정도로 열정적이어서 그 때부터 알고 있던 사이였다. 이명박 후보의 당선을 도운 덕분에 대선 이후 그가 소유한 용역 서비스업체인 신천개발(현 씨엔에스자산관리)의 주가가 몇 배로 올랐다는 보도를 접한 적도 있었다.

박채서가 그에 대해서 좀 더 확인해보니, 특별히 하는 일 없이 베이징 외곽에 사무실을 차려놓고 중국 미술품 등을 취급하며 몽골 지역에 골프장과 호텔 신축 등 레저스포츠 사업을 추진하고 있었다. 또 최근에는 베이징공항 근처의 골프장을 인수하기 위해 계약 단계까지 갔다가 일방적으로 철수하는 바람에 중국 측 상대방과 불편한 관계라는 사실을 알게 되었다.

베이징의 한국특파원들 사이에서 그에 대한 평은 한마디로 '별로'였다. 구천서가 자신의 사무실 인근에 예술인들의 작업 활동을 도와주는 숙식시설을 만들어 준공식을 하는데 한국특파원들이 단 한 명도 초청에 응하지 않을 정도였다. 그래서 박채서가 개인적으로 KBS 베이징지국에 준공식 참석을 부탁해 겨우 체면을 세워줬을 정도였다.

이 일을 계기로 박채서는 KBS 베이징지국에 백두산 촬영 아이템을 제안했다. 예전과 달리 북한 당국에 촬영 비용을 지불하지 않고 순수 자체경비로만 백두산을 촬영하고, 필요할 경우 몇 차례 현지 생중계가 가능하도록 약 1개월까지도 촬영하도록 하는 조건을 제시했다. 얼마 후 KBS 본사 측에서는 베이징지국에 촬영을 허가하는 답변을 보내왔다.

당시의 남북관계를 고려해서 개성연락사무소를 통한 공개 협의와 상호 연락 채널을 공식화한다는 조건부였다. 장성택이 자신에게 부탁한 이명박 대통령과의 대화채널을 개설하기 위한 첫걸음이었다. 박채서는 대화채널의 접촉선으로 이 문제를 구천서와 협의하였다. 그는 이런 취지로 자신의 구상을 설명했다.

"북에서 이명박 대통령과의 직접대화 채널을 개설하려고 합니다. 새로운 틀의 남북관계를 재정립하기 위한 공식라인을 구축하고 싶어 합니다. 제 구상은 이렇습니다.

KBS가 오는 7~8월에 백두산 자연 다큐 촬영을 위해 방북합니다. 이명박 대통령의 의중을 전할 사람을 KBS 방북팀에 동행하도록 하면, 북측에서도 그에 걸맞은 사람을 마중 나오게 해 민족의 영산인 백두산 천지에서 남북한 당국자가 자연스레 만나 대화하면서 남북대화의 물꼬를 트는 계기로 삼으려 합니다.

그래서 자연스런 대화를 살리기 위해 현지 생방송까지 촬영 계획 속에 포함시켰습니다. 특히 이명박 정부 출범 후 처음 방북하는 공식 대표단인 만큼 이를 통해 남북관계 개선의 분위기를 만드는 것도 의미가 있습니다. KBS 취재팀의 백두산 탐방 과정에서 북한의 의도도 파악할 수 있지 않겠습니까? 현 정부로서는 큰 부담이 없는 프로젝트입니다."

당시 박채서는 현장 생중계에 들어갈 당국자 간 대화 내용까지 직접 구상해 보았다. 국정원 공작원 시절에 백두산에 처음 올랐을 때 천지에서 느낀 감회가 구상에 보탬이 되었다. 남한 사람들은 중국을 경유해 백두산에 오르지만, 북한 쪽에서 올라가는 백두산 코스와 천지를 전망하는 것이 훨씬 더 아름다웠다. 북한 쪽에서는 날씨가 좋으면 천지에 내려가 팔뚝 크기의 '천지산천어'를 구경할 수 있다. 해발 약 2,200m의 높은 곳에 사는 천지산천어는 수심 깊은 곳에서 살지만 어린 물고기는 천지 연안으로 나와 먹이활동을 하는데 특히 먹이활동이 왕성한 7~8월에는 관광객들의 눈에 자주 띈다.

천지산천어는 1980년대부터 산천어를 연구한 '백두산천지종합탐험대'가 삼지연군 사람들과 함께 산천어를 환경 순응시킨 다음 백두산 천지에 인공적으로 방류하여 혹한의 추위와 고립된 생태적 환경에서 여러 세대를 거치면서 호수형 산천어로 분화된 종이다. 천지산천어는 크기도 일반 하천형 산천어보다 훨씬 크고 성장속도가 빠르다. 하천형 산천어의 몸길이는 평균 15~20cm인데, 호수형 천지산천어의 몸길이는 평균 40~50cm이고 최고 85cm(몸무게 7.7kg) 되는 것도 있다고 했다.

산천어는 연어과의 민물고기로 몸 생김새는 송어와 비슷하지만 타원형의 세로줄 무늬로 구별되었다. 박채서는 천지에 내려가 백두산천지종합탐험대에서 연구용으로 연안의 물속에 격리시켜 기르는 어미 산천어에 대한 해설을 들으면서 구경하고 어른 팔뚝만 한 천지산천어 구이까지 대접받았다. 격리된 곳에서 생활하는 탐험대원들이 무료함을 달래기 위해 간이막사에 강아지를 기르고 있는 것이 인상적이었다.

북한 정권이 천지산천어를 연구하고 널리 홍보하는 데는 이유가 있다. 북한 정권은 1980년대 중반 김정일의 후계자 권력세습을 위해 백두산과 가까운 삼지연에 백두산밀영을 만들어 이른바 백두혈통을 강조하고 나섰다. 삼지연 못가에 서식하던 산천어를 백두산 천지에 방류한 것도 그 무렵이었다. 〈로동신문〉에 따르면, 그때 김정일이 백두산에 올라 산천어를 보고 '천지산천어'라고 명명했다는 것이다.

"위대한 장군님께서는 주체 77(1988)년 8월 백두산에 오르시여 지금까지 화산분화구에 생긴 못에는 물고기가 살지 못하는 것으로 알려져 있었는데 백두산 천지에 산천어들이 떼를 지어 산다는 것은 세계적으로 희귀한 현상이라고 하시면서 매우 기뻐하시였다. 위대한 장군님께서는 주체 81(1992)년 12월 천지의 자연환경에 순응되고 형질적으로 다른 지방의 강과 호수의 산천어와 다른 백두산 천지의 산천어를 친히 '천지산천어'라고 이름 지어 주시였다."

백두산은 남북한 국민들이 모두 공감하는 민족의 영산(靈山)이므로 남북 당국자들이 백두산 천지를 배경으로 손을 맞잡는 장면을 연출하는 것만으로도 그 메시지의 상징성과 울림은 클 수밖에 없었다. 박채서가 이처럼 천지에서 느낀 감회를 떠올리며 계획한 구상은 남북한의 두 당국자가 백두산 천지를 바라보며 다음과 같은 대화를 자연스럽게 나누고, KBS가 현지 상황을 생중계하는 것이었다.

남측 인사 : 백두산 정상에 서서 천지와 산하를 둘러보니 우리 선조들이 왜 백두산을 민족의 영산으로 불렀는지 알 수 있을 것 같습니다.

북측 인사 : 그렇지요. 백두산은 오래전부터 우리 민족의 정신적 중심이었고 누구나가 마음속으로 아끼고 사랑하는 명산이었지요.

남측 인사 : 천지의 깊고 푸른 물과 같이, 그리고 웅장한 백두산의 정기가 충만하듯이 우리 모두가 한마음 한뜻으로 백두산의 깊고 웅장한 기운을 담아 한민족으로 살아가야 할 텐데요.

북측 인사 : 우리는 단군 이래 한민족이었습니다. 잠시 38선으로 갈라져 있지만, 우리가 합심하고 노력해서 하나가 되어야 하지 않겠습니까. 우리 서로 하나가 되기 위해 노력합시다.

박채서는 두 사람의 대화를 생중계해 남북한 정부의 대화 의지를 분명하게 드러낸 가운데, 김정일 위원장의 친서를 이명박 대통령에게 전달하는 방안까지 계획하였다. 전직 국회의원으로서 아직 정치에 대한 미련을 버리지 못하고 있는 구천서의 정치적 야망과 심리를 활용한 포석이기도 했다.

실제로 구천서는 그의 구상을 반기며 적극적으로 나섰다. 구천서는 이명박 정부 초대 외교안보수석이 모교인 고려대 교수 출신이고 개인적으로 호형호제하는 사이라며, 심지어 KBS의 취재와 촬영 비용까지 부담할 테니 자신한테 맡겨 달라고 했다. 선풍기와 가전제품으로 유명한 신일산업이 고려대 동문 기업이라는 것도 그를 통해 알았다. 그는 고려대 동문기업을 통해 자금을 모으고, 여의치 않으면 자신이 부담하겠노라고 호언장담했다.

아무튼 그의 정치적 야망을 자극한 접촉 포인트는 성공적이었다. 박채서는 구천서를 통해 청와대 외교안보수석과 대화 채널을 개설하려는 계획을 북측에 전달했고, 북측은 이 계획을 수용했다. 물론, 계획을 수용한 것은 장성택이었지만, 북한 체제의 특성상 최종적으로는 김정일에게도 보고되어 승인을 받았음은 의심할 여지가 없었다. 이처럼 '백두산 프로젝트'에 대한 최종 방침이 결정된 상태에서 장성택의 비서는 리호남에게 세부 진행과 중간 연락의 임무를 맡기고 평양으로 돌아갔다.


이명박 정부 첫 회담 펑크 낸 구천서

박채서는 노무현 정권 때와는 달리 대북사업의 전면에 나서지 않기로 작정했기 때문에 리호남과 구천서의 만남을 수차례 주선하면서도 외형적으로는 빠지는 형식을 취했다. 리호남은 구천서와 만날 때마다 그가 이명박 대통령과 직접 대화가 가능하고 그의 의중이 반영되고 있는지를 파악하기 위해 여러 각도에서 찔러 보는 눈치였다. 그럴 때마다 구천서는 특유의 호탕한 제스처를 써가며 장담을 했고, 때로는 현장에서 외교안보수석에게 전화해 직접 통화하기도

하면서 리호남을 안심시켰다.

리호남은 그래도 다소 미심쩍어하는 기색을 보였지만, 박채서가 보기에는 낙관적이었다. 북측이 먼저 대화채널 개설을 제안한 데다가 박채서의 제안을 북측이 100% 수용한 상태여서 적어도 북측에서는 걸림돌이 없다고 판단한 것이다. 문제는 이명박 정부의 입장인데, 구천서의 의욕과 태도를 보면 청와대 내부와의 조율도 순조롭게 진행되는 것처럼 보였다.

다만, 그동안의 경험에 비추어 대북사업은 일이 순조롭게 진행되어도 큰 성과가 예상되면 중간에 공식 라인에서 치고 들어오거나, 반대로 경쟁자들이 성과를 내지 못하게 방해하는 경우도 생기곤 했다. 그래서 박채서는 '백두산 프로젝트'가 진행되는 과정에 청와대 내부의 파워게임에서 밀리거나 허수아비로 전락할 공산도 있으니, '코드 1(대통령)'이 프로젝트 진행 상황을 잘 인지하고 있는지, 또 그의 의지가 반영되어 진행되는지를 늘 확인하라고 구천서에게 거듭 당부했다.

구천서는 일찍이 정치적 야망을 품고 한국 BBS(Big Brothers and Sisters Movement) 중앙연맹 총재로 사회운동을 해왔다. BBS 운동은 불량 청소년의 형제·자매가 되어 그들을 선도하고자 하는 청소년 선도운동으로 20세기 초 미국에서 시작되었다. 또한 재선 국회의원을 하면서 자민련 원내대표까지 지낼 만큼 정치적 수완도 있었기 때문에 자신의 정치적 입지를 다지기 위해서라도 꼼꼼히 확인 절차를 밟을 것이라고 믿어 의심치 않았다. 더욱이 필요하면 자신의 사재를 털어서라도 프로젝트를 성사시키겠다고 강한 의욕을 내비친 것을 보면, 그만큼 대통령의 대화 의지를 확인하고 성공을 자신하는 것이라고 생각했다.

박채서는 개인적으로 이희엽 KBS 카메라 기자를 프로젝트에 참여시키고 싶었다. KBS에도 사전 준비 기간이 필요하므로 북측에 이희엽 기자를 명단에 포함시켜 정식 협의를 위한 초청장을 보내 달라고 했다. 이에 북측은 개성연락사무소를 통해 통지문을 보내왔다. 2009년 07월 22일 개성에서 만나자는 내용이었다. 이명박 정권 출범 후 북측이 보낸 최초의 공식 대남 공문이었다.

이에 개성회담을 앞두고 베이징에서 사전 의견 조율을 위한 회담이 추진되었다. 북측에서는 남측에서 누가 대표로 오느냐가 최대 관심사였다. 북측에서는 사전 협상단으로 5명이 나오고, 남측에서는 청와대 인사를 포함해 구천서가 사전 협상 책임자로 내정되었다. 북측 대표단이 평양에서 출발하기 3일 전에 박채서는 리호남의 요청으로 공항에서 가까운 베이징 크라운 플라자 리도 호텔 바에서 구천서를 함께 만났다. 리호남은 구천서에게 다시 한번 확약을 받으면서 이렇게 말했다.

"금번의 사업 추진과 예비회담은 최고지도자 동지의 허가 사항입니다. 다른 남북 사업과는 완전히 다릅니다. 실수가 있어선 안됩니다. 문제가 발생하면, 북측 내부에서 곤란한 문제가 발생하고 책임지는 사람까지 생기게 됩니다. 만약 조금이라도 문제가 있으면 중지해도 좋습니다. 혹시라도 문제가 있으면 지금 취소해도 됩니다. 하지만 오늘을 넘기면 취소가 불가능합니다. 이 점 명심하십시오."

북한은 오랜 기간 강대국으로부터 체제와 생존을 위협받아왔기 때문에 본디 의심이 많은 나라다. 남측에 대해서도 대통령이 국내용으로 강경 발언을 하면서 한편으로는 물밑으로는 회담을 하자고 제안하니까 그 진정성을 의심할 수밖에 없었다. 더욱이 북측의 경직된 체제의 특성상 최고지도자 동지의 수표가 난 사업의 일이 잘못되기라도 하면 큰일이었다. 그래서 리호남은 구천서로부터 마지막 다짐을 받고자 했다.

구천서는 그 자리에서 핸드폰으로 당시 김성환 청와대 외교안보수석에게 전화를 걸어 통화하면서 이명박 대통령의 허가 사항임을 확인시켜 주었다. 전임자인 김병국 외교안보수석은 2008년 6월 미국산 쇠고기 협상 파동에 따른 책임을 지고 경질되었다. 구천서는 자신이 직접 서울에 들어가 남측 대표단과 같이 나오겠다고 했다.

이에 리호남의 연락을 받은 북측에서는 김성혜 민화협 참사를 단장으로 하는 5명의 대표단이 베이징으로 나왔다. 그런데 서울로 들어간 구천서는 깜깜무소식이었다. 연락조차 두절이었다. 최창근 KBS 베이징지국장이 나서서 구천서의 소재를 탐문하고, KBS 본사의 일부 기자들까지 동원되었다. 구천서가 회장으로 있는 신천개발 측에서는 "회장님은 일본 출장 중"이라는 답변만 했다.

회담을 주선한 리호남과 김성혜를 비롯한 북한 대표단은 얼굴이 하얗게 질려 있었다. 박채서는 지난 30년 동안 북측과 여러 가지 가장(假裝)업체 공작사업과 진짜 비즈니스사업을 추진하는 과정에서 우여곡절도 많았지만, 북측 실무자들이 그때처럼 당황하고 겁에 질려 있는 모습은 처음 보았다. 현실적인 비용의 문제도 있었다.

사실 백두산 프로젝트 실무협상은 KBS 본사가 개성연락사무소에서 북측과 하고 베이징에서는 조율만 해주면 되는 것이었다. 그런데 구천서는 뭔가 자신도 역할을 했다는 것을 보여주기 위해서인지 몰라도 굳이 베이징에서 사전 접촉을 갖되 그 비용은 자신이 부담하겠다고 하는 바람에 북측 대표단을 불러낸 것이었다. 그런데 정작 본인은 사라져 버린 것이다. 결국 박채서가 북측 대표단의 경비와 체재비용으로 미화 2만5천 달러를 지불했다.

이명박 정권 출범 후 처음으로 북한 당국이 개성연락사무소를 통해 공영방송 KBS 앞으로 공식 통지문을 보내 약정한 남북 회담을 구천서가 펑크낸 것이다. 도무지 상식적으로는 이해할 수 없는 황당한 상황이 발생한 것이다. 통일부와 국정원까지 협의를 거친 KBS로서도 황당한 일이었다. 사안의 성격상 북측도 그렇지만 남측 역시 청와대의 사전 보고나 대통령과의 교감이 없으면 추진될 수 없는 사안이었다.

박채서의 궁금증은 얼마 뒤에 북측을 통해서 알게 되었다. 남측 대표단이 출발하기 앞서 청와대 보고 과정에서 이명박 대통령이 기다리라고 중단을 지시해 사태를 감당할 수 없게 된 구천서가 일본으로 피신했다는 것이다. 이처럼 이명박 대통령의 입장이 갑자기 바뀐 데는 2008년 8월에 뇌졸중으로 쓰러진 김정일의 건강 문제와 미국의 입김이 작용했다는 것이 북측의 분석이었다.

2009년 추석을 보름 정도 앞두고 리호남을 통해 북한 고위층에서 마지막 제의가 박채서에게 전달 되었다. KBS를 앞세운 백두산 다큐 프로젝트가 부담스러우면 추석을 전후해 이명박 대통령의 남북대화 의지를 확인할 수 있는 인사의 평양 방문을 타진했다. 그러나 그마저도 청와대에서 거부했다.


임태희 – 김양건 싱가포르 비밀접촉과 이명박 회고록의 오류

이명박 대통령 집권 초기에는 대북정책에서 나름의 복안을 가지고 대비를 했던 것으로 보여진다. 북측도 남측에 새로운 정부가 들어서자 새로운 대화 채널을 탐색하는 등 남북은 다양한 채널을 통해서 접촉하고 있었다. 그러나 금강산관광 피격 사건으로 남북한 양측 모두 대화파의 입지가 줄어든 것이다.

그런 상황에서 제대로 된 당국자 간 접촉이 2009년 10월 싱가포르에서 성사된 임태희 노동부장관과 김양건 통전부장의 비밀회담이었다. 박채서는 베이징에서 리호남 참사를 중심으로 북남 막후 접촉을 통해 남북이 의견 조율을 하는 것을 알았지만 모른 체하고 지켜보기만 했다. 리 참사는 싱가포르에서 회담이 성사되고 난 뒤에야 그 결과를 박채서에게 얘기했다.

리 참사에 따르면, 북한 당국자들도 싱가포르 회담에서 미국을 의식했던 것 같다. 즉 미국이 예민하게 반응하는 전력화(戰力化) 물자 등은 회담 의제의 지원목록에서 제외하고 식량과 비료에 국한시킨다는 전제조건 하에 양측 대표들의 사전 접촉에서 막후 조정이 이루어졌다. 임태희와 김양건의 싱가포르 회동은 막후에서 조정된 회담의제를 의례적으로 확인하는 차원의 고위급 접촉이었다.

임태희 - 김양건의 싱가포르 회담에서는 ▲연내 정상회담 개최 ▲북한에 대한 경제적 지원 ▲정상회담 후 이명박 대통령 귀환 때 국군포로 또는 납북자 동행 등 개략적인 내용을 담은 양해각서(MOU)에 서명했다. 하지만 청와대는 싱가포르 접촉에서 합의 내용을 결론짓지 말고 남북한 공식 라인에서 논의를 마무리하라고 지시했다. 이에 따라 그해 11월 7일, 14일 개성연락사무소에서 열린 통일부 - 통전부 비밀접촉에서 북측은 싱가포르에서 작성한 문서를 합의문이라고 내놓았으나 통일부가 정상회담 문제는 별개라며 받아들이지 않으면서 정상회담 추진은 무산됐다. 그러다가 이듬해 3월 천안함 사건이 터진 것이다.

그런데 박채서는 대전교도소 수감 중인 2015년에 이명박 대통령이 퇴임 후 발간한 회고록《대통령의 시간》을 읽고서 깜짝 놀랐다. 자신이 리호남에게서 들었던 싱가포르 회담 내용과는 너무 달랐기 때문이다. 이명박 대통령은 회고록에서 이렇게 기록했다.

"2009년 11월 7일, 개성에서 우리 측 통일부와 북한 측 통일전선부의 실무접촉이 있었다. 이날 회담에서 북한은 임태희 장관이 싱가포르에서 서명한 내용이라며 세 장짜리 합의서라는 것을 들고 나왔다. 북한이 제시한 문서에 의하면 정상회담을 하는 조건으로 우리 측이 옥수수 10만 톤, 쌀 40만 톤, 비료 30만 톤의 식량을 비롯하여 아스팔트 건설용 피치 1억 달러어치를 제공하고 북측의 국가개발은행 설립 자본금 100억 달러를 우리 정부가 제공하는 것으로 되어 있었다. 북측이 8월에 정상회담을 처음 제안한 시점부터 줄곧 요구해온 조건과 동일했다. 문서에 지원 내역과 일정을 정리해 놓은 것이 마치 무슨 정형화한 '정상회담 계산서' 같은 느낌이었다. 나는 임 장관을 불러 어떻게 된 일인지 물었다.
'합의서를 써준 적은 없습니다. 회담이 중단된 후 통 - 통(통일부 - 통일전선부) 회담 날짜를 잡자고 하니 김양건이 그동안 어떤 내용이 논의되었는지를 확인만 해달라고 해서 확인해준 것은 있습니다. 김양건이 그대로 가면 죽는다고 해서. 북한 측이 정리한 두 장짜리 회담 내용을 가지고 오기에 제가 잘못된 몇몇 부분은 두 줄로 지우고 옆에다 새로 덧붙이기도 하고, '이건 맞다. 이건 아니다'는 식으로 수정해서 제 사인을 했습니다. 합의문은 분명히 아닙니다'고 말했다.

11월 14일 개성에서 다시 열릴 통일부 – 통일전선부 접촉을 앞두고 김성환 외교안보수석이 보고했다. '북한이 싱가포르에서 합의했는데 왜 내용이 다르냐고 했답니다. 임태희 장관에게 답을 달라는 식으로 말했답니다.' 나는 김 수석에게 말했다. '북한이 착각하고 있는 거예요. 북한에서 먼저 정상회담을 요구한 것인데 분위기 조성을 위해 지원을 해 달라는 것은 말이 안 된다고 해야 해요.' 그러나 14일 개성에서 다시 열린 통일부 – 통일전선부 협상은 북한이 싱가포르 합의서라는 것을 계속 주장해 결렬됐다."[40]

이명박은 '정상회담 계산서'라는 표현을 사용해 북한이 정상회담의 조건으로 경제적 대가를 요구했다고 썼다. 그래서 완전히 결렬됐다는 것이다. 그러나 이것은 이명박 대통령의 기록은 측근이자 당사자였던 임태희 전 비서실장의 인터뷰 내용과도 달랐다. 임태희는 월간중앙 인터뷰(2014년 3월호)에서 이렇게 말했다.

"북핵문제가 정상회담 의제로 올라가는 데 거의 의견 접근이 이뤄졌다. 원래는 싱가포르에서 내가 전권을 갖고 정상회담 협의를 마무리하기로 했었다. 그런데 협상 막바지에 서울에서 연락이 왔다. 결론을 내지 말고 최종 서명은 통일부에 넘기라는 것이었다. 그래서 싱가포르에서 김양건 부장과 큰 원칙만 결정하고 실무협의는 통일부 – 통일전선부 회담에서 마무리하기로 이야기를 마쳤다. 내가 국회의원 신분이었다면 대통령 특사 자격으로 합의를 끝냈어도 되는데 노동부장관 신분이었

주40 _ 이명박, 《대통령의 시간》 알에이치코리아, 2015년, 335–336쪽

기에 마무리는 통일부 – 통일전선부 회담에서 맡는 것이 좋겠다는 정부 입장을 들었다.

그 후 장관급회담이 아닌 실무회담이 진행됐는데 양측이 싱가포르 협의의 연장선과는 다른 요구를 하면서 결국 정상회담이 무산됐다. 어디에서 나온 말인지는 모르겠지만 북한이 정상회담을 대가로 5억~6억 달러를 요구했기 때문에 무산됐다는 주장은 사실과 전혀 다르다. 북한이 그런 요구를 했다면 대통령이 협상을 허용할 리 만무했을 것이며 실제 김양건 부장도 그런 요구를 한 적이 없다.”

이명박 정부는 그 뒤로도 여러 차례 북측과 비밀접촉을 했지만 합의한 약속을 지키지 않거나 다른 협상 라인을 세워 앞서 합의한 약속을 엎어 버렸다. 오죽했으면 2011년 5월 국방위 박철 소장과 원동연 통전부 부부장이 남측 김태효 청와대 대외전략비서관, 김천식 통일부 정책실장, 홍창화 국정원 국장 등과 비밀접촉을 갖고 천안함 사건에 대한 매듭과 남북정상회담 개최 문제를 협의했으나 여의치 않자, 6월 1일 국방위 대변인 성명을 통해 “남측이 천안함·연평도 사과를 구걸하고 돈다발을 건네려다가 실패했다”고 이례적으로 비밀접촉 과정을 폭로하고, “앞으로 남측과는 상종하지 않겠다”고 했을까 싶다.

이처럼 이명박 정부와 접촉해 합의안을 만들어도 뒤집히는 등 불신이 누적되다 보니 고위급 비밀회담을 추진하며 성과를 기대했던 북한 내부의 온건 대화파는 입지가 좁아지고 위축될 수밖에 없었다. 온건파의 입지가 위축되면 강경파의 목소리가 커질 수밖에 없다. 강온파의 세력 균형이 깨지면 대남 도발 지수가 높아질 수밖에 없다. 북한 군부 강경세력의 천안함 폭침 도발이라는 시한폭탄은 이명박 정부가 대남 온건파가 설 땅을 없애버린, 이때부터 작동된 셈이다.

박채서가 베이징에서 느낀 바로는, 한국보다 오히려 북한의 대남 온건세력이 이명박 정부와의 관계를 재정립하기 위해 더 노심초사하는 것처럼 보였다.

그것은 남북관계의 개선과 화해협력, 평화통일의 신념 때문이 아니고 북한 내에서 온건파가 생존하기 위한 전략의 일환이었다. 특히 과거와 달리 40~50대 일부 엘리트 지도층은 북한 체제의 한계를 자각하게 되었다. 이들은 독재체제가 오랜 기간 지속되면서 생긴 기득권 세력의 고착화로 인사 적체가 누적된 것에 대한 불만도 품고 있었다. 또한 남북교류와 해외 경험, 그리고 장마당을 통한 경제적 이득을 맛보게 되면서 과거로 돌아가는 것에 대해 저항감을 갖고 있었다.

이들에게는 대화를 통해 남측과 지속적 협력관계를 유지하는 것이 존재 이유기도 했다. 남북관계의 단절과 냉각은 자신들의 설 자리가 줄어들어 명분과 실리를 모두 잃어버리는 것이기 때문이다. 그래서 더 남측과의 관계 정립을 위해 노력할 수밖에 없었던 것이다. 또한 체제의 경직성과 인력 풀의 제한으로 인해 북측의 대화 일꾼이나 무역 일꾼이 접촉하는 남측 인사는 제한적이었다. 과거의 경험에 비추어 볼 때, 이들은 남측과의 대화 방침이 서면 박채서에게도 대화 주선을 부탁해왔다.

그러나 박채서는 선뜻 나설 수가 없었다. 우선 그는 국정원에서 눈에 불을 켜고 주시하고 있는 상황에서 나설 이유가 없었다. 더욱이 그는 노무현 정부 초기에 대북 문제에 관여하다가 국정원과의 마찰을 넘어서 미국의 대북정책 및 대중국 전략과도 부딪칠 수 있음을 알게 되었다. 그럴 경우 아직 베이징에서 대학을 다니는 두 딸과 가족의 안위를 걱정하지 않을 수 없었다. 그는 국제 정보·공작 세계의 비정함을 누구보다도 잘 알기에 가족의 안전을 더 고려할 수밖에 없었다.

그는 또한 자신의 역할과 영향력의 한계를 잘 알고 있었다. 대화의 초기 단계에서는 그를 필요로 하지만 일정 궤도에 오르면 생색내기를 좋아하는 정치인들은 접촉라인을 무시하고 들어오거나 부정하고 자기 것으로 만들었다. 더러는 민감한 사안인 데다가 자신의 개입한 치부가 드러나기를 원하지 않기 때문에 그러는 경우도 있었다. 그러나 그런 과정에서 사업이 변질되어 북한 고위층의 박채서에 대한 개인적 신뢰도에 흠이 생길 때도 있었다. 음지에서 일을 하는 이른바 대북 비선 또는 비공식 라인의 한계였다.

결국 그가 중국에서 생활하면서 할 수 있는 최소한의 역할은 언론사 기자들을 이용하는 것이었다. 아무리 비보도를 전제로 뉴스거리나 정보를 제공해도 그 소식과 정보를 접한 기자나 언론인은 대부분 언론사 내부에 정보보고를 한다는 사실을 알기 때문에 아는 기자들을 베이징이나 서울에서 만나 북한이나 중국 관련 정보를 전해 주었다.

국방위원회와 선군정치

김일성 주석은 아들 김정일을 일찍이 후계자로 지명해 지도자 훈련을 시켰다. 김정일은 매제인 장성택과 함께 노동당 조직지도부와 선전선동부를 통해서 북한 내부에 자신의 권력 기반과 인맥을 구축했다. 고위간부들에 대한 인사·검열·처벌권을 가진 조직지도부와 사상관리를 전담하는 선전선동부는 북한 사회를 움직이는 양대 축이다.

특히 중앙당 조직지도부는 체제 내 조직 관리와 주요 인물들의 검열과 인사를 관장하는 당의 핵심 권력조직으로 실권을 가진 집행기관이다. 때문에 김정일은 1973년과 1974년에 조직지도부장 및 조직비서 직에 올라 김일성의 후계자로 내정된 이후, 2011년 사망 전까지 부장 및 조직비서 직을 유지했다. 이후 조직지도부 부장 및 비서직은 공석으로 남을 만큼 조직지도부의 상징성은 대단하다.

그러나 1994년 김일성이 사망하고 몇 년째 자연재해로 심각한 식량난이 엄습하자 김정일에게도 위기가 닥쳤다. 그때 김정일이 위기를 돌파하기 위해 활용한 것이 국방위원회라는 비상기구와 선군정치(先軍政治)다.

국방위원회는 원래 1972년 12월 채택된 '사회주의 헌법'에 주권의 최고 지도기관인 중앙인민위원회 산하 5개 위원회(국방, 대내정책, 대외정책, 사법안전, 경제정책) 중 하나로 설치되었다. 그러다가 1990년 5월 최고인민회의 제9기 1차 회의에서 김정일을 국방위원회 제1부위원장에 임명하면서 국방위원회의 위상은 중앙인민위원회보다 높아지게 되었다. 이후 국방위원회는 1998년 헌법 개정에서 '국가주권의 최고 군사지도기관이며 전반적 국방관리 기관'으로 격상되었다.

이처럼 국방위원회가 높은 위상을 갖게 된 것은 국방위원장 중심 체제를 공표한 김정일 정권 출범 이후부터이다. 김일성 시대가 국가 주석과 '당 중앙(김정일 비서)'이 지도하는 체제였다면 김정일 시대는 '국방위원장'이 전권을 장악한 체제였던 것이다. 군을 관장하는 인민무력부는 물론 국가안전보위부·인민보안부 같은 체제 유지 및 공안 담당 조직도 국방위원회 직속기관으로 두었다.

그러나 김정일이 사망하고 김정은 후계구도가 공고화되면서 국방위원회의 위상도 달라졌다. 북한은 2012년 4월 13일 김정은이 참석한 가운데 평양 만수대 의사당에서 최고인민회의(제12기 제5차)를 열고 헌법을 개정해 김정일을 '영원한 국방위원장'으로 추대하고, 국방위원회 제1위원장을 신설해 국방위원장의 권한을 승계하도록 했다. 이어 2016년 6월 29일 최고인민회의(제13기 제4차)에서 국방위원회를 폐지하고 '국무위원회'를 신설해 김정은을 '국무위원회 위원장'으로 추대했다.

김정일이 '고난의 행군' 시기에 자신의 권력 기반을 공고히 하기 위해 만든 '국방위원회'라는 비상기구를 이끈 지도이념이 바로 '군사선행, 군 중시'의 정치를 뜻하는 선군정치다. 북한은 선군정치를 "군사선행의 원칙에서 혁명과 건설에서 나서는 모든 문제를 풀어나가며 군대를 혁명의 기둥으로 내세워 사회주의 위업 전반을 밀고 나가는 정치방식"으로 정의한다. 한 마디로 모든 국가 정책 결정과 시행을 군이 우선하여야 하고, 그 중심은 군이라는 것이다.

북한의 주장에 따르면, 선군정치는 김정일이 1995년 1월 1일 124 군부대의

'다박솔 초소'를 방문한 것으로부터 시작되었다. 1995년은 '고난의 행군'이 막 시작된 시기였다. 이어 선군정치 용어는 1997년 12월 12일 자 노동신문에 등장한 이후 공식적으로 사용되었다. 이때는 '고난의 행군'이 정점으로 치닫는 시기였다. 이처럼 선군정치의 1차적 배경은 김일성 사망 이후 지속된 경제난과 사회주의권 붕괴로 초래된 외교적 고립과 대외적 안보 위협이었다.

그러나 대내적 배경은 '위대한 수령'인 김일성 사망 이후 빨치산 혁명세력을 병풍 삼아 국방위원회라는 비상기구로 체제 위협을 극복하면서 자신의 권력을 유지하려는 것이었다. 또한 선군정치는 대내적으로 '제2경제위원회'(군수산업)를 담당한 군이 가진 자원과 역량을 활용함으로써 인민경제를 회복시키려는 의도도 있었다. 당의 저하된 사회통제 기능을 군 조직을 통해 보완함으로써 질서유지를 수행하려는 것이었다.

결국 김정일은 자신의 권력 기반의 중심을 군에서 찾은 것이고 군은 김정일 집권기간에 그 역할을 충실히 했다. 그런데 이처럼 김정일이 북한 권력의 중심축을 기존의 당에서 군으로 이동시키는 정책을 단행하게 된 배경 중에 하나는 자신의 친동생인 김경희와 장성택 일가의 역할이 있었기 때문이었다. 장성택의 친형들인 장성우(張成禹)·장성길(張成吉) 형제가 실무적으로 북한 군부를 장악하고 있었기에 '선군정치'를 내세운 군부 통제가 가능했던 것이다.

실제로 박채서가 아자커뮤니케이션을 앞세워 북한에서 광고촬영 사업을 진행할 때 인민군 대장이던 장성우 호위총국 총국장은 1995년 10월에 우리로 치면 '국군의 날 열병식 제병지휘관'에 해당하는 조선노동당 창건 50주년 경축 인민군 열병식 제병지휘관을 했을 만큼 군부 내에서 신망이 두터웠다. 또 박채서가 1997년 5월경에 장성택의 소개로 장성우를 만났을 때, 그는 당시 북한군 총참모장인 김영춘에게 거의 지시하는 말투로 직접 전화를 했다.

덕분에 그해 8월 광고촬영 사전 답사를 위해 방북한 아자 대표단은 고려항공 여승무원을 태운 북한 인민군 직승기(헬기)를 타고 금강산을 방문할 수 있었다. 당시 남측 대표단을 태운 인민군 헬기가 동해안의 군사제한 구역인 금강산 온정리 마을 도로에 착륙하자, 처음 보는 낯선 광경에 인근 주민들이 몰려나와 구경을 했을 정도였다.

그 뒤에 금강산관광이 시작되자 현대아산은 건강상의 이유를 들어 정주영 명예회장이 금강산을 방문할 때 헬기를 이용할 수 있게 해 달라고 요청했다. 북측에 막대한 현금 수입을 가져다주는 기업 회장의 부탁이니 들어줄 만도 했다. 하지만 단 한 번도 군용 헬기 이용을 허용하지 않을 만큼 군부의 입김이 센 곳이었다. 그만큼 장성우가 군부 내에서 파워가 셌음을 방증하는 것이었다.

또한 개성공업지구 조성사업에서 군부를 설득해 부대를 재배치하도록 실력 행사를 한 것도 장성택과 장 씨 형제의 작품이었다. 장성우 · 장성길 형제는 이처럼 선군정치를 표방한 김정일 정권 시절에 군부 내에서 막강한 권력을 행사하며 김정일 권력 기반을 굳건히 하는 데 중추적 역할을 수행했다. 하지만 권불십년(權不十年)이란 말처럼 장성우 · 장성길 형제는 노무현 대통령의 임기가 끝나는 시기에 북한 군부에서 자취를 감추었다.

## 26 _ 2인자 장성택과 권력투쟁

김정일의 세습 후계구도 문제가 집중 조명된 것은 2008년 8월 김정일이 뇌졸중으로 쓰러진 뒤부터다. 하지만 김정일이 쓰러지기 전에는 3세 세습보다는 중국식 집단지도체제를 염두에 둔 것으로 보인다.

김대중 정부 국정원 차장과 노무현 정부 국가안보보좌관을 지낸 라종일 교수가 쓴 《장성택의 길: 신정의 불온한 경계인》(2016년)에 따르면, 김정일은 주위에 "내 뒤로는 세습에 의한 권력 승계는 없다. 김 씨 일가는 앞으로 국가의 정통성과 정체성을 담보하는 상징적인 존재로서 인민이 충성을 맹세하는 대상으로만 남는다"고 말했다고 한다. 아울러 김정일은 자신이 가장 신뢰하는 측근 10인에게 "국가 운명은 너희가 짊어져야 한다. 어떤 형태든지 '함께' 나라를 운영할 방법을 고안해주길 바란다"고 말해 집단지도체제를 염두에 두고 있었다는 것이다.

박채서는 정보사 공작관 및 국정원 공작원 시절에 장성우의 아들이자 장성택의 조카인 장현철과 접촉점을 만들어 처음 북한에 침투했다. 박채서는 공작원을 그만둔 뒤에도 장성택과 비밀 채널을 유지하고 있었기에 북한 군부와 장씨 형제의 동향에 민감할 수밖에 없었다. 그가 비공식적으로 확인한 바로는, 인민군 차수로 승진한 장성우는 2009년경에 사망했고, 인민군 중장을 지낸 동생

2012년 8월 14일 베이징에서 장성택 북한 국방위원회 부위원장(왼쪽)과 천더밍 중국 상무부장이 경제 개발 협력에 합의한 후 악수하고 있다. (출처 : 중국 상무부 웹사이트)

장성길은 2006년에 병사했다.

박채서는 두 형제가 사망한 것은 북한의 후계구도와 무관하지 않다고 판단했다. 김정일의 권력을 떠받친 군부의 대리 관리자였던 장성택의 두 형은 김정일의 선군정치 시대에는 군의 주요 간부였지만, 김정은 시대를 앞두고 김정일의 견제 작업에 의해 제거된 것이라는 추정이다.

군부 실세 장성우·장성길 형제와 집단지도체제

그즈음 베이징에서는 북한의 다음 권력구도는 중국식 집단지도체제라는 말이 북한 고위 관계자들을 통해 흘러나왔다. 한국특파원들 가운데 몇 명은 박채서에게 그런 발언의 진위를 확인해 오기도 하였다. 평상시에는 감히 상상할 수 없는 현상이었다. 후계구도 문제를 북한의 고위관리가 언급하는 것 자체가 불경스럽고 용납될 수 없는 사안인데, 이들이 한국 기자들과의 대화에서 집단지도체제를 언급한 것이다.

박채서는 집단지도체제가 실제로 북한 군부 내에서 거론된 것일 수도 있고, 또는 북한의 중국 지도부를 향한 일종의 트릭일 수도 있다고 생각했다. 그 무렵 중국 지도부는 북한 지도부에 지속적으로 중국식 개혁개방을 요구해 온

터였다. 경제·군사·외교 면에서 중국에 절대적 의존 관계에 있는 북한으로서는 중국의 권고를 마냥 외면할 수만은 없는 처지임을 감안하면 그럴 가능성이 없지 않았다.

북한 군부 내에서 자신의 강력한 보호막이었던 형들이 사망하자 장성택을 중심으로 한 친중(親中) 개혁개방파는 위기감을 느낄 수밖에 없었다. 더욱이 김대중-노무현 정부 시절에는 남측 정부와의 우호적 관계를 이용해 북한 권부 내에서 운신의 폭을 넓힐 수 있었지만, 남측에 보수정부가 출범하자 북한 내부에서는 군부 강경파의 목소리가 커질 수밖에 없었다. 그래서 더 이명박 정부와 새로운 대화 채널을 개설하려고 노력을 기울였던 것이다.

장성택을 중심으로 한 온건파는 2008년 베이징 올림픽을 계기로 이명박 정부와의 대화 채널이 만들어질 것이라고 기대했다. 그러나 베이징 올림픽 기간에 다양한 채널을 통해 접촉을 시도했으나 서로 만족할 만한 성과는 없었던 것 같다. 이후 2009년 10월에 임태희-김양건 간에 싱가포르 비밀회담이 성사되었으나, 남측이 합의사항을 이행하지 않자 온건파의 입지가 축소되고 강경파가 목소리가 커지는 구실만 제공했다. 이를 계기로 북한 내부에서는 대남 온건파들의 숙청이 시작되었고, 한국 언론에서도 북한 내부의 숙청 움직임에 대해 비중 있게 보도하기 시작했다.

박채서는 이런 소식을 접하고 리호남의 안부가 걱정되긴 했지만, 북한의 내부 사정과 남북관계에 대해 애써 외면했다. 더구나 그는 그 무렵에 KBS 김기춘 특파원의 소개로 알게 된 지인에게 투자한 돈을 사기당해 제 코가 석 자였다. 나랏일에 감 놔라 대추 놔라 할 형편이 아니었다.

그런데 2010년 새해로 접어들자 리호남으로부터 만나자는 연락이 왔다. 사전에 약정해 놓은 호텔 방으로 찾아가니 장성택의 비서와 일행이 와 있었다. 그 비서는 수인사 뒤에 리호남을 제외한 일행들을 나가게 하고 장성택의 구두 메시지를 박채서에게 전했다. 한마디로 이명박 대통령과의 직접대화 채널을 만들 수 있도록 나서 달라는 거였다. 박채서는 장성택이 자신의 비서를 보내 도움을 요청하는 것으로 판단하건대, 그들의 내부 사정이 좋지 않음을 직감할 수 있었다.

장성택이 제시한 조건은 간명했다. 문제를 풀어가는 방식과 형태와 시기는 박채서에게 전적으로 일임했다. 단지 이명박 대통령의 의중을 정확히 파악해 소통할 수 있는 접촉 채널을 적극 주선해 달라는 부탁이었다. 박채서는 장성택의 비서와 이야기를 나눈 뒤에 리호남과 따로 시간을 가졌다. 그는 리호남을 통해서 현재 남북관계의 실상과 문제점을 알아내고자 했다. 리호남은 임태희 – 김양건의 싱가포르 비밀회동 때도 사전에 회담을 조율하고 현장에도 갔었다. 리호남은 현재의 정세를 이렇게 전했다.

> "남측이 좋아하는 표현대로, 남북한의 '비공개 공식 채널'이 싱가포르에서 회동한 것은 좋았어요. 그런데 그 결과가 예상치 못한 방향으로 가는 바람에 북쪽에선 강경파가 득세할 구실을 준 거라. 지금은 누구도 공개적으로 대남관계 개선을 주장하는 사람이 없어. 남북관계를 정상화하려는 온건파가 위축되어 있고, 중요한 것은 이명박 대통령의 의도가 무엇인지 알 수가 없다는 거야. 싱가포르 회동 뒤에도 다양한 채널을 열어놓은 것처럼 보이는데 실질적인 성과로 나타나는 것은 없단 말이야. 이런 걸 보면 이명박 정부한테 과연 남북관계 정상화 의지가 있는지 의문이 들거든."

결국 북한 내부에서 대남 온건파가 탈출구를 찾지 못하고 지금처럼 지지부진하게 되면, 세력 균형이 무너져 강경 일변도의 대외정책이 주류를 이루게 돼 남북관계가 경색되고, 그렇게 남북 대결 국면으로 회귀하면 다시 대남 온건파의 생존이 위협받는 악순환의 고리에 빠진다는 것이었다. 특히 북측의 온건대화파는 겉으로는 대북 강경 기조를 유지하면서 물밑으로는 대화를 요청하는 이명박 정부의 본심이 뭔지를 알고 싶어했다.

그러나 박채서가 이명박 정부에서 선택할 수 있는 수단과 방법, 그리고 '인적 네트워크'는 마땅치 않았다. 그 무엇보다도 그 자신이 적극적으로 그 일에 참여할 동기 부여가 생기지 않았다. 그는 이미 노무현 정부 시기에 겪은 정권의 이중적 태도와 특히 국정원의 집요한 방해에 이골이 난 터였다. 베이징에 정착해 서울보다 베이징에서 체류하는 시간이 더 길어지면서 눈에 안 보이는 남북관계도 관심 밖으로 멀어진 터였다.

하지만 오랜 기간 친분을 쌓은 리호남·장성택과의 인간적 정리(情理)를 생각하면 그들의 어려운 처지를 외면할 수는 없었다. 그는 마지 못해 방법을 강구해 보기로 했다. 그는 일단 자신이 해온 방식대로 접촉점을 찾아 분위기를 조성해 남북 고위 당사자들이 자연스럽게 의사를 교환하는 방식을 선택하기로 했다.

당시 북한 내부에서는 강온파 간의 내부 갈등이 극심했다. 강경파가 온건 대화파를 공격한 명분은 그동안 대남 온건파가 주도한 남북교류에 대한 성과가 미흡하다는 것이었다. 특히 금강산관광 중단과 개성공업지구 조성 차질을 주요 쟁점으로 거론했다. 두 지역 모두 군사제한 구역이 포함된 지역이어서 군부를 중심으로 하는 강경파들이 명분과 실질 양면에서 온건파를 공격하는 데 호재였다.

그래서 박왕자 피격 사건 이후 금강산관광 중단으로 위기의식을 갖게 된 온건파는 자신의 생존을 위해서라도 대남 대화 채널을 구축하려고 안간힘을 썼던 것이다. 하지만 남측의 외면으로 일련의 노력이 실패로 끝난 가운데 북한에서는 대내외적으로 중요한 의미를 가지는 정책이 전격적으로 시행되었다. 2009년 11월에 전격적으로 단행한 화폐개혁이 그것이다.

장성택의 비밀 방중에서 알게 된 사실들

박채서는 북한 정부가 전격적으로 화폐개혁을 단행한 지 한 달쯤 지난 2009년 12월 극비리에 중국에 온 장성택의 요청으로 하북성 샹허(香河) 지역의 안가에서 그와 만나게 된다. 이 만남에서 박채서는 화폐개혁이 행정부장인 장성택 자신도 제외된 상태에서 전격 단행된 사실 외에도 몇 가지 중요한 사실을 알게 되었다.

우선 장성택이 급히 비밀리에 방중한 목적은 화폐개혁에 따른 자신의 숨겨진 자산 관리와 대응책을 마련하기 위한 것이었다. 이는 장성택이 이번 방중에서 박채서가 앞서 마련해 놓은 중국 내의 자신과 가족의 자산 관리상태를 점검하고 확인하는 데 많은 시간을 보낸 것으로 알 수 있었다.

두 번째로 알게 된 중요한 사실은 북한 내부의 권력 투쟁이 생각보다 심각하다는 것이었다. 화폐개혁도 공식적으로는 비정상적 통화팽창과 인민의 생활 안정을 위해서라고 선전했지만, 실제로는 내부 권력 투쟁의 한 방편이었고, 지금은 군부 강경파에 대한 통제가 거의 불가능한 상태라는 것이었다.

특히 남북교류가 중단되어 북측의 대남 공식·비공식 창구가 단절된 상태에서 과거 남북대화 및 교류에 참여했던 인물과 기관에 대한 비리 제보가 공식 계통을 통해서 제기되고 있었다. 수사 중인 사안 중에서 일부 확인된 사실에 대해서는 책임을 물어 이미 숙청이 시작되고 있었다. 장성택은 당 행정부장으로서 자신이 처한 어려운 사정을 이렇게 이야기했다.

"박 선생도 알다시피, 당 행정부가 국가보위부, 안전부, 검찰원 등을 담당하고 있지 않습니까. 그렇지만 당 중앙위에서 공식 제기된 문제이고, 더구나 한두 건도 아니고 규모가 방대하고 상당히 구체적이어서 지금 상황이 매우 곤란합니다."

그러면서 장성택은 민감한 이야기를 조심스럽게 꺼냈다.

"내가 판단하기로는 남측 국정원에서 조직적으로 어떤 목적을 가지고 정보를 흘리는 것 같아요. 그 규모나 내용, 그리고 지속적으로 제보가 유입되는 상황을 보면, 국정원이 계획적으로 정보를 제공해 자신들이 표적으로 삼는 인물을 제거하기 위한 것이 아닌가 하는 생각이 듭니다. 이러다가는 우리 공화국 대남 일꾼들의 씨가 마를 것 같아 걱정이 큽니다."

박채서는 국정원이 자신의 북측 파트너를 제거하기 위해 관련 정보를 북측에 제공한다는 것은 상식적으로 이해하기 어려웠다. 하지만 그 무렵에 북측에서는 대외개방과 대남 교섭을 주장하는 온건파에 대한 대대적 숙청작업이 진행 중이었다. 장성택은 과거 노무현 정부 시절 남북 장관급회담에서 북한 측 대표단장을 맡았던 권호웅(권민) 내각 책임참사가 숙청된 경위에 대해서도 구체적으로 전해 주었다.

"권호웅 책임참사는 수차례 북남장관급회담 대표단장으로 나갔지 않았습니까. 그런데 남측에서 경비조로 건넨 외화를 받았던 모양입니다. 날짜별로 구체적으로 제보가 되어 수사를 했는데 그의 집 안방 바닥에서 비닐에 싸인 미화 8만 불이 발견되어 숙청당했습니다."

장성택은 화폐개혁을 동원한 정책 대결에서 실패한 군부 강경파가 온건파의 약점을 최대한 활용하여 대대적 숙청작업을 시도한다는 것이었다. 사실 북한 내부의 이와 같은 권력 투쟁의 패턴은 남북관계가 출렁일 때마다 지속적으로 반복된 것이다. 대표적인 사례가 최승철 통일전선부 부부장과 류경 국가안전보위부 부부장의 숙청이다.

최승철 부부장은 김양건 통전부장과 함께 남북정상회담을 1주일 앞둔 2007년 9월 26일 청와대를 예방해 노무현 대통령을 만났고, 10.4 남북정상회담 때는 군사 분계선을 넘은 노무현 대통령을 현장에서 영접했던 인물이다. 최승철 부부장은 한국 정세 분석 실패와 한국 기업으로부터 뇌물을 받은 혐의로 숙청된 것으로 전해진다. 남측이 북측과 접촉할 때 제공하는 행사비 중 일부를 개인적으로 착복한 게 드러났다고 한다.

2010년 11월 연평도 포격 이후에 비밀리에 남한을 방문해 천안함 사건에 대한 매듭과 정상회담 문제를 논의했던 류경 국가안전보위부 부부장도 간첩죄 혐의로 숙청되었다. 인민군 상장인 류경 부부장은 보위성에서 간첩 및 반체제 인사를 색출하는 반탐(反探) 업무를 총괄했다. 간첩 잡던 보위성 부부장이 비밀접촉 과정에서 국정원과 내통해 반역을 저질렀다는 이유로 죽임을 당한 것이다.

류경은 천안함 폭침과 연평도 포격 사건으로 남북이 대결 국면으로 치닫던 시기에 출구전략을 모색하고 남북정상회담을 추진하기 위해 2010년 12월 서울을 극비리에 방문해 김숙 국정원 1차장과 '과거 불행한 사태에 대해 유감스럽게 생각한다. 재발방지를 위해 노력한다'는 수준에서 천안함 사태 출구전략을 논의한 것으로 알려졌다. 하지만 류경은 서울을 방문하고 평양에 돌아간 직후 총살됐다. 표면적 혐의는 수뢰, 부정축재지만 '대남전략을 남측에 노출했다'는 비난을 받았다고 한다. 또한 자택에서 거액의 달러도 발견됐다고 한다.

북측 인사들도 남측과 접촉한 온건파들이 비자금이나 뇌물 등으로 숙청되어온 실태를 알고 있었다. 2011년 5월 북한 국방위 박철 소장과 원동연 통전부 부부장은 남측 김태효 청와대 대외전략비서관, 김천식 통일부 정책실장, 홍창화 국정원 대북지원국장 등과 비밀접촉을 가졌다. 하지만 회담 성과가 여의치 않자, 6월 1일 국방위 대변인 성명을 통해 "남측이 천안함·연평도 사과를 구걸하고 돈다발을 건네려다가 실패했다"면서 "앞으로 남측과는 상종하지 않겠다"고 폭로했다. 비밀접촉 과정에 대한 폭로는 일종의 자기 방어기제였다. 2011년 6월 9일자 조선중앙통신은 남북 비밀접촉 과정을 다음과 같이 상세하게 보도했다.

"그(김천식 통일부 정책실장)는 우리와 만나자마자 이번 비밀접촉은 정상회담 개최를 위해 대통령의 직접적인 지시와 인준에 의해 마련됐다고 하면서 그 의미를 부각시켰다. (김태효 대통령대외전략비서관이) 시간이 매우 급하다고 하면서 대통령의 의견을 반영해 작성했다는 일정계획이라는 것을 내놓았다. 접촉이 결렬 상태에 이르자 김태효의 지시에 따라 홍창화(국정원 대북지원국장)가 트렁크에서 돈 봉투를 꺼내 들자 김태효는 그것을 받아 우리 손에 쥐여주려고 하였다. 우리가 즉시 쳐 던지자 김태효는 얼굴이 벌개져 안절부절못했으며, 홍창화는 어색한 동작으로 트렁크에 황급히 돈 봉투를 걷어 넣고 우리 대표들에게 작별인사도 제대로 하지 못했다."

세 번째로 중요한 사실은 김정일의 건강이 생각보다 심각할 정도로 안 좋아 활동 범위가 제한되고 무엇보다도 판단력에 문제가 있다는 걱정이었다. 일부 외신에 보도된 것처럼 프랑스 전문 의료진들이 방북해 진단했지만 결과는 비관적이라는 것이었다. 장성택은 김정일의 건강 악화는 북한 내부 불안의 가장 큰 요인이라고 걱정했다. 하지만 장성택은 정확한 병명은 박채서에게 알려주지 않았다.

그가 걱정하는 바는 북한 권력 핵심부는 물론 군부 강경파 역시 그런 사실을 알고 있는 점이었다. 북한과 같은 유일지도체제 국가에서는 최고지도자의 건강이 불안해지면 무력집단인 군부의 입김이 커질 수밖에 없었다. 장성택은 김정일의 건강 이상이 장기화되는 가운데 군부의 영향력이 비대화 해지는 것을 우려했다. 장성택이 박채서에게 북한 내부의 은밀한 속사정까지 털어놓은 것은 그만큼 현재의 국면을 위중하게 인식하고 있다는 방증이었다.

장성택 메시지, 현인택 통일부장관에게 전달

박채서도 장성택의 솔직한 심경 토로에서 위기가 다가오고 있다는 심증을 갖게 되었다. 박채서는 특히 노무현 정부 시절에 북한의 급변사태 발생 시 미국과 중국이 각각 북한 지역에서 '작계 5029'와 '병아리 작전'을 전개할 경우 필연적으로 부딪칠 수밖에 없는 군사적 충돌의 악몽이 떠올랐다. 장성택은 여전히 이명박 대통령과의 대화 채널에 기대를 거는 눈치였다. 문제는 과거 정부와 달리 이명박 정부에서는 마땅히 논의할 창구가 없다는 점이었다.

박채서는 이날 장성택과의 토의에서 남측의 중진 언론인에게 방북 초청장을 보내 평양에 오게 해 김정일 위원장과의 단독 인터뷰를 성사시키는 방안까지도 논의했다. 남측 언론인의 질의에 김정일 위원장이 답하는 형식으로 남북관계 개선 의사와 당국자 간의 공식회담을 제의해 남북관계 정상화를 위한 돌파구를 마련해 보자는 의도였다.

그러나 이명박 대통령의 주위 참모들은 물론, 대통령부터가 남북관계 개선에 소극적인 데다가 5.24조치가 시행되고 있기 때문에 남측 언론인에 대한 방북허가가 나올 수 있을지가 미지수였다. 이명박 정부는 천안함 폭침 사건에 대한 대응으로 2010년 5월 24일 개성공단과 금강산을 제외한 방북 불허, 남북교역 중단, 대북 신규투자 금지, 북한 선박의 우리 해역 운항 불허, 대북 지원사업의 원칙적 보류, 인도적 지원까지 모든 지원을 차단하는 대북 제재조치를 취했다.

또한 노무현 정부 시절에도 대통령까지 보고된 남남북녀 결혼 프로젝트와 남북합작 광고사업을 방해한 국정원이 박채서가 관여한 사실을 알면 가만두고 볼 리도 만무했다. 그래도 그는 사안이 중대하다고 판단해 최소한의 역할은 하기 위해 귀국했다. 그는 '병아리 작전'으로 의논했던 권오성·고영일 장군에게 북한 군부의 동향에 대해서 개략적으로 설명하고, 오마이뉴스 김당 기자와 KBS 정인성 기자에게도 이야기를 했다.

그러나 무엇보다도 북한 내부의 불안정한 상황과 권력투쟁으로 급변사태가 발생했을 경우 한반도 위기 상황으로 직결될 수 있는 사태의 심각성을 대통령에게 설명해줄 사람이 필요했다. 박채서는 마침 현인택 통일부장관의 고려대 제자로 그와 격의 없이 대화할 수 있는 IT사업자인 임OO 사장을 여의도의 한 일식당에서 만나 구체적 상황을 설명했다. 박채서의 견해에 공감한 임 사장은 내용을 일일이 메모하고 반드시 현인택 장관에게 전달하겠다고 약속했다.

박채서는 통일부장관의 존재와 역할에 대해 새삼 강조했다. 다른 부서는 대통령과 정권의 '코드'에 따라 대북 강경 일변도의 정책적 시류에 편승해 가더라도 통일부만큼은 남북관계 정상화와 개선을 위해 정부 내에서 조정추 역할을 해야 했다. 박채서가 나중에 확인해보니, 임 사장은 그가 말한 내용을 문서로 정리해 현인택 장관에게 전달했다. 박채서는 임 사장이 전한 문건을 읽은 현 장관이 이명박 대통령의 측근인 이동관 홍보수석과 상의했다는 소식까지 전해 들었다.

박채서는 장성택과 토의할 때 거론했던 '플랜 B'도 준비했다. 5.24조치에도 불구하고 예외 없는 원칙은 없기 때문에 경우에 따라서는 북측으로부터 초청장을 받아 김당 기자를 방북하도록 해서 김정일 위원장 단독 인터뷰를 하는 방안도 예비적으로 준비했다. 이에 따라 박채서로부터 취지를 전달받은 김당 기자는 베이징에서 리호남을 만나 김정일 위원장에게 인터뷰를 요청하는 편지를 전달했다.

김당은 시사저널 기자 시절 북한 주민들이 자연재해로 극심한 식량난을 겪으면서 '고난의 행군'을 할 때부터 북한 주민 돕기 캠페인을 기획하는 등 대북 인도적 지원을 위해 노력해온 점과 이웃끼리 쌀을 나눠 먹을 때 평화롭다는 자신의 지론을 언급하며 김정일 위원장에게 인터뷰를 요청하는 서한을 썼다.

그러나 돌이켜보면 한반도의 위기를 향한 운명의 시한폭탄은 이미 째깍째깍 작동되기 시작했다. 북측은 금강산관광객 피격 사건 이후에도 꾸준히 남측과의 협상을 요구했다가 결렬되면 도발하는 패턴을 보였다. 이명박 정부 또한 여러 차례 북측과 비밀접촉을 하면서도 합의한 약속을 지키지 않거나 다른 협상 라인을 세워 앞서 합의를 엎어 버림으로써 온건파의 입지를 위축시키고 강경파가 도발을 일으킬 구실을 제공했다.

'플랜 B'로 김당 기자의 김정일 인터뷰 준비

그해 10월은 남북대화 일꾼들이 모두 부산하게 움직였다. 임태희 장관과 김양건 통전부장이 싱가포르에서 비밀회담을 했다는 외신 보도에 이어 이상득 의원과 김양건이 베이징에서 비밀접촉을 했다는 이야기가 흘러나왔다.

북한 측은 박채서가 마련한 플랜 B에도 긍정적 반응을 보였다. 박채서는 서울에 있는 아내에게 전화해 김당 기자의 생년월일과 생시를 물어보라고 했다. 사주를 알려 달라는 거였다. 김당은 짐작은 했지만, 나중에 임태희 – 김양건 싱가포르 접촉설을 확인하느라 박채서와 통화하면서 사주를 알려 달라고 한 까닭을 확인할 수 있었다.

김당이 "우리 일은 어떻게 되어 가고 있냐"고 묻자 박채서는 이렇게 답했다.

"그쪽에서 생년월일과 생시를 물어왔어요. 그래서 전에 집사람이 생년월일을 물어본 겁니다. 그쪽에 전했으니 좋은 소식 오기를 기다려 봅시다."

남녀 간에 혼담이 오갈 때 사주궁합을 보는 풍습은 익히 알고 있었지만, 인터뷰어가 인터뷰를 하기 전에 인터뷰어와의 사주궁합이 맞는지를 알아보는 것은 처음 겪는 일이었다. 김당은 속으로 김 씨 왕조 국가인 북한에선 그럴 수도 있겠다는 생각을 했다. 어쩌면 인터뷰어의 의사와는 상관없이, 인터뷰를 주선하는 위치에 있는 아랫사람들이 남조선 기자와 만나는 일이 걱정이 되어 지레 과공(過恭)으로 벌인 일인지도 몰랐다.

2010년이 시작되자 조만간 김정일 위원장의 중국 방문이 예상된다는 뉴스가 쏟아졌다. 국내 언론은 별다른 근거 없이 김정일 위원장의 방중에 대한 추측성 보도를 쏟아냈다. 건강이 좋지 않은 김정일 위원장이 한겨울인 연초에 중국을 방문할 가능성이 별로 없는데도, 국내 언론은 대부분 북한의 후계구도에 대한 중국 지도부의 동의를 얻기 위한 방중에 초점을 맞추고 있었다.

북측에서 중국에 김정일의 방중을 먼저 제의한 것은 분명했다. 물론 중국 방문이 성사되면 후계구도 문제가 자연스럽게 양국 간의 상호 의제로 떠오르게 될 침이었다. 그러나 김정일의 방중 목적은 후계자 승계를 앞둔 북한 내부의 불안정한 권력 구도와 무관하지 않았다.

특히 미국과 중국 양국으로부터 외교적 압력을 받은 북한이 중국의 협조를 얻어 국제적 압력과 고립을 탈피함과 동시에 중국 지도부의 지지와 협력으로 북한 군부 강경파의 불만을 해소시키려는 의도가 작동했다. 그래서인지 북한 지도부에서 중국에 가장 큰 영향력을 가진 장성택이 김정일의 방중 성사에 소극적이었다는 점이 아이러니였다.

박채서는 그 무렵 강석훈 KBS 베이징지국장으로부터 전화를 받았다. 내외신 기자들이 대부분 김정일의 중국 방문이 임박했다고 예측해 단둥에서 확인취재차 대기하고 있는데, KBS 서울 본사에서도 단둥으로 취재를 가라고 재촉하고 있다는 것이었다. 그래서 박채서의 의견을 참고하려고 전화를 했다는 것이다.

이에 박채서는 KBS 베이징지국장실에서 전화기 볼륨을 키워 옆 사람이 통화 내용을 들을 수 있게 한 채로 평양의 리호남 참사와 통화를 했다. 리호남 참사에게 김정일 위원장의 방중 여부를 묻고, 김 위원장의 방중과 관련해 KBS가 단둥으로 출발하려고 한다고 말했다. 그러자 리호남은 자신 있게 이렇게 말했다.

"지금 중국에 35명의 사전 선발대가 나와 있습네다. 나도 그 일행에 포함되어 움직이고 있습네다. 선발대의 임무가 끝나고 평양에 돌아간 후에 (방중이) 최종 결정되는 점을 고려하시라우."

리호남에 따르면, 선발대가 다녀가면 통상 3개월 이후에 김정일 위원장의 방중이 실행된다는 것이었다. 물론 중국에서 방중 내락을 했을 경우였다. 애초에 KBS 취재팀이 단둥으로 갈지 말지 결정하는 데 참고하려고 확인 전화를 한 것인데, 리 참사와의 통화 내용을 들은 강석훈 지국장은 그날 저녁 7시 뉴스와 9시 뉴스에 연달아 주요뉴스로 보도했다.

리호남은 박채서에게 강력 항의했다. 박채서는 당시의 상황을 이해시키고 변명하느라 진땀을 뺐다. 박채서는 결국 북한 선발요원 중 리호남과 연관된 15명 정도를 '서라벌' 한식당 옌사점에 초대해 푸짐한 저녁식사를 대접해야 했다. 그날 식사하면서 바닷가재 요리 얘기가 나와, 그 이튿날 저녁 북한 측 책임자 5명을 별도로 초청해 캠핀스키 호텔 뷔페식당의 바닷가재 요리를 접대했다. 술을 마시지 않는 박채서는 혼자서는 이들을 감당할 수가 없어 접대 자리에 비서인 이명학과 윤OO 부사장을 동석하도록 했다.

2010년 6월 1일 박채서를 체포한 국정원 수사관들은 이 이틀간의 행적과 관련 "박채서가 북한 측과 비밀리에 만나 공작 모의를 했다"고 주장했다. 그 근거로 박채서가 리호남 일행과 식사하는 장면과 식사 후 나오는 장면을 교묘한 각도에서 촬영한 사진을 제시했다.

박채서는 당시 KBS 보도 내용과 그 자리에 참석했던 이명학 비서를 베이징에서 불러 증언하도록 했으나, 재판부는 국정원의 주장대로 유죄를 판단했다. 더욱이 먼저 나서서 그날의 대화 내용을 증언하겠다고 큰소리친 윤 부사장은 공판 3일 전에 증인 출석을 취소하고 나오지 않았다. 아니 국정원의 회유로 나오지 못했다.

## 27 _ 2010년 3월 26일 21시 22분 대한민국이 공격당했다

박채서는 몇 번에 걸쳐 북측에서 발생한 남북관계의 파국을 알리는 신호음을 감지했다. 하지만 자신이 할 수 있는 일은 없었다. 특히 이명박 정부가 추진하는 대북정책과 그 전략의 윤곽을 알게 된 뒤로는 더는 관여하고 싶은 의욕을 잃었다고 하는 것이 더 정확했다.

그는 베이징에 ㈜SH골드하우스라는 글로벌 컨설팅 회사를 설립해 본격적으로 사업의 시동을 걸 채비를 하고 있었다. 'SH'는 두 딸 '서희'와 '서현' 그리고 아내 '숙희'라는 이름의 영문 이니셜이었다. 그는 ㈜SH골드하우스 법인 등록을 하면서 이제는 오직 가족만을 위해서 일하겠다는 결심을 했다.

그런 한편으로, 바쁘게 돌아가는 일상 속에서도 조만간 뭔가 터질 것 같은 경고음이 그의 머릿속을 맴돌았다. 정보사 공작관과 국정원 공작원으로 일했던 직무상 경험과 남북 간의 스파이 전쟁에서 체득한 직감 덕분인지 모르지만 아무튼 그랬다.

해답은 북한 측에서 나왔다

2010년 3월 26일 밤에 우려했던 일이 터졌다. 대한민국 해군 초계함 천안함(PCC-772)이 백령도 남방 2.5km 지점에서 경계작전 임무를 수행하던 중 격침된 것이다. 46명의 젊은 청춘도 두 동강 난 1천t급 천안함과 함께 차디찬 서해 바닷속에 잠겼다.

북한의 무력 도발이 임박했음을 경고해온 박채서는 북측 소행임을 직감했다. 그것은 일반적인 해난 사고가 아니었다. 대한민국 해군 함정이 대한민국 영해 안에서 격침을 당한 것이다. 대한민국이 공격을 당한 것이다. 대한민국 정부도 조선인민군 해군 잠수정의 어뢰 공격을 받아 침몰하였다고 공식 발표했다.

대한민국은 충격에 휩싸였다. 동서고금을 막론하고 한 국가가 외부로부터의 공격을 받으면, 싸우던 국민들도 단합해 외적에 공동 대처하는 것이 인지상정이다. 일본 제국주의의 침략에 맞선 중국 장제스(蔣介石) 국민당과 마오쩌둥(毛澤東) 공산당의 두 차례 '국공(國共) 합작'이 대표적인 사례. 그러나 대한민국이 공격당한 천안함 폭침 사건에서는 합작 대신에 극심한 국론 분열 현상이 벌어졌다.

침몰 원인을 두고 국론은 크게 세 가지 주장으로 갈렸다.

첫째, 북한의 무력도발이다. 둘째, 한국 정부 또는 미국이 개입한 자작극이다. 셋째, 선체 결함으로 인한 해상사고다.

북한의 무력 도발이 원인이라는 정부의 공식 발표는 상당수 국민들에 의해 받아들여지지 않았다. 여과되지 않고 확인·증명되지 않은 주장들이 언론에 보도되고, 인터넷에 올라온 '가짜뉴스'가 확대 재생산·유포되어 여론은 극심한 대립 현상을 보였다. 북한의 무력 도발이라는 정부 발표와 자작극이라는 일부 주장 사이에서 국민 여론은 춤을 췄다.

해답은 북한 측에서 나왔다. 그동안 북한 측이 요청한 김정일의 방중에 대해 뚜렷한 입장 표명 없이 응답을 미루던 중국의 태도가 돌변한 것이다. 그동안 미뤄진 김정일 방중은 천안함 사건이 발생한 지 한 달여 만에 전격적으로 성사되었다. 그것도 김정일과 장성택을 비롯해 북한의 당·정·군 지도부가 거의 망라된 대규모 대표단의 방중이었다. 북한의 권력 지도부가 그대로 베이징으로

호금도의 초청에 응해 김정일은 8월 26일부터
30일까지 중국에 대한 비공식방문을 진행했
다.호금도은 중조랑당,랑국관계를 가강할것을
제의했으며 두 나라 지도자는 공동으로 관심
하는 국제와 지구상의 문제에 관해 의견을 깊
이 교환했다.

2010년 5월, 조선로동당 총서기이며 국방위원
회 위원장인 김정일은 중국에 대한 비공식방문
을 진행했다. 호금도는 김정일과 회담을 진행한
후 김정일을 배동하여 북경박오생물유한회사
를 참관했다.

2006년 1월, 조선로동당 총서기이며 국방위
원회 위원장인 김정일은 중국에 대한 비공식
방문을 진행했으며 호북, 광동,북경 등 성시에
서 참관고찰했다.

2004년 4월, 중공중앙 총서기이며 국가주석인
호금도의 초청을 받아 조선로동당 총서기이며
국방위원회 위원장인 김정일은 중국에 대한
비공식방문을 진행했다.

2001년 1월, 강택민동지의 초청을 받아 조선로
동당 총서기이며 국방위원회 위원장인 김정일
은 중국에 대한 비공식방문을 진행했다.

2000년5월 29일부터 31일까지, 조선로동당
총서기이며 국방위원회 위원장인 김정일은
중국에 대한 비공식방문을 진행했다.강택민
김정일과 인민대회당에서 회담을 가졌다.

중국 공산당 기관지 〈인민일보〉 인터넷판(人民网)에 따르면, 김정일 국방위원장은 집권 후 중국을 일곱 차례 '비공식
방문(非正式访问)' 했다. (출처: 인민망)

옮겨진 상황이었다.

　김정일 위원장은 집권 후 모두 일곱 차례 중국을 방문했다. 중국 정부는 이
를 모두 '비공식방문(非正式访问)'이라고 발표했다. 중국 공산당 기관지 〈인민일
보〉 인터넷판(人民网)에 따르면, 김정일은 생전에 중국을 9차례 방문했다. 그러
나 첫 방문은 중국 언론의 표현에 따르면 '내부방문'[41]이었다. 또한 마지막 방문
은 2011년 8월 러시아 방문을 마치고 중국 동북지구를 지나가는 길에 동북지구
를 방문한 것이었다. 7회의 비공식방문은 이 둘을 제외한 것이다.

　1994년 김일성 사망 후 북한 최고지도자 자리에 오른 김정일의 첫 공식, 중
국 측 표현으로는 '비공식' 방문은 취임 후 6년 후인 2000년 5월 말에야 이뤄졌

주41 _ 김정일은 1972년에 후계자로 결정되고 1980년 당대회에 처음 모습을 등장한 지 3년 뒤인 1983년 6월에 중국을
처음 방문했다. 중국 언론은 그가 중국을 방문한 지 한 달이 지난 뒤에 후야오방(胡耀邦) 총서기의 발언을 빌려 "올해 6
월 조선로동당 주요 책임자의 한 사람인 김정일 동지가 초청에 응해 중국에 대한 내부방문을 진행했다"고 발표했다.

다. 김정일은 장쩌민(江澤民) 당시 국가주석의 초청으로 중국을 2박 3일 일정으로 비공식 방문했다. 당시 김대중 대통령과 사상 첫 남북정상회담을 2주 앞둔 상황이었다. 김정일은 첫 방중 후 1년도 채 안 된 2001년 1월 15~20일 엿새간의 비공식방문 일정으로 상하이와 베이징을 찾았다. 그는 상하이 푸둥지구 등 중국 경제발전 현황을 둘러보고 베이징에서 장쩌민 주석과 주룽지(朱鎔基) 총리를 만났다.

장쩌민 주석은 김정일의 두 차례 비공식방문에 대한 답례로 그해 9월 초에 2박 3일 동안 북한을 공식 친선 방문했다. 이는 중국 최고지도자로서는 11년만의 첫 방북이었다. 장쩌민은 김정일의 초청으로 예술공연과 대집단체조공연을 관람하고 "조선 인민이 경제적 곤난(困難)을 극복하는 데 도움을 주기 위하여 조선에 알곡 20만 톤과 디젤유 3만 톤 등을 무상원조로 제공해 주었다"고 발표했다.

김정일은 후진타오(胡錦濤)가 국가주석으로 취임한 후인 2004년 4월 19~21일 세 번째 비공식 방중길에 올랐다. 후 주석은 김정일과 첫 대면한 정상회담에서 "조선반도 핵문제에 관하여 쌍방은 베이징 3자회담과 두 차례의 6자회담에서 이룩된 성과를 충분히 긍정하고 대화를 통하여 핵문제를 평화적으로 해결할 것을 계속 견지하며, 6자회담의 진행과정을 공동으로 계속 밀고 나가며 조선반도 핵문제의 최종적이고 평화적인 해결에 기여할 데 대하여 일치하게 동의하였다"고 발표했다.

김정일은 후진타오에게 평양 방문을 제안했고, 후 주석은 2005년 10월 말에 북한을 공식 친선 방문했다. 후 주석 답방 후 중국 측은 "중·조 쌍방은 조선반도 비핵화를 계속 견지하고 대화를 통하여 핵문제를 평화적으로 해결하는데 대하여 일치하게 동의하였으며, 또한 중·조 경제기술협조에 관한 협정을 체결하였다"고 발표했다.

김정일은 이어 2006년 1월 10~18일 중국을 네 번째 방문했다. 김정일은 8

박 9일의 긴 일정으로 후베이(湖北), 광둥(廣東), 베이징 등을 둘러보고 후 주석과 정상회담을 했다. 그러나 긴 일정에도 불구하고 김정일-후 주석의 첫 대면 때와는 달리 중국 측이 발표한 정상회담 결과는 무미건조했다. 중국 측은 "중조 쌍방은 쌍무관계 및 공동의 관심사로 되는 문제를 가지고 깊이 있는 의견교환을 하였으며 광범한 범위에서 견해의 일치를 보았다"고만 발표했다.

그 후 북·중 관계의 냉각과 김정일 위원장의 건강 문제 등으로 김정일의 다섯 번째 방중은 4년여 뒤인 2010년 5월 3~7일에야 이뤄졌다. 2010년 3월 천안함 폭침 사건이 발생한 지 불과 한 달여 뒤였다. 김정일은 이때는 후진타오 주석을 포함해 정치국 상무위원 9명과 모두 만나는 등 국빈급 환대를 받았다.

회담 이후 중국 측 공식 발표에 따르면, 120분간 양국 지도부가 화기애애한 분위기 속에 진행되었다고 했다. 그런데 이처럼 보기 드문 대규모 방중단이 중국 지도부와 회담 후 곧바로 귀국해 버렸다. 김정일의 수차례 방중에서 한 번도 볼 수 없었던 상황이었다. 이전에 사전 준비팀이 방문 지역을 사전 답사한 뒤에 대표단이 시찰해온 것과는 다른, 이례적인 의전이었는데 이를 주목하는 전문가와 기자들은 없었다.

대다수 한국 언론에게는 김정일 방중단에 후계자로 내정된 김정은이 포함되었느냐가 최대의 관심사였다. 북한의 후계구도에 초점을 맞춘 언론은 그의 방중을 중국 수뇌부의 김정은 후계구도 인정의 한 방편으로 보았기 때문이다. 박채서를 아는 기자들이 사실 확인을 문의하는 전화를 해왔다. 하지만 박채서는 국정원과 중국 공안이 귀를 대고 있을 국제전화로 자신이 알고 있는 바를 이야기할 수가 없었다. 다만, 김당 기자에게만은 방중 대표단에 김정은이 포함되지 않았음을 확인해주었다.

천안함 사건과 중국 정부의 '소환성 긴급 초청'
김정일과 북한 지도부가 대규모 대표단을 꾸려서 긴급 방중한 것은 천안함 침몰이라는 돌발 사태로 인한 중국 지도부의 '소환성 긴급 초청' 때문이었다.

당시 미국과 중국은 각각 역할을 분담해 대북 압박과 회유책을 동시에 쓰고 있었다. 이명박 정부 출범 후 남북관계의 악화로 북한 내부의 강온파 간의 갈등도 최고조에 이른 때였다. 중국의 만류에도 불구하고 북한은 핵실험과 대륙간탄도미사일 시험발사를 멈추지 않아 중국에도 '골치 아픈 존재'였다. 이런 가운데 김정일의 건강에 적신호가 울리자 김정일은 중국으로부터 후계구도를 인정받기 위해 방중을 위한 선발대를 파견하는 등 채비를 하고 있었다.

그런데 중국이 주도권을 쥐고 북한의 6자회담 복귀 조건과 북미관계 개선을 위해 북한 지도부와 협상 중인 시기에 천안함 사태가 발생하자 후진타오 등 중국 지도부는 격노했다. 이에 중국은 일방적으로 방중 날짜를 지정해 김정일 등 북한 지도부에 베이징으로 사실상 '소환성 초청'을 한 것이다.

'120분간의 화기애애한 회담'이었다는 공식 발표와는 달리, 북·중 정상회담은 중국 지도부가 80분 동안 김정일과 북한 지도부를 '훈계'하는 자리였다. 특히 후진타오 주석은 그 자리에서 김정일에게 중차대한 시기에 천안함 사건이 발생한 것에 대해서 문제를 제기하고, 그러한 극단적 방법을 선택한 이유를 물었다. 이에 김정일은 자신도 몰랐다고 답했다.

김정일의 대답은 두 가지 측면에서 시사하는 바가 있다. 김정일이 정말로 몰랐다면, 김정일이 북한 군부를 제대로 장악하지 못했다는 방증이다. 김정일이 알고서 그렇게 답했다면, 후진타오 등 중국 지도부를 속이는 행위다. 이는 사건의 내막을 파악하고 북한 지도부를 베이징으로 초치한 중국 지도부를 기망하는 언행으로써 북·중 관계에 상당히 악영향을 끼칠 수 있는 요인이다. 다만, 나중에 밝혀진 여러 상황으로 판단해 볼 때는 전자임이 확실했다.

박채서는 북·중 정상회담이 열린 당일 저녁에 리호남을 통해 급히 만나자는 연락을 받고 중국대반점(China World Hotel Beijing)에서 장성택과 두 시간 동안 얘기를 나눌 수 있었다. 그는 그 자리에서 천안함 사태의 진상을 들을 수 있었다. 장성택에 의하면, 김정일은 천안함 사태에 대해 사전에 몰랐던 것이 확실했다. 장성택은 물론, 평양의 수뇌부는 천안함 사태를 보고 받고, 이른바 남조선말로 '멘붕에 빠졌다'고 했다.

북한 군부를 통해 공식으로 평양에 보고되기 전까지는 아무도 몰랐다고 했다. 보고 내용은 김일성의 생일(4월 15일)을 기념하는 북한의 최대 명절인 태양절(太陽節)[42]을 앞두고 당과 인민을 위해 '최고의 선물'을 준비했다는 것이었다. 군부 강경파들이 김일성 생일을 앞두고 의례적으로 실시하는 충성도 측정을 위한 성과 내기 경쟁에서 각 부서와 개개인이 경쟁적으로 실행하는 공개 행사의 명분을 내세워 그들의 굳은 의지를 행동으로 옮긴 것이었다. 그렇게 해서 강경파의 입지를 확고히 함과 동시에, 최고 권력자의 후계구도에도 영향력을 과시하는 효과를 노린 것이다.

천안함 폭침은 대외적으로는 엄청난 충격을 가져올 수 있는 대형 돌발 사태였다. 그럼에도 불구하고 태양절을 기념한 위대한 선물이라고 군부 강경파가 내건 명분에 대해 북한 사회에서는 누구도 나무랄 수 없는 것이 전체주의 국가의 비극적 현실이었다. 즉, 천안함 사태는 김정일은 의도하지 않았지만, 군부 강경파에 의해서는 사전에 철저히 계획된 각본에 의해 진행된 의도된 도발이었던 것이다.

의도된 도발 속에 숨긴 의도는 중국 지도부의 강압에 의해 6자회담에 끌려나가는 상황과, 그해 하반기로 예정된 미국 연락사무소 평양 개설과 같은 급작스런 변수가 작동되는 것을 막기 위한 비상조치였다. 즉, 북한 내부의 군부 강경파를 위협하는 급작스런 북미 교섭을 돌파할 수단으로 천안함 공격이라는 초강수를 쓴 것이다.

---

주42 _ 1974년 4월 중앙인민위원회 정령을 통해 북한 최대의 명절로 지정하였고, 1997년 7월 8일 김일성 사망 3주기에 이날을 당중앙위원회, 당중앙군사위원회, 국방위원회, 중앙인민위원회, 정무원의 5개 기관이 주체연호 사용과 함께 격상시키기로 공동 결의하였다. 특히 2012년은 김일성 전 주석의 100번째 생일이 되는 해로, 태양절 행사가 사상 최대 규모로 개최되었다.

당시 2010년 2월에는 북한 정부가 그해 하반기에 우리의 산업은행과 같은 정부 주도의 개발은행인 '국가개발은행'을 설립한다는 목표를 세우고 추진 중인 사실이 처음 알려지기도 했다. 스티븐 보즈워스 미 국무부 대북정책 특별대표가 2009년 12월 방북했을 때, 평양 주재 미국 무역대표부 설치와 함께 국가개발은행 관련 논의가 있었을 것으로 추정되었다.

북한이 국가개발은행 설립을 추진한 사실은 앞에서 인용한 이명박 대통령의 회고록에도 등장한다. 이명박 대통령은 회고록에 2009년 11월 7일, 개성에서 열린 우리 측 통일부와 북한 측 통일전선부의 실무접촉에서 임태희 노동부 장관과 김양건 통전부장이 싱가포르에서 서명한 세 장짜리 합의서에 정상회담을 하는 조건으로 식량과 비료 지원 외에도 "북측의 국가개발은행 설립 자본금 100억 달러를 우리 정부가 제공하는 것으로 되어 있었다"고 기록했다.

북한이 2009년에 남북정상회담 조건 중의 하나로 제시한 국가개발은행 설립자금 100억 달러 제공 요청이 받아들여지지 않자, 이듬해 미국과 설립자금 제공을 요청하는 협상을 한 것이다. 실제로 북한이 한때 6자회담에 복귀하면서 미국이 민간기업이 평양에 진출하는 것을 허용하되, 이들의 신변안전보장을 위해 북·미 간에 구체적으로 베이징 미대사관에 근거를 두고 평양에 인력 몇 명을 파견하는 '낮은 수준의 외교관계'를 수립하는 방안이 거론되었다. 이런 갑작스런 북미 교섭의 진전이 군부 강경파의 위기의식을 부추겼다는 것이다.

그러나 이런 의도에 대한 분석만으로는 천안함 사태의 배경을 설명하는 데 부족했다. 박채서는 야전군 출신 정보사 공작관과 국정원 공작원으로 활동하면서 숙지한 북한군의 보복 전략과 그 행태에 주목했다. 한국군보다 무기체계와 전력이 낙후된 북한군은 공격을 당하면 즉시 보복에 나서지 않고, 주도면밀하게 계획을 세우고 힘을 길러 2~3년 뒤에 보복하는 행태를 보였다. 서해에서 몇 차례 벌어진 '연평해전'이 그랬다.

천안함 사건은 '우연' 아닌 연평·대청해전의 '보복'

1998년에 출범한 김대중 정부는 '햇볕정책'으로 불리는 대북화해협력정책을 추진했다. 그해 11월부터 시작된 금강산관광은 햇볕정책의 상징이었다. 그러나 금강산관광 협상이 진행 중인 그해 6월에도 북한은 잠수정을 침투시켰다. 동해상에서 어선의 그물에 걸려 인양된 잠수정에서는 다수의 개인화기와 함께 사살된 9명의 승조원이 발견되었다. 금강산관광선이 동해와 장전항을 오가던 그해 12월에는 여수 앞바다에서 침투하던 북한 반잠수정이 격침되었다. 여기서 인양된 북한 공작원의 수첩은 민혁당 간첩 사건을 푸는 열쇠가 되었다.

이듬해인 1999년 6월 초 북한 경비정들이 연평도 부근의 북방한계선(NLL) 남쪽으로 연일 내려와 남북한 해군 전력이 서로 대치했다. 남북 양측은 장성급 회담을 열기로 합의해 6월 15일에도 회담이 진행되었다. 이날 조선인민군 해군 경비정이 연평도 서쪽 NLL을 2㎞쯤 침범한 가운데 한국 해군의 '밀어내기' 기동에 반발한 북한군 경비정 684호가 25㎜ 기관포로 공격을 가해 교전이 벌어져 북한 해군 경비정 1척이 침몰하고, 5척이 파손되고, 사상자 50여 명(전사 20명, 부상 30여 명)이 발생했다. 해군은 전승을 기념해 '연평해전'이라고 명명했으나, 나중에 같은 장소에서 다시 교전이 발생함에 따라 이를 '제1연평해전'으로 명명해 구분했다.

그로부터 3년 뒤인 2002년 6월 29일 연평도 근해 NLL 부근 해상에서 다시 군사적 충돌이 발생했다. 1차연평해전에서 반파된 북한 경비정 등산곶 684호 등의 기습공격으로 시작된 전투에서 양측 모두 손상을 입었다. 선제공격을 당한 해군 고속정 참수리 357호는 교전 후 예인 도중 침몰하였고, 정장(艇長)을 포함한 승무원 6명이 전사, 19명이 부상을 당했다. 해군의 반격으로 북한 해군도 등산곶 684호가 예인 당한 가운데 13명이 전사하고, 25명이 부상당한 것으로 알려졌다. 국방부는 '서해해전'으로 명명했으나 이명박 정부에서 '제2연평해전'으로 명칭을 바꾸었다.

2002년 한일 월드컵 기간 중 일어난 이 사건으로 서해 NLL 침범 시 밀어내기 차단기동 전술에 대한 논란이 일었으며, 이후 차단기동은 교전수칙에서 삭제되었다. 2차연평해전에서 아군을 공격한 등산곶 684호는 1차연평해전에서 아군의 공격에 반파되어 퇴각한 경비정이었다. 당시 해군의 참수리급 고속정과 포항급 초계함이 등산곶 684호를 반격했는데, 포항급 초계함이 바로 천안함(PCC-772)이었다.

그런데 물은 가열을 받아 천천히 비등점에 이르러야 끓지, 한순간에 섭씨 100도로 끓지는 않는다. 북한 군부가 비등점에 이르게 한 결정타는 2009년 11월 10일 터진 '대청해전'이었다. 그날 북한 경비정이 대청도 해상 남쪽으로 침범해 해군과 교전이 이뤄졌다. 북측 경비정이 먼저 우리 고속정을 향해 조준사격을 해왔을 때 아군은 신속한 대응사격으로 2분 만에 북한 경비정을 반파(半破)시켰다. 우리 측은 사상자가 전혀 없는 완벽한 승전 소식에 국민은 열광했다.

그러나 해군작전지휘통제시스템으로 교전(交戰) 동영상을 확인한 바에 따르면, 북한 경비정 383호는 NLL 상에서 중국 어선을 내쫓기 위해 우리 영해를 침범한 것이었다. 의도적 도발이 아니었다. 경고 방송에 북한 해역으로 복귀하는 뒤통수에 대고 3발 경고사격을 하자 북한 경비정이 50발가량을 쏘며 반격한 것이다. 이에 우리 고속정 4척과 초계함, 호위함까지 가세해 76mm 함포 14발 등 모두 5000여 발을 퍼부었다. 6 대 1로 '묵사발'을 만든 것이다. 북측 해군은 8명이 숨졌다. 합참은 승리에 도취돼 이를 '대청해전'으로 명명했다. 그러나 병가(兵家)에서는 과대 포장된 작은 승리가 큰 환난(患難)을 부르는 법이다.

오병흥 전 합참 전비태세검열차장이 전역 후 2016년 4월에 낸 책《나비와 천안함》에는 대청해전과 천안함 사건의 인과 관계가 잘 드러나 있다. 그는 대청해전과 그로부터 넉 달 뒤 발생한 천안함 사건을 모두 감찰한 장군이었다. 그는 '사건의 진실과 거짓, 그리고 반성과 교훈'이라는 부제를 단 책에 "현역 시절 책을 준비하는 과정에서 가택 수색과 군 검찰 조사를 받기도 했다"면서 이렇게 썼다.

"우리 해군의 승전으로 포장된 대청해전은 교전규칙을 지키지 않은 과잉 대응이었고, 천안함 사건은 '우연'이 아니라 이런 대청해전의 '필연'이었다. 천안함의 불행은 우리가 소홀히 했던 이런 대청해전에 대한 북한의 보복이었다."

오병흥 장군은 조선일보 인터뷰[43]에서 "역사는 기억하지 않는 사람들에게 똑같은 역사를 반복해 응징한다고 했다"면서 이렇게 밝혔다.

– 적의 기습이 있을 것을 뻔히 알고도 왜 천안함이 당했다고 보나?

"대청해전 뒤 북한의 보복을 피하기 위해 적 해안포나 미사일 레이더로부터 안전한 '음영(陰影)구역'을 설정했다. 백령도 뒤쪽이 그런 구역이었다. 천안함은 그 안에서만 움직이며 경비 임무를 했다. 장기간 같은 위치에 있으니 잠수함의 표적이 될 수밖에 없었다. 스스로 독 안에 갇힌 격이었다."

– 잠수함 공격에 대한 대응을 전술토의 했다고 하지 않았나?

"토의만 했지, 실제 작전에는 반영되지 않았다. 천안함 사건 발생 사흘 전 북 잠수함 3척이 사라졌다. 이를 북한의 일상적인 훈련으로 여겼다. 사건 당일 합참 정보부서는 전투 휴무라며 '일일 정보 요약 보고서'조차 예하부대에 내려주지 않았다."

북한 군부의 반격은 일련의 해전에서 당한 경비정과 잠수정의 침몰 때부터 준비했던 것이다. 특히 중국 어선을 쫓다가 NLL을 침범한 경비정 한 척을 쫓아가 6 대 1로 묵사발을 만든 대청해전은 북한 군부가 복수의 칼을 갈게 된 비등점이었다. 결과적으로 북한 해군은 짧게는 대청해전에서 '묵사발'이 된 지 네 달여 만에, 길게는 1차연평해전 패전 3년 만에 2차연평해전에서 참수리급 고속정을 보복 공격하고, 그로부터 10여 년 만에 천안함을 보복 공격한 셈이다.

---

주43 _ http://news.chosun.com/site/data/html_dir/2016/04/10/2016041001850.html 참조

북한 군부 끓게 한 PSI 참여와 모래 반입 금지

북한 군부의 입지를 축소시켜 강경파를 끓게 한 비등점은 미국 연락사무소의 개설 소식 말고도 또 있었다. PSI(대량살상무기 확산방지구상) 참여로 북한을 포위해 말려 죽이려는 한국 정부의 '고사(枯死) 작전'이었다. 대량살상무기의 운반수단 및 관련 물질의 확산을 차단하려는 목적으로 2005년에 미국 주도로 출범한 PSI에 참여해 회원국이 되면, 대량살상무기를 적재한 것으로 의심되는 선박에 대한 정보를 공유하고 의심 선박에 대한 정선·검색·압수 등 가입국 간의 합동작전에 참여한다.

2006년 10월 북한의 1차 핵실험 당시에도 노무현 정부는 PSI 참여를 검토했으나 남북관계만 악화되고 실익이 없다고 판단해 참여를 유보했다. 우선 PSI에 참여한다고 해서 북한이 핵을 포기할 리가 없었다. 반면에 남북이 해상에서 우발적 군사충돌방지를 목적으로 2004년에 남북장관급회담에서 채택한 '남북해운합의'만으로도 의심 선박에 대한 정선·검색·퇴거 조치가 가능했다.

우리는 이미 PSI 규정 8개 항 가운데 5개 항을 인준해 PSI에 참여하고 있었다. 문제는 유보한 나머지 3개 항인데, 작전 반경이 영해뿐 아니라 인근 공해로 확장되는 지시와 판단을 미국이 하도록 돼 있었다. PSI에 참여하면 바세나르협약에 따른 개성공단 반입물자처럼 일일이 미국의 지시와 허가를 받아야 해 미국에 종속될 우려가 컸다.

PSI 참여로 예상되는 가장 큰 문제점은 해상에서 북한과의 무력충돌 위험성이었다. 북한은 이미 PSI 참여를 선전포고로 받아들이고 "즉시 단호한 대응조처를 취하겠다"고 위협한 바 있다. 이러한 검토 끝에 노무현 정부는 PSI 참여가 무력충돌 위험성만 있지 실익은 없다고 판단해 PSI 참여를 유보했던 것이다.

그런데 이명박 대통령은 2009년 5월 25일 북한이 2차 핵실험을 하자마자 오바마 대통령에게 전화해 PSI 전면 참여 방침을 설명한 뒤에 오바마에게 '대화 대신 압박'을 주문했다. 북한이 핵실험을 하기 전부터 이미 참여 방침을 결정한 한국 정부의 속내는 '위키리크스'가 공개한 주한미국대사관 비밀전문에 잘 드러나 있다.

'유명환 외교부장관 : 6자 회담 재개의 열쇠는 유엔 안전보장이사회의 강력한 대응(ROK FM YU: STRONG UNSC RESPONSE KEY TO 6PT RESUMPTION)'이란 제목의 전문에 따르면, 유명환 외교부장관은 북한이 대포동2 미사일을 발사한 직후인 2009년 4월 5일 캐슬린 스티븐스(Kathleen Stephens, 한국명 심은경)' 대사에게 "6자 회담을 재개하려면 유엔안보리가 북한의 로켓 발사에 대해 강력하고 통일된 대응을 하는 것이 핵심"이라며 "유엔안보리가 '미온적인' 대응이 아니라 강력히 대응할 것"을 권고했다.

유 장관은 또한 스티븐스 대사에게 "한국의 PSI 전면 참여 결정은 내려졌지만, '오늘내일' 발표되지는 않는다"고 밝혀, 북한이 "남측의 참여는 공화국에 대한 노골적인 대결포고, 선전포고다"고 거듭 경고해온 PSI에 참여하기로 결정했음을 밝혔다. 그 무렵 북한 군부는 조선인민군 총참모부 대변인 발표를 통해 이렇게 위협했다.

"PSI에 대한 전면 참여 등을 통해 가하려는 어떤 압력도 우리에 대한 노골적인 대결포고 선전포고로 된다. 서울이 군사분계선으로부터 불과 50km 안팎에 있다는 것을 순간도 잊지 말아야 한다."

김영삼 정부 시절 1차 북핵 위기 당시의 '서울 불바다' 발언을 연상시키는 협박 발언이었다. 북한 당국이 한국의 PSI 참여를 개성공단 문제와 연계할 움직임을 보이자, 이명박 정부는 PSI 참여 결정을 해놓고 발표를 미루다가, 북한이 2009년 5월 25일 2차 핵실험을 하자 PSI에 전면 참여하겠다고 선언했다. 한국 정부는 2009년 5월 PSI 회원국이 되어 2010년부터 가입국 훈련에 참여했다.

한국 정부가 PSI 참여를 선언하자 북한 정부는 5월 27일 성명을 통해 남쪽 정부의 PSI 참여가 "조선반도 정세를 전쟁 상태로 몰아넣었다"면서 "그 어떤 사소한 적대행위도 즉시적이며 강력한 군사적 타격으로 대응할 것"이라고 선언했다. 북한 해군의 천안함 폭침은 북한 군부가 1년 전에 선언한 '군사적 타격'의 일환인 셈이다.

북한 군부가 남측에 반발한 것은 또 있었다. 북한산 모래 반입 금지 때문이었다. 유명환 장관은 스티븐스 대사에게 "한국 정부는 북한을 천천히 옥죌 수 있다"면서 북한을 천천히 옥죄는 수단에 대해 이렇게 밝혔다.

"유명환 장관은 북한 주민이 굶주리는 가운데 북한이 '수억 달러'를 로켓 발사에 쓰는 것은 말이 되지 않는다고 말했다. 유명환은 그런 연유로 북한의 로켓 발사 후 발표한 자신의 공식 성명에 북한의 식량 상황과 발사를 연결 지어 꼬집는 내용을 담았다. 어떤 수를 써서라도 북한에 현금이 유입되지 않도록 해야 한다. 한국 정부는 북한을 '천천히 옥죌' 수도 있다고 유 장관은 말했다.

북한을 옥죄는 한 가지 수단으로 건설 자재용 북한 모래에 대한 대가로 남한이 지불하는 현금 지급이 있다. 아마도 한국 정부는 모래 채취 장소와 가까운 북방한계선(NLL) 주변의 긴장을 구실로 들거나 건설경기 침체로 북한산 모래 구매가 줄었다는 구실을 이용할 수 있다. 그러나 개성공업지구는 계속된다. 왜냐면 이러한 '실험'이 개성에 있는 북한 노동자 4만 명에게는 남북한의 차이를 체험할 열린 마당이 되기 때문이다."

유명환 장관이 말한 대로 실제로 한국 정부는 2009년 한미 '키 리졸브' 훈련을 계기로 서해상에서 긴장이 높아지자 그해 3월 북한산 모래의 반입을 중단시켰다. 그 후 2009년 10월 북한에 선급금을 준 물량에 한해 한시적으로 모래 반입을 허용했지만, 이듬해 천안함 사건과 이에 따른 '5.24 대북제재'로 모래 교역을 다시 중단했다. 북한의 거센 반발에도 불구하고 한국 정부가 PSI 가담으로 북한 선박을 검색하고, 군부가 관장하는 모래 교역을 북한을 옥죄는 수단으로 사용한 것이다.

유명환 외교부장관이 공공연하게 북한 '고사(枯死) 작전'을 언급할 정도인데 북한 군부가 이런 움직임을 모를 리가 없었다. 북한 군부가 천안함을 보복 타격하기로 결정한 배경에는 한국 정부의 PSI 가담과 모래 교역 금지 같은 북한 군부에 대한 '현금 옥죄기'에 대한 반발도 작용한 것이다.

게다가 남북한은 천안함 사건이 발생하기 다섯 달 전만 해도 임태희 노동부장관과 김양건 통전부장이 싱가포르에서 비밀리에 만나 남북 이산가족 상봉과 남북정상회담 문제를 논의했다. 천안함 사건이 터졌을 때, 현장을 찾은 합참 조사단은 처음부터 '북한 어뢰 공격 가능성'을 언급했으나, 이명박 대통령과 청와대가 보인 첫 반응이 '북한과 관련된 게 없다'고 부인한 것은 그때까지도 남북정상회담을 위한 비밀접촉이 진행되고 있었기 때문이다.

'쥐도 도망갈 구멍을 주고 잡아라'는 속담이 있다. 북한 정권을 '악(惡)의 축'으로 내몰았던 조지 W. 부시 행정부의 '네오콘'도 임기 마지막 해인 2008년에 북한에 50만t의 식량을 제공했다. 이에 반해 이명박 정부는 5만t 지원을 약속해 놓고 한 톨도 도와주지 않았다. 아일랜드가 1845년부터 7년간 대기근으로 150만 명이 굶주려 죽어갈 때 이웃 대영제국은 이를 외면했다. 이때의 경험은 아일랜드인에게 지울 수 없는 '한'으로 남았다. 평화(平和)는 골고루(平) 사람들 입(口)에 벼(禾)를 나눌 때 유지되는 것인데, 이명박 정부는 도망갈 구멍을 막아 놓고 쥐를 몰아 화를 자초한 셈이다.


북한 군부 강경파와 중국 군부의 결탁

장성택이 곤혹스러워한 또 한가지는 북한의 군부 강경파와 중국 군부 내의 북한 우호세력이 결탁한 것이었다. 장성택에 따르면, 중국 군부는 오랜 기간 북한 군부의 핵과 미사일 같은 첨단 과학무기 개발을 뒷받침해온 절대적 지원군이었다. 그런데 이번 천안함 폭침 공격도 중국 군부의 지원 없이는 불가능하다는 것이었다. 장성택은 박채서에게 이렇게 말했다.

"박 선생, 칠흑 같은 어둠 속에서 우리 잠수함이 천안함이 어디 있는지 어케 알고 어뢰 한 방으로 폭침시킨단 말이요? 중국 심양(瀋陽) 군구의 정보 지원 없이 우리 해군의 전력만으로는 절대 불가능합니다."

그때까지만 해도 북한에서 김정일 다음으로 권력 2인자라는 평을 듣고 있던 장성택의 입에서 군부 강경세력에 대해 어찌하지 못하는 고민의 일단이 토로 된 것이다.

옛 소련이나 중국은 전통적으로 당·정 수뇌부가 군부 세력과 암묵적 협조 관계를 유지해 왔다. 군은 당과 국가의 지도부에 충성하고, 공산당과 국가 지도부는 군부 지도자들에 대해 최고의 대우와 혜택을 제공했다. 그래서 박채서는 장성택이 토로한 북한의 상황과 처지를 충분히 이해할 수 있었다.

현재 중국 지도부의 권력을 뒷받침하는 무력은 무장경찰과 인민해방군이다. 이들이 중국 내에서 누리는 대우와 특혜는 상상을 초월한다. 우선 무장경찰의 경우 각 성·시의 단위로 독립 운영되며 중국 공산당 중앙위원회와 별개로 당군사위 주석의 직접 지휘통제를 받는 최정예 세력이다. 이들은 공산당과 정부로부터 밀수 감시권과 소방 인허가권을 이권사업으로 공식 부여받았다. 무소불위의 집단인 셈이다.

인민해방군은 자체 사업권을 보장받고 건축·건설·상행위에서 기존 행정부서로부터 철저히 독립되어 있다. 2009년 중국 정부가 공식 집계한 인민해방군 기업은 7천여개로 알려져 있다. 각 단위 부대별 운영예산의 상당 부분을 자체 조달하도록 하는 것도 그 이유 중의 하나이지만, 6개 군구(軍區)로 크게 구분된 중국 정규군인 인민해방군은 각 군구별로 어느 정도 자치권이 보장된 상태로 운영되고 있다.

중국의 동북 3성을 관할하는 선양(瀋陽)군구는 실제적으로 북한과 무역투자나 군사적으로 밀접할 수밖에 없다. 북한 급변사태 발생 시에는 '병아리 작전'에 따라 선양군구 산하 부대들이 북한에 무력 진입하도록 되어 있어, 북한 내부

사정과 군부 동향은 이들의 최우선 관심사이다. 따라서 선양군구와 북한군 지도부와는 밀접한 협력관계가 자연스럽게 장기간 형성되어 왔다.

이들의 밀접한 관계를 보여주는 단적인 예가 선양군구에서 인정한 차량과 북한 군부에서 인정한 차량 각 한 대씩은 단둥과 신의주 세관과 출입국 검사 없이 무조건 통과하도록 묵계가 되어 있을 만큼 상호편의를 주고받고 있는 실정이다. 장성택이 외부에 전혀 노출되지 않은 채 은밀하게 단둥으로 나와서 업무를 보거나 베이징으로 이동할 수 있었던 것도 바로 선양군구와 북한 군부가 상호 묵계한 차량을 이용했기 때문이다.

장성택은 천안함 사건과 관련해 지도까지 그려가며 박채서에게 이러한 상황을 설명했다.

"박 선생, 천안함이 피격을 받은 시각이 밤 9시 22분경이에요. 천안함은 그때 칠흑같이 어두운 시각에 백령도 부근 1.8km 지점에 정박중이었어요. 그런데 우리 해군의 능력으로는 백령도 뒤편에 바짝 붙어서 은폐하고 있는 선박을 야간에 공격할 방법이 없어요.

내래 물어보니 잠수함도 지휘본부의 유도없이 야간에 물체를 식별해 공격한다는 것은 불가능하다는 겁니다. 잠수함 작전을 하려면 군사첩보위성의 지원이 필수적이라는 겁니다. 그런데 박 선생도 알다시피 우리가 남조선처럼 정보 수집기가 있습니까, 첩보위성이 있습니까? 그래서 우리는 오래 전부터 중국 군부로부터 위성정보를 제공받아 군사 작전계획에 활용하고 있습니다."

한국도 근래에는 자체 위성을 활용해 부분적으로 군사적 목적으로 사용하지만, 그동안은 대부분 미 태평양사령부(현 인도태평양사령부)를 통해 한반도와 주변에 대한 위성정보를 제공받아 왔다. 장성택은 천안함 사태를 처음 보고 받은 뒤에 전문가들을 동원해 사건의 진상을 파악하기 위해 노력한 끝에 이와 같은 결론에 도달했다고 박채서에게 말했다.

심지어 장성택은 자신이 한 말의 출처를 밝혀도 좋으니 이명박 대통령과 핵심 측근인사들에게 이런 급박한 상황을 전달해주고 북남관계 개선에 힘써 달라고 부탁했다. 현재의 대결 국면이 지속된다면 북한 내부가 통제 불능의 상황으로 빠질 수 있다는 우려도 덧붙였다. 물론 그가 이런 말을 한 궁극의 목적은 북한 내부에서 자신의 기득권을 지키기 위함이었다.

박채서는 고민하지 않을 수 없었다. 장성택이 우려하는 바대로, 북한 정권의 통제 불능 상태는 곧 북한의 급변사태 발생을 의미했다. 그것은 바로 몇 년 전 한반도에 전쟁의 그림자를 드리운 미국의 북한 선제타격과 북한 급변사태를 상정한 북한 점령 통치계획인 '작계 5029' 그리고 중국 인민해방군의 북한 무력 점령계획인 '병아리 작전'의 악몽을 다시 꾸는 것이었다. 일찍이 미국 독립의 아버지인 토머스 제퍼슨(Thomas Jefferson)은 이렇게 말했다.

"모든 시민이 병사가 되어야 한다. 그리스와 로마가 그랬듯이, 모든 자유국가의 시민도 그래야만 한다."

박채서는 제퍼슨이 한 말을 떠올렸다. 그로서는 결심을 해야 했다. 그 결과가 어찌 되든 자신이 할 수 있는 한 노력은 해야 후회가 없을 것 같았다.

우선 자신이 베이징에서 운영중인 글로벌 컨설팅 회사인 ㈜SH골드하우스가 주관하는 몇 가지 사업과 5월 18일로 예정된 베이징 상공인 초청 골프대회 개최와 바로 이어지는 조선일보·스포츠조선이 공동 주최하는 베이징 지역 예선전 준비가 어느 정도 완료되면 한국에 들어가서 천안함 사태를 중심으로 한 현 상황을 전하기로 결심했다. 그리고 5월 29일 아내와 귀국하여 이튿날 시골로 내려가 어머니를 뵙고 30일에 서울로 올라와 6월 1일 새벽 국정원 대공수사국 수사관들에 의해 집에서 긴급 체포되었다.

그가 체포된 당일 낮 12시에는 KBS 정인성 기자와 점심약속이 잡혀 있었고, 오후 2시부터는 현인택 장관을 통해 자신이 작성한 문건을 읽어본 이동관

북한 언론은 장성택을 처형한 이유로 "왼새끼를 꼬면서 령도의 계승문제를 음으로 양으로 방해하는 천추에 용납 못할 대역죄를 지었다"고 보도했다.

청와대 홍보수석과의 약속이 잡혀 있었다. 이명박 대통령의 측근인 이동관은 대통령에게 가장 빠르게 상황을 설명해줄 수 있는 채널이었다.

그가 체포되는 바람에 두 약속 모두 지킬 수가 없었다. 물론 이명박 대통령에게 메시지를 전해달라는 장성택의 부탁도 지키지 못했다. 장성택의 메신저 역할을 한 박채서는 국가보안법 상의 간첩죄 등으로 6년형을 선고받아 2016년에 만기 출소했고, 장성택은 그가 대전교도소에서 형기의 절반을 넘겼을 때인 2013년 12월에 처형되었다. 장성택은 12월 8일 노동당 정치국 확대회의에서 모든 직무에서 해임되고, 나흘 뒤인 12월 12일 국가안전보위부 특별군사재판에서 "군대를 동원한 군사정변을 꾀했다"는 죄목(형법 제60조) 등으로 사형 판결을 받아 처형되었다.

조선중앙통신이 밝힌 장성택 특별군사재판 판결문 전문에는 그의 죄상이 낱낱이 적시되어 있다. 재판부는 "개만도 못한 추악한 인간쓰레기 장성택은 당과 수령으로부터 받아안은 하늘같은 믿음과 뜨거운 육친적 사랑을 배신하고 천인공노할 반역행위를 감행하였다"면서 그의 첫 번째 죄상을 이렇게 적시했다.

"놈은 오래 전부터 더러운 정치적 야심을 가지고 있었으나 위대한 수령님과 장군님께서 생존해 계실 때에는 감히 머리를 쳐들지 못하고 눈치를 보면서 동상이몽, 양봉음위 하다가 혁명의 대가 바뀌는 력사적 전환의 시기에 와서 드디어 때가 왔다고 생각하고 본색을 드러내기 시작하였다.

장성택은 전당, 전군, 전민의 일치한 념원과 의사에 따라 경애하는 김정은 동지를 위대한 장군님의 유일한 후계자로 높이 추대할 데 대한 중대한 문제가 토의되는 시기에 원새끼를 꼬면서 령도의 계승문제를 음으로 양으로 방해하는 천추에 용납 못할 대역죄를 지었다."

2006년 10월 개정된 북한 형사소송법에 따르면 국가·반민족 범죄 사건의 수사는 '안전보위기관'이 담당한다. 형사소송법은 또 "군인, 인민보안원이 저지른 범죄사건, 군사기관의 종업원이 저지른 범죄사건은 군사재판소에서 담당한다"고 규정하고 있다. 따라서 북한 당국은 인민군 대장 계급이었던 장성택을 군사재판에 회부한 것으로 분석된다.

'대장'은 북한 체제를 유지하는 당 – 정 – 군 조직 모두에 걸쳐 요직을 갖고 있던 장성택이 군에서 가진 유일한 지위(계급)이다. 김일성종합대 출신의 문민인 그가 인민군 창건 행사에 군복을 입고 나오는 것도 '대장'이라는 지위에 근거한 것이다. 장성택은 2011년 12월 김정일 사망 직후에 김정은이 군 최고사령관에 추대받을 무렵에 대장 칭호를 수여받은 것으로 추정된다.

북한에서 대장 다음 계급은 차수, 원수, 대원수이다. 현재 살아 있는 원수는 대장에서 직행한 김정은과 항일 빨치산 활동 당시 김일성의 소년연락병이었던 이을설 둘뿐이다. 북한에서 '원수'와 '원쑤'는 한 끗발 차이로 천당과 지옥을 가른다. 장성택은 대장에서 '원수'가 되지 못하고 '원쑤'로 추락했다. 조선중앙통신은 "시대와 역사는 당과 혁명의 원쑤, 인민의 원쑤이며 극악한 조국반역자인 장성택의 치떨리는 죄상을 영원히 기록하고 절대로 잊지 않을 것이다"고 보도했다.

북한이 언론 매체를 통해 공개적으로 보위부의 군사재판 모습과 결과를 알린 것은 이때가 처음이다. 사회안전성(현 인민보안성)이 주도한 '심화조' 사건을 기억하는 탈북자들은 이런 연유로 장성택 숙청이 '제2의 심화조' 사건으로 번지게 될 것을 우려했다.

김정일은 자기 친인척들을 냉정하게 자르고 숙청했지만 죽이지는 않았다. '토사구팽'이 된 심화조의 말로와 2인자 장성택의 비참한 최후를 지켜본 북한의 파워 엘리트들은 자신들이 '파리 목숨'임을 절감할 수밖에 없다. 절대적 권력은 절대로 부패하기 마련이다. 공포로 유지되는 권력은 공포 정치의 원조인 프랑스 혁명의 역사가 증언하듯, 언제 어떻게 '인민의 원쑤'로 추락할지 모를 일이다.

박채서가 수감중일 때 신동아 2014년 11월호에 남북관계에 주목을 끌 만한 단독 보도가 실렸다. 송홍근 기자가 쓴 "장성택 비리 목록 공식·비공식 통로로 北에 전달"이란 제목의 기사였다. 박채서는 체포되기 직전에 베이징에서 마지막으로 장성택을 만났을 때, 그가 국정원이 자신의 북측 파트너인 온건파를 제거하기 위해 뇌물 관련 정보를 북측에 제공한다는 이야기를 듣고서 상식적으로 이해하기 어려웠다. 그런데 이 기사를 보니 이해가 되었다.

'박근혜 정부 1기 국정원의 북한 붕괴공작 내막'이란 부제가 붙은 이 기사에 따르면, 남재준 국정원장은 봉쇄·압박을 통해 북한을 붕괴시켜 통일을 추진하는 것을 목표로 삼아 북한 정권의 '이너 서클'을 대상으로 이간책(離間策)을 구사했다. 독재 정권의 권력자는 항상 2인자를 의심하게 마련이고, 두 사람이 반목하면 파국으로 치달을 수도 있다는 가설에 전제한 이간 공작이었다.

국정원에서 원장은 신(神)과 같은 존재이다. 육군 참모총장 출신인 남재준 원장은 2013년 12월 송년회에서 핵심 간부들에게 "우리 조국을 자유민주주의 체제로 통일시키기 위해 다 같이 죽자"고 했었다. 남재준의 '확신범 캐릭터'에 비추어볼 때 북한 정권의 최고 권력자와 2인자의 분리를 꾀한 이간책은 충분히 가능할 법한 일이다.

송홍근 기자가 취재한 대북 소식통에 따르면, 국정원은 김정은과 장성택을 분리하는 이간책으로 장성택의 비리 목록을 작성해 공식, 비공식 경로를 통해 북측에 전달했다. 신동아는 '공식, 비공식 경로'가 어디인지는 밝히지 않았으나 국정원과 북한 국가안전보위부(현 국가안전보위성)가 중국에서 접촉한 것으로 추정된다. 당시 국정원은 중국에 나와 있는 장성택 측근들과도 은밀하게 접촉했으며, 또한 한국 언론에 '김정은에게 문제가 발생하면 장성택이 대안'이라는 보도가 나오게 해 김정은과 장성택을 분리하려 했다는 것이다.

신동아에 따르면, "장성택 숙청에 실제로 영향을 미쳤다는 근거가 있느냐"는 질문에 이 소식통은 "장성택 판결문에 재정 사용의 문제점, 비자금 유용 등 돈 문제가 등장한다. 우리가 넘겨준 것과 비슷하다. 적어도 우리 정보를 이용한 것만큼은 사실이다"라고 답했다. 남북 간의 비밀접촉은 이처럼 때로는 목숨을 걸어야 하는 위험한 일이다. 국정원은 노무현 정부 시절 대북 비선으로서 장성택의 메신저 역할을 한 박채서에 이어 장성택까지 제거한 셈이다.

무간도(無間道)의 덫에 걸린 박채서와 장류청

박채서가 서울 자택에서 긴급 체포된 지 불과 20여 일만인 6월 23일 홍콩에서 발행되는 〈빈과일보(蘋果日報)〉는 후진타오(胡錦濤) 국가주석과 김정일 국방위원장의 정상회담 통역을 맡았던 중국 공산당의 고위 간부가 최근 간첩죄 혐의로 처형됐다면서 실명을 공개했다. 빈과일보(Apple Daily)는 홍콩의 정치·경제적 독립을 지향하는 신문으로 같은 이름의 신문이 타이완에서도 발행되지만, 중국에서는 출판 및 인터넷 접속이 금지되어 있다. 2003년 7월 홍콩 시민의 반정부 시위를 지지하기도 한 이 신문은 이날 발간된 월간지 〈와이찬(外參)〉 최신호를 인용해 이렇게 보도했다. 와이찬은 6.4톈안먼(天安門) 사건으로 미국에 망명한 허핀(何頻) 등 중국의 반체제 인사들이 만드는 매체이다.

후진타오 주석의 통역이 한국 정보기관에 기밀을 누설한 혐의로 처형당했다고 보도한 홍콩의 〈빈과일보〉(蘋果日報) 기사(왼쪽)와 반정부 매체인 〈와이찬〉(外參)의 표지.

와이찬에 따르면, 2005년과 2006년 두 차례의 북·중 정상회담 때 두 정상의 통역을 맡았던 중국대외연락부의 장류청(張留成) 전 한반도 담당 처장이 한국 정보기관에 정상회담 관련 기밀을 누설한 혐의로 최근 처형되었다. 장류청은 공산당 대외연락부 제2국(아시아국)에서 남북한 사무를 담당하는 처장, 즉 조한(朝韓)처장이었다. 와이찬은 "장류청은 2005년 후진타오 주석이 방북했을 때 동행했고, 2006년 김정일 위원장이 중국을 방문했을 때도 배석해 양국 정상회담의 통역을 맡았다"면서 "장류청은 두 정상이 나눈 기밀 내용을 한국 당국에 누설한 혐의가 드러났다"고 보도했다.

이 사건으로 후진타오 주석이 진노한 것으로 알려지면서, 중국 당·정·군의 중추에도 간첩이 침투해 활동한다는 우려를 낳았다고 '와이찬'은 전했다. 다만 중국 당국은 한반도 문제가 민감한 탓에 한국과의 관계에 악영향을 미치지 않기 위해 비밀리에 장류청만 처형했다는 것이다. 그러나 중국은 내부적으로는 장류청이 조선족 출신이었다는 이유로, 이 사건 이후 한반도 업무와 관련해 민감한 업무를 담당하는 핵심 직책에는 조선족 출신을 배제하도록 내부 결정을 내렸다고 한다. 와이찬에 따르면, 장류청은 북한에서 유학했으나 구체적인 신원사항은 알려진 바 없다.

한편, '와이찬'과 '빈과일보'는 당시 중국의 국가안전부는 '봄볕(春暉)작전'을 통해 여러 건의 한국 관련 간첩 사건을 적발했다고 보도했다. 2009년 초에 중국 사회과학원 일본연구소 부소장이던 진시더(金熙德)가 일본 및 남북한에 간첩 행위를 한 사실과 사회과학원의 전 한국연구소 연구원이자 국무원 한반도 전문가인 리둔추(李敦球)가 북한에 정보를 누설한 사실을 밝혀냈다는 것이다. '와이찬'은 두 사람 모두 조선족 출신이라고 보도했다.

또 2007년 2월에는 리빈(李濱) 주한 중국대사가 체포된 뒤 공산당 당적과 현직을 박탈당하는 쌍규(雙規) 처분을 받았다고 보도했다. 지한파인 리빈 대사의 체포 소식은 한국에도 많이 알려졌다. 빈과일보는 "술을 매우 좋아하던 리빈 전 대사가 술자리에서 한국 정보기관에 중국의 국가기밀을 누설했기 때문이다"고 덧붙였다. 또 2007년 말에는 신화사의 외사국장이던 위자푸(虞家復)가 미국과 한국에 기밀을 누설한 혐의로 부인과 함께 체포됐다고 보도했다.

진시더(金熙德) 부소장은 지린성 옌지시 출신으로 옌볜대를 졸업하고, 일본 도쿄대 국제정치학부와 미국 코네티컷대에서 유학했다. 북한 전문가이기도 한 진시더 부소장은 김정일 위원장과 전화통화를 하는 몇 안 되는 외국인으로 알려졌다. 2009년 그는 김정일의 건강 관련 기밀을 한국 정부에 누설한 혐의로 체포되었다. 베이징 현지에서는 한국 측에서 관련 정보가 새어 나가는 바람에 그가 억울하게 체포된 것으로 알려졌다.

한편, '와이찬'은 "장류청(張留成) 대외연락부2국(中联部二局, 아시아국) 한조처(韓朝處, 남한과 북한 사무 담당) 처장은 2005년 왕자루이(王家瑞) 대외연락부장이 방북해 김정일 국방위원장과 회담할 때도 통역을 담당했다"고 보도했다. 김정일 위원장이 가장 좋아한 중국 고위 인사인 왕자루이는 2005년 2월에 김정일 위원장을 만나 6자회담 조건부 복귀 의사를 이끌어냈다. 그때 북한의 6자회담 복귀 여부에 촉각을 곤두세우던 노무현 대통령은 국정원과 외교부 등에 두 사람의 회담 내용에 대한 상황 파악을 지시해 베이징주재 한국대사관에도 긴급 훈령이 전달되었다.

와이찬이 2010년 6월 간첩 혐의로 처형되었다고 보도한 '장류청 대외연락부 2국 한조처장'은 박채서가 중국 인민해방군의 한반도 유사시 북한 지역 점령계획인 '병아리(小鷄) 계획'과 왕자루이 – 김정일 회담에서 논의한 핵심 정보를 입수했던 바로 그 조한(朝韓) 처장이었다. 박채서가 큰딸 서희와 조한 처장을 함께 앉혀 놓고 휴대폰으로 인증샷을 찍어 출력한 사진 뒷면에 그가 들려준 회담 내용을 정리해 청와대에 전달했던 그 장유청이었다.

그때 노 대통령이 정보의 출처와 박채서의 실명을 거론하며 국정원의 무능함을 질책하는 바람에 박채서는 졸지에 국정원의 조직을 흔든 '공공의 적'이 되었다. 그때 장류청으로부터 북 · 중 회담 정보를 입수해 청와대에 전달했던 박채서는 그로부터 5년 뒤에 한국 국가정보원 수사관들에 의해 체포되었다. 박채서에게 북 · 중 회담 정보를 제공한 장류청 역시 그로부터 5년 뒤에 '간첩죄'로 중국 국가안전부에 체포되어 처형되었다. 두 사람이 각각 서울과 베이징에서 국정원과 국가안전부가 쳐 놓은 무간도(無間道)의 덫에 동시에 걸려든 것이다.

## 에필로그

### 북풍과 병아리 계획, 그리고 천안함에 대해서

내가 박채서 씨를 처음 만난 것은 20여 년 전인 원(源) 시사저널 기자로 있던 1996년 11월이다. '원(源) 시사저널'이라고 함은 〈시사인〉으로 갈라서기 전의 시사저널이란 뜻이다. 당시 시사저널은 이른바 '청와대 밀가루 북송' 기사로 김영삼 정부와 '한판 붙고' 있을 때였다. 김영삼 정부 청와대가 강릉 잠수함 침투사건을 계기로 민간을 포함함 모든 대북 지원을 금지시킨 가운데 뒤로는 북한에 밀가루를 몰래 지원했다는 것이 기사의 요지였다. 김영삼 대통령은 김광일 비서실장을 시켜 시사저널을 고소했다.

박채서 씨는 그 무렵 시사저널에 전화를 해 "대북 관련 업무에 종사한다"라고 자신의 신분을 밝히고, "청와대가 밀가루를 보낸 것은 사실이니 권력에 굴하지 말고 소신껏 보도하라"라고 격려했다. 첫 대면 이후 신분이 드러날 때까지, 그는 내게 한번도 안기부에서 일한다고 밝힌 적은 없다. 다만, 그는 정부를 위해 일하는 사람이므로 청와대가 밀가루를 보낸 문건이나 자료를 줄 수는 없지만, 그것을 찾을 길은 알려줄 수 있다고 말했다. 그렇게 해서 20년 넘게 기자와 딥 스로트(Deep Throat; 내부 고발자)의 관계를 유지해 왔다.

이듬해인 1997년 2월 나는 ㈜아자(Aza) 커뮤니케이션 전무 직함을 가진 박채서 씨의 권유로 북한 국가안전보위부 요원들을 베이징에서 만날 기회가 생겼다. 그는 오랜 기간 북한에서 한국기업이나 상품을 선전하는 상업광고를 찍는 광고사업을 추진해왔다. 그리고 마침내 아자의 대북 광고사업에 편승해 광고제작팀이 5년 동안 1년에 네 번씩 자유롭게 북한을 왕래하며 광고를 찍을 수 있는 독점권을 따낸 것이다. 그를 포함한 아자의 광고제작팀이 봄·여름·가을·겨울 철마다 한 번씩 보름부터 30일 동안 북한 전역을 오가며 CF광고를 찍는 사업이었다.

아자의 북측 사업 파트너인 금강산국제관광총회사(방종삼 총사장)로서는 광고제작팀에게 기자재와 인력, 그리고 교통 편의만 제공해주면 달러를 벌어들일 수 있는 일종의 관광서비스 사업이었다. 아자의 광고제작 독점 촬영권은 박채서 씨에게도 절호의 기회였다. 왜냐하면 그는 '아자 전무'로 위장한 국가안전기획부의 대북 특수공작원(암호명 흑금성)이었기 때문이다.

생각해 보라. 광고제작을 구실로 1년에 네 번씩 북한 전역을 둘러보고 카메라로 촬영할 수 있는 '합법적 권한'이 공작원인 그에게 주어졌으니, 그야말로 호랑이에게 날개를 달아준 격이었다. 이는 그가 국군 정보사 대북공작단의 공작관으로 근무할 때부터 수행해온 특수임무를 안정적으로 수행할 수 있는 장치를 확보했다는 점에서 편승(便乘) 공작이 안정화 단계에 접어든 것을 의미했다.

그러던 그가 1997년 6월께부터 내게 심각한 고민의 일단을 털어놓기 시작했다. 그가 북한의 국가안전보위부에 위장 포섭된 이중스파이 임무를 수행하면서 남한의 대선에 개입하려는 북한의 대남공작과 이를 역이용하려는 안기부의 대선공작이 심상치 않게 전개되고 있음을 간파한 것이었다. 이중스파이였던 그는 북측의 보위부와 남측의 안기부가 벌인 대선 북풍(北風) 공작의 한 복판에 서 있었던 것이다.

그가 북한 수뇌부를 접촉해 북측의 의중을 파악한 바에 따르면, 북한은 당시 3인의 유력 대선후보 중에서 이인제 후보를 가장 선호했고 김대중 후보를 가장 기피했다. 김정일 총비서의 처지에서 나이나 경륜으로 볼 때 김대중 후보보다는 이인제 후보가 더 상대하기 쉬운 대통령이었다. 반면에 이회창 후보는 김영삼 정권의 연장선상에 있었던 데다가, 심각한 경제난으로 인해 남한과의 적당한 관계개선을 원한 북측의 대화 상대로는 마땅치 않은 후보였다.

그와 나는 고민과 정보를 공유하면서 몇 가지 원칙과 신념에 의기투합했다. 그것은 북한이 대선에 개입해 한국의 대통령 선출을 좌우하는 상황만큼은 절대 막아야 한다는 원칙과 적(북한)이 낙선시키려 하는 국가 지도자라면 역으로 우리한테 가장 필요한 지도자가 아니겠냐는 역설이었다. 우리는 이 같은 원칙과 신념을 실천할 구체적 방도를 모색했다. ▲김우중 추석 연휴 비밀 방북 ▲오익제 편지 다음은 비디오테이프 ▲정재문 의원 대북 비밀접촉 등 내가 대선 전에 시사저널에 보도한 일련의 북풍 공작 추적 예보(豫報)는 이렇게 시작되었다.

그가 북한과 안기부의 '북풍 공작'을 어떻게 막았는지는 당시 검찰의 '북풍 사건 수사결과'와 이 책의 1권에 자세히 드러나 있다. 흥미로운 사실은 2016년에 한국으로 망명한 영국 주재 북한대사관의 태영호 공사가 쓴 《3층 서기실의 암호》에 보면, 1997년 대선 당시 북한이 왜 대선에 개입해 김대중 낙선공작을 펼쳤는지를 알 수 있다는 점이다. 태영호는 '김대중 선생'의 당선과 관련 "북한의 입장에서는 충격적이면서 미묘한 일이 일어났다"면서 이렇게 증언했다.

"1997년 12월 대통령 선거에서 김대중 후보가 당선됐다. 이때 나는 덴마크 주재 북한대사관에서 근무하고 있었는데 그의 당선은 내게도 충격적이었다. 북한은 수십 년 동안 한국의 민주화 투쟁의 상징이었던 김대중 선생을 북한의 편으로 선전해 왔다. 대남 적화통일전략 실현이라는 측면에서 그를 의도적으로 띄웠던 것이다. '김대중 선생'이라는 호칭은 북한에서부터 입에 익은 표현이다. 북한에는 그의 민주화 투쟁을 그린 영화도 꽤 나와 있다.

이때까지 북한은 한국의 민주화 세력은 같은 편이라고 간주하고, 민주화 세력에 의거해 적화통일을 실현한다는 전략을 유지해왔다. 적화통일전략이라는 측면에서 김대중 후보의 당선은 중대한 성취임이 분명했다. 하지만 그의 당선이 과연 북한에 이로운 것이냐는 누구도 단정할 수 없는 문제였다. 그런 면에서 북한 노동

당의 대남 적화통일전략은 수정이 불가피했다.”(《3층 서기실의 암호》, 129쪽)

김대중 후보가 당선될 경우 노동당의 대남 적화통일전략을 수정해야 하는 북한의 현실적 고민이 김대중 후보 낙선공작으로 나타났고, 북한 보위부에 침투시킨 '흑금성 공작원'을 통해 북한의 의도를 간파한 안기부 수뇌부는 이를 활용해 오익제 편지 공세 같은 역용(逆用) 공작을 펼친 것이다. 남북한의 권력·기득권층 사이에 '적대적 공존관계'가 성립하는 배경의 한 단면이다. 결과적으로 박채서 씨와 내가 의기 투합한 원칙과 선택이 옳았음을 보여준다.

그는 국가공작 사업을 수행하면서 북한이 대선에 개입하는 것을 탐지해 이를 유인·와해하는 공작을 수행했다. 그러나 안기부 수뇌부는 그가 디브리핑(debriefing)한 '해외공작원 정보 보고' 문건을 자신들의 정치적 목적을 달성하는 데 이용하기 위해 짜깁기해 외부에 공개해 버렸다. 영원히 안기부 정보관리실에 묻혀 있어야 할 비밀공작 문건이 이른바 '이대성 파일'이라는 이름으로 공개됨으로써 흑금성 공작원 박채서의 신분이 드러난 것이다.

정보기관의 공작 책임자가 일급비밀인 공작파일을 들고나와 공개한 전대미문의 사건은 그에게도 개인적 불행이었지만, 국가에도 크나큰 불운이었다. 수년간의 공작여건 조성을 통해 북한 국가보위부장의 신임을 얻고, 김정일 국방위원장까지 면담한 이중스파이 공작망이 상관들의 불법 행각으로 인해 한순간에 물거품이 된 것이다. 결국 신분이 드러난 박채서씨는 국가정보원의 특수공작원(정보서기관)에서 해직되었다. 그리고 노무현·이명박 정부에서는 대북 비선(秘線)으로 활동했다. 진보·보수 정권을 가리지 않고 국익을 위해 일한 셈이다.

노무현 정부 시절에 그가 거둔 첩보 활동의 성과는 중국 인민해방군의 한반도 유사시 북한 지역 점령계획인 '병아리(小鷄) 계획' 관련 첩보를 입수해 한국 정부에 알린 것이다. 그가 우려했던 것은 한반도에서 중국군의 '병아리 작계'와 미 태평양사 및 한미연합사의 '작계 5029'가 충돌할 경우, 한국이 취할 수 있는 선택은 극히 제한적일 수밖에 없다는 점이었다. 그런데 두 나라가 한국의 선택권을 배제할 가능성에 대한 그의 우려는 최근 미 · 중 고위급 전략대화에서 현실로 드러났다.

2017년 12월 12일 당시 렉스 틸러슨 미 국무장관은 주변국에 매우 민감한 발언을 했다. 틸러슨은 이날 국무부 홈페이지에서 생중계된 세미나에서 "미 · 중은 북한 내부적으로 어떤 일이 벌어졌을 상황에 대해서 논의했다"면서 "만약 유사시 미국이 휴전선을 넘어야만 하는 일이 생기더라도 다시 38선 아래로 복귀하겠다고 중국 측에 약속했다"고 밝혔다. 이는 김정은 정권 붕괴 후의 상황을 놓고 미 · 중이 협상에 들어갔다는 것을 의미했다. 발언은 "지금이 북한과 충돌을 피할 수 있는 마지막 기회"라며 대화를 제안하는 과정에서 나온 것이지만, 북한이 대화에 응하지 않을 경우에 대비해 미국과 중국은 '이미 계산을 끝냈다'는 메시지를 보낸 것이다.

미국과 중국이 북한 붕괴 이후 상황에 대비하고 있는 정황은 곳곳에서 포착되고 있다. 그 무렵 〈웨이보〉(微博; 중국판 트위터)에선 중국 정부가 북 · 중 접경지역 지린(吉林)성 창바이(長白)현에 다섯 곳의 북한 난민 수용소 건설을 추진하고 있음을 보여주는 국영통신사 내부 문건이 확산되었다. 또한 중국 국방부는 공식 사이트를 통해 유사시 한반도에 투입되는 부대로 알려진 중국 북부전구 38집단군이 북 · 중 접경지역에서 '옌한(嚴寒)-2017 훈련을 진행하는 사진을 공개했다. 박채서가 우려했던 중국군의 '병아리(小鷄) 계획'과 미 태평양사의 '작계 5029'의 충돌 가능성이 점점 현실화되고 있는 것이다.

미국의 군사 전략가들도 '북한의 도발'을 포함한 한반도 유사시 중국의 개입을 상정하고 중국군과 한 · 미 연합군의 대치 가능성을 시나리오별로 분석했다. 미국 군사 · 안보 싱크탱크 랜드(RAND)연구소의 브루스 베넷 선임 연구위원은 한반도 유사시 중국군의 남하 정도와 각각의 경우 동~서 전선의 길이가 얼마나 되는지를 구분해 중국군의 개입 시나리오를 4개 상정했다.

▲중국군이 평양 남쪽까지 전진해 영변의 핵 시설을 장악하고 남포~원산을 잇는 동~서 길이 250㎞ 구간에서 한 · 미 연합군과 대치할 경우 ▲중국군이 평양은 포기하고 영변 핵시설을 장악할 정도로만 남하해 평북 박천군 앞바다(청천강 인

근)부터 함남 정평군 앞바다(함흥만 인근)를 동~서로 잇는 200㎞ 구간에서 한·미 연합군과 대치하는 경우 ▲중국군이 한·미 연합군과 자국 사이에 완충지대를 형성할 목적만 갖고 제한적으로 개입할 경우(북·중 국경에서 내륙으로 100㎞ 진입해 동~서 500㎞ 구간에서 대치할 경우와 50㎞만 진입해 동~서 550㎞ 구간에서 대치할 경우)이다.

랜드연구소는 어느 시나리오든 미군이 있는 한 중국군은 철군하지 않을 것이고, 중국군이 철군하는 대신 미군도 서울 남쪽까지 혹은 한반도에서 철수하라고 요구할 가능성이 높다고 전망했다. 미국 싱크탱크가 중국의 한반도 개입 시나리오를 제시한 것은 한국의 선택을 배제한 채로 미·중 간에 대북 군사 옵션에 대한 논의와 분석이 구체적으로 진척되고 있음을 보여주는 것이다.

북한에 억류된 한국계 미국인 인질 3명이 풀려났을 때 도널드 트럼프 미국 대통령이 새벽에 공항에 나가서 환영 회견을 하는 광경을 텔레비전으로 지켜보았다. 버락 오바마 대통령 시절에는 빌 클린턴 전 대통령이 북한을 방문해 억류된 미국 여기자 2명을 데려왔다. 클린턴 대통령 시절에는 지미 카터 전 대통령이 선교 목적으로 북한에 입국했다가 억류된 미국인을 데려왔다.

6.25 한국전쟁이 발발한 지 68년이 지난 지금도 미국은 한반도에 묻힌 미군의 유해를 발굴하여 조국과 가족의 품으로 돌려보내는 노력을 지속하고 있다. 국가의 부름을 받고 이역만리 타국에서 미국의 이름으로 싸우다가 희생된 장병들을 끝까지 잊지 않고 기억하겠다는 강고한 국가 의지의 표현이다. 미국인들 또한 이런 강고한 국가 의지를 신뢰하기에 기꺼이 국가의 부름에 응하는 것이리라.

박채서는 현역장교 시절에 국가의 부름을 받아 국군 정보사령부 대북공작단 공작관과 국가안전기획부 203실(대북공작국) 국가공작원으로 일했다. 그는 첩보공작의 세계에서 '공작의 꽃'이라고 부르는 '이중스파이' 공작으로 북한 국가안전보위부에 침투해 보위부 최고 책임자와 김정일 국방위원장까지 만났다. 그러나 안기부 수뇌부가 그의 대북 편승공작 활동이 담긴 '이대성 파일'을 유출해 신분이 드러나는 통에 그는 불운하게도 국가공작원을 그만둬야 했다.

그는 노무현 정부 시절에는 비공식 대북채널을 지칭하는 이른바 '대북 비선'으로 활동하면서 남북한의 공식 채널이 개설되게 지원하고 남북관계를 개선하는 데 일조했다. 그 상세한 내용은 대부분 공작 2권에 담겨 있다. 그가 천안함 사건에 대해 증언해 기록으로 남기기로 마음먹은 것은 이명박 대통령의 회고록 《대통령의 시간 2008-2013》을 읽고서부터였다.

그의 생활 근거지가 중국 베이징이고 북한 인사들과 접촉을 유지하다 보니, 이명박 정부가 출범한 뒤에도 MB 측근을 자처하는 사람들이 대북 비선 역할을 해달라고 찾아왔다. 그는 내키지 않았지만, 나라를 위해 비공식적으로 지원해 주었다. 임태희 노동부장관 - 김양건 통전부장의 베이징·싱가포르 비밀 접촉을 어깨 너머로 지켜보기도 했다. 그런데 MB가 회고록에 쓴 내용은 그가 보고 듣고 경험했던 것과는 달랐다.

대통령이 회고록을 남기는 것은 국정 운영의 성공과 실패를 있는 그대로 기록해 후대가 반면교사와 교훈으로 삼기 위함이다. 그런데 MB 회고록에는 성공에 대한 자화자찬만 있을 뿐, 실패에 대한 진솔한 기록이 없다. 애초에 추진한 정책은 무엇인데, 왜 실패했는지, 그 교훈은 무엇인지에 대한 기록은 없고 실패에 대한 변명과 대상의 악마화뿐이었다.

특히 객관적으로 실패가 확정된 대북정책과 안보전략이 그랬다. 이명박 정부가 대북정책으로 내세운 '비핵·개방·3000'은 가방에서 꺼내지도 못했다. 북한의 어뢰 공격으로 두 동강 난 천안함과 6.25 한국전쟁 이후 처음으로 대한민국 영토가 직접 공격당한 연평도 포격사건은 안보 실패의 확증 사례다. 두 사건은 이명박 정부의 대북정책과 대북전략의 부작위를 상징적으로 보여준 사건이다.

이명박 정부도 남북관계 개선을 위해 노력하지 않은 것은 아니다. 특히 박왕자 씨 피격 사건으로 금강산관광이 중단된 이후로 수 차례나 물밑 접촉이 이뤄졌다. 그런데 그 때마다, 오히려 남측이 회담 중간에 기존 채널을 바꾸거나 합의를 번복함으로써 북측의 온건파는 입지가 좁아져 급기야는 무더기로 숙청되었다. 북한 강경 군부의 천안함 도발은 이런 환경과 정세 속에서 발생한 것이다.

박채서는 당시만 해도 북한 정권 2인자였던 장성택 노동당 행정부장으로부터 강온파의 균형이 무너진 북한 내부 사정과 남북관계의 위기 징후를 전달받았다. 그것은 개인적으로 위기의식을 느낀 장성택의 이명박 정부를 향한 'SOS'이기도 했다. 그는 북한 군부 강경파의 득세와 모험주의로 인한 도발 가능성을 여러 경로를 통해 이명박 정부에 수차례 전했다. 그러나 이명박 정부는 그런 위기 상황을 애써 외면하거나 무시했다.

남북간 군사적 대치 상황에서 무력 충돌은 언제든지 일어날 수 있고, 실제 남북 간에는 크고 작은 충돌과 군사적 도발이 셀 수 없을 만큼 많이 발생했다. 더구나 협상을 하다가도 만족할 만한 성과를 기대할 수 없게 되면 도발을 하는 식으로 도발과 협상, 그리고 도발을 반복하는 것은 북한 협상술의 상투적인 패턴이다. 그런데도 이명박 정부는 분단 관리의 책무를 저버린 채 안일함과 부작위로 일관했다. 천안함 사건이 터진 뒤에는 북한 정권의 악마성만 강조함으로써 자신의 위기·분단 관리의 무능력을 합리화했다. 북한을 멧돼지에 비유하면, 멧돼지와 공생하는 법은 외면하고 그 포악성만 탓하는 격이다. 요즘 지자체마다 늘어나는 멧돼지 퇴치에 골머리를 앓고 있지만, 멧돼지의 포악함과 서식하는 환경만 탓해서는 해법이 없다. 멧돼지와 마주쳤을 때 대처하는 경고문구대로 주민들이 행동하게 하는 것이 정부의 역할이다. 그런데 이명박 정부는 정부가 할 일은 안하면서 멧돼지 탓만 했다.

이명박 정부는 북한 군부의 무력도발 위험성에 대한 그의 경고를 무시하고 대북 경계태세를 소홀히 함으로써 꽃다운 청춘 46명이 서해 바다에 수장되는 참극을 방관했다. 천안함 사태로 희생된 46용사에 대한 직접적 책임은 무력으로 도발한 북한 군부에 있다. 하지만 이명박 정부도 국민의 생명과 안전을 보호하지 못한 책임에서 벗어날 수 없다. 국민의 생명과 재산을 보호해야 하는 국가의 책임은 무한하기 때문이다.

# 늘 한결 같은 독립 언론인

박채서_ 전 국가안전기획부 국가공작원

어떤 사람은 평생 다양한 분야를 두루 섭렵하면서 여러 분야를 경험하는 가운데 색다른 즐거움과 보람을 찾으며 생활한다. 또 어떤 사람은 평생 동안 오직 한길을 우직하게 걸으며 그 속에서 자기 성취를 하는 가운데 만족하며 살아간다. 둘 중에서 어떤 삶이 옳다고 판단할 수는 없는 일이다.

나는 국가정보기관의 대북 특수공작원이라는 특별한 신분이었을 때, 개인적으로 내 주위에 진정한 저널리스트로서 묵묵히 한 길을 가는 지인이 있었으면 하는 작은 소망을 꿈꾸었다. 그 소망은 어쩌면 대북 이중공작원이라는 위험한 직업을 가진 자의 자기보호 본능에서 말미암은 것이었는지 모르겠다. 그는 운 좋게도 나의 작은 소망을 이뤄준 사람이다. 그것도 아주 가까이에서.

그에 대한 첫인상은 부드럽고 평범한 언론인이었다. 하지만 그가 하는 일은 흔히 생각하는 보통의 언론인들과 달랐다. 그는 권력을 감시하고 국민의 알 권리를 위해서라면, 때로는 국가의 최고 권부인 청와대와 맞서는 일을 두려워하지 않았고, 때로는 국가 비밀정보기관의 은밀한 치부를 폭로했다. 그 과정에서 청와대로부터 소송을 당하고, 국가정보원과 그 전신인 국가안전기획부, 그리고 국군기무사에서 조사를 받기도 했다.

우리는 기자들이 취재한 내용을 학연과 지연, 그리고 정치적 친소관계를 고려해 기사화하지 못하고 이른바 '킬(kill) 시키는' 경우를 현실에서 자주 목격해 왔다. 그런 점에서 그는 예외적인 기자였다. 그는 국익과 국민의 알 권리를 위해 필요하다고 판단하면, 자신과 개인적으로 가까운 정치인에 대해서도 과감

1997년 개성을 방문해 비디오카메라로 촬영중인 박채서씨

히 펜을 들었다. 나는 그를 가까이서 지켜보면서 기사가 때로는 기자의 단순한 용기를 뛰어넘는 굳센 의지와 신념의 산물이라는 생각을 갖게 되었다.

그러기에 그는 내가 정보기관 조직의 직업윤리와 법규를 벗어나 마음을 열고 이야기할 수 있는 유일한 기자였다. 그는 내가 군대에서 정보 분야에 입문해 미군 측에서 입수한 정보가 국익에 중요하다고 판단되어 처음 의논할 때부터 국가안전기획부 특수공작원을 거쳐, 한 사람의 자연인이 된 지금에 이르기까지, 늘 내게 든든한 버팀목이었다.

내가 아는 그는 김대중 정부와 노무현 정부 출범에 크게 기여한 언론인 중의 한 사람이었다. 그래서 나는 어느 날 그에게 "이제 김형도 청와대나 여의도로 가서 일해야 하는 것 아니냐"고 의중을 물은 적이 있다. 그는 늘 그렇듯이 빙그레 웃기만 했다. 그러면서 그는 농담처럼 "제 이름이 '당'인데 정당에 왜 들어갑니까?"라고 반문했다.

그는 늘 그랬다. 김당 기자처럼 한결같은 독립적인 언론인이 나와 내 가족 곁에 있다는 것은 내게 행운이고 복이다. 김당 기자, 그는 아주 오랜 세월 내게 그런 존재였다. 4반세기에 걸친 세월이 내게 준 선물인 그와 앞으로도 쭉 함께 가고 싶다.